2014年房地产经纪人资格全国统考专用辅导教材系列——

房地产经纪概论

（名师解读版）

《房地产经纪概论》编写组　编

人民邮电出版社

北　京

图书在版编目（CIP）数据

房地产经纪概论 : 名师解读版 / 《房地产经纪概论》编写组编. -- 北京 : 人民邮电出版社, 2014.7
2014年房地产经纪人资格全国统考专用辅导教材系列
ISBN 978-7-115-35768-7

Ⅰ. ①房… Ⅱ. ①房… Ⅲ. ①房地产业－经纪人－资格考试－中国－自学参考资料 Ⅳ. ①F299.233

中国版本图书馆CIP数据核字(2014)第100825号

内容提要

房地产经纪概论是房地产经纪人考试必考的一个科目，本书紧紧围绕考试教材与考试大纲，以“考纲解读＋本章知识结构＋重点难点分析＋练习题”的形式，详细介绍了与房地产相关的各项知识，具体包括房地产概论、房地产经纪概述、房地产经纪人员、房地产经纪机构、房地产经纪机构管理、房地产经纪门店与商品房售楼处管理、房地产经纪业务、房地产经纪服务合同、房地产经纪执业规范和房地产经纪行业管理10大部分内容，同时提供了四套模拟试题和最近三年的考试真题，以便读者能巩固所学知识并熟练应用。

本书适合准备参加2014年房地产经纪人资格考试的有关人员阅读使用，还可以作为相关培训机构及高校相关专业师生的参考用书。

◆ 编 《房地产经纪概论》编写组
责任编辑 李宝琳
执行编辑 任佳蓓
责任印制 杨林杰
◆ 人民邮电出版社出版发行 北京市丰台区成寿寺路11号
邮编 100164 电子邮件 315@ptpress.com.cn
网址 http://www.ptpress.com.cn
北京铭成印刷有限公司印刷
◆ 开本：787×1092 1/16
印张：16 2014年7月第1版
字数：350千字 2014年7月北京第1次印刷

定 价35.00元

读者服务热线：(010) 81055656 印装质量热线：(010) 81055316
反盗版热线：(010) 81055315
广告经营许可证：京崇工商广字第0021号

出 版 前 言

为了帮助参加2014年全国房地产经纪人资格考试的应试人员更加有效地学习考试教材，熟练掌握有关内容，顺利通过考试，人民邮电出版社特聘请多年参加考前辅导的专家教授，严格按照2014年度《考试大纲》的要求和指定教材，在认真分析和总结历年考试情况的基础上，精心编写了这套辅导书。

本套图书的特点是针对性强、内容完整、重点难点突出，便于考生自学。在编写体例上，本套图书根据房地产经纪人资格考试的特点进行了科学的编排。在各章中，首先，对大纲要求进行了介绍；其次，对照该章的知识框架结构，对重点难点进行了详细梳理，并以例题的形式进行演示讲解，同时提供了大量针对2014年考试特点进行预测的模拟训练题，使考生能得到充分的复习训练；最后，提供了四套高度仿真的模拟试卷，使考生能自我检测。

本套图书的另一大特色是附加值高。书中最后部分，提供了自2010年到2012年的历年考试真题，并提供了标准答案和详细解析，使考生能充分了解近年来的考试全貌，体会出考试特点，为真正走进考场应试做好全面的准备。

我们的出版理念是以精准的内容为考生提供价值最大化的辅导书，使考生从众多的复习书中解脱出来，真正让学习更轻松，让备考更有效。

选择我们的书，你就选择了一条高效的复习道路，选择了一条轻松的成功之路。

我们真诚地预祝各位考生考试取得成功！

目　录

第二部分　模拟试题

第三部分　历年真题

第四部分　参考答案及解析

学 习 攻 略

为了适应市场经济发展需要，规范和发展房地产市场，加强对房地产经纪人员的管理，提高房地产经纪人员的业务水平和职业道德，保护消费者合法权益，从2001年开始，人事部、建设部决定实行房地产经纪人员职业资格制度。2002年7月21日举办了全国房地产经纪人执业资格认定考试，2002年12月底举行了首次考试，到目前为止共举办了13次考试。截至2014年5月份，共有52 071人通过了房地产经纪人执业资格考试。

一、《房地产经纪概论》的出题特点

1. 考试注重教材和大纲的变化内容

从历年的考试真题分析情况来看，出题者往往注重教材和大纲的变化内容，肯定会在考试中加大对新增内容的考试力度，所以考生应将新年度考试教材中的变化内容和新增加内容作为学习的重点。

2. 考试内容涉及教材的方方面面

从2002年到2013年的变化趋势来看，2004年以前的经纪人考试注重对教材主要知识点的掌握情况的考核，对教材大纲上知识点的考核比较多；2005年以后，经纪人考试不仅考核大纲要求的内容，还考核教材中的一些小知识点和容易忽略的知识点。因此，考生要注重教材主要知识点，同时要踏踏实实，认认真真地把教材吃透，注意小细节。

3. 注重综合知识内容的考核

本部分考核内容主要涉及综合分析题和部分客观题。在考试中，不但考查广大考生对单一知识点的掌握程度，还注重考生对综合知识点的把握。这种题型多以下列方式出现：“下列关于……的说法正确的有（　）”。

二、《房地产经纪概论》的学习方法

1. 全面精读教材，吃透教材知识（重中之重）

从对历年通过考试的考生调查情况来看，要想顺利通过考试，主要取决于对教材的掌握程度。经纪人四门课程的考试范围是不会超出指定教材的，因此，考生在学习时首先应把教材中的内容吃透，当拿到新教材后，需要将教材从头至尾仔细研读一遍。

在学习教材之前，应该制订一个学习计划，然后在后面的学习过程严格按照计划执行，不管工作怎样忙，每天的学习计划不能打乱。教材是考试的根本，它包含了命题范围和题目的标准答案，所以我们在考试中一定要按照教材内容去思考相应的问题，这样才能获得理想的分数。

我们强调对教材的研读，是要突出全面理解和融会贯通，并不是要求考生把指定教材的全部内容逐字逐句地背下来。研读教材要注意准确把握文字背后的复杂含义，还要注意不同章节的内在联系，考生要能够从整体上对应考科目进行全面系统的掌握。

2. 把握教材中的重点内容

全面研读教材的同时，考生也要注意对重点内容进行复习。《房地产经纪概论》这门课有每年必考的知识点，这些知识点在每年的试卷上都会体现，只不过表现形式不一样，有的时候是以单项选择题的形式出现，而有的时候又可能以多项选择题的形式出现。

对于这些每年必考的重要知识点，考生一定要牢牢掌握，并能够举一反三。在学习和复习的过程中，要想提高学习效率，把握重点知识就显得非常重要。

所以，前面讲到的全面研读教材与现在提到的把握重点内容都很重要。全面研读教材可以让考生在考试过程中稳扎稳打，而把握重点内容则能使考生以较小的投入获得最大的效果。

3. 练习巩固提高

“考试就是做题”。其实考试的过程就是做题的过程，所以，一定不要轻视做题的重要性。很多考生都有这样的体会：当拿到考试试卷时，有些题目好像“似曾相识”，但就是不确定哪个选项正确，非常苦恼。这是什么原因呢？这就是没有做题，没有经过实战的演练，教材内容和试卷上的题目内容对不上。

考生一定要选择一本质量高的习题集，在看完每一章内容后，要随时演练一下。做对的题目可以不用管；对于做错的题目，应在教材中找到相应的内容，再重复记忆。

三、《房地产经纪概论》的考试题型及答题方法与技巧

1. 单项选择题

单项选择题的答题基本方法如下。

（1）直接选择法：根据题干的内容，直接从题枝中选出符合题意的选项。

（2）由于单选题没有倒扣分的情况，当遇到不能肯定选出正确答案的题目时，千万不要放弃，应该最后在答题卡上猜答。

2. 多项选择题

多项选择题有两个、三个或四个正确答案。由于存在答错倒扣分的情况，在答题时拿不准的题目一定不要猜答。如果答错一个选项，整个题目一分也得不到，因此要坚持“宁少勿多”的基本原则。

多选型选择题的答题基本方法如下。

（1）消元法：多项选择题都是两个或两个以上答案正确，错误项最多为三个，所以运用消元法是最普遍的。先将自己确定不正确的选项排除掉，剩下的则为正确的选项。

（2）理解法：将题枝中的选项全部置于试题中，进行比较、分析，找出正确的答案。

3. 综合分析题

综合分析题的答题基本方法为：在充分理解题意的基础上，运用单项选择题和多项选择题的答题技巧进行作答。

第一部分

章节基础知识

第一章　房地产概论

本部分的考试目的是测试应考人员对房地产的含义、重要性、特性、分类，以及房地产业和房地产市场等基本知识的掌握程度。

本章考试基本要求包括：

1. 掌握房地产的含义、重要性、特性、分类；
2. 掌握房地产市场的含义、基本要素、作用、特点和分类；
3. 掌握房地产市场的参与者、房地产市场竞争和波动；
4. 熟悉房地产业的概念、性质、地位、作用和细分行业；
5. 了解房地产业与建筑业的关系。

本章知识结构

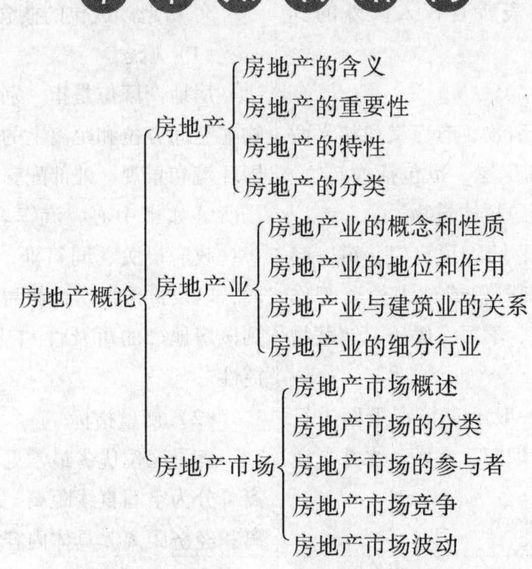

重点难点分析

第一节　房地产

一、房地产的含义

（一）房地产的概念

1. 房地产通俗地说是指房屋和土地，或者房产和地产。

2. 严谨意义上的房地产，是指土地以及建筑物等地上定着物，是实物、权益和区位的结合体。

3. 一套住房是一种房地产，一块空地、一栋办公楼、一座商场、一个宾馆、一幢厂房等土地和房屋，也都是一种房地产。

4. 房地产也称为不动产。在法律上，通常把财产或者物分为不动产和动产两大类。

5. 一种财产是属于不动产还是动产，一般是根据其实物是否可以自由移动来判别的：凡是自行能够移动或者用外力能够移动，并且其性质和价值不会改变的财产，像牲畜、家禽和汽车、家具、器物之类，属于动产；反之，不能移动的财产，属于不动产。

6. 土地、房屋及附着于土地、房屋上不可分离的部分（如树木和安装在房屋中的给水、排水、采暖、电梯等设备），属于不动产。

（二）土地、建筑物和其他地上定着物的概念

1. 土地的概念

从房地产经济的角度看，土地是一个空间，但该空间不是平面的，而是三维立体的，具体是指地球的陆地表面及其一定范围内的空间。

（1）一宗土地的地表范围，是指该土地在地表上的"边界"所围合的区域。

（2）在现代法律规定中，通常，地上空间的高度以飞机的飞行高度为限，地下空间的深度以人类的能力所及为限。

（3）地下资源、埋藏物等可以出售、出租或者以法律规定等方式而属于地表所有权人以外的其他人。

2. 建筑物的概念

建筑物是最主要的地上定着物，有广义和狭义两种含义。广义的建筑物既包括房屋，也包括构筑物。狭义的建筑物主要指房屋，不包括构筑物。

（1）房屋，是指有基础、墙、顶、门、窗，起着遮风避雨、保温隔热、抵御野兽或他人侵袭等作用，供人们在里面居住、工作、学习、娱乐、储藏物品或进行其他活动的建筑物。

（2）构筑物，是指人们一般不直接在里面进行生产和生活活动的建筑物，如烟囱、水塔、水井、道路、桥梁、隧道、水坝等。

3. 其他地上定着物的概念

地上定着物也称为土地定着物、土地附着物、地上附着物。

其他地上定着物是建筑物以外的地上定着物，是指附属于或结合于土地或建筑物，从而成为土地或建筑物的从物，应在房地产交易中随着土地或建筑物的转让而转让的物，但当事人另有约定的除外。

其他地上定着物与土地、建筑物在物理上不可分离，或者虽然可以在物理上分离，但是这种分离是不经济的，或者分离后会破坏土地、建筑物的完整性、使用价值或功能，或者会使土地、建筑物的价值受到明显损害。

在实际房地产交易中，交易对象的范围如果不包含属于房地产范畴的其他地上定着物，应逐一列举说明，未作说明的，应理解为在交易对象的范围内；如果包含房地产以外的财产，也应逐一列举说明，未作说明的，应理解为不在交易对象的范围内。

（三）房地产实物、权益和区位的概念

1. 房地产实物的概念

房地产实物是指房地产中看得见、摸得着的部分，例如，建筑物的外观、建筑结构、设施设备、装饰装修等，土地的形状、地势、地质、平整程度等。

2. 房地产权益的概念

（1）房地产权益是指房地产中无形的、不可触摸的部分，是基于房地产实物而衍生出来的权利、利益和收益。

（2）房地产权益以房地产权利为基础，包括：①房地产的各种权利，如所有权、建设用地使用权、地役权、抵押权、租赁权等；②受到其他房地产权利限制的房地产权利；③受到房地产权利以外的各种因素限制的房地产权利；④房地产的额外利益或收益。

3. 房地产区位的概念

（1）概念

房地产区位是指一宗房地产与其他房地产或者事物在空间方位和距离上的关系，包括位置、交通、周围环境和景观、外部配套设施等方面，特别是与重要场所（如市中心、汽车客运站、火车站、机场、码头、政府机关、同行业、工作地、居住地等）的距离，以及进出该房地产的方便程度，包括从别的地方到该房地产的可及性和从该房地产去别的地方的便捷性。

（2）衡量指标

衡量区位优劣最常见、最简单的指标是距离。距离可分为空间直线距离、交通路线距离、交通时间距离和经济距离。具体内容如下。

① 空间直线距离是最简单、最基础的距离，但在路网不够发达和地形复杂的地区（如山地城市），它往往会失去意义。

② 交通路线距离是指通过道路等来连接的距离，有时受路况（包括路面、交通流量等状况）、交通管制等的影响，虽然距离不远，但通达性可能不好，特别是在时间对人们越来越宝贵的情况下。

③ 交通时间距离从理论上讲更为科学，但在实际中往往被误用而产生误导，原因主要是测量所用的交通工具、所处时段不能反映真实的交通时间。

④ 经济距离是更科学但较复杂的一种距离，它是把交通时间、交通费用统一用货币来衡量，以反映

距离。

(3) 房地产区位的重要性

由于房地产不可移动，其价值与区位密切相关。区位对房地产是极端重要的。两宗实物和权益状况相同的房地产，如果它们的位置、交通、周围环境和景观、外部配套设施等区位状况不同，价值会有所不同，甚至差异很大。

二、房地产的重要性

房地产是一种极为重要而量大面广的财产。

1. 说其极为重要，是因为人们的各种生活、生产活动都需要空间，而房地产正是由于提供这种空间而为人们所必需。

2. 房地产不仅重要，而且量大面广。在世界上大多数国家的国民财富中，房地产通常是其中比例最大的部分，一般占50%～70%，其他种类的财富之和也不及房地产一项。

三、房地产的特性

房地产的特性主要有不可移动、独一无二、寿命长久、供给有限、价值较大、用途多样、相互影响、易受限制、难以变现和保值增值。

(一) 不可移动

不可移动特性也称为位置固定性。

1. 土地上的土壤、砂石等虽然可以移动、搬走，但是作为立体空间、完整意义上的土地，其位置是固定的，不能移动。

2. 建筑物由于“扎根”在土地之中，其位置通常也是固定的，不能移动。房地产的不可移动主要是其自然地理位置固定不变，房地产的社会是经济位置在经过一段时间之后可能会发生变化。

3. 房地产的不可移动特性，决定了任何一宗房地产只能就地开发、利用或消费，并要受制于其所在的空间环境（当地的制度政策、社会经济发展状况及邻里关系等)。因此，房地产市场是一个地区性市场。

(二) 独一无二

独一无二特性也称为独特性、异质性、非同质性、个别性。

1. 房地产不像工厂制造出来的产品那样整齐划一，每宗房地产都有自己的独特之处，就像没有两个完全相同的人那样，没有两宗完全相同的房地产。

2. 房地产的独一无二特性，使得难以出现相同房地产的大量供给，从而不同房地产之间不能实现完全替代，房地产市场不能实现完全竞争，房地产价格千差万别并容易受交易者的个别因素的影响。

3. 房地产交易难以采取样品交易的方式（即使是新建的商品房有样板房、样板间、位置图、平面图等)，而应到实地查看、感受或体验。

(三) 寿命长久

1. 尽管土地可能塌陷、被洪水淹没或者荒漠化等，但它在地球表面所标明的场所，作为空间是永存的。土地具有不可毁灭性（也称为永续性)。

2. 建筑物虽然不像土地那样具有不可毁灭性，但其寿命通常可达数十年甚至上百年。

3. 由于寿命长久，房地产可以给其占用者带来持续不断的利益。但从具体占用者的角度来看，土地在某些情况下是有寿命的，特别是通过出让方式取得的建设用地使用权是有使用期限的。目前，建设用地使用权出让的最高年限如下：

(1) 居住用地为70年；

(2) 工业用地为50年；

(3) 教育、科技、文化、卫生、体育用地为50年；

(4) 商业、旅游、娱乐用地为40年；

(5) 综合或者其他用地为50年。

(四) 供给有限

1. 土地是大自然的产物，人工生产不出来，地表面积基本上是固定不变的，因此土地总量不可增加。土地的这种特性被称为有限性和不可再生性。

2. 由于土地具有有限性和不可再生性，特别是区位较好的土地供给有限，导致了建筑物特别是区位较好的建筑物数量也是有限的。

3. 房地产的供给有限特性，使得房地产具有独占性。

(五) 价值较大

与一般物品相比，房地产不仅单价高，而且总价大。

(六) 用途多样

1. 用途多样特性也称为用途的竞争、转换及并存的可能性，主要是空地所具有的，土地上一旦建造了建筑物，用途即被限定，通常难以改变，因为可能受到原有建筑结构等的限制而不能改变，或者改变的费用很高而在经济上不可行。

2. 多数土地就其本身来看，可以有多种不同的用途，如可用于林业、农业、工业、居住、办公、商业等。在不同用途中还可以选择不同的利用方式。

3. 房地产虽然具有用途多样的特性，但现实中房地产的用途并不是可以随意决定的。房地产的利用一方面要符合城市规划等的规定，另一方面存在着不同用途以及利用方式之间的竞争和优选问题。在市场经济中，房地产拥有者趋向于将房地产用于预期可以获得最高收益的用途和利用方式。从经济角度来看，土地利用选择的先后顺序一般是：商业、办公、居住、工业、耕地、牧场、放牧地、森林、不毛荒地。

（七）相互影响

房地产是不可移动的，其利用通常会对周围的房地产产生影响；反过来，周围房地产的利用状况也会对该房地产产生影响。

一宗房地产的价值不仅与其自身的状况直接相关，而且与其周围房地产的状况密切相关，受其邻近房地产利用的影响。

（八）易受限制

房地产由于具有不可移动、相互影响的特性，并且是各种生产、生活活动都不可缺少的基础要素，关系民生及社会、经济稳定，所以世界上几乎所有的国家和地区，对房地产的利用、交易等都有一些限制，甚至是严格管制的。

政府对房地产的限制一般是通过管制权、征收权、征税权和充公权来实现的。

房地产易受限制的特性还表现在，由于房地产不可移动（不可搬走、不可携带）、不可隐藏、流动性差，所以难以逃避未来制度、政策等变化的影响。

（九）难以变现

难以变现也称为变现能力弱、流动性差。变现能力是指在没有过多损失的条件下，将非现金财产转换为现金的速度。凡是能够随时、迅速转换为现金且没有损失或者损失较小的，称为变现能力强；反之，称为变现能力弱。

房地产由于具有价值较大、独一无二、不可移动等特性，加上交易手续较复杂、交易税费较多等原因，使得同一宗房地产的买卖不会频繁发生，一旦需要买卖，通常需要经过较长时间才能脱手。

（十）保值增值

房地产的保值增值特性是从房地产价格变化的总体趋势来讲的，是波浪式上升的，不排除房地产价格随着社会经济发展的波动而波动，房地产本身的功能变得落后或者环境景观恶化导致的房地产贬值，甚至过度投机、房地产泡沫破灭后出现的房地产价格大幅度下落。在某些情况下，房地产价格出现长时期的连续下降也是可能的。

四、房地产的分类

（一）按照房地产用途的分类

1. 居住房地产：是指供家庭或个人居住使用的房地产，又可分为住宅和集体宿舍两类。

住宅是指供家庭居住使用的房地产，又可分为普通住宅、高档公寓和别墅。

集体宿舍又可分为单身职工宿舍、学生宿舍等。

2. 办公房地产：是指供处理各种事务性工作使用的房地产，即办公楼，又可分为商务办公楼（俗称写字楼）和行政办公楼两类。

3. 零售商业房地产：是指供出售商品使用的房地产，包括商业店铺、百货商场、购物中心、超级市场、交易市场等。

4. 旅馆房地产：是指供旅客住宿使用的房地产，包括宾馆、饭店、酒店、度假村、旅店、招待所等。

5. 餐饮房地产：是指供顾客用餐使用的房地产，包括酒楼、美食城、餐馆、快餐店等。

6. 体育和娱乐房地产：是指供人健身、消遣使用的房地产，包括体育场馆、保龄球馆、高尔夫球场、滑雪场、影剧院、游乐场、娱乐城、康乐中心等。

7. 工业房地产：是指供工业生产使用或直接为工业生产服务的房地产，包括厂房、仓库等。工业房地产按照用途，又可分为主要生产厂房、辅助生产厂房、动力用厂房、储存用房屋、运输用房屋、企业办公用房、其他（如水泵房、污水处理站等）。

8. 农业房地产：是指供农业生产使用或直接为农业生产服务的房地产，包括农地、农场、林场、牧场、果园、种子库、拖拉机站、饲养牲畜用房等。

9. 特殊用途房地产：包括汽车站、火车站、机场、码头、医院、学校、博物馆、教堂、寺庙、墓地等。

10. 综合用途房地产：是指具有上述两种以上（含两种）用途的房地产，如商住楼。

（二）按照房地产开发程度的分类

1. 生地：是指不具有城市基础设施的土地，如农地、荒地。

2. 毛地：是指具有一定的城市基础设施，有地上物（如房屋、围墙、电线杆、树木等）需要拆除或迁移但尚未拆除或迁移的土地。

3. 熟地：是指具有较完善的城市基础设施且场地平整，可以直接在其上进行房屋建设的土地。

4. 在建工程：是指建筑物已开始建造但尚未竣工、不具备使用条件的房地产。

5. 现房：是指已建造完成、可直接使用的建筑物及其占用范围内的土地。

（三）按照房地产实物形态的分类

1. 土地，又可分为无建筑物的土地即空地和有建筑物的土地。

2. 建筑物，又可分为已建造完成的建筑物和尚未建造完成的建筑物。已建造完成的建筑物又可分为新的建筑物和旧的建筑物。尚未建造完成的建筑物又可分为正在建造的建筑物和停缓建的建筑物。

3. 土地与建筑物的综合体，又可分为土地与已建造完成的建筑物的综合体即现房和土地，与尚未建造完成的建筑物的综合体即在建工程或房地产开发项目。

4. 房地产的局部。例如，不是整幢房屋，而是其中的某层、某套。

5. 未来状况下的房地产。其中最常见的一种是期房。期房是指目前尚未建造完成而以将来建造完成后的建筑物及其占用范围内的土地为标的的房地产。

6. 已经灭失的房地产。例如，已被拆除的房屋，已被火灾、地震等灾害完全损毁的房屋。

7. 现在状况下的房地产与过去状况下的房地产的差异部分。

8. 以房地产为主的整体资产或者包含其他资产的房地产。例如，正在运营、使用的宾馆、餐馆、商场、汽车加油站、高尔夫球场、影剧院、游乐场、码头。

9. 整体资产中的房地产。例如，一个企业中的土地或房屋。

（四）按照房地产是否产生收益的分类

1. 收益性房地产，是指能直接产生租赁收益或其他经济收益的房地产，包括住宅（主要指公寓）、写字楼、旅馆、商店、餐馆、游乐场、影剧院、停车场、加油站、标准厂房（用于出租的）、仓库（用于出租的）、农地等。

2. 非收益性房地产，是指不能直接产生经济收益的房地产，如未开发的土地、行政办公楼、教堂、寺庙等。

判定一宗房地产是收益性房地产还是非收益性房地产，不是看该房地产目前是否正在直接产生经济收益，而是看该种类型的房地产在本质上是否具有直接产生经济收益的能力。

（五）按照房地产经营使用方式的分类

按照房地产的经营使用方式，可以把房地产分为三类：①销售的房地产；②出租的房地产；③自用的房地产（包括住户自住和企业自身营业使用）。

【例题1】房地产市场是区域性市场，这主要源于房地产的（　）。

A. 独一无二性　　B. 不可移动性
C. 相互影响性　　D. 供给有限性

【答案】B

【解析】房地产的不可移动特性，决定了任何一宗房地产只能就地开发、利用或消费，并要受制于其所在的空间环境（当地的制度政策、社会经济发展状况及邻里关系等）。因此，房地产市场是一个地区性市场。

【例题2】某住宅小区因市政规划要被征收，按照房地产开发程度分类，该地块被征收之前称为（　）。

A. 生地　　B. 毛地
C. 熟地　　D. 农用地

【答案】B

【解析】毛地是指具有一定的城市基础设施，有地上物（如房屋、围墙、电线杆、树木等）需要拆除或迁移但尚未拆除或迁移的土地。

【例题3】（　）通俗地说是指房屋和土地，或者房产和地产。

A. 建筑物　　B. 土地资产
C. 地产　　D. 房地产

【答案】D

【例题4】（　）是指土地以及建筑物等地上定着物，是实物、权益和区位的结合体。

A. 地产　　B. 房地产
C. 房产　　D. 土地

【答案】B

【例题5】从该土地的地表边界向上扩展到无限天空的空间，是指（　）。

A. 空间范围　　B. 地上空间范围
C. 地下空间范围　　D. 地中空间范围

【答案】B

【解析】一宗土地的地上空间范围是指从该土地的地表边界向上扩展到无限天空的空间，地下空间范围是指从该土地的地表边界呈锥形向下延伸到地心的空间。

【例题6】狭义的建筑物主要指（　），不包括构筑物。

A. 宿舍　　B. 动产
C. 房屋　　D. 土地

【答案】C

【例题7】（　）是指人们一般不直接在里面进行生产和生活活动的建筑物，如烟囱、水塔、水井、道路、桥梁、隧道、水坝等。

A. 构筑物　　B. 房屋

C. 建筑物　　D. 其他地上定着物

【答案】A

【例题8】按照房地产开发程度划分，房地产可以分为（　）。

A. 生地　　B. 毛地

C. 期房　　D. 熟地

E. 在建工程

【答案】ABDE

【解析】按照房地产开发程度的分类：生地、毛地、熟地、在建工程、现房。

【例题9】按照房地产实物形态划分，房地产可以分为（　）。

A. 现在状况下的房地产与未来状况下的房地产的差异部分

B. 建筑物

C. 土地与建筑物的综合体

D. 已经灭失的房地产

E. 整体资产中的房地产

【答案】BCDE

【解析】按照房地产实物形态的分类：①土地；②建筑物；③土地与建筑物的综合体；④房地产的局部；⑤未来状况下的房地产；⑥已经灭失的房地产；⑦现在状况下的房地产与过去状况下的房地产的差异部分；⑧以房地产为主的整体资产或者包含其他资产的房地产；⑨整体资产中的房地产。

第二节　房地产业

一、房地产业的概念和性质

1. 房地产业是指从事房地产投资、开发、经营、服务和管理的行业，包括房地产开发经营、房地产中介服务、物业管理和其他房地产活动。

2. 我国现行三次产业划分范围如下：第一产业是指农、林、牧、渔业；第二产业是指采矿业，制造业，电力、燃气及水的生产和供应业，建筑业；第三产业是指除第一、第二产业以外的其他行业，包括房地产业，租赁和商务服务业等。

二、房地产业的地位和作用

归纳起来，房地产业是第三产业的重要组成部分，其作用具体表现在下列方面。

1. 为各种生产和生活活动提供不可缺少的物质条件。房地产是基本的生产要素和生活必需品，任何单位和个人都需要房地产。

2. 可以扩大内需、拉动投资增长、促进经济平稳较快发展。

3. 可以带动钢材、水泥等建筑材料，电梯、空调等建筑设备，以及建筑业、装饰装修、家具、家用电器等相关产业的发展。

4. 可以改善居民居住条件，提高居住质量。

5. 可以加快城市基础设施建设和改变落后的城市面貌。通过房地产综合开发，避免分散建设的弊端，有利于城市规划的实施。

6. 有利于优化产业结构，改善投资硬环境，吸引外资，加快改革开放的步伐。

7. 可以扩大就业，特别是房地产经纪行业和物业管理行业，需要的从业人员较多。

8. 可以增加税收和政府财政收入。

三、房地产业与建筑业的关系

房地产业和建筑业之间既有本质区别又有密切联系。

1. 主要区别

建筑业是以建筑产品生产为对象的物质生产部门，是从事建筑生产活动的行业，属于第二产业；房地产业是从建筑业分蘖出来的产业，兼有生产（开发）、经营、服务和管理等多种性质，属于第三产业。

2. 密切联系

（1）它们的业务对象都是房地产。在房地产开发建设活动中，房地产开发企业和建筑企业往往是甲方和乙方的密切合作关系，房地产开发企业是房地产开发建设的甲方，建筑企业是实施建设过程的乙方。

（2）房地产开发企业是策划者、组织者和承担发包任务；建筑企业则是承包单位，按照承包合同的要求完成基础设施建设、场地平整等土地开发和房屋建设的生产任务。

（3）在实际中，建筑企业兼营房地产开发企业或者房地产开发企业兼营建筑企业的现象较常见，特别是建筑企业兼营房地产开发企业。

（4）房地产业的景气状况对建筑业有很大的影响。

四、房地产业的细分行业

目前在我国，房地产业主要包括房地产开发经营、房地产中介服务、物业管理和其他房地产活动。其中，房地产中介服务和物业管理合称为房地产服务行业；房地产中介服务又分为房地产经纪、房地产估价和房地产咨询。其他房地产活动主要包括房地产测绘、房屋安全鉴定、房屋征收实施等活动。因此，房地产业可分为房地产开发经营行业和房地产服务行业，房地产服务行业又可分为房地产中介服务行业和物业管理行业，房地产中介服务行业又可分为房地产经纪行业、房地产估价行业和房地产咨询行业。

（一）房地产开发经营行业

1. 简称房地产开发行业，是指取得待开发房地产特别是房地产开发用地，然后进行基础设施建设、场地平整等土地开发或者房屋建设，并转让开发完成后的土地、房地产开发项目或者销售（包括预售）、出租商品房的活动。

2. 房地产开发经营行业具有单件性、投资大、周期长、风险大、回报率高、附加值高、产业关联度高、带动力强等特点，主要是资金密集的行业。房地产开发企业的收入具有不连续性。

目前，我国房地产业中房地产开发经营行业占主体地位。

（二）房地产经纪行业

1. 房地产经纪行业是指帮助房地产出售人、出租人寻找房地产购买人、承租人，或者帮助房地产购买人、承租人寻找其欲购买、承租的房地产的活动。

2. 房地产经纪是房地产市场运行的润滑剂。

3. 在成熟的房地产业中，房地产经纪行业占主体地位。

（三）房地产估价行业

1. 房地产估价行业是指分析、测算和判断房地产的价值并提出相关专业意见，为建设用地使用权出让和房地产转让、抵押贷款、征收征用补偿、法院强制拍卖、财产分割、损害赔偿、房地产税收等提供价值参考依据的活动。

2. 房地产估价行业主要是知识密集的行业，同时也需要掌握大量的房地产成交价格等信息。

（四）房地产咨询行业

1. 房地产咨询行业是指为房地产活动当事人提供有关房地产法律法规、政策、信息、技术等方面的咨询、顾问服务的活动。现实中的具体房地产咨询业务主要有房地产市场调研、房地产投资项目可行性研究、房地产开发项目策划等。

2. 目前，房地产咨询业务主要由房地产估价师、房地产估价机构和房地产经纪人、房地产经纪机构承担。

3. 房地产咨询行业是信息和知识密集的行业。

（五）物业管理行业

物业管理行业是指对已建成并经竣工验收投入使用的各类房屋及配套的设施设备和相关场地进行维修、养护、管理，维护物业管理区域内的环境卫生和相关秩序，并提供相关服务的活动。

【例题1】下列关于房地产业与建筑业关系的说法中，正确的是（　）。

A. 房地产业是建筑业的延伸

B. 房地产业是建筑业的一部分

C. 房地产业和建筑业都属于第二产业

D. 房地产业和建筑业的业务对象都是房地产

E. 房地产业的景气状况对建筑业有很大影响

【答案】DE

【解析】房地产业和建筑业之间既有本质区别又有密切联系。其主要区别是：①建筑业是以建筑产品生产为对象的物质生产部门，是从事建筑生产活动的行业，属于第二产业；②房地产业是从建筑业分蘖出来的产业，兼有生产（开发）、经营、服务和管理等多种性质，属于第三产业。其联系是：①它们的业务对象都是房地产。②在房地产开发建设活动中，房地产开发企业和建筑企业往往是甲方和乙方的密切合作关系，房地产开发企业是房地产开发建设的甲方，建筑企业是实施建设过程的乙方；房地产开发企业是策划者、组织者和承担发包任务；建筑企业则是承包单位，按照承包合同的要求完成基础设施建设、场地平整等土地开发和房屋建设的生产任务。③在实际中，建筑企业兼营房地产开发企业或者房地产开发企业兼营建筑企业的现象较常见，特别是建筑企业兼营房地产开发企业。④房地产业的景气状况对建筑业有很大的影响。

【例题2】按照我国产业结构分类，房地产业属于（　）。

A. 现代服务业　　B. 第一产业

C. 第二产业　　D. 第三产业

【答案】D

【解析】按照世界上较为通用的三次产业分类法，产品直接取自自然界的部门称为第一产业，对初级产品进行再加工的部门称为第二产业，为生产和消费提供各种服务的部门称为第三产业。其中，第三产业是指除第一、第二产业以外的其他行业，包括交通运输、仓储和邮政业，信息传输、计算机服务和软件业，批发和零售业，住宿和餐饮业，金融业，房地产业，租赁和商务服务业，科学研究、技术服务和地质勘查业，水利、环境和公共设施管理业，居民服务和其他服务业，教育，卫生、社会保障和社会福利业，文化、体育和娱乐业，公共管理和社会组织，国际组织等。

【例题3】房地产中介服务包括（ ）。

A. 房地产经纪　B. 房地产咨询

C. 物业管理　D. 房地产投资开发

E. 房地产估价

【答案】ABE

【解析】房地产业是一个产业体系，随着社会分工的发展，其内部分出多种细分行业。目前在我国，房地产业主要包括房地产开发经营、房地产中介服务、物业管理和其他房地产活动。其中，房地产中介服务和物业管理合称为房地产服务行业；房地产中介服务又分为房地产经纪、房地产估价和房地产咨询。

【例题4】（ ）是指帮助房地产出售人、出租人寻找房地产购买人、承租人，或者帮助房地产购买人、承租人寻找其欲购买、承租的房地产的活动。

A. 房地产咨询行业　B. 房地产经纪行业

C. 房地产评估行业　D. 房地产测绘行业

【答案】B

【例题5】（ ）是指为房地产活动当事人提供有关房地产法律法规、政策、信息、技术等方面的咨询、顾问服务的活动。

A. 房地产估价行业　B. 物业管理行业

C. 房地产出租业　D. 房地产咨询行业

【答案】D

【例题6】房地产业主要包括（ ）。

A. 房地产开发经营　B. 建筑管理业

C. 房地产中介服务　D. 物业管理

E. 其他房地产活动

【答案】ACDE

第三节　房地产市场

一、房地产市场概述

（一）房地产市场的含义

1. 市场的含义

从市场营销的角度看，市场是某种商品或某类商品需求的总和。而商品需求是通过买主体现出来的，因此可以说，市场是某一产品所有现实买主和潜在买主所组成的群体。用公式表示为：

市场＝人口＋购买能力＋购买动机

2. 房地产市场的含义

房地产市场是指所交换的商品是房地产或房地产权益的市场，交换包括买卖、互换、租赁等。房地产市场可能是有形的，也可能是无形的。有形的房地产市场是指固定的房地产交易场所；反之，称为无形的房地产市场。

（二）房地产市场的基本要素

房地产市场的形成必须具备以下三个基本要素。

1. 存在着可供交换的房地产商品，包括有形的房地产实物和无形的房地产权利或服务。

2. 存在着具有购买欲望的买方。

3. 交换价格符合买卖双方的利益要求。

只有同时具备了这三个条件，实际的交易行为才能发生。

（三）房地产市场的作用和特点

1. 交易的房地产实物不能进行空间位置上的移动，只能是房地产权利（如房屋所有权、建设用地使用权）的转移。

2. 交易的对象非标准化，是一个产品差异化（异质性）的市场。

3. 供求状况、价格水平和价格走势等在不同地区各不相同、各具特色，是一个地区性市场。通常以一个城市为一个市场。

4. 容易出现垄断和投机。房地产投机是指不是为了使用而是为了再出售（或再购买）而暂时购买（或出售）房地产，利用房地产价格的涨落变化，以期从价差中获利的行为。

5. 较多地受法律、法规、政策等措施的影响和限制。

6. 交易金额较大，通常需要抵押贷款，依赖于金融机构的支持与配合。

7. 交易程序较复杂，交易通常需要签订书面合同，需要办理产权过户手续等。

二、房地产市场的分类

（一）按照房地产流转次数的分类

1. 房地产一级市场，即建设用地使用权的出让。

2. 房地产二级市场，即建设用地使用权出让后的房地产开发和经营，具体为建设用地使用权转让市场，新开发的商品房、经济适用住房等的初次交易市场。

3. 房地产三级市场，即投入使用后的房地产买卖以及租赁、抵押等多种经营方式，具体为商品房、经济适用住房、已购公有住房等的再次交易市场。

（二）按照房地产交易方式的分类

按照房地产交易方式，房地产市场可分为房地产买卖市场和房地产租赁市场。房地产由于价值较大、寿命长久，其租赁活动有时比买卖活动还要多。

（三）按照区域范围的分类

房地产的不可移动特性，决定了房地产市场是地区性市场。按照区域范围，房地产市场可分为区域房地产市场和整体房地产市场。具体可分为某个城市房地产市场、某个地区房地产市场或者全国房地产市场。

（四）按照达成交易与入住时间异同的分类

按照达成交易与入住时间的异同，房地产市场可分为现房市场和期房市场。现房是指目前已建成的房屋，期房是指目前尚未建成而在将来建成的房屋。

（五）按照房地产用途的分类

按照房地产用途（功能），房地产市场可分为居住房地产市场和非居住房地产市场。居住房地产市场又可分为普通住宅市场、高档公寓市场、别墅市场等。非居住房地产市场又可分为商业用房市场、写字楼市场、工业用房市场等。

（六）按照房地产档次的分类

按照房地产档次（建造标准、装饰装修标准或者价格水平等），房地产市场可分为高档房地产市场、中档房地产市场和低档房地产市场。高档、中档和低档的评判标准及具体名称，因不同用途（功能）的房地产和不同的划分标准而有所不同。

三、房地产市场的参与者

（一）房地产市场中的卖方

房地产市场中的卖方主要包括土地权利人、房地产开发企业和房屋所有权人。

1. 土地权利人主要包括土地所有者和土地使用者。

2. 房地产开发企业简称开发商，是以营利为目的，从事房地产开发和经营的企业。开发商是房地产开发项目的决策者、投资者、筹资者、组织者、管理者和实施者。有些开发商从规划设计到租售阶段，均聘请专业顾问机构提供服务。受开发商委托，直接参与房地产的开发建设和维护的企业有：①规划设计单位（编制规划设计方案）；②勘察设计单位（工程勘察、工程测量等工作）；③建筑设计单位（建筑设计和建设过程中的建筑施工合同管理等工作）；④建筑施工企业；⑤物业服务企业。

3. 房屋所有权人可能转让或出租自己拥有的房屋，成为二手房市场上的卖方。

（二）房地产市场中的买方

房地产市场中的买方主要指消费者，包括购买人和承租人。

房地产市场中的购买人可分为自用型购买人和投资型购买人。

（三）房地产中介服务机构

房地产中介服务结构主要包括三类：房地产经纪机构、房地产估价机构和房地产咨询机构。

（四）其他专业服务机构

其他专业服务机构主要包括金融机构、律师事务所、会计师事务所和房地产估价机构。

（五）房地产市场的管理者

房地产市场的管理者主要是指行政主管部门和行业自律性组织。

四、房地产市场竞争

（一）房地产市场竞争的概念

房地产市场竞争是指在房地产市场上交易各方为自己利益最大化而进行的努力。

竞争关系不仅反映为买卖双方之间的竞争，还包括卖方内部成员之间的竞争和买方内部成员之间的竞争。卖方本来是要贵卖，但卖方与卖方之间竞争的结果却会降低价格。买方本来是要贱买，但买方与买方之间竞争的结果却会抬高价格。

（二）房地产市场结构

1. 完全竞争市场

完全竞争市场是竞争不受任何阻碍和干扰的市场。完全竞争市场必须具备以下条件：①所买卖的商品具有同质性，不存在差别，因而任何买者不在乎从哪个卖者手里购买商品，不会对某个卖者产生偏好，任何卖者也无法通过自己的商品来垄断市场；②有相当多的买者和卖者，每个买者和卖者所买卖的商品数量在市场上仅占微小的份额，因而单个买者或卖者都不能影响市场价格，而只能是价格的接受者；③市场信息完全，买者和卖者都掌握当前价格的完整信息，并能预测未来的价格；④买者和卖者都可以自由进出市场；⑤买者和卖者无串通共谋行为，也没有政府干预。

2. 垄断竞争市场

垄断竞争市场是既有垄断又有竞争、以竞争为主的市场。垄断竞争市场主要具有以下特点：①卖者和买者都比较多；②产品存在差异，即产品在质量、功能、外观、品牌、服务等方面存在差别；③市场信息比较完全。

3. 寡头垄断市场

寡头垄断市场是少数几个生产者的产量和市场份额占该市场的绝大部分或者全部的市场。

该市场上的产品既可能是异质产品，也可能是同质产品。可是，生产者之间的竞争，既可能是非价格竞争，也可能是价格的竞争。此外，很多生产者虽然声称他们的产品不一样，但他们产品的相似性很大，因此他们之间既有价格竞争，也有非价格竞争。

4. 完全垄断市场

完全垄断市场是由一个卖者或一个买者控制的市场。又可分为卖方垄断、买方垄断和双边垄断。卖方垄断是指只有一个卖者而买者很多的市场。买方垄断是指只有一个买者而卖者很多的市场。双边垄断是指市场中只有一个买者和一个卖者的市场。

五、房地产市场波动

（一）房地产市场周期

从长期来看，房地产市场会呈现出一种有规律的上升和下降的周期性交替变化。

房地产市场周期大体有上升期、高峰期、衰退期和低谷期四个阶段。

1. 上升期

在这一时期，需求不断增加，房屋（房地产）供不应求。其主要特征有：租金和售价几乎同步上涨；二手房屋的价格上涨。另外，在这一阶段的初期，房屋空置率略高于正常水平，随后，需求的不断增加使房屋空置率不断下降。到这一阶段的后期，房屋空置率下降到正常水平。

2. 高峰期

在这一时期，需求继续增加，但增加的势头逐渐减弱，并在此阶段的后期，需求开始出现减少的势头。其主要特征有：售价以比租金快得多的速度上涨；新房换手快，交易量大；大批房地产开发项目开工，房屋空置率也经历了在上升期的基础上继续下降到该阶段后期开始上升的过程。

3. 衰退期

由于价格上升到顶点，期望通过价差获取利润的投机需求减弱，通过租金回收投资并获取利润也不见得划算，因而投资需求减少。其主要特征有：新房销售困难；投资者纷纷设法将自己持有的房地产脱手，旧房交易量大；售价以比租金快得多的速度下降；房屋空置率上升。

4. 低谷期

需求继续减少，新的供给不再产生或很少产生。其主要特征有：市场极为萧条，买卖交易量很小；房地产开发项目开工率低；租金降到谷底，基本维持稳定。

（二）房地产"泡沫"

1. 表现

房地产"泡沫"表现为地价、房价人为地、不合理地持续上涨，且其上涨速度远远超过了整个经济的增长速度。

2. 形成原因

房地产"泡沫"的形成原因有多种，归结起来主要有两个：一是群体的非理性预期；二是过度的投机炒作。此两者有时相辅相成。其中，对房地产价格看涨的共同预期是形成房地产"泡沫"的基础。

3. 房地产需求的类型

按购买目的或动机，可以将购买房地产的需求归纳为以下三类。

（1）消费需求，又称自用需求，是购买房地产后自己使用的需求。

（2）投资需求，是购买房地产后以出租来获得回报的需求。

（3）投机需求，是为卖而买的需求，特别是发生在投机者对未来的房地产价格看涨时而购买房地产，甚至出现疯狂的抢购、囤积居奇。

4. 判断房地产是否有泡沫的方法

判断房地产是否有泡沫的方法是，看房地产市场价格是否持续、越来越高地背离其理论价格。简单的衡量指标有房价与房租之比（又称"毛租金乘数"、"租售比价"）、入住率。

（1）从房价与房租之比来看，在房租由市场决定及一个地区经济正常发展的情况下，房价与月房租有一个合理的倍数。如果房价与月房租之比大大高于这个合理倍数，则说明房价有泡沫。因为房租比房价更能反映真实的房地产供求状况。

（2）从入住率来看，之所以出现房地产泡沫，是因为许多人买房而不入住，等待时机再卖掉。

泡沫破灭，是虚假的高需求之后，突然发现是供给过剩。因此，泡沫表面上看起来是供不应求，实际上是供大于求。

【例题1】房地产市场可以看成是人口、购买能力和（ ）的结合体。

A. 供给数量　　B. 购买动机

C. 交易方式　　D. 交易制度

【答案】B

【解析】市场 = 人口 + 购买能力 + 购买动机。这个公式说明，人口、购买能力和购买动机三个因素，缺少任何一个都不能构成市场。

【例题2】房地产市场形成的条件包括（ ）。

A. 存在具有购买欲望的买方

B. 存在可供交换的房地产商品

C. 存在作为中间人的房地产经纪机构

D. 存在符合买卖双方利益要求的交换价格

E. 存在为购买者提供金融服务的金融机构

【答案】ABD

【解析】房地产市场的形成必须具备以下三个基本要素：①存在着可供交换的房地产商品，包括有形的房地产实物和无形的房地产权利或服务；②存在着具有购买欲望的买方；③交换价格符合买卖双方的利益要求。

【例题3】国有建设用地使用权出让市场属于（　）。

A. 房地产一级市场　　B. 房地产二级市场

C. 房地产三级市场　　D. 土地二级市场

【答案】A

【解析】按照房地产流转次数，房地产市场可分为：①房地产一级市场，即建设用地使用权的出让；②房地产二级市场，即建设用地使用权出让后的房地产开发和经营，具体为建设用地使用权转让市场，新开发的商品房、经济适用住房等的初次交易市场；③房地产三级市场，即投入使用后的房地产买卖以及租赁、抵押等多种经营方式，具体为商品房、经济适用住房、已购公有住房等的再次交易市场。

【例题4】完全竞争市场的特征包括（　）。

A. 买者和卖者数量大　　B. 商品异质

C. 市场信息不对称　　D. 买者可以自由进出

E. 买者和卖者无串谋

【答案】ADE

【解析】完全竞争市场是竞争不受任何阻碍和干扰的市场。完全竞争市场必须具备以下条件：①所买卖的商品具有同质性，不存在差别，因而任何买者不在乎从哪个卖者手里购买商品，不会对某个卖者产生偏好，任何卖者也无法通过自己的商品来垄断市场；②有相当多的买者和卖者，每个买者和卖者所买卖的商品数量在市场上仅占微小的份额，因而单个买者或卖者都不能影响市场价格，而只能是价格的接受者；③市场信息完全，买者和卖者都掌握当前价格的完整信息，并能预测未来的价格；④买者和卖者都可以自由进出市场；⑤买者和卖者无串通共谋行为，也没有政府干预。

【例题5】在我国房地产市场中，房地产经纪业务相对较少的是（　）。

A. 房地产一级市场　　B. 房地产二级市场

C. 房地产三级市场　　D. 房屋租赁市场

【答案】A

【解析】按照房地产流转次数，房地产市场可分为：①房地产一级市场，即建设用地使用权的出让；②房地产二级市场，即建设用地使用权出让后的房地产开发和经营，具体为建设用地使用权转让市场，新开发的商品房、经济适用住房等的初次交易市场；③房地产三级市场，即投入使用后的房地产买卖以及租赁、抵押等多种经营方式，具体为商品房、经济适用住房、已购公有住房等的再次交易市场。由此可知，房地产一级市场的经纪业务相对比较少。

【例题6】下列房地产交易形式中，属于房地产三级市场的有（　）。

A. 新建商品房销售

B. 房屋租赁

C. 房屋抵押

D. 土地转让

E. 经济适用住房上市交易

【答案】BCE

【解析】房地产三级市场，即投入使用后的房地产买卖以及租赁、抵押等多种经营方式，具体为商品房、经济适用住房、已购公有住房等的再次交易市场。

【例题7】在房地产市场周期的某个阶段，初期房屋空置率略高于正常水平，随后需求增加使空置率下降，后期空置率回到正常水平，这个时期为房地产市场周期的（　）。

A. 上升期　　B. 高峰期

C. 衰退期　　D. 低谷期

【答案】A

【解析】房地产市场周期波动可分为上升期、高峰期、衰退期和低谷期四个阶段。其中，上升期的主要特征有：租金和售价几乎同步上涨；二手房屋的价格上涨。另外，在这一阶段的初期，房屋空置率略高于正常水平，随后，需求的不断增加使房屋空置率不断下降。到这一阶段的后期，房屋空置率下降到正常水平。

【例题8】2011年，有1 000余家房地产开发企业在某市进行房地产开发，据此判断，该市房地产市场属于（　）。

A. 完全竞争市场　　B. 垄断竞争市场

C. 寡头垄断市场　　D. 完全垄断市场

【答案】B

【解析】垄断竞争市场是既有垄断又有竞争、以竞争为主的市场。垄断竞争市场主要具有以下特点：①卖者和买者都比较多；②产品存在差异，即产品在质量、功能、外观、品牌、服务等方面存在差别；③市场信息比较完全。由于生产者提供的产品存在差异，产品之间又有着替代性，随着生产者数量的增加，生产者之间的产品具有的竞争性也在增加。产品数量越多，消费者在不同的产品之间进行选择的余地也就越大。因此，在一定程度上限制了生产者的垄断性。生产者既是价格的接受者，又在一定程度上由于产品的差异是价格的制定者。房地产市场通常属于这种市场。

【例题9】（　）即投入使用后的房地产买卖以及租赁、抵押等多种经营方式，具体为商品房、经济适用住房、已购公有住房等的再次交易市场。

A. 房地产二级市场　　B. 房地产三级市场

C. 房地产一级市场　　D. 房地产五级市场

【答案】B

【例题10】（　）也称为增量房市场、住房一级市场。

A. 新房市场　　B. 旧房市场

C. 土地一级市场　　D. 存量房市场

【答案】A

【解析】相关的分类还有土地一级市场和土地二级市场，新房市场、旧房市场。新房市场也称为增量房市场、住房一级市场。

【例题11】下列关于市场的定义或表述，正确的是（　）。

A. 市场是商品交换的场所

B. 市场是连接商品批发者和消费者之间的桥梁

C. 市场是商品交换的任何场合

D. 市场是相互作用，使交换成为可能的买方和卖方的集合

E. 市场是能够使买者和卖者得到信息并相互交易的安排

【答案】ACDE

【解析】人们对于什么是市场，有多种定义或表述：①市场是商品交换的场所；②市场是商品交换的任何场合；③市场是连接商品生产者和消费者之间的桥梁；④市场是相互作用，使交换成为可能的买方和卖方的集合；⑤市场是能够使买者和卖者得到信息并相互交易的安排；⑥市场是某种商品或某类商品需求的总和。

【例题12】房地产市场是指所交换的商品是房地产或房地产权益的市场，交换包括（　）。

A. 买卖　　B. 购买

C. 互换　　D. 抵押

E. 租赁

【答案】ACE

【例题13】下列属于房地产市场周期衰退期的主要特征的有（　）。

A. 新房销售困难

B. 投资者纷纷设法将自己持有的房地产脱手，旧房交易量大

C. 售价以比租金快得多的速度下降

D. 房屋空置率下降

E. 房地产开发项目开工率低

【答案】ABC

【解析】衰退期的主要特征有：新房销售困难；投资者纷纷设法将自己持有的房地产脱手，旧房交易量大；售价以比租金快得多的速度下降；房屋空置率上升。

【例题14】判断房地产是否有泡沫的衡量指标有（　）。

A. 地价与房租之比

B. 房价与房租之比

C. 出租率

D. 入住率

E. 房价与地价之比

【答案】BD

【解析】判断房地产是否有泡沫的方法是，看房地产市场价格是否持续、越来越高地背离其理论价格。简单的衡量指标有房价与房租之比（又称“毛租金乘数”、“租售比价”）、入住率。

练习题

一、单项选择题（每题的备选答案中只有一个最符合题意）

1.（　）是指有基础、墙、顶、门、窗，起着遮风避雨、保温隔热、抵御野兽或他人侵袭等作用，供人们在里面居住、工作、学习、娱乐、储藏物品或进行其他活动的建筑物。

A. 构筑物　　B. 房屋

C. 其他地上定着物　　D. 地上定着物

2.（　）是指房地产中无形的、不可触摸的部分，是基于房地产实物而衍生出来的权利、利益和收益。

A. 房地产权益　　B. 房地产实物

C. 房地产状况　　D. 房地产区位

3.（　）是指一宗房地产与其他房地产或者事物在空间方位和距离上的关系，包括位置、交通、周围环境和景观、外部配套设施等方面。

A. 地产区位　　B. 建筑物区位

C. 房产区位　　D. 房地产区位

4.（　）是一种极为重要而量大面广的财产。

A. 建筑物　　B. 房地产

C. 动产　　D. 汽车

5. 房地产是（　）的最重要组成部分。

A. 公司财产　　B. 单位财产

C. 家庭财产　　D. 企业财产

6. 房地产的（　）特性，使得难以出现相同房地产的大量供给。

A. 价值量大　　B. 独一无二

C. 寿命长久　　D. 相互影响

7. 我国对于建设用地使用权出让的最高年限的规定中，工业用地、教育、科技、文化、卫生、体育用地为（　）。

A. 70 年　　B. 40 年

C. 50 年　　D. 60 年

8.（　）是指供家庭或个人居住使用的房地产，又可分为住宅和集体宿舍两类。

A. 办公房地产　　B. 零售商业房地产

C. 旅馆房地产　　D. 居住房地产

9.（　）是指具有一定的城市基础设施，有地上物（如房屋、围墙、电线杆、树木等）需要拆除或迁移但尚未拆除或迁移的土地。

A. 生地　　B. 净地

C. 毛地　　D. 熟地

10.（　）是指建筑物已开始建造但尚未竣工、不具备使用条件的房地产。

A. 在建工程　　B. 现房

C. 毛地　　D. 生地

11.（　）可分为土地与已建造完成的建筑物的综合体即现房和土地，与尚未建造完成的建筑物的综合体即在建工程或房地产开发项目。

A. 房地产的局部

B. 土地与建筑物的综合体

C. 已经灭失的房地产

D. 未来状况下的房地产

12.（　）是指能直接产生租赁收益或其他经济收益的房地产。

A. 不收益性房地产　　B. 可收益性房地产

C. 非收益性房地产　　D. 收益性房地产

13.（　）是从事房地产投资、开发、经营、服务和管理的行业，包括房地产开发经营、房地产中介服务、物业管理和其他房地产活动。

A. 房地产业　　B. 房地产开发业

C. 房地产测绘业　　D. 房屋征收实施

14. 下列关于市场的公式，表示正确的是（　）。

A. 市场 = 人口 + 购买动机

B. 市场 = 人口 + 购买能力 + 购买动机

C. 市场 = 购买能力 + 购买动机

D. 市场 = 人口 + 购买能力

15. 房地产市场（　），可分为居住房地产市场和非居住房地产市场。

A. 按照区域范围

B. 按照房地产交易方式

C. 按照房地产档次

D. 按照房地产用途

16.（　）是指在房地产市场上交易各方为自己利益最大化而进行的努力。

A. 房地产市场开发　　B. 房地产市场计划

C. 房地产市场竞争　　D. 房地产市场垄断

17.（　）是房地产供不应求，卖方处于有利地位并对价格起主导作用的市场。

A. 卖方市场　　B. 买方市场

C. 垄断市场　　D. 竞争市场

18.（　）是少数几个生产者的产量和市场份额占该市场的绝大部分或者全部的市场。

A. 完全垄断市场　　B. 垄断竞争市场

C. 寡头垄断市场　　D. 完全竞争市场

19.（　）是消费需求夹杂着投资需求增加的时期。

A. 上升期　　B. 高峰期

C. 衰退期　　D. 低谷区

20.（　）也称为自用需求，是购买房地产后自己使用的需求。

A. 购买需求　　B. 消费需求

C. 投资需求　　D. 投机需求

二、多项选择题（每题的备选答案中有两个或两个以上符合题意）

1. 房地产通俗地说是指（　）。

A. 实物　　B. 房屋

C. 土地　　D. 房产

E. 地产

2.（　）属于不动产。

A. 器物　　B. 树木

C. 给水设备　　D. 采暖设备

E. 电梯设备

3. 房地产权益以房地产权利为基础，包括（ ）。

A. 房地产的各种权利

B. 受到其他房地产权利限制的房地产权利

C. 房地产的内部利益或收益

D. 受到房地产权利以外的各种因素限制的房地产权利

E. 房地产的额外利益或收益

4. 我们通常把难以变现称为（ ）。

A. 变现能力弱　　B. 流动性强

C. 变现能力强　　D. 变现能力较弱

E. 流动性差

5. 下列属于体育和娱乐房地产的有（ ）。

A. 娱乐城　　B. 体育场馆

C. 保龄球馆　　D. 影剧院

E. 博物馆

6. 下列属于土地与建筑物的综合体的有（ ）。

A. 正在建造的建筑物

B. 现房和土地

C. 在建工程

D. 停缓建的建筑物

E. 房地产开发项目

7. 非收益性房地产是指不能直接产生经济收益的房地产，包括（ ）。

A. 未开发的土地　　B. 行政办公楼

C. 旅馆　　D. 教堂

E. 寺庙

8. 按照房地产的经营使用方式划分，房地产可以分为（ ）。

A. 销售的房地产　　B. 使用的房地产

C. 出租的房地产　　D. 建设的房地产

E. 自用的房地产

9. 下列属于房地产中介服务行业的有（ ）。

A. 房地产物业管理　　B. 房地产经纪

C. 房地产估价　　D. 房地产开发经营

E. 房地产咨询

10. 下列属于其他房地产活动的有（ ）。

A. 房地产估价行业

B. 房地产测绘

C. 房屋安全鉴定

D. 房屋征收实施

E. 房地产经纪行业

11. 下列关于房地产市场的表述中，不正确的是（ ）。

A. 供求状况、价格水平和价格走势等在不同地区各不相同、各具特色，是一个地区性市场

B. 交易的对象标准化，是一个产品差异化（异质性）的市场

C. 容易出现垄断和投机

D. 较多地受法律、法规、政策等措施的影响和限制

E. 交易金额较小，通常需要抵押贷款，依赖于金融机构的支持与配合

12. 按照房地产流转次数分类，房地产市场可分为（ ）。

A. 土地一级市场　　B. 房地产一级市场

C. 土地二级市场　　D. 房地产二级市场

E. 房地产三级市场

13. 按照房地产用途的分类中，居住房地产市场又可分为（ ）。

A. 商业用房市场　　B. 普通住宅市场

C. 写字楼市场　　D. 高档公寓市场

E. 别墅市场

14. 按照房地产档次，房地产市场可以分为（ ）。

A. 高档房地产市场　　B. 中低档房地产市场

C. 中高档房地产市场　　D. 中档房地产市场

E. 低档房地产市场

15. 下列属于房地产市场中的卖方的有（ ）。

A. 土地权利人　　B. 房地产咨询企业

C. 房地产开发企业　　D. 房屋所有权人

E. 房屋使用权人

16. 房地产市场中的买方主要指消费者，包括（ ）。

A. 批发人　　B. 购买人

C. 出租人　　D. 承租人

E. 出售人

17. 其他专业服务机构主要包括（ ）。

A. 金融机构　　B. 房地产经纪机构

C. 律师事务所　　D. 会计师事务所

E. 房地产估价机构

18. 下列关于房地产市场竞争的表述中，正确的有（ ）。

A. 有卖方与买方之间的竞争

B. 竞争关系反映为买卖双方之间的竞争

C. 包括卖方内部成员之间的竞争和买方内部成员之间的竞争

D. 卖方市场是房地产供大于求，买方处于有利地位并对价格起主导作用的市场

E. 买方市场是房地产供不应求，卖方处于有利地位并对价格起主导作用的市场

19. 垄断竞争市场是既有垄断又有竞争、以竞争为主的市场，其特点有（ ）。

A. 卖者和买者都比较多

B. 产品存在差异

C. 只有一个卖者，而买者很多

D. 新生产者不能进入市场

E. 市场信息比较完全

20. 下列属于房地产市场周期高峰期的主要特征的有（ ）。

A. 大批房地产开发项目开工

B. 售价以比租金快得多的速度上涨

C. 新房换手快，交易量大

D. 售价以比租金快得多的速度下降

E. 房屋空置率也经历了在上升期的基础上继续下降到该阶段后期开始上升的过程

三、综合分析题（每题的备选答案中有一个或一个以上符合题意。错选不得分；少选，但选择正确的每个选项得相应分）

A 城市的市民谭某拥有一间商业门市，并用该门市向银行抵押贷款，抵押合同约定：谭某如欲出售、出租该门市，应征得银行的书面同意。谭某委托甲房地产经纪机构的房地产经纪人李某出租该门市，并答应该业务完成后给李某“好处费”。李某为了隐瞒这笔业务，使用偷盖了甲房地产经纪机构印章的空白合同与谭某订立了委托合同，委托合同约定的佣金为每年两个月的租金收入。后来李某找到王某，游说王某委托李某个人为其承租门市，李某代表王某与谭某订立了房屋租赁合同，该合同的租赁双方均有李某的签名，出租方有谭某的签名，李某向谭某出具了王某的授权委托书，委托书载明王某委托李某全权代理承租门市事宜（合同期限不长于 10 年）。

1. 关于谭某与甲房地产经纪机构订立的委托合同一事，下列表述中正确的有（ ）。

A. 有效

B. 无效

C. 效力待定

D. 该合同由李某个人承担责任

2. 关于佣金和“好处费”，下列表述中不正确的有（ ）。

A. 李某个人不能收受“好处费”

B. 甲房地产经纪公司收取的佣金应按合同约定的标准，但应当符合国家有关规定

C. 如果该经纪业务做成，谭某自愿支付给李某“跑路费”，李某就可以收取

D. 如果该经纪业务未做成，而委托合同约定：甲房地产经纪公司仍可以要求谭某支付从事该经纪活动支出的必要费用 1 100 元。甲房地产经纪公司据此收取了谭某 1 100 元

3. 下列关于上述房屋租赁合同的表述中，正确的有（ ）。

A. 有效

B. 无效

C. 经过王某签名确认后有效

D. 如果租赁期限为 15 年，即使王某在合同上签名确认，该租赁合同仍然无效

4. 下列关于李某的上述经纪业务活动的表述中，正确的有（ ）。

A. 李某私自收取“好处费”违规，其他行为不违背经纪人执业的基本规范

B. 李某如将收取的“好处费”上交甲房地产经纪机构，就不存在其他违规行为

C. 即使李某未收取“好处费”，仍然存在违规行为

D. 该经纪业务如对王某造成损失，则甲房地产经纪机构应承担侵权赔偿责任

5. 该门市的租赁合同未经银行书面同意，银行因此享有的权利义务有（ ）。

A. 宣布该租赁合同无效

B. 追究谭某的违约责任

C. 从发现谭某擅自出租门市之日起，直接收取王某应当支付的房屋租金

D. 一旦发现谭某擅自出租门市，立即将承租户王某驱逐

第二章　房地产经纪概述

考纲解读

本部分的考试目的是测试应考人员对房地产经纪的含义、分类、特性、作用、产生与发展等基本知识的掌握程度。

本章考试基本要求包括：

1. 掌握房地产经纪的含义、分类、必要性和作用；
2. 掌握经纪和房地产经纪的特性；
3. 熟悉房地产经纪的产生与发展。

本章知识结构

- 房地产经纪概述
  - 房地产经纪的含义与分类
    - 房地产经纪的含义
    - 房地产经纪的分类
  - 房地产经纪的特性
    - 经纪的特性
    - 房地产经纪的特性
  - 房地产经纪的作用
    - 房地产经纪的必要性
    - 房地产经纪的作用
  - 房地产经纪的产生与发展
    - 房地产经纪的产生与历史沿革
    - 房地产经纪业的发展现状
    - 房地产经纪业的发展展望

重点难点分析

第一节　房地产经纪的含义与分类

一、房地产经纪的含义

（一）经纪的含义

1. 经纪是指自然人、法人和其他经济组织通过居间、代理、行纪等服务方式，促成委托人与他人的交易，并向委托人收取佣金的中介服务活动。

2. 一般而言，经纪服务最主要的方式有居间、代理、行纪三种。

（1）居间是指经纪人向委托人报告订立合同的机会或者提供订立合同的媒介服务，撮合交易成功并向委托人收取佣金等经纪服务费用的经济行为。居间是经纪行为中最原始的一种方式。

（2）代理是指经纪人在受托权限内，以委托人的名义与第三方进行交易，并由委托人承担相应法律责任的经济行为。经纪活动中的代理，是一种商事代理活动，即代理人根据与被代理人达成的经纪合同，按照合同规定的范围、程度、时间从事商品交易活动的行为。

（3）行纪是指经纪人受委托人的委托，以自己的名义与第三方进行交易，并承担规定的法律责任的经济行为。行纪主要有以下两个特征：

一是，经委托人同意，或双方事先约定，经纪人可以以低于（或高于）委托人指定的价格买进（或卖出），并因此增加报酬；

二是，除非委托人不同意，对具有市场定价的商品，经纪人自己可以作为买受人或出卖人。

【例题 1】经纪是社会经济活动中的一种中介服

务行为，具体是指以（ ）为目的，为促成他人交易而从事居间、代理、行纪等经纪业务的经济活动。

A. 提供交易信息　　B. 收取佣金

C. 从事居间业务　　D. 从事代理业务

【答案】B

【解析】经纪是社会经济活动中的一种中介服务行为，具体是指以收取佣金为目的，为促成他人交易而从事居间、代理、行纪等经纪业务的经济活动。

【例题2】经纪的产生和发展是以（ ）为前提的。

A. 商品生产和商品交换

B. 社会分工和产业分离

C. 物物交换和钱物交换

D. 制度改革和经济改革

【答案】A

【例题3】经纪作为一种经济活动的基本含义有（ ）。

A. 通过提供中介服务提高交易价格

B. 通过提供信息和专业服务来促成他人交易

C. 通过提供信息收取信息费

D. 通过收取佣金的方式获取服务报酬

E. 通过为买方或卖方提供便利而获取回扣

【答案】BD

（二）房地产经纪的含义

1. 含义

房地产经纪是指房地产经纪机构和房地产经纪人员为促成房地产交易，向委托人提供房地产居间、代理等服务并收取佣金的行为。房地产经纪旨在促成委托人与第三方进行房地产交易。

2. 委托人

房地产经纪服务的委托人，即提出房地产经纪服务需要的单位或个人，是房地产经纪服务的需求者，主要包括房地产出卖人、出租人、购买人和承租人。

3. 房地产经纪是一种专业服务

房地产经纪是一种专业服务，因此，从事房地产经纪活动的主体具有特殊性。

4. 房地产经纪服务的内容

房地产经纪机构和经纪人员除了向委托人提供房地产交易相关信息、实地看房、代拟房地产交易合同、协助委托人与他人订立房地产交易合同服务等基本的房地产经纪服务外，还常常向委托人提供代办贷款、代办房地产登记等房地产经纪延伸服务。

5. 房地产经纪是一种市场化的有偿服务

房地产经纪机构可以依据有关法律法规和房地产经纪服务合同，向房地产经纪服务的委托人收取房地产经纪服务费（包括佣金和其他服务的服务费）。

6. 客体

房地产经纪活动的客体包括各种类型的房地产，不仅包括二手房，还包括新建商品房；不仅包括住宅，还包括商业用房、写字楼、工业用房等非住宅；不仅包括房屋，还包括房地产开发用地、房地产开发项目等。

7. 方式

房地产经纪的主要方式是房地产居间和房地产代理。

【例题4】下列房地产经济活动中，属于房地产经纪活动的是（ ）。

A. 受人民法院委托，评估拟拍卖房地产的市场价值

B. 受房地产开发企业委托，对房地产开发项目进行策划

C. 促成委托人与他人达成房地产交易

D. 为他人提供房地产咨询服务

【答案】C

【解析】房地产经纪是指房地产经纪机构和房地产经纪人员为促成房地产交易，向委托人提供房地产居间、代理等服务并收取佣金的行为。房地产经纪旨在促成委托人与第三方进行房地产交易，没有第三方的房地产中介服务不属于房地产经纪活动。A选项属于房地产估价活动；B、D两项均属于房地产咨询活动。

【例题5】下列关于房地产经纪服务主要特点的说法中，正确的是（ ）。

A. 房地产经纪从业人员不一定具有房地产经纪人资格

B. 房地产经纪服务是受当事人委托进行的

C. 房地产经纪服务属于公益性活动

D. 房地产经纪服务的特点是价格垄断

【答案】B

【解析】A选项：从事房地产经纪行业的人员需取得房地产经纪人资格。B、C两项：房地产经纪是指房地产经纪机构和房地产经纪人员为促成房地产交易，向委托人提供房地产居间、代理等服务并收取佣金的行为。所以，房地产经纪服务是受当事人委托进行的，是一种市场化的有偿服务，是以盈利为目的的。D选项：房地产经纪收费实行明码标价制度。

【例题6】下列不属于房地产经纪活动的有（ ）。

A. 房地产居间　　B. 房地产开发

C. 房地产经营　　D. 房地产物业管理

E. 房地产行纪

【答案】BCD

【例题7】下列经济活动中，属于房地产经纪的是（　）。

A. 房地产开发　　B. 房地产测绘

C. 房地产代理　　D. 物业管理

【答案】C

【例题8】房地产经纪活动存在的原因不包括（　）。

A. 房地产交易需要签订书面合同

B. 房地产具有特殊性

C. 房地产交易具有复杂性

D. 房地产市场具有信息不对称性

【答案】A

【例题9】房地产经纪的核心功能是（　）。

A. 提升房地产价值

B. 促成房地产交易

C. 维护房地产正常运营

D. 规范房地产交易行为

【答案】B

（三）相关概念辨析

1. 经纪与中介

（1）中介含义如下。

① 现实生活中人们使用“中介”一词，往往泛指各种人类活动中的“居中介绍或撮合”。

② 从经济含义上来理解，“中介”主要是指市场经济活动中众多为直接或间接促进市场交易而进行的经济活动的总称。

（2）中介服务根据其发挥作用的方向和途径可以分为下列三大类。

第一类，为交易的顺利进行提供关于交易标的品质、技术或其他综合信息的活动。

第二类，为交易的顺利进行提供关于买方或买方信息（即交易主体信息）的活动。

第三类，直接代理交易的一方完成交易具体程序的活动。房地产经纪属于此类。

现实经济生活中还存在一种介于第二类和第三类之间的活动，即中介服务的提供方为促进交易的顺利进行，提供关于买方或卖方的信息并撮合双方成交，但又不作为任何一方的代理人，这类活动是居间活动。

（3）经纪与中介的关系。

“经纪”是“中介”中的一种特定活动，其活动成果以是否成交来体现，因此，其服务收入的基本形式是佣金。佣金是经纪服务委托人对经纪服务提供方所付出的劳动时间、花费的资金和承担的风险的总回报。委托人支付佣金的义务以经纪合同所约定的交易达成为前提。除法律法规另有规定外，经纪人通常是在完成经纪服务后才能收取佣金。佣金数额是按交易成交额的某一比率来计算的。

2. 经纪与代理、居间

现代西方的经纪人实际上就是一个代理人，代理是西方国家经纪活动的主要方式。代理可分为民法上的代理和商法上的代理两类。

在居间活动中，经纪人不作为任何一方的代理人，而仅仅向交易一方或双方提供交易信息并撮合双方成交。目前在中国，居间仍是一种主要的经纪活动方式。

3. 经纪与行纪、经销、包销

经纪与行纪、经销、包销的主要区别如下表所示。

经纪、行纪、经销及包销的区别

概念	同交易标的之间的关系	报酬的形式	同交易主体之间的关系
经纪	不占有交易标的	佣金	以交易标的所有者的名义进行活动
经销	占有交易标的	差价	以自己的名义进行活动
行纪	不占有交易标的	差价	以自己的名义进行活动，但行为受到一定的限制
行纪的特殊形式（包销）	不占有交易标的	佣金＋差价	以交易标的所有者的名义进行活动，行为受到一定限制

【例题10】下列关于房地产经纪佣金的说法中，正确的有（　）。

A. 佣金是房地产经纪服务收入的基本形式

B. 佣金数额通常按房地产成交额的一定比率

计算

C. 佣金是对房地产经纪机构所付出的劳动、所投入的资金和所承担的风险的回报

D. 佣金通常在完成房地产经纪服务后收取

E. 佣金本质上是房地产信息费

【答案】ABCD

【解析】A、B两项："经纪"是"中介"中的一种特定活动，其活动成果以是否成交来体现，因此，其服务收入的基本形式是佣金。佣金数额是按交易成交额的某一比率来计算的。C、D两项：委托人支付佣金的义务以经纪合同所约定的交易达成为前提。除法律法规另有规定外，经纪人通常是在完成经纪服务后才能收取佣金。佣金是经纪服务委托人对经纪服务提供方所付出的劳动时间、花费的资金和承担的风险的总回报。E项：佣金不同于其他单纯提供信息的中介服务机构所收取的信息费（或称咨询费），两者经济性质不同。

【例题11】下列关于居间、代理、行纪三种经纪活动的表述中，正确的有（ ）。

A. 在居间活动中，经纪人要以委托人的名义同参与交易的另外一方进行谈判

B. 在代理活动中，经纪人在委托权限内从事活动所产生的权利和义务均由委托人承担

C. 在代理活动中，经纪人以自己的名义与第三方进行交易

D. 在行纪活动中，经纪人受委托人委托，以自己的名义与第三方进行交易

E. 在居间活动中，经纪人受委托人委托，以自己的名义与第三方进行交易

【答案】BD

【解析】在居间活动中，经纪人只是中间人，不参与交易；在代理活动中经纪人以委托人的名义与第三方进行交易。

【例题12】与经销、行纪等经济活动不同，经纪活动的主要特点是（ ）。

A. 占有交易标的，赚取差价

B. 不占有交易标的，赚取佣金

C. 不占有交易标的，赚取差价

D. 不占有交易标的，赚取佣金和差价

【答案】B

【解析】经纪活动的主要特点是不占有交易标的，赚取佣金。

【例题13】下列房地产经济活动中，不属于房地产中介服务的有（ ）。

A. 房地产开发与经营　　B. 物业管理

C. 房地产经纪　　D. 房地产咨询

E. 房地产价格评估

【答案】AB

【解析】房地产开发与经营和物业管理不属于房地产中介服务活动。

【例题14】房地产中介服务包括（ ）。

A. 房地产经纪　　B. 房地产咨询

C. 物业管理　　D. 房地产投资开发

E. 房地产估价

【答案】ABE

【例题15】佣金是经纪收入的基本来源，佣金的形式有（ ）。

A. 信息费　　B. 法定佣金

C. 自由佣金　　D. 回扣

E. 红包

【答案】BC

【例题16】以下属于房地产经纪机构经营收入的是（ ）。

A. 信息费　　B. 看房费

C. 加盟费　　D. 房租差价

【答案】C

【例题17】下列关于佣金收取时间的表述中，正确的是（ ）。

A. 佣金应当在签订经纪合同时收取

B. 佣金只能在完成经纪服务后收取

C. 佣金应当在完成经纪服务前收取

D. 佣金的支付时间应当由经纪人与委托人自行约定

【答案】D

【例题18】目前我国香港市场上佣金的收费标准一般为房价的（ ）。

A. 1%　　B. 2%

C. 4%　　D. 6%

【答案】A

【例题19】下列关于信息费与佣金关系的表述中，正确的是（ ）。

A. 两者都是经纪收入的基本来源

B. 两者收费标准相同

C. 两者都是客户为获取某种服务或信息而支付的费用

D. 两者都在交易达成后收取

【答案】C

【例题20】下列关于佣金的说法中，正确的有

（ ）。

A. 法定佣金具有强制性

B. 佣金的支付时间由经纪机构与委托人自行约定

C. 自由佣金要以经纪合同为依据，支付给具体经办业务的经纪人员

D. 经纪机构收取佣金应当开具发票

E. 佣金在本质上就是信息费

【答案】AD

【解析】佣金的支付时间应当由经纪人与委托人自行约定；自由佣金要以经纪合同为依据，支付给经纪机构；佣金和信息费在本质上是不一样的。

【例题21】提供房地产经纪服务收取的费用，其规范的名称是（ ）。

A. 报酬　　B. 中介费

C. 佣金　　D. 劳务收入

【答案】C

【解析】佣金是房地产经纪服务所收取的费用。

二、房地产经纪的分类

按服务方式分类，房地产经纪主要分为房地产居间与房地产代理两大类。

（一）房地产居间

1. 含义

房地产居间是指房地产经纪机构和房地产经纪人员向委托人报告订立房地产交易合同的机会或者提供订立房地产交易合同的媒介服务，并向委托人收取佣金的房地产经纪行为。

2. 分类

（1）指示居间，即居间人向委托人报告订约的机会。

（2）媒介居间，则是居间人根据委托人的要求将交易目的相近或相符的双方委托人以媒妁方式促成交易的行为。

3. 特点

房地产经纪机构和房地产经纪人员可以接受房地产交易中的一方或同时接受房地产交易的相对两方的委托，向一方或相对两方委托人提供居间服务。

在房地产居间活动中，房地产经纪机构和房地产经纪人员始终都是中间人，因此既不能以一方的名义，也不能以自己的名义或为委托人的利益而充当与第三人订立合同的当事人。

房地产经纪人只能按照委托人的指示和要求从事居间活动。

（二）房地产代理

1. 房地产代理是指房地产经纪机构及人员以委托人的名义，在委托协议约定的范围内，代表委托人与第三人进行房地产交易，并向委托人收取佣金的经纪行为。

2. 在房地产代理业务中，房地产经纪机构只能接受一方委托人的委托代理事务，同时也只能向一方收取佣金。根据委托人在房地产交易中的角色——买方（包括承租方）或卖方（包括出租方），房地产代理实质上可分为买方代理和卖方代理。

3. 根据代理产生的根据，民事代理可分为法定代理、指定代理和委托代理。房地产代理是以房地产经纪服务委托人确定委托代理权限和房地产经纪机构接受授权的房地产经纪服务合同而产生的，属于委托代理。

4. 房地产经纪机构代理客户与第三方进行交易的行为是一种商事代理行为。房地产代理作为一种商事代理的基本特征如下。

（1）房地产代理人必须是具有从事经营房地产经纪业务资质的房地产经纪机构，而且它是代理人出于营利的目的而实施的。

（2）与一般民事代理可以采取书面合同或口头合同不同，房地产代理必须签订书面合同。

5. 房地产代理是根据房地产经纪机构与委托人双方的具体情况协商而定的，因此，反映双方权利义务关系的房地产代理合同千差万别。例如，美国有以下5种主要的合同类型。

（1）独售权合同。

（2）独售权共享合同。

（3）开放出售权合同。卖主与多个经纪人签约，谁卖出谁享有佣金。

（4）净卖权合同。卖主给经纪人一个底价，卖出超过部分归经纪人作佣金。

（5）联营制合同。

【例题22】下列关于房地产居间与房地产代理的表述中，正确的是（ ）。

A. 对于房地产居间业务，房地产经纪机构可以同时接受一方或相对两方委托人的委托

B. 对于房地产居间业务，房地产经纪人可以同时接受一方或相对两方委托人的委托

C. 对于房地产代理业务，房地产经纪机构可以同时接受相对两方委托人的委托

D. 对于房地产代理业务，房地产经纪人可以同时接受相对两方委托人的委托

【答案】A

【解析】在房地产居间业务中，房地产经纪机构可以同时接受一方或相对两方委托人的委托是正确的表述，接受业务的不是经纪人；在房地产代理业务中，无论经纪机构还是经纪人都不能同时接受相对两方委托人的委托。

【例题23】下列关于房地产居间与房地产代理的表述中，错误的是（ ）。

A. 房地产居间是房地产经纪人与委托人签订房地产交易合同的行为

B. 房地产居间与房地产代理是两种不同的经纪服务方式

C. 房地产拍卖可以看做是房地产代理的一种特殊形式

D. 新建商品房销售代理是目前房地产代理活动的主要类型

【答案】A

【解析】房地产居间活动中，房地产经纪人不参与签订房地产交易合同的行为，只是中间人。

【例题24】房地产经纪机构向委托人提供订立房地产交易合同的机会或者媒介服务，并向委托入收取佣金的行为是（ ）。

A. 房地产买卖　　B. 房地产租赁

C. 房地产代理　　D. 房地产居间

【答案】D

【解析】本题考查房地产居间的含义。

【例题25】房地产经纪机构承接业务时，正确的做法有（ ）。

A. 可以接受交易一方委托的居间业务

B. 可以同时接受交易双方委托的居间业务

C. 只能接受交易一方委托的代理业务

D. 同时接受交易双方委托的代理业务

E. 可以选择接受交易一方或双方委托的代理业务

【答案】ABC

【解析】房地产居间是指房地产经纪机构和房地产经纪人员向委托人报告订立房地产交易合同的机会或者提供订立房地产交易合同的媒介服务，并向委托人收取佣金的房地产经纪行为。房地产经纪机构和房地产经纪人员可以接受房地产交易中的一方或同时接受房地产交易的相对两方的委托，向一方或相对两方委托人提供居间服务。而房地产代理与房地产居间在法律性质上有明显的差异。各国法律都没有有关代理人可以同时接受相对两方委托人的委托代理业务的解释。因此，在房地产代理业务中，房地产经纪机构只能接受一方委托人的委托代理事务，同时也只能向一方收取佣金。

【例题26】房地产代理是指房地产经纪人以委托人的名义，在（ ）内，与第三方进行房地产交易，并向委托人收取佣金的行为。

A. 业务范围

B. 确保委托人利益的范围

C. 委托人授权范围

D. 经营范围

【答案】C

【例题27】房地产居间是指房地产经纪人向委托人报告订立房地产交易合同的机会或提供订立房地产交易合同的（ ）服务，并收取委托人佣金的行为。

A. 代书　　B. 媒介

C. 咨询　　D. 议价

【答案】B

【例题28】房地产居间与房地产代理的主要区别在于（ ）。

A. 法律性质不同

B. 服务方式不同

C. 房地产经纪人承担的义务不同

D. 房地产经纪人执业所需要的条件不同

E. 房地产经纪人同交易标的之间的关系不同

【答案】AB

【例题29】目前我国房地产代理活动的主要类型是（ ）。

A. 新建商品房销售的代理

B. 存量房承购的代理

C. 存量房租赁的代理

D. 新建商品房租赁的代理

【答案】A

第二节 房地产经纪的特性

一、经纪的特性

（一）活动主体的专业性

经纪活动主体的专业性是经纪活动本身的必然要求。经纪活动的主体必然是专业化的主体。

一方面表现为经纪活动的主体对自己所促成的交易活动及其市场具有丰富的专业知识、技能和从业经验；另一方面表现为不同行业、市场的经纪活动具有很强的专业差别，经纪活动的主体通常只能专注于某一个行业和市场，而难以跨行从业。

（二）活动地位的中介性

在经纪活动中，发生委托行为的必要前提是存在着可能实现委托人目的的第三主体，即委托人与之进行交易的相对人。而提供经纪服务的行为人，正是为委托人与其交易相对人所进行的交易发挥沟通、撮合的联系作用。接受不存在第三主体的委托事项，不属于经纪服务。

（三）活动内容的服务性

在经纪活动中，经纪主体只是为促成交易提供服务，不直接作为交易主体从事交易。经纪机构对其所中介的商品没有所有权、使用权、抵押权等，不存在买卖行为。经纪机构的自营买卖不属于经纪行为。

（四）活动收入的后验性

经纪服务提供方所获得的收入是根据服务的后果来最终确定的。

1. 无论经纪服务的提供方在经纪服务过程中所提供的各项具体服务内容的数量与质量如何，最终是否能够获得佣金完全取决于经纪服务是否使委托方人与交易相对人达成了交易。

2. 经纪服务佣金的数额大小最终由交易成交额的数额来决定。

【例题1】房地产经纪人是房屋交易的桥梁和纽带，这体现了房地产经纪活动（ ）。

A. 内容的服务性　　B. 收入的后验性

C. 地位的中介性　　D. 主体的专业性

【答案】C

【解析】房地产经纪具有以下特性：①活动主体的专业性；②活动地位的中介性；③活动内容的服务性；④活动收入的后验性；⑤活动范围的地域性；⑥活动后果的社会性。其中，活动地位的中介性是指房地产经纪是为促成其他相对两方的交易而提供服务的活动。在经纪活动中，发生委托行为的必要前提是存在着可能实现委托人目的的第三主体，即委托人与之进行交易的相对人。而提供经纪服务的行为人，正是为委托人与其交易相对人所进行的交易发挥沟通、撮合的联系作用。房地产经纪人是房屋交易的桥梁和纽带正体现了房地产经纪活动地位的中介性。

【例题2】下列属于经纪活动特点的有（ ）。

A. 活动内容的服务性

B. 活动对象的固定性

C. 活动范围的广泛性

D. 活动主体的专业性

E. 活动目的的前瞻性

【答案】AD

【例题3】“接受不存在第三主体的委托事项，不属于经纪服务”，说明经纪活动具有（ ）。

A. 活动内容的服务性

B. 活动主体的专业性

C. 活动地位的中介性

D. 活动责任的确定性

【答案】C

【解析】本题考查活动地位的居间性的内涵。

二、房地产经纪的特性

（一）活动范围的地域性

每个地区、城市的房地产市场，都具有强烈的区域特性，其市场供求、交易方式都受到当地特定的社会、经济条件及其历史演变以及地方政府政策的影响。因此，房地产经纪活动的自然主体（即房地产经纪人员）在一定的时期内，通常只能专注于每一个特定的区域市场。

（二）活动后果的社会性

房地产是各种社会经济活动的基础载体，既是最基本的生产资料，又是最基本的生活资料。房地产经纪活动直接影响到这种生产、生活资料的使用效率，因而其活动后果具有广泛的社会性，对各行各业和人民生活都有直接的影响。

【例题4】房地产经纪活动不同于其他经济活动的特点是（ ）。

A. 活动后果的社会性

B. 活动地位的中介性

C. 活动内容的服务性

D. 活动收入的后验性

E. 活动范围的地域性

【答案】AE

【解析】房地产经纪作为一种特殊商品的经纪活动，除了具有经纪活动的一般特性之外，还具有不同于其他经纪活动的两个特性：①活动范围的地域性；②活动后果的社会性。

第三节　房地产经纪的作用

一、房地产经纪的必要性

（一）房地产的特殊性决定房地产经纪必不可少

1. 房地产是不可移动的商品。房地产经纪通过专业化分工来提高房地产交易过程中顾客汇集、商品展示等环节的效率，从而促成交易。

2. 房地产是构成要素极为复杂的商品。房地产经纪活动通过房地产经纪机构和经纪人员的专业化服务来帮助克服房地产交易主体的非专业缺陷，从而促进了房地产商品流通，因而是房地产市场必不可少的组成部分。

3. 房地产难以通过经销商来流通。房地产经纪活动的主体，不需要像一般商品的经销商那样购置大量商品存货，而是主要通过专业人员的经纪服务，来促进房地产交易，因而使得房地产流通环节能以比较经济的方式运行。

（二）房地产交易的复杂性决定房地产经纪必不可少

1. 房地产交易的复杂性

（1）信息搜集方面。房地产商品构成要素的复杂性和无法通过有形市场集中展示的特征，造成了房地产市场信息搜寻极其困难、成本高昂。

（2）交易谈判与决策方面。房地产交易的决策通常需要多人的共同参与和相互妥协。这导致房地产交易中的谈判和决策非常困难。

（3）交易标的交割方面。房地产交易标的交割涉及诸多环节，大多数房地产交易主体对这些复杂的交易环节缺乏经验，独立操作难以保证交易安全、顺利地进行。

2. 房地产经纪必不可少

房地产经纪通过房地产经纪机构和人员的专业化服务，来提高房地产交易的信息搜寻效率，降低信息搜寻成本，克服交易谈判和决策的困难，避免决策失误，保证交易标的安全、顺利地交割。因此，房地产经纪是房地产市场流通不可缺少的环节。

（三）房地产信息的不对称性决定房地产经纪必不可少

房地产商品和房地产交易的复杂性，强化了房地产市场的信息不对称。房地产市场特别需要专业的房地产经纪机构和人员，通过为买卖双方提供各种专业服务，规范房地产交易行为，保证房地产交易安全，避免产生巨大的经济和社会风险。

【例题1】下列关于房地产经纪必要性的表述中，错误的是（ ）。

A. 房地产商品可以集中到固定的市场进行展示，所以需要房地产经纪服务

B. 房地产价格高，经销商难以承受高额存货费用，所以需要房地产经纪服务

C. 房地产交易价格相当复杂，因此需要房地产经纪服务

D. 房地产交易心理相当复杂，因此需要房地产经纪服务

【答案】A

【解析】房地产商品具有不可移动性，是不可以集中到固定的市场进行展示的。

【例题2】房地产经纪可以降低房地产交易双方信息不对称，主要是由于（ ）。

A. 房地产经纪人员具有获得市场信息的职业优势

B. 房地产经纪人员提高了交易效率

C. 房地产经纪人员规范了交易程序

D. 房地产经纪人员能监管交易双方的行为

【答案】A

【例题3】房地产经纪必不可少的主要原因有（ ）。

A. 房地产的特殊性

B. 房地产价格的波动性

C. 房地产交易的复杂性

D. 房地产交易的经常性

E. 房地产信息的不对称性

【答案】ACE

【解析】房地产的特殊性、房地产交易的复杂性和房地产信息的不对称性是房地产经纪必不可少的主要原因。

二、房地产经纪的作用

（一）降低交易成本，提高市场效率

专业化的房地产经纪机构可以通过集约化的信息收集和积累、专业化的人员培训和实践，为房地产交易主体提供一系列有助于房地产交易的专业化服务，从而降低每一宗房地产交易的成本，加速房地产流通，提高房地产市场的整体运行效率。

（二）规范交易行为，保障交易安全

1. 房地产经纪机构可以通过房地产经纪人员的专业化服务，向房地产交易主体宣传房地产交易的相关法律、法规，警示不规范行为及其可能产生的后果。

2. 房地产经纪机构通过良好的内部管理制度，监控客户在房地产交易中的不规范行为，从而规范房地产交易行为。

3. 房地产经纪主体作为房地产交易的中介，可以提供一系列交易保障的服务，从而保障房地产交易安全，维护房地产市场的正常秩序。

（三）促进交易公平，维护合法权益

房地产经纪作为市场中介，通过向客户提供丰富的市场信息和决策参谋服务，能够大大减少房地产市

场信息不对称对房地产交易的影响。帮助客户实现公平的房地产交易，维护客户的合法权益。

【例题4】房地产经纪机构在房地产市场中的作用有（　）。

A. 降低交易成本　　B. 规范交易行为

C. 保障交易成本　　D. 提高市场效率

E. 抬高市场价格

【答案】ABD

【解析】房地产经纪的作用表现为：①降低交易成本，提高市场效率；②规范交易行为，保障交易安全；③促进交易公平，维护合法权益。

【例题5】房地产经纪机构向房地产交易主体宣传相关法律、法规，解说交易程序及相关规定，警示不规范行为及后果，其作用是（　）。

A. 促进交易公平　　B. 降低交易成本

C. 规范交易行为　　D. 加速房地产流通

【答案】C

【解析】规范交易行为，保障交易安全。房地产交易是一种复杂的房地产产权与价值运动过程，只有按照有关法律、法规规范及科学的房地产交易流程操作房地产交易的每一个环节，才能保证房地产交易过程安全、顺利地完成。房地产经纪机构可以通过房地产经纪人员的专业化服务，向房地产交易主体宣传房地产交易的相关法律、法规，警示不规范行为及其可能产生的后果，并通过良好的内部管理制度，监控客户在房地产交易中的不规范行为，从而规范房地产交易行为。同时，房地产经纪主体作为房地产交易的中介，可以提供一系列交易保障的服务，从而保障房地产交易安全，维护房地产市场的正常秩序。

【例题6】房地产经纪活动的作用具体体现在（　）。

A. 传播经济信息

B. 加速商品流通

C. 优化资源配置

D. 提高行业信誉

E. 推动市场规范完善

【答案】ABCE

【解析】传播经济信息、加速商品流通 、优化资源配置和推动市场规范完善体现了房地产经纪活动的作用。

【例题7】经纪的作用具体体现在（　）。

A. 加速商品流通

B. 优化资源配置

C. 传播经济信息

D. 提高行业信誉

E. 保证交易安全

【答案】ABCE

【解析】经纪的作用具体体现在加速商品流通、优化资源配置、传播经济信息和保证交易安全。

第四节　房地产经纪的产生与发展

一、房地产经纪的产生与历史沿革

（一）房地产经纪是商品经济发展到一定程度的产物

1. 从经纪产生的历史看，经纪是商品生产和商品交换发展到一定阶段的产物。

2. 到了近代和现代，社会分工日益发展，生产社会化程度日益提高，市场迅速扩大，商品市场内在的信息不对称问题日益突出。一部分掌握各种信息和购销渠道的人为交易双方提供信息介绍和牵线服务，促成交易的实现，由此产生了人类经济活动的全新行业——经纪业。

3. 我国房地产经纪产生的历史过程

（1）在我国，战国时代，井田制遭到破坏，土地开始私有，土地买卖也慢慢频繁起来，此时出现了针对土地买卖的管理政策和关于土地契约的法律规定，熟悉土地买卖法律和交易契约的专业人士，开始参与到土地买卖活动中来。

（2）汉代有了对经纪人的专业称谓“驵侩”。

（3）唐代专事田宅交易的经纪人开始被称为“庄宅牙人”。

（4）后周时期有了政府发放牙帖的官牙人，并出现了牙人的同业组织——牙行。

（5）宋代田宅等产业的买卖已离不开牙人，且当时的牙人具有了管理交易、协助征税的职能。

（6）元代大量存在从事房屋买卖说合的中介，他们被称为“房牙”。

（7）明清时期，牙行是世袭的，每5年编审一次。房牙称官房牙或房行经纪，由官府“例给官帖”，方准营业。清朝末年的《写契投税章程》有专门针对房牙的规定。

（8）1840年鸦片战争以后，上海等一些通商口岸城市，出现了房地产经营活动，房地产掮客也应运而生。房地产经纪活动主要是由个人化的经纪人员来实施的，尚未形成独立的房地产经纪行业。

（二）房地产经纪业发展的历史进程

1. 中国大陆房地产经纪业的发展（1949 年以后）

（1）1949—1978 年内地房地产经纪业的发展

① 解放初期，民间的房地产经纪活动仍较为活跃。

② 在 20 世纪 50 年代初，政府加强了对经纪人员的管理，整治了当时的房地产经纪业。

③ 随后直到 1978 年改革开放这段时期，房地产经纪活动基本上消失了。

（2）1978 年到现在的中国内地房地产经纪业

改革开放为中国内地的房地产经纪业提供了孕育、生长的土壤。这一时期中国内地房地产经纪业的发展可以分为以下几个阶段。

① 复苏阶段：1978—1992 年

a. 我国房地产经纪业复苏是以城镇住房制度改革和房地产市场兴起为背景，以房地产权属登记为条件，以落实私房政策为契机而展开的。

b. 房地产经纪的复苏主要表现为房地产经纪服务主体的出现和房地产市场的形成。

c. 房地产经纪逐渐得到了国家和社会的认可。地方政府开始对房地产经纪实行正面的规范和管理。

② 初步发展阶段：1992—2001 年

a. 初步发展的背景

1992 年国务院发布《关于发展房地产业若干问题的通知》（国发［1992］61 号），明确要求建立和培育完善的房地产市场体系，建立房地产交易的中介服务代理机构、房地产价格评估机构和对市场纠纷的仲裁机构等。这确立了房地产经纪行业市场化发展的道路。

b. 初步发展的表现

房地产经纪机构大量成立，持证从业人员快速增加。房地产经纪业务范围扩大，作用明显，业绩显著。港台房地产经纪企业进入内地。房地产交易所纷纷转制。

c. 初步发展时期的行业管理

国家对房地产经纪的发展进行正面引导和规范成为行业管理的主要内容。房地产经纪地位合法化，开始得到正面的规范和管理。房地产经纪发展较早的城市陆续出台专门针对房地产经纪管理的地方规章，并对房地产经纪人员实行职业资格准入管理。房地产经纪行业组织出现。

③ 快速发展阶段：2001 年至今

a. 快速发展的背景

2001 年之后，个人成为住宅市场需求的主体，商品房销售稳步增加，存量房市场升温，与此同时，商品房空置率居高不下。信息技术在房地产经纪行业得到广泛应用。

b. 快速发展的表现

房地产经纪队伍空前壮大。房地产经纪机构采用连锁经营扩展模式，规模不断增大，实力不断增强。从业人员的整体素质有所提高。房地产经纪服务向纵深发展。

c. 快速发展时期的行业管理

建立全国房地产经纪人职业资格制度；建立全国房地产经纪行业组织；开通房地产经纪信用档案；开展房地产经纪资信评价；实行房地产交易资金监管；加强和规范对房地产经纪行业的全面管理。

2. 中国香港地区房地产经纪业的发展（1949 年以后）

（1）20 世纪 50 ~ 60 年代，香港的地产代理处于个人代理阶段，以独立个人的方式运作。独立的地产代理人没有固定的办公地点、分支机构等，大多集中在中环至湾仔一带的茶楼活动。

（2）1968 年是香港房地产经纪业发展的一个转折点。当时，大型私人住宅——美孚新村落成后，楼花开始发售，分期付款也逐步流行，吸引了更多人加入从事地产代理行业。

（3）20 世纪 80 年代初，香港的地产代理公司开始引入佣金制度，即员工为公司赚取的佣金越多，所分得的该笔佣金的比例越高。地产代理公司已经遍布香港各区，其经营业务由专营楼花逐步扩展至现楼市场。

（4）20 世纪 80 年代末，房地产经纪业开始逐步网络化、信息化，从事的业务更加多元化，其业务范围扩展到策划、咨询、物业管理等方面，并逐步拓展我国内地及海外市场。

（5）从 20 世纪 90 年代起，香港房地产经纪行业的公司数量、分行数量以及从业人数均稳步上升。

3. 中国台湾地区房地产经纪业的发展（1949 年以后）

（1）传统时期（1970 年以前）。当时的房地产买卖介绍人多以个人“跑单帮”方式操作，没有固定的营业场所和交易制度，也无佣金的收取比例，成交后的酬劳主要是赚取差价或收受红包。

（2）中介雏形时期（1971—1980 年）。台湾开始出现房地产介绍人的行业，从事代客买卖、租赁业务。1977 年，励行建设公司成立，成为首家以“建设公司”为名义，从事房屋中介买卖的企业。这种中介雏形实际上已由个人跑单帮逐渐发展为有组织的中介机构。

(3) 零星户时期（1980—1985 年）。随着经济发展及房屋投资建造能力的提高，房产交易趋于活跃。这个阶段的从业人员大多具有房地产中介经验，促使交易效率显著提升，为日后的专业经营打下了基础。

(4) 中介公司建立时期（1985—1991 年）。1984 年年底，台湾“经济部”正式开放“房屋介绍公司”办理登记，为创办房地产中介企业提供了有力保障。1990 年以来，台湾房地产中介业的经营模式，由楼面式营业转向店面经营，由直营连锁发展到加盟连锁经营。

(5) 中介发展时期（1991—1996 年）。这个时期，行业发展有以下几个特点：①拓展项目，全面服务；②调整薪奖，注重品牌；③同业联盟、交易安全。

4. 西方国家房地产经纪业发展概况

以美国为例，房地产经纪业发展的历程如下。

(1) 早期（19 世纪 90 年代）房地产经纪人在开展活动时，主要靠个人资信担保，各州政府对房地产经纪人的资格及执业行为都没有相关的法律加以管理。在这种情况下，房地产经纪业不可避免地出现了标准不统一，从业人员队伍良莠不齐的状况，部分房地产经纪人在利益的驱动下，采取不正当的经营手法，如提供虚假信息、不兑现承诺、不合理收费等，严重损害了客户的利益。

(2) 1908 年，众多地方性房地产经纪行业协会联合起来，建立了全国的房地产经纪行业协会——全美房地产经纪人协会（National Association of Realtor，简称 NAR）。NAR 通过两个关键手段对房地产经纪行业进行管理。

一是，建立了一个高标准的行业从业人员的职业道德规范，这不仅是全美历史上第一个行业道德规范，至今仍是约束人数众多、高标准（其要求房地产经纪人承担的责任义务均高于各州法律所要求的标准）的行业道德规范，还是美国房地产经纪行业在社会公众中树立优良形象的基石。

二是，建立了房地产经纪行业的信息共享和协作制度，其核心是多重房源上市服务系统（MLS）。

① 1897 年，一些房地产经纪人开始与同行分享自己的客户名单，此后，各个地区的房地产经纪行业协会建立起各个地区的 MLS，NAR 成立后又建立了全国性的 MLS。

② 第二次世界大战后随着大量新的购房人进入住房市场，MLS 逐渐成为美国房地产市场的支柱和房地产经纪行业的基本制度。NAR 要求会员将自己已获得代理销售权的房源在规定时间内提交给 MLS，全体会员都可以使用 MLS 系统内的房源信息向自己的买方客户推荐，一旦成交，如果房源的受托经纪人事先已明确写明佣金的分配方式，按该方式由卖方委托的经纪人与买方委托的经纪人分享佣金。如果房源受托经纪人没有明确说明佣金分配方式，则系统默认佣金在卖方委托的经纪人与买方委托的经纪人之间平均分配。

③ 1975 年，MLS 开始电脑化，此后，随着计算机技术的发展，MLS 也引入了越来越多的信息技术，使房地产经纪人的工作更加便利、快捷，大大提高了房地产经纪行业促进房地产交易的社会经济功能。

目前，世界上许多发达国家和地区都引入了 MLS 系统和独家代理制度。同时，许多西方发达国家都发展起了比较强大的行业组织，通过行业组织的自律管理，规范房地产经纪行业。

西方发达国家的房地产经纪业普遍建立了较为完善的房地产经纪制度。

【例题 1】唐代专门从事田宅交易的经纪人称为（　）。

A. 驵侩　　B. 掮客

C. 房牙　　D. 庄宅牙人

【答案】D

【解析】唐代专事田宅交易的经纪人开始被称为“庄宅牙人”。A 选项：“驵侩”是汉代对经纪人的专业称谓。B 选项：1840 年鸦片战争以后，我国上海等一些通商口岸城市，出现了房地产经营活动，房地产掮客也应运而生。C 选项：“房牙”是指在元代从事房屋买卖说合的中介。

【例题 2】据史料记载，我国房地产经纪活动最早可以追溯到（　）。

A. 唐代　　B. 宋代

C. 元代　　D. 清代

【答案】A

【例题 3】唐宋时期的房地产经纪人被称为（　）。

A. 中人　　B. 庄宅牙人

C. 见证人　　D. 交易人

【答案】B

【例题 4】下列关于多重上市服务系统（MLS）的说法中，正确的有（　）。

A. 是一种销售模式

B. 是先进的房地产流通管理系统

C. 本质是实现信息共享和佣金共享

D. 是一种组织结构形式

E. 能够实现交易各方的共赢

【答案】ABCE

【解析】D 项：多重房源上市服务系统（MLS）不是一种组织结构形式，而是一种服务系统。1908 年，美国建立了全国的房地产经纪行业协会——全美房地产经纪人协会（NAR）。NAR 通过两个关键手段对房地产经纪行业进行管理：①建立了一个高标准的行业从业人员的职业道德规范；②建立了房地产经纪行业的信息共享和协作制度，其核心是多重房源上市服务系统（MLS）。其中，对于多重房源上市服务系统（MLS），全体会员都可以使用它的房源信息向自己的买方客户推荐，一旦成交，如果房源的受托经纪人事先已明确写明佣金的分配方式，按该方式由卖方委托的经纪人与买方委托的经纪人分享佣金。如果房源受托经纪人没有明确说明佣金分配方式，则系统默认佣金在卖方委托的经纪人与买方委托的经纪人之间平均分配。

二、房地产经纪业的发展现状

（一）房地产经纪行业的规模

房地产经纪行业的规模不断扩大。

（二）房地产经纪行业的地位

按照《国民经济行业分类》（GB/T4754—2002），中国的国民经济被划分为 21 个门类，98 个大类。其中，房地产业作为一个单独的大类，在 98 个大类中排列在第 72 类，即第 K 类。房地产经纪业是房地产中介服务业乃至房地产业中的重要组成部分。

三、房地产经纪业的发展展望

（一）现代服务业的发展与房地产经纪业

“现代服务业”主要指依托电子信息等高技术或现代经营方式和组织形式而发展起来的服务业。既包括新兴服务业，如以互联网为基础的网络服务、移动通信、信息服务、现代物流等；也包括对传统服务业的技术改造和升级，如电信、金融、中介服务、房地产等。其本质是实现服务业的现代化。

房地产经纪业虽然是历史悠久的传统服务业，但在现代经济和现代信息技术迅猛发展的推动下，已经开始向现代服务业转型。

（二）房地产业的发展与房地产经纪业

房地产业的形成与发展，是分工不断深化的结果。在自由市场经济条件下，房地产流通具有自发演进、不断发展的过程，从而规定了房地产业内生演进的基本路径。房地产业发展的内在规律，决定了房地产经纪业将随着房地产业的发展而在房地产业占据越来越重要的地位。

（三）现代房地产经纪业

房地产经纪业呈现出由传统房地产经纪业向现代房地产经纪业发展的趋势，具体表现在以下几个方面：

1. 信息整合、开发与利用能级大大提高，业务领域向高附加值服务延展；

2. 行业知识和技术密集程度提高，专业化分工向纵深发展；

3. 以互联网为依托的新型房地产经纪业态发展迅速；

4. 企业规模扩大，现代企业制度成为龙头企业的发展根本。

【例题 5】网络信息技术和连锁经营模式等在房地产经纪行业中应用十分广泛，这说明房地产经纪行业也属于（ ）。

A. 高新技术产业　　B. 信息产业

C. 现代服务业　　D. 商业

【答案】C

【解析】“现代服务业”是随着现代经济和社会活动的发展才会产生的，其具有十分明显的时代特征。具体来说，“现代服务业”主要指依托电子信息等高技术或现代经营方式和组织形式而发展起来的服务业。既包括新兴服务业，如以互联网为基础的网络服务、移动通信、信息服务、现代物流等；也包括对传统服务业的技术改造和升级，如电信、金融、中介服务、房地产等。其本质是实现服务业的现代化。

【例题 6】按照我国产业结构分类，房地产业属于（ ）。

A. 现代服务业　　B. 第一产业

C. 第二产业　　D. 第三产业

【答案】D

【例题 7】下列不属于服务本质特点的是（ ）。

A. 实物性

B. 非实物性

C. 生产与消费的同时性

D. 不可储存性

【答案】A

【例题 8】房地产经纪业向现代服务业的转型，主要体现在（ ）。

A. 以先进的信息技术为主要依托

B. 行业知识和技术密集程度提高

C. 专业化分工向纵深发展

D. 企业规模缩小

E. 现代企业制度成为龙头企业的发展根本

【答案】ABCE

练习题

一、单项选择题（每题的备选答案中只有一个最符合题意）

1. 自然人、法人和其他经济组织通过居间、代理、行纪等服务方式，促成委托人与他人的交易，并向委托人收取佣金的中介服务活动，是指（ ）。

A. 中介 B. 经销

C. 经纪 D. 行纪

2. 房地产经纪是一种（ ）的有偿服务。

A. 经济化 B. 行为化

C. 商品化 D. 市场化

3. “经纪”是“中介”中的一种特定活动，其活动成果以是否成交来体现，因此，其服务收入的基本形式是（ ）。

A. 奖金 B. 租金

C. 佣金 D. 工资

4. 经纪活动中的代理行为属于（ ）上的代理。

A. 宪法 B. 公司法

C. 民法 D. 商法

5.（ ）目前是我国一种主要的经纪活动方式。

A. 营销 B. 经销

C. 代理 D. 居间

6.（ ）目前是西方国家经纪活动的主要方式。

A. 包销 B. 代理

C. 居间 D. 委托

7.（ ）是指房地产经纪机构以委托人的名义，在委托协议约定的范围内，代表委托人与第三人进行房地产交易，并向委托人收取佣金的行为。

A. 房地产质押 B. 房地产代理

C. 房地产抵押 D. 房地产包销

8. 房地产代理是以房地产经纪服务委托人确定委托代理权限和房地产经纪机构接受授权的房地产经纪服务合同而产生的，属于（ ）行为。

A. 委托代理 B. 买方代理

C. 卖方代理 D. 单独代理

9. 房地产经纪机构代理客户与（ ）进行房地产交易的行为是一种商事代理行为。

A. 第二方 B. 第三方

C. 政府 D. 中介方

10. 卖主与多个经纪人签约，谁卖出谁享有佣金，是（ ）的基本内涵。

A. 开放出售权合同 B. 独售权共享合同

C. 独售权合同 D. 净卖权合同

11. 虽然经纪活动是一种有偿服务，但经纪服务提供方所获得的收入是根据服务的后果来最终确定的，这体现的是（ ）。

A. 活动收入的后验性

B. 活动内容的服务性

C. 活动地位的中介性

D. 活动范围的地域性

12. 房地产经纪作为市场中介，通过向客户提供丰富的市场信息和决策参谋服务，能够大大减少房地产市场信息不对称对房地产交易的影响，是（ ）的基本内容。

A. 降低交易成本，提高市场效率

B. 促进交易公平，维护合法权益

C. 排除交易障碍，发展市场交易

D. 规范交易行为，保障交易安全

13.（ ）邓小平南行讲活，推进了我国社会主义市场经济发展的进程。

A. 1994 年 B. 1995 年

C. 1990 年 D. 1992 年

14. 到 2010 年 9 月底，全国共有（ ）人取得全国房地产经纪人执业资格证书。

A. 34 814 B. 34 850

C. 22 024 D. 22 050

15. 2004 年 7 月 12 日民政部批准中国房地产估价师学会更名为中国房地产估价师与房地产经纪人学会，成为唯一的（ ）的房地产经纪行业组织。

A. 地方性 B. 全国性

C. 区域性 D. 群众性

16.（ ）是第一部专门的全国统一管理法规。

A.《房地产经纪管理办法》

B.《房地产经纪管理规定》

C.《房地产经纪管理法则》

D.《房地产经纪管理内容》

17. 公司的人员较多，流动率高，员工虽有底薪保障，但奖金较低，并有固定上班时间和业绩要求是（ ）的基本特点。

A. 高专型态　　B. 普专型态

C. 中专型态　　D. 低专型态

18. 按照《国民经济行业分类》（GB/T4754—2002），房地产经纪业属于其中的（ ），即房地产中介服务业。

A. 第二类　　B. 第三类

C. 第一类　　D. 第四类

19.（ ）的形成与发展，是分工不断深化的结果。

A. 房地产经纪业　　B. 房地产业

C. 物业管理业　　D. 土地管理业

20. 房地产业发展的内在规律，决定了（ ）将随着房地产业的发展而在房地产业占据越来越重要的位置。

A. 房地产咨询业　　B. 房地产估价业

C. 物业管理行业　　D. 房地产经纪业

二、多项选择题（每题的备选答案中有两个或两个以上符合题意）

1. 下列属于经纪服务最主要的方式的有（ ）。

A. 经销　　B. 居间

C. 包销　　D. 代理

E. 行纪

2. 下列属于房地产经纪活动主体的有（ ）。

A. 房地产估价机构　　B. 房地产经纪机构

C. 房地产估价人员　　D. 房地产经纪人员

E. 房地产咨询人员

3. 下列关于代理的表述中，正确的有（ ）。

A. 现代西方的经纪人（Brokers）实际上就是一个代理人

B. 代理是西方国家经纪活动的主要方式

C. 代理可分为民法上的代理和商法上的代理两类

D. 经纪活动中的代理，属于民法上的代理

E. 目前在中国，代理是一种主要的经纪活动方式

4. 下列属于经纪特性的是（ ）。

A. 活动收入的后验性

B. 活动内容的服务性

C. 活动收入的前验性

D. 活动地位的中介性

E. 活动范围的地域性

5. 房地产经纪的特性包括（ ）。

A. 活动地位的中间性

B. 活动主体的技术性

C. 活动主体的专业性

D. 活动范围的地域性

E. 活动后果的社会性

6. 下列关于佣金和信息费的表述中，不正确的有（ ）。

A. 信息费是卖出信息商品的销售收入

B. 佣金不同于其他单纯提供信息的中介服务机构所收取的信息费（或称咨询费）

C. 信息费是经纪服务委托人对经纪服务提供方所付出的劳动时间、花费的资金和承担的风险的总回报

D. 委托人支付佣金的义务以经纪合同所约定的交易达成为前提

E. 信息费数额是按交易成交额的某一比率来计算的

7. 下列关于居间行为的表述中，不正确的有（ ）。

A. 居间可分为指示居间和媒介居间

B. 指示居间即居间人向委托人报告订约的机会

C. 媒介居间即居间人向委托人报告订约的机会

D. 指示居间是居间人根据委托人的要求将交易目的相近或相符的双方委托人以媒妁方式促成交易的行为

E. 媒介居间是居间人根据委托人的要求将交易目的相近或相符的双方委托人以媒妁方式促成交易的行为

8. 下列关于房地产居间活动的表述中，正确的有（ ）。

A. 房地产经纪机构和房地产经纪人员始终都是中间人

B. 既不能以一方的名义，也不能以自己的名义或为委托人的利益而充当与第三人订立合同的当事人

C. 房地产经纪人只能按照委托人的指示和要求从事居间活动

D. 房地产居间是起源最早的房地产经纪方式

E. 房地产代理是起源最早的房地产经纪方式

9. 房地产代理可以分为（ ）。

A. 双边代理　　B. 买方代理

C. 独家代理　　D. 卖方代理

E. 单独代理

10. 根据代理产生的根据来划分，民事代理可分为（ ）。

A. 商事代理　　B. 法定代理

C. 指定代理　　D. 公定代理

E. 委托代理

11. 下列关于房地产代理的表述中，不正确的有（ ）。

A. 房地产经纪机构代理客户与第三方进行房地产交易的行为，不同于一般的民事代理

B. 房地产经纪机构代理客户与第三方进行房地产交易的行为，是一种商事代理行为

C. 房地产代理作为一种商事代理行为的一些基本特征还是明确的

D. 房地产代理不一定签订书面合同

E. 房地产代理是根据房地产经纪人与委托人双方的具体情况协商而定的

12. 美国的房地产经纪合同类型包括（ ）。

A. 共售权合同

B. 联营制合同

C. 净卖权合同

D. 开放出售权合同

E. 独售权共享合同

13. 下列体现房地产信息的不对称性决定房地产经纪必不可少的有（ ）。

A. 信息不对称的现象经常存在，信息不对称会催生欺诈、寻租等机会主义行为

B. 房地产商品和房地产交易的复杂性，强化了房地产市场的信息不对称

C. 不仅对房地产交易具有明显的阻滞效应，同时也使得房地产交易的风险性大大增加

D. 房地产商品高昂的价值，使得房地产交易中隐含的经济风险特别巨大

E. 不同的主体对同一宗房地产常常会产生极不相同的看法

14. 从经纪产生的历史看，经纪是（ ）发展到一定阶段的产物。

A. 商品经营　　B. 商品生产

C. 商品技术　　D. 商品开发

E. 商品交换

15. 中国台湾地区房地产经纪业的发展中，零星户时期的高专型态的表现为（ ）。

A. 个人与公司双方可对分佣金收入

B. 高级专员公司

C. 人员较多，流动率高

D. 员工没有底薪，但奖金较高

E. 员工虽有底薪保障，但奖金较低

16. 下列关于中国的国民经济划分方法的表述中，正确的有（ ）。

A. 被划分为21个门类，98个大类

B. 房地产业作为一个单独的大类

C. 房地产业在98个大类中排列在第72类，即第K类

D. 房地产业包括房地产开发经营业、物业管理业、房地产中介服务业及其他房地产活动

E. 房地产经纪业属于其中的第二类，即房地产中介服务业

17. 关于北美产业分类体系（NAICS），在房地产这一分类中，分为（ ）。

A. 土地登记代理

B. 房地产出租

C. 土地估价行业

D. 房地产代理和经纪

E. 与房地产相关的其他活动

18. 下列属于现代服务业主要特征的有（ ）。

A. 现代化的经营规模

B. 现代化的经营模式

C. 现代化的经营理念

D. 基于网络技术

E. 知识松散

19. 下列属于现代房地产经纪业特点的有（ ）。

A. 信息整合、开发与利用能级大大提高，业务领域向高附加值服务延展

B. 行业知识和技术密集程度提高，专业化分工向纵深发展

C. 以互联网为依托的新型房地产经纪业态发展迅速

D. 企业规模缩小，现代企业制度成为龙头企业的发展根本

E. 信息整合、开发与利用能级大大降低，业务领域向高附加值服务延展

20. 下列体现房地产的特殊性决定房地产经纪必不可少的有（ ）。

A. 无法像一般商品那样，集中到固定的市场上进行展示

B. 房地产是不可移动的商品

C. 房地产是构成要素极为复杂的商品

D. 房地产经纪正是通过专业化分工来提高房地产交易过程中顾客汇集环节的效率，从而促成交易

E. 房地产商品的超强异质性（即没有两宗房地产是完全相同的）又导致房地产交易主体难以对交易标的进行市场比较

三、综合分析题（每题的备选答案中有一个或

一个以上符合题意。错选不得分；少选，但选择正确的每个选项得相应分）

M省A城市的市民李某与甲房地产经纪机构（以下简称甲）签订房地产经纪合同，约定将其房屋委托给甲出售，期限是自合同签订之日起至2014年3月31日止。甲在合同期限内未将房屋卖出，李某也未与甲办理继续委托手续。2014年7月10日，甲为李某物色到买家并以李某的名义与乙签订了房屋买卖合同。2014年7月21日，甲通知了李某，李某当日办理了产权过户等手续。

1. 甲以李某的名义与乙签订房屋买卖合同属于（　）行为。

A. 无权代理　　B. 越权代理

C. 有权代理　　D. 表见代理

2.（　）指经纪人在受托权限内，以委托人的名义与第三方进行交易，并由委托人承担相应法律责任的经济行为。

A. 居间　　B. 行纪

C. 代理　　D. 包销

3. 2014年7月10日时，房屋买卖合同的效力为（　）。

A. 有效　　B. 无效

C. 部分有效　　D. 效力待定

4. 2014年7月21日时，房屋买卖合同的效力为（　）。

A. 有效　　B. 无效

C. 部分有效　　D. 效力待定

5. 李某办理了产权过户等手续属于（　）行为。

A. 明示

B. 默示

C. 追认房屋买卖合同效力

D. 追认房地产经纪合同效力

第三章　房地产经纪人员

考纲解读

本部分的考试目的是测试应考人员对房地产经纪人员的职业资格、权利和义务，房地产经纪人的职业素养与职业技能、职业道德与职业责任等知识的掌握程度。

本章考试基本要求包括：

1. 掌握房地产经纪人员职业资格的内容；
2. 掌握房地产经纪人员的权利与义务；
3. 熟悉房地产经纪人的职业素养；
4. 了解房地产经纪人的职业技能；
5. 熟悉房地产经纪人职业道德的内涵、形成及作用；
6. 掌握房地产经纪人职业道德的主要内容；
7. 掌握房地产经纪人的职业责任。

本章知识结构

- 房地产经纪人员
  - 房地产经纪人员职业资格
    - 房地产经纪人员职业资格考试
    - 房地产经纪人资格互认
    - 房地产经纪人员资格注册
    - 房地产经纪人员的继续教育
  - 房地产经纪人员的权利和义务
    - 房地产经纪人员的权利
    - 房地产经纪人员的义务
  - 房地产经纪人的职业素养与职业技能
    - 房地产经纪人的职业培养
    - 房地产经纪人的职业技能
  - 房地产经纪人的职业道德与职业责任
    - 房地产经纪人职业道德的内涵、形成及作用
    - 房地产经纪人职业道德的主要内容
    - 房地产经纪人的职业责任

重点难点分析

第一节　房地产经纪人员职业资格

职业资格制度是社会主义市场经济条件下科学评价人才的一项重要制度。职业资格本质上是对从事某一职业所必备的知识、技能和职业道德的基本要求。

职业资格包括准入类职业资格和职业水平评价类职业资格。

对涉及公共安全、人身健康、人民生命财产安全等特定职业（工种），国家依据有关法律、行政法规或国务院决定设置准入类执业资格（行政许可类职业资格）；对社会通用性强、专业性强、技能要求高的职业（工种），根据经济社会发展需要，由国务院人力资源和社会保障主管部门会同国务院有关主管部门制定职业标准，建立能力水平评价制度（非行政许可类职业资格）。

1. 按照性质，职业资格可分为职业准入类职业资格和职业水平评价类职业资格（非准入类）。

2. 按照职业分类，职业资格可分为专业技术人员职业资格和非专业技术人员职业资格。

3. 按照是否属于行政许可，职业资格可分为行政许可类职业资格和非行政许可类职业资格。

4. 按照水平高低要求，职业资格可分为执业资格和从业资格。

5. 按照资格取得方式，职业资格可分为以考试方式取得的职业资格和以技能鉴定、认定等其他方式取得的职业资格。

我国房地产经纪人员职业资格分为房地产经纪人执业资格和房地产经纪人协理从业资格。

设立房地产经纪人员职业资格的两级认证制度是国际通行做法。例如，美国把房地产经纪人员分为房地产经纪人和房地产销售员，我国香港地区的房地产经纪人员分为地产代理（个人）和营业员，我国台湾地区把房地产经纪人员分为不动产经纪人和经纪营业员。

取得房地产经纪人执业资格是进入房地产经纪活动关键岗位和发起设立房地产经纪机构的必备条件。取得房地产经纪人协理从业资格，是从事房地产经纪活动的基本条件。

房地产经纪人员职业资格实行考试、注册和继续教育制度。

综上，房地产经纪人员是指从事房地产经纪活动的房地产经纪人和房地产经纪人协理。

房地产经纪人是指通过全国房地产经纪人执业资格考试，取得中华人民共和国房地产经纪人执业资格，并按照有关规定注册，取得中华人民共和国房地产经纪人注册证书，从事房地产经纪活动的专业人员。

房地产经纪人协理是指通过房地产经纪人协理从业资格考试或者资格互认，取得中华人民共和国房地产经纪人协理从业资格，并按照有关规定注册，取得中华人民共和国房地产经纪人协理注册证书，在房地产经纪人的指导和监督下，从事房地产经纪具体活动的协助执行人员。

【例题 1】我国香港地区把房地产经纪从业人员分为地产代理（个人）和（　）。

A. 业务员

B. 销售员

C. 营业员

D. 房地产经纪人协理

【答案】C

【解析】设立房地产经纪人员职业资格的两级认证制度是国际通行做法。例如，美国把房地产经纪人员分为房地产经纪人和房地产销售员，我国香港地区的房地产经纪人员分为地产代理（个人）和营业员，我国台湾地区把房地产经纪人员分为不动产经纪人和经纪营业员。

【例题 2】房地产经纪人员职业资格制度不包括（　）。

A. 考试制度

B. 注册制度

C. 继续教育制度

D. 职业保证金制度

【答案】D

【解析】房地产经纪人员职业资格实行考试、注册和继续教育制度。取得房地产经纪人执业资格和房地产经纪人协理从业资格分别需要通过相应的资格考试。房地产经纪人员资格考试合格的人员，从事房地产经纪业务，需要办理资格注册手续，注册期间还需要按规定参加继续教育。

【例题 3】下列关于房地产经纪人员的说法中，正确的有（　）。

A. 房地产经纪人可以在全国范围内注册执业

B. 取得房地产经纪人协理从业资格是从事房地产经纪活动的基本条件

C. 未取得房地产经纪人员职业资格证书的人员，一律不得以房地产经纪人员的名义执业

D. 房地产经纪人员应当在房地产经纪机构中承担关键岗位

E. 房地产经纪人员有权依法发起设立房地产经纪机构

【答案】ABDE

【解析】我国参照了国际上的通行做法，把房地产经纪人员职业资格分为房地产经纪人执业资格和房地产经纪人协理从业资格两种。取得房地产经纪人执业资格是进入房地产经纪活动关键岗位和发起设立房地产经纪机构的必备条件。取得房地产经纪人协理从业资格，是从事房地产经纪活动的基本条件。

【例题 4】下列关于以注册房地产经纪人名义执业的说法中，正确的是（　）。

A. 全国统一资格考试合格后即可执业

B. 通过房地产经纪机构内部培训考核后即可执业

C. 取得中华人民共和国房地产经纪人执业资格证书后才可执业

D. 取得中华人民共和国房地产经纪人注册证书后才可执业

【答案】D

【解析】房地产经纪人是指通过全国房地产经纪人执业资格考试，取得中华人民共和国房地产经纪人执业资格，并按照有关规定注册，取得中华人民共和国房地产经纪人注册证书，从事房地产经纪活动的专业人员。

【例题5】下列关于房地产经纪人协理的表述中，正确的是（　）。

A. 房地产经纪人协理是能够独立从事房地产经纪工作的自然人

B. 房地产经纪人协理资格经过注册后可以在全国范围内从业

C. 取得房地产经纪人协理从业资格是从事房地产经纪活动的基本条件

D. 房地产行政管理部门颁发房地产经纪人协理从业资格证书

【答案】C

【例题6】我国内地将房地产经纪人员分为（　）。

A. 房地产经纪人和房地产销售人员

B. 地产代理（个人）和营业员

C. 经纪人和经纪营业员

D. 房地产经纪人和房地产经纪人协理

【答案】D

【例题7】房地产经纪人协理从业资格的执业范围是（　）。

A. 全国

B. 注册地所在的省、自治区、直辖市

C. 户口所在的城市

D. 考试所在的城市

【答案】B

【例题8】我国房地产经纪人员职业资格包括（　）。

A. 房地产经纪人协理职业资格

B. 房地产经纪人从业资格

C. 房地产经纪人执业资格

D. 房地产经纪人协理从业资格

E. 房地产经纪人协理执业资格

【答案】CD

一、房地产经纪人员职业资格考试

房地产经纪人员资格考试分为房地产经纪人执业资格考试和房地产经纪人协理从业资格考试。

房地产经纪人执业资格考试（简称房地产经纪人资格考试）实行全国统一大纲、统一命题、统一组织的考试制度。

房地产经纪人协理从业资格考试（简称房地产经纪人协理资格考试）实行全国统一大纲，由各省、自治区、直辖市人民政府建设（房地产）主管部门、人力资源和社会保障主管部门命题并组织考试的制度。

（一）房地产经纪人资格考试

1. 房地产经纪人资格考试的组织实施部门是住房和城乡建设部、人力资源和社会保障部。

（1）按照职责分工，住房和城乡建设部在房地产经纪人资格考试中主要负责：

① 编制房地产经纪人资格考试大纲；

② 编写房地产经纪人资格考试教材；

③ 组织房地产经纪人资格考试命题；

④ 统一规划、组织或授权组织房地产经纪人资格的考前培训等有关工作。

（2）按照职责分工，人力资源和社会保障部在房地产经纪人资格考试中主要负责：

① 审定房地产经纪人资格考试科目、考试大纲和考试试题；

② 组织实施房地产经纪人资格考试考务工作；

③ 会同住房和城乡建设部对房地产经纪人资格考试进行检查、监督、指导；

④ 确定房地产经纪人资格考试合格标准。

（3）受考试组织实施部门委托，中国房地产估价师与房地产经纪人学会承担房地产经纪人资格考试的具体工作。

2. 凡中华人民共和国公民，遵守国家法律、法规，已取得房地产经纪人协理资格并具备以下条件之一者，可以申请参加房地产经纪人执业资格考试。

（1）取得大专学历，工作满 6 年，其中从事房地产经纪业务工作满 3 年。

（2）取得大学本科学历，工作满 4 年，其中从事房地产经纪业务工作满 2 年。

（3）取得双学士学位或研究生班毕业，工作满 3 年，其中从事房地产经纪业务工作满 1 年。

（4）取得硕士学位，工作满 2 年，从事房地产经纪业务工作满 1 年。

（5）取得博士学位，从事房地产经纪业务工作满 1 年。

3. 房地产经纪人考试科目为《房地产基本制度与政策》《房地产经纪概论》《房地产经纪实务》《房地产经纪相关知识》，各科目均为客观题型。

考试成绩实行 2 年为一个周期的滚动管理。参加全部 4 个科目考试的人员必须在连续两个考试年度内通过应试科目；免试部分科目的人员必须在一个考试年度内通过应试科目。

房地产经纪人资格考试收费标准为每人每科70元。

4. 截至2014年，共举办一次认定考试和12次全国房地产经纪人资格考试，共有52 071人经考试合格取得房地产经纪人资格。

房地产经纪人资格考试合格，由各省、自治区、直辖市人力资源和社会保障部门颁发人力资源和社会保障部统一印制，人力资源和社会保障、住房和城乡建设部用印的中华人民共和国房地产经纪人执业资格证书，该证书全国范围有效。

中华人民共和国房地产经纪人执业资格证书是持证人具备房地产经纪人执业资格的法律凭证，严禁伪造、变造、涂改、租用、出借或转让。遗失资格证书的，向原发证机关（一般为省级人力资源和社会保障部门）申请补发。

（二）房地产经纪人协理资格考试

1. 房地产经纪人协理资格考试的组织实施部门是各省、自治区、直辖市的住房和城乡建设（房地产）部门、人力资源和社会保障部门。

住房和城乡建设部负责拟定房地产经纪人协理从业资格考试大纲，人力资源和社会保障部负责审定考试大纲。

各省、自治区、直辖市人力资源和社会保障部门、住房和城乡建设（房地产）部门，按照国家确定的考试大纲和有关规定，在本行政区域内组织实施房地产经纪人协理从业资格考试。房地产经纪人协理资格考试次数根据行业发展需要确定。

2. 凡中华人民共和国公民，遵守国家法律、法规，具有高中以上学历，愿意从事房地产经纪活动的人员，均可申请参加房地产经纪人协理资格考试。

房地产经纪人协理从业资格考试合格，由各省、自治区、直辖市人力资源和社会保障部门颁发住房和城乡建设部、人力资源和社会保障部统一格式的中华人民共和国房地产经纪人协理从业资格证书，该证书在所在行政区域内有效。中华人民共和国房地产经纪人协理从业资格证书是持证人具备房地产经纪人协理从业资格的法律凭证，严禁伪造、变造、涂改、租用、出借或转让。遗失资格证书的，向原发证机关（一般为省级人力资源和劳动保障部门）申请补发。

（三）境外人员考试

1. 获准在中华人民共和国境内就业的外籍人员及我国港、澳、台地区的专业人员，符合《房地产经纪人员职业资格制度暂行规定》要求的，也可报名参加房地产经纪人和房地产经纪人协理资格考试。

2. 我国香港、澳门居民申请参加房地产经纪人资格考试，在报名时应向当地考试报名机构提交本人身份证明、国务院教育行政部门认可的相应专业学历或学位证书，以及从事房地产经纪业务工作年限的证明。

3. 在报名时，我国台湾居民应向当地考试报名机构提交《台湾居民来往大陆通行证》、国务院教育行政部门认可的相应专业学历或学位证书和本人从事房地产经纪业务工作年限的证明。

二、房地产经纪人资格互认

境外人员通过资格互认，也可以取得房地产经纪人资格。目前，内地房地产经纪人与香港地产代理实现了专业资格互认。

首批内地房地产经纪人申请香港地产代理资格的条件为：

1. 申请人为中华人民共和国公民（内地）；

2. 取得房地产经纪人执业资格并经注册；

3. 申请人为中国房地产估价师与房地产经纪人学会会员；

4. 申请人从事房地产经纪业务不少于2年，或者房地产中介机构负责人，或者为大学房地产方面的教授、副教授；

5. 申请人关心房地产经纪行业发展，具有良好的职业道德，无犯罪记录，信用档案中无不良记录。

内地房地产经纪人申请香港地产代理资格的程序分为个人申报、省级房地产主管部门或省级房地产主管部门委托的行业组织进行初审和推荐、中国房地产估价师与房地产经纪人学会审核并向香港地产代理监管局推荐、参加香港地产代理监管局组织的面授培训和补充测试、缴纳牌照注册费取得《地产代理（个人）牌照》等几个环节。

三、房地产经纪人员资格注册

我国对房地产经纪人员实行职业资格注册制度。房地产经纪人员职业资格注册包括房地产经纪人注册和房地产经纪人协理注册。

房地产经纪人注册，是指取得中华人民共和国房地产经纪人执业资格的人员，向注册部门申请，经注册部门受理、审核，颁发中华人民共和国房地产经纪人注册证书（以下简称房地产经纪人注册证书）的行为。

房地产经纪人协理注册，是指取得中华人民共和国房地产经纪人协理从业资格的人员，向注册部门申请，经注册部门受理、审核，颁发中华人民共和国房地产经纪人协理注册证书（以下简称房地产经纪人注册证书）的行为。

按照《房地产经纪管理办法》及相关规定，未经房地产经纪人注册的人员，不得以房地产经纪人或者注册房地产经纪人的名义从事房地产经纪活动，不得在房地产经纪服务合同上签名。

凡取得房地产经纪人资格的人员，必须经注册才能以注册房地产经纪人的名义从事房地产经纪活动；凡取得房地产经纪人协理资格的人员，必须经注册才能以注册房地产经纪人协理的名义从事房地产经纪活动。

2004 年 12 月 10 日，经审查，全国首批 6 734 名房地产经纪人获准初始注册。截至 2012 年 5 月份，共有 24 344 名房地产经纪人获准注册，取得房地产经纪人注册证书。

（一）房地产经纪人注册

房地产经纪人注册包括初始注册、延续注册和变更注册。一个注册有效期为 3 年。

1. 符合下列条件的人员，可以申请房地产经纪人注册：

（1）取得房地产经纪人执业资格；

（2）受聘于在直辖市、市、县人民政府建设（房地产）主管部门备案的房地产经纪机构（含分支机构）；

（3）达到全国注册部门规定的继续教育合格标准（自取得房地产经纪人执业资格之日起 3 年内申请注册的除外）；

（4）无规定不予注册的情形。

2. 不予注册的情形包括：

（1）不具有完全民事行为能力；

（2）受到刑事处罚，该刑事处罚尚未执行完毕及自该刑事处罚执行完毕之日起至申请房地产经纪人注册之日止不满 5 年；

（3）在房地产经纪活动或者相关业务中受到行政处罚，自该行政处罚决定生效之日起至申请房地产经纪人注册之日止不满 3 年；

（4）以欺骗、贿赂等不正当手段获准的房地产经纪人注册被注销，自该注册被注销之日起至申请房地产经纪人注册之日止不满 3 年；

（5）受到房地产经纪行业组织处分，自该处分生效之日起至申请房地产经纪人注册之日止不满 1 年；

（6）法律、法规规定不予注册的其他情形。

3. 房地产经纪人注册部门分为全国注册部门和省级注册部门。

中国房地产估价师与房地产经纪人学会是全国注册部门，负责全国的房地产经纪人注册管理工作，接受国务院住房城乡建设主管部门的监督和指导。

省、自治区人民政府住房城乡建设主管部门、直辖市人民政府建设（房地产）主管部门或者其授权机构（以下称省级注册部门）负责本行政区域的房地产经纪人注册管理工作。

4. 取得房地产经纪人执业资格后首次注册和房地产经纪人注册被注销后重新注册，应当申请初始注册；注册有效期届满需要继续执业的，应当于注册有效期届满前 90 日内申请延续注册；房地产经纪人在注册有效期内变更受聘房地产经纪机构、受聘房地产经纪机构名称变更或者注册房地产经纪人姓名变更、身份证件号码变更的，应当申请变更注册。

（1）房地产经纪人初始注册和延续注册的具体办理程序如下。

① 申请人通过中国房地产经纪人注册系统（通过中国房地产经纪人网 www.agents.org.cn 登录）填写、提交注册信息，打印房地产经纪人注册申请表。

② 申请人将申请材料提交受聘房地产经纪机构工商注册所在地的省级注册部门。

③ 省级注册部门自受理申请之日起 30 日内初步审核完毕，通过注册系统向全国注册部门发送注册信息，并将申请材料和初步审核意见寄送全国注册部门。

④ 全国注册部门自收到省级注册部门寄送的申请材料和初步审核意见之日起 10 日内公告注册结果，自公告注册结果之日起 5 日内完成房地产经纪人注册证书制作，并将房地产经纪人注册证书寄送省级注册部门。

（2）房地产经纪人变更注册只需经过申请人申请、省级注册部门审核变更两个环节，具体程序如下。

① 申请人通过注册系统填写、提交注册信息，打印房地产经纪人注册申请表。

② 申请人将申请材料提交受聘房地产经纪机构工商注册所在地的省级注册部门。

③ 省级注册部门自受理申请之日起 10 日内审核完毕，准予变更注册的，应当在房地产经纪人注册证书上填写变更事项、批准机关和批准日期，加盖批准机关印章，并通过注册系统将注册信息报全国注册部门备案。

跨省、自治区、直辖市变更受聘房地产经纪机构的，还应当先办理注册转出手续。

(3) 有下列情形之一的，由注册部门撤销房地产经纪人注册：

① 注册部门工作人员滥用职权、玩忽职守予以注册；

② 注册部门超越职权予以注册；

③ 注册部门违反规定的程序予以注册；

④ 注册部门对不符合注册条件的申请人予以注册；

⑤ 注册房地产经纪人以欺骗、贿赂等不正当手段获准注册；

⑥ 法律法规规定对注册应当予以撤销的其他情形。

(4) 有下列情形之一的，由全国注册部门注销房地产经纪人注册：

① 注册房地产经纪人受到刑事处罚；

② 注册房地产经纪人因在房地产经纪活动或者相关业务中受到行政处罚；

③ 以欺骗、贿赂等不正当手段获准的注册或者不符合注册条件的注册被撤销；

④ 注册证书失效，并提出注册注销申请；

⑤ 法律法规规定对注册应当予以注销的其他情形。

被注销注册的人员，达到规定的注册条件的，可以重新申请注册。

5. 房地产经纪人注册证书是注册房地产经纪人从事房地产经纪活动的有效证件，执业时应当主动向委托人出示。房地产经纪人注册证书在全国范围内有效，不得涂改、转让、出租、出借和损毁。

房地产经纪人注册证书在下列情形发生时起失效：

(1) 受聘房地产经纪机构依法终止；

(2) 受聘房地产经纪机构未按照规定到直辖市、市、县人民政府建设（房地产）主管部门备案；

(3) 注册有效期届满未延续注册；

(4) 已与受聘房地产经纪机构解除劳动合同且未办理变更注册；

(5) 死亡或者依法不再具有民事行为能力；

(6) 法律法规规定注册证书失效的其他情形。

注册证书遗失或者损毁的，申请人可以按照规定向中国房地产估价师与房地产经纪人学会申请补发或者更换注册证书。

6. 通过资格互认取得房地产经纪人执业资格的，根据资格互认协议和对等、互惠原则，可以参照相关规定办理注册。大专院校、科研院所从事房地产教学、研究的人员取得房地产经纪人执业资格的，经所在单位同意，也可以参照相关规定注册。

7. 房地产经纪人协理从业资格注册由省级注册部门负责，注册相关规定可以参照房地产经纪人的注册。各省、自治区、直辖市的房地产经纪人协理从业资格注册情况应报中国房地产估价师与房地产经纪人学会备案，并及时向社会公布注册信息，为公众提供便捷的查询渠道。

8. 注册证书在所在的省级行政区域内有效，不得涂改、转让、出租、出借和损毁。遗失或者损毁房地产经纪人协理注册证书的，应当向原发证机关申请补发。

【例题9】不予房地产经纪人注册的情形有（　）。

A. 申请人受到刑事处罚，该处罚尚未执行完毕及自该刑事处罚执行完毕之日起至申请之日止不满5年

B. 申请人在房地产经纪活动中受到行政处罚，自该行政处罚执行完毕之日到申请注册之日不满3年

C. 申请人不具有完全民事行为能力

D. 申请人受到房地产经纪行业组织处分，自该处分生效之日起至申请注册之日止不满1年

E. 申请人被注销注册的，自被注销之日起至申请注册之日不满3年

【答案】ACD

【解析】不予注册的情形包括：①不具有完全民事行为能力；②受到刑事处罚，该刑事处罚尚未执行完毕及自该刑事处罚执行完毕之日起至申请房地产经纪人注册之日止不满5年；③在房地产经纪活动或者相关业务中受到行政处罚，自该行政处罚决定生效之日起至申请房地产经纪人注册之日止不满3年；④以欺骗、贿赂等不正当手段获准的房地产经纪人注册被注销，自该注册被注销之日起至申请房地产经纪人注册之日止不满3年；⑤受到房地产经纪行业组织处分，自该处分生效之日起至申请房地产经纪人注册之日止不满1年；⑥法律、法规规定不予注册的其他情形。

【例题10】房地产经纪人以欺骗、贿赂等不正当手段获准注册的，注册部门应当（　）。

A. 注销其考试成绩

B. 注销其注册

C. 责令其重新注册

D. 变更其注册

【答案】B

【解析】有下列情形之一的，由注册部门撤销房地产经纪人注册：①注册部门工作人员滥用职权、玩忽职守予以注册；②注册部门超越职权予以注册；③注册部门违反规定的程序予以注册；④注册部门对不符合注册条件的申请人予以注册；⑤注册房地产经纪人以欺骗、贿赂等不正当手段获准注册；⑥法律、法规规定对注册应当予以撤销的其他情形。

【例题 11】在房地产经纪人执业资格注册有效期内，房地产经纪人若想调到另一家房地产经纪机构执业，应当办理注册（　）手续。

A. 调动　　B. 调离

C. 转移　　D. 变更

【答案】D

【解析】房地产经纪人在注册有效期内变更受聘房地产经纪机构、受聘房地产经纪机构名称变更或者注册房地产经纪人姓名变更、身份证件号码变更的，应当申请变更注册。

【例题 12】房地产经纪人执业资格的一个注册有效期一般为（　）年。

A. 2　　B. 3

C. 4　　D. 5

【答案】B

【例题 13】注册房地产经纪人被注销注册的情形有（　）。

A. 未达到规定的继续教育标准

B. 严重违背房地产经纪职业道德

C. 1 年以上脱离房地产经纪工作岗位

D. 以不正当手段骗取房地产经纪人注册证书

E. 在房地产经纪或相关业务中犯有严重错误而受到行政处罚

【答案】BDE

【例题 14】如果房地产经纪人资格注册的起始日期为 2004 年 6 月 1 日，则注册有效期至（　）。

A. 2006 年 5 月 31 日

B. 2007 年 5 月 31 日

C. 2008 年 5 月 31 日

D. 2009 年 5 月 31 日

【答案】B

【解析】房地产经纪人资格注册的有效期是 3 年。

【例题 15】下列关于房地产经纪人注册条件的表述中，不正确的是（　）。

A. 需要持有中华人民共和国房地产经纪人执业资格证书

B. 经所在房地产经纪机构考核合格

C. 解除刑事处罚满 2 年

D. 身体健康，能坚持在注册房地产经纪人岗位上工作

【答案】C

【解析】受到刑事处罚，该刑事处罚尚未执行完毕及自该刑事处罚执行完毕之日起至申请房地产经纪人注册之日止不满 5 年；解除刑事处罚满 2 年不正确。

【例题 16】下列关于房地产经纪人执业资格注销注册的表述中，正确的是（　）。

A. 建设部负责房地产经纪人执业资格注册的注销工作

B. 连续 1 年以上（含 1 年）脱离房地产经纪工作岗位可以被注销注册

C. 同时在两个或者两个以上的房地产经纪机构执业的可以被注销注册

D. 被注销注册的人员，不可以重新申请注册

【答案】C

四、房地产经纪人员的继续教育

继续教育是房地产经纪人员职业资格制度的重要内容。房地产经纪人继续教育的方式主要有以下三种。

1. 参加继续教育培训

（1）网络继续教育培训。

（2）面授继续教育培训班。

2. 参加相关活动

（1）讲授继续教育培训课程。

（2）参加房地产行政主管部门或者房地产经纪行业组织主办的经纪相关研讨会和经验交流会。

（3）参与房地产经纪人执业资格考试的命题、审题工作等。

3. 撰写发表房地产经纪专业文章

（1）在房地产行政主管部门或者房地产经纪行业组织主办的刊物、网站、编写的著作上发表经纪相关文章。

（2）参加全国房地产估价师执业资格考试大纲、用书编写等。

第二节 房地产经纪人员的权利和义务

一、房地产经纪人员的权利

依法保障房地产经纪人员的权利是房地产经纪人员顺利执业的前提。《房地产经纪管理办法》《房地产经纪人员职业资格制度暂行规定》《房地产经纪执业规则》等规定了房地产经纪人员的主要权利。

（一）房地产经纪人的权利

1. 依法发起设立房地产经纪机构的权利。

2. 受聘于房地产经纪机构，担任关键岗位职务的权利。

3. 执行房地产经纪业务的权利。

4. 在经办业务的房地产经纪服务合同等业务文书上签名的权利。

5. 要求委托人提供与交易有关资料的权利。

6. 拒绝执行受聘机构或者委托人发出的违法指令的权利。

7. 获得合理报酬的权利。

8. 依法享有的其他权利。

（二）房地产经纪人协理的权利

1. 受聘于房地产经纪机构，担任辅助工作岗位的权利。

2. 协助房地产经纪人处理房地产经纪有关事务的权利。

3. 在经办业务的房地产经纪服务合同上签名的权利。

4. 获得合理报酬的权利。

5. 依法享有的其他权利。

【例题1】房地产经纪人的权利不包括（ ）。

A. 依法发起设立房地产经纪机构

B. 处理房地产经纪有关事务并获得合理的报酬

C. 同时受聘于两个或两个以上房地产经纪机构

D. 要求委托人提供与交易相关的资料

【答案】C

【解析】依法保障房地产经纪人员的权利是房地产经纪人员顺利执业的前提。房地产经纪人的权利包括：①依法发起设立房地产经纪机构的权利；②受聘于房地产经纪机构，担任关键岗位职务的权利；③执行房地产经纪业务的权利；④在经办业务的房地产经纪服务合同等业务文书上签名的权利；⑤要求委托人提供与交易有关资料的权利；⑥拒绝执行受聘机构或者委托人发出的违法指令的权利；⑦获得合理报酬的权利；⑧依法享有的其他权利。

【例题2】下列关于房地产经纪人协理的表述中，正确的有（ ）。

A. 可以发起设立房地产经纪机构

B. 只能在注册所在地的行政区域内从业

C. 需要在房地产经纪人的指导下开展经纪工作

D. 需要通过协理从业资格考试，并取得协理注册证书

E. 经过房地产经纪机构授权可以同客户订立经纪合同等重要业务文书

【答案】BCD

【解析】房地产经纪人协理不可以发起设立房地产经纪机构，并且不可以同客户订立经纪合同等重要业务文书。

二、房地产经纪人员的义务

房地产经纪人员除承担《中华人民共和国宪法》所规定的公民的基本义务之外，还承担从事房地产经纪业务应尽的特殊义务。

（一）房地产经纪人的义务

1. 遵守法律、法规、规章、行业管理规定和职业规范，恪守职业道德的义务。

2. 不得同时受聘于两个或两个以上房地产经纪机构执行业务的义务。

3. 依法维护当事人的合法权益的义务。

4. 指导房地产经纪人协理进行房地产经纪业务的义务。

5. 向委托人披露相关信息的义务。

6. 为委托人保守个人隐私及商业秘密的义务。

7. 接受继续教育，不断提高业务水平的义务。

8. 不得进行不正当竞争的义务。

9. 接受住房和城乡建设（房地产）行政主管部门和政府相关部门的监督检查的义务。

（二）房地产经纪人协理的义务

房地产经纪人协理的义务除了“指导房地产经纪人协理进行房地产经纪业务的义务”之外，其他义务都与房地产经纪人基本相同。

【例题3】房地产经纪人的义务有（ ）。

A. 为委托人保守商业秘密

B. 遵守行业管理规定

C. 同时代表交易双方的利益

D. 向委托人披露相关信息

E. 不得进行不正当竞争

【答案】ABDE

【解析】房地产经纪人的义务包括：①遵守法

律、法规、规章、行业管理规定和职业规范，恪守职业道德的义务；②不得同时受聘于两个或两个以上房地产经纪机构执行业务的义务；③依法维护当事人的合法权益的义务；④指导房地产经纪人协理进行房地产经纪业务的义务；⑤向委托人披露相关信息的义务；⑥为委托人保守个人隐私及商业秘密的义务；⑦接受继续教育，不断提高业务水平的义务；⑧不得进行不正当竞争的义务；⑨接受住房和城乡建设（房地产）行政主管部门和政府相关部门的监督检查的义务。

【例题4】下列关于房地产经纪人义务的表述中，正确的有（　）。

A. 不得同时受聘于两家或两家以上的房地产经纪机构执行业务

B. 为委托人保守商业秘密

C. 依法发起设立房地产经纪机构

D. 向委托人披露相关信息，保障委托人的权益

E. 拒绝执行委托人发出的违法指令

【答案】ABD

【解析】依法发起设立房地产经纪机构和拒绝执行委托人发出的违法指令是房地产经纪人的权利内容。

【例题5】下列关于房地产经纪人员权利义务的表述中，错误的是（　）。

A. 房地产经纪人有权执行房地产经纪业务并获得合理的报酬

B. 房地产经纪人可以要求委托人提供与交易有关的资料

C. 房地产经纪人员只要保证交易达成，无需向委托人披露相关信息

D. 房地产经纪人员应为委托人保守商业秘密

【答案】C

【解析】房地产经纪人员要保证交易达成，同时要向委托人披露相关信息。

第三节　房地产经纪人的职业素养和职业技能

一、房地产经纪人的职业培养

（一）房地产经纪人的知识结构

由于房地产经纪活动的专业性和复杂性，房地产经纪人必须拥有完善的知识结构（如下图所示）。

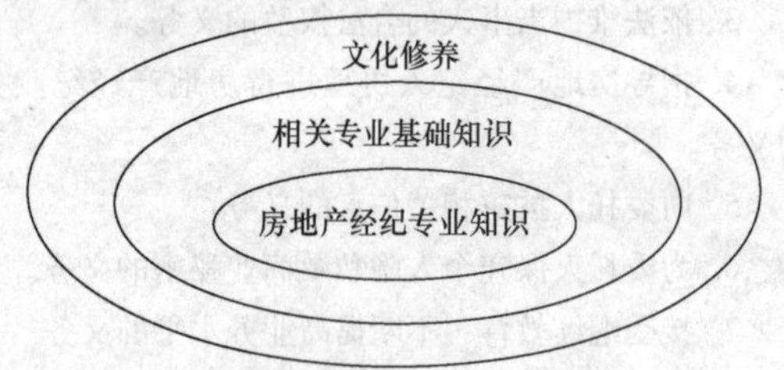

房地产经纪人的知识结构图

1. 这一知识结构的核心是房地产经纪专业知识，即房地产经纪的基本理论与实务知识；该核心的外层是与房地产经纪有关的基础知识，包括经济知识、法律知识、社会心理知识、房地产专业知识、科学技术知识；最外层则是能对房地产经纪人的文化修养和心理素质产生潜移默化影响的人文（如文学、艺术、哲学等）和心理方面的知识。

2. 房地产经纪人要掌握经济学基础知识，特别是市场和市场营销知识。要懂得市场调查、市场分析、市场预测的一些基本方法，熟悉商品市场，特别是房地产市场供求变化和发展的基本规律、趋势，了解经济模式、经济增长方式对房地产活动的影响。

3. 房地产经纪人要认真学习和掌握基本法律知识，如《民法通则》《城市房地产管理法》《合同法》《物权法》《消费者权益保护法》以及税法等与房地产经纪有关的法律、法规。

4. 房地产经纪人的工作是频繁与人打交道的工作，因此，社会及心理方面的知识也是房地产经纪人所必须要掌握的。

5. 房地产经纪人必须要掌握一定的房地产专业知识，主要包括房屋建筑、房地产金融与投资、房地产市场营销、房地产估价、物业管理、房地产测量等方面的知识。

6. 在强调房地产理论知识的同时，不可忽略产权交易中的程序性知识和日常生活中的房屋使用知识。程序性知识可通过操作来训练，这是客户借助经纪完成交易的直接理由。房屋使用知识可以向客户学习，厨房应怎样合理布置，钻石形状的客厅该如何处理等，掌握这些实际性的知识可以为客户做更切合实际的建议。此外，一些体验性知识，即房屋使用者的感受，也非常重要。

7. 一个优秀的房地产经纪人也必须掌握计算机知识等现代科学技术。

8. 房地产经纪人还必须熟练掌握至少一门外语，才能更好地为各类外籍人士提供经纪服务。

9. 房地产经纪人还必须有较高的文化修养，应尽可能多地阅读和欣赏文学、艺术作品，提高自己的艺术品位和鉴赏力。

10. 房地产经纪人要培养自己良好的心理素质，就必须学习一些心理学方面的知识。

【例题1】房地产经纪人必须拥有完善的知识结构，该知识结构的核心是（　）。

A. 房地产经济知识

B. 房地产市场营销知识

C. 房地产风水知识

D. 房地产经纪的基本理论与实务知识

【答案】D

【例题2】房地产经纪人应拥有完整的知识结构，该知识结构的最外层是（　）。

A. 房地产估价知识　　B. 经济知识

C. 法律知识　　D. 文化修养

【答案】D

【例题3】由于房地产经纪活动的专业性和复杂性，房地产经纪人必须拥有完善的知识结构，这一知识结构的核心是（　）。

A. 文化修养

B. 经济学基础知识

C. 相关法律法规知识

D. 房地产经纪专业知识

【答案】D

（二）房地产经纪人员的心理素质

1. 自知、自信

（1）所谓自知，是指对自己的了解。房地产经纪人对自己的职业应有充分而正确的认识，要对这一职业的责任、性质、社会作用和意义、经济收益等各个方面有一个全面和客观的认识。

（2）所谓自信，对于房地产经纪人来讲，是指在自知基础上形成的一种职业荣誉感、成就感和执业活动中的自信力。

2. 乐观、开朗

在人与人的交往中，乐观、开朗的人使人容易接近，因而更受人欢迎。房地产经纪人如果本身不具备这种性格，就应主动培养自己乐观、开朗的气质。具体应做到以下几个方面。

（1）要在心态上调整自己，对自己所从事的职业保持乐观的心态。

（2）处理好与同事、同行之间的关系。

（3）要多接触美好的事物，培养积极的心态。

3. 积极、主动

（1）房地产经纪是一种中介服务，无论是房源还是客源，都要靠房地产经纪人自己去寻找。因此，房地产经纪人必须具有积极、主动的心理素质，每天都要积极、热情地投入工作。

（2）由于房地产交易的复杂性，房地产经纪人的工作经常遇到交易不成功的情况。对此，应始终以积极的心态去思考。

4. 坚韧、奋进

在实践中，房地产经纪工作中会经常遭到挫折，房地产经纪人不仅要以乐观的心态来面对挫折，还需要以坚韧不拔的精神来化解挫折。房地产经纪人还应具有积极向上的奋进精神，因为激烈的市场竞争造成了不进则退的局面。

二、房地产经纪人的职业技能

（一）收集信息的技能

1. 一般信息收集技能，包括对日常得到的信息进行鉴别、分类、整理、储存和快速检索的能力。

2. 特定信息收集的技能包括根据特定业务需要，准确把握信息收集的内容、重点、渠道，并灵活运用各种信息收集方法和渠道，快速有效地收集到针对性信息。

（二）市场分析的技能

市场分析技能是指房地产经纪人根据所掌握的信息，采用一定的方法对其进行分析，进而对市场供给、需求、价格的现状及变化趋势进行判断。对信息的分析方法包括：简单统计分析、比较分析、因果关系分析等。

（三）人际沟通的技能

房地产经纪的服务性决定了房地产经纪人需要不断与人打交道。要使这些人际沟通能较好地达到更好的服务目的，不仅要求房地产经纪人具有良好的心理素质，还要求房地产经纪人必须掌握良好的人际沟通技能。

（四）供需搭配的技能

由于房地产商品具有特殊性，每一宗房地产都是与众不同的，这就要求房地产经纪人准确把握买方的具体要求，并据此选择恰当的房源供其考虑。房地产经纪人不仅要充分知晓这种搭配的具体方法，更要能熟练掌握，从而使之内化为自身的一种能力，这就是供求搭配的技能。它在实务操作中，常常表现为经纪人是否能在较短的时间内完成供求搭配，从而尽可能实现每一个交易机会。

（五）议价谈判的技能

在房地产经纪人的日常工作中，议价谈判是一项重要的工作内容。一方面，客户常常会就佣金金额与经纪人讨价还价；另一方面，房地产经纪人要代表委托人与交易对家议价谈判。议价谈判中，最为重要的有两点：一是要将坚持原则与适当让步有机结合；二是要将把控主动权与营造良好的谈判氛围有机结合。

(六) 促成交易的技能

交易达成，是房地产经纪人劳动价值得以实现的基本前提，因此它是房地产经纪业务流程中关键的一环。房地产经纪人应能准确判断客户犹豫的真正原因和成交的条件是否成熟，如果成交条件已经成熟则应灵活采用有关方法来消除客户的疑虑，从而使交易达成。这就是把握成交时机的技能。

【例题4】房地产经纪人李某根据所掌握的信息，总是能对潜在购房客户的需求进行较为准确的判断和把握，并能迅速完成每笔业务，这说明其具有较强的(　)技能。

A. 市场分析　　B. 信息收集

C. 供需搭配　　D. 市场判断

【答案】C

【解析】房地产经纪人是以促成交易为己任的，因此不论是居间经纪人，还是代理经纪人，都需要同时考虑交易双方的需求，其实质也就是要使供求双方在某一宗（或数宗）房地产交易上达成一致。由于房地产商品具有特殊性，每一宗房地产都是与众不同的，这就要求房地产经纪人准确把握买方的具体要求，并据此选择恰当的房源供其参考。房地产经纪人不仅要充分知晓这种搭配的具体方法，更要能熟练掌握，从而使之内化为自身的一种能力，这就是供求搭配的技能。它在实务操作中，常常表现为房地产经纪人是否能在较短的时间内完成供求搭配，从而尽可能实现每一个交易机会。

【例题5】一个房地产经纪人对所掌握的信息采用一定的方法进行分析，进而对市场供给、需求、价格的现状及变化趋势作出了准确的判断，这说明该房地产经纪人具有（　）。

A. 收集信息的技能

B. 市场分析的技能

C. 人际沟通的技能

D. 供需搭配的技能

【答案】B

【解析】房地产经纪人的职业技能包括：①收集信息的技能；②市场分析的技能；③人际沟通的技能；④供需搭配的技能；⑤议价谈判的技能；⑥促成交易的技能。其中，市场分析技能是指房地产经纪人根据所掌握的信息，采用一定的方法对其进行分析，进而对市场供给、需求、价格的现状及变化趋势进行判断。

【例题6】房地产经纪人应该掌握的职业技能包括（　）。

A. 灵活运用各种方法和渠道收集信息的技能

B. 对房地产市场进行简单统计分析、比较分析和因果分析的技能

C. 人际沟通中对不同的人说不同的话的技能

D. 体察购房人心理，适时推荐合适房源的技能

E. 把握购房人的特点和需求，积极促成交易的技能

【答案】ABDE

【解析】收集信息的技能、市场分析的技能、人际沟通的技能、供需搭配的技能、议价谈判的技能和促成交易的技能都是房地产经纪人应该掌握的职业技能。

【例题7】房地产经纪人应掌握的市场分析的技能有（　）。

A. 对房地产市场定性判断和定量分析的技能

B. 准确判断客户犹疑不决真正原因的技能

C. 灵活采用有关方法消除客户疑虑的技能

D. 体察购房人心理，适时推荐合适房源的技能

E. 分析判断市场供给、需求、价格的现状及变化趋势的技能

【答案】AE

【解析】房地产经纪人应掌握的市场分析的技能有：对房地产市场定性判断和定量分析的技能，分析判断市场供给、需求、价格的现状及变化趋势的技能。

第四节　房地产经纪人的职业道德与职业责任

一、房地产经纪人职业道德的内涵、形成及作用

(一) 房地产经纪人职业道德的内涵

房地产经纪人职业道德是指房地产经纪行业的道德规范，是房地产经纪人就这一职业活动所共同认可并拥有的思想观念、情感和行为习惯的总和。

1. 就思想观念而言，它包括对涉及房地产经纪活动的一些基本问题的是非、善恶的根本认识，这种认识是指在房地产经纪人思想观念中所形成的一种内在意识。

2. 从内容上讲，主要涉及以下三个方面。

(1) 职业良心。职业良心涉及对执业活动中“自愿”“平等”“公平”和“诚实信号”等执业原则，经纪人员收入来源，经纪服务收费依据和标准等一些重大问题的认识。

(2) 职业责任感。职业责任感涉及房地产经纪人对自身责任及应尽义务的认识。

(3) 执业理念。执业理念主要是指对市场竞争、同行合作等问题的认识和看法。

(二) 房地产经纪人职业道德的形成

1. 从整个行业的角度看

职业道德是通过广大从业人员的长期实践摸索，有关管理者或研究者的总结、提炼以及一些杰出人物的身体力行，并经由行业团体的集体约定而形成的。

2. 从具体的从业人员个体角度看

职业道德是通过一定的教育训练、行业氛围的熏陶、社会公众的监督以及行业组织的约束而形成的。

(三) 房地产经纪人职业道德的作用

1. 从行业层面看

与其他行业的职业道德一样，房地产经纪人职业道德有助于树立、维护房地产经纪业的社会形象，从而保障每一位从业人员的综合利益——经济收入、社会地位等。

2. 从社会整体层面看

房地产经纪人职业道德与房地产经纪的有关法律法规、行业规范有着共同的作用，即调节房地产经纪行业从业人员与服务对象，以及从业人员之间的关系。房地产经纪人职业道德对房地产经纪业的规范运作和持续发展将产生重大的积极作用。

【例题1】职业道德在内容上具有一定的稳定性、连续性，在性质上具有（ ）。

A. 普遍性　　B. 合理性

C. 专业性　　D. 社会性

【答案】C

【例题2】下列关于房地产经纪职业道德的表述中，不正确的是（ ）。

A. 房地产经纪职业道德与房地产经纪的有关法律法规具有相同的作用机制

B. 房地产经纪职业道德属于房地产经纪行业内部的集体约定

C. 房地产经纪职业道德主要通过良心和舆论来约束房地产经纪人员

D. 房地产经纪职业道德是房地产经纪行业内部形成的思想观念、情感和行为习惯的总和

【答案】A

【解析】房地产经纪职业道德与房地产经纪的有关法律法规的作用机制是不相同的。

【例题3】房地产经纪人职业道德主要通过（ ）起作用。

A. 良心　　B. 舆论

C. 法律　　D. 行政

E. 行业自律管理

【答案】AB

【解析】房地产经纪人职业道德是指内化于房地产经纪人思想意识和心理、行为习惯的一种修养，它主要通过良心和舆论来约束房地产经纪人。

【例题4】就思想观念而言，房地产经纪人职业道德涉及的内容主要有（ ）。

A. 专业修养　　B. 职业良心

C. 执业理念　　D. 守法经营

E. 职业责任感

【答案】BCE

二、房地产经纪人职业道德的主要内容

(一) 遵纪守法

1. 房地产经纪人首先必须遵从政府对房地产经纪行业的上岗、开业规定，不得无照、无证执业和经营。

2. 其次，在房地产经纪活动的各个环节，如接受委托、签订合同、刊登广告、收取佣金等环节，都必须遵守有关法律、法规的规定。

3. 目前，房地产经纪业中存在的一些诸如经纪合同不规范、高于规定标准收费等现象，就反映出一些房地产经纪人和机构“守法经营”意识淡薄，对此必须加以纠正。

(二) 规范执业

1. 房地产经纪行业组织与一些品牌房地产经纪企业制定了行业或企业的房地产经纪规范，试图通过规范房地产经纪活动的行为，来保证房地产经纪服务的质量。

2. 房地产经纪人员应充分认识行业或企业的各种规范，保证行业或企业的服务品质，从而保持、提升房地产经纪行业或企业的社会形象，自觉、自愿地遵守、维护这些规范是每一个行业从业人员安身立命的根本。

(三) 诚实守信

房地产经纪人员要促成交易，首先必须使买卖双方相信自己。要想使买卖双方相信自己，最基本的要素就是：诚。

1. “诚”的第一要义是真诚，即真心以客户的利益为己任。

2. “诚”的第二要义是坦诚，即诚实地向客户告知自己的所知。

（四）尽职尽责

房地产经纪人的责任，就是促成他人的房地产交易，因此应尽最大努力去实现这一目标。

第一，房地产经纪活动中的许多环节都是必不可少的，因此房地产经纪人决不能为图轻松而省略，也不能马马虎虎，敷衍了事。

第二，房地产经纪人是以自己拥有的房地产专业知识、信息和市场经验来为客户提供服务的。因此，房地产经纪人要真正承担起自己的职业责任，还必须不断提高自己的专业水平。一方面要加强理论知识学习，掌握日新月异的房地产专业知识及相关科学、技术；另一方面要不断地通过实践，与同行及相关人群交流来充实自己的信息量，提高专业技能。

第三，房地产属于大宗资产，一些房地产交易活动，常常是涉及客户的商业机密或个人隐私。在房地产经纪活动中，房地产经纪人由于工作的需要，接触到客户机密。除非客户涉及违法，否则经纪人决不能将客户的机密散布出去，更不能以此谋利，应该替客户严守秘密，充分保护客户的利益。

第四，在我国目前的体制下，房地产经纪人员都是以自己所在的房地产经纪机构的名义来从事业务活动的，因此房地产经纪人员对自己所在的机构也承担着一定的责任。

这种责任一是要帮助公司实现盈利目标，二是要维护公司的信誉、品牌。

（五）公平竞争

房地产经纪人必须不怕竞争、勇于竞争。这就要求房地产经纪人以坦然的心态、公平的方式参与竞争。那些诋毁同行、恶意削价等不正当的竞争方式，实质上是不敢进行公平竞争的表现。竞争与合作是房地产经纪人时刻面对的问题，而“公平竞争，注重合作”是制胜的前提。

【例题5】下列所述行为中，符合房地产经纪人员职业道德基本要求的是（　）。

A. 房地产经纪人员要收取“看房费”

B. 房地产经纪人员要满足客户的所有要求

C. 房地产经纪人员要促成房地产交易

D. 房地产经纪人员要诚实地向客户告知自己的所知

【答案】C

【解析】只有房地产经纪人员要促成房地产交易符合房地产经纪人员职业道德基本要求。

【例题6】甲房地产经纪机构聘用了没有房地产经纪人职业资格的李某从事经纪业务。甲机构和李某的行为违反了房地产经纪人员职业道德基本要求中的（　）。

A. 恪守信用　　B. 尽职尽责

C. 守法经营　　D. 以诚为本

【答案】C

【解析】甲房地产经纪机构聘用了没有房地产经纪人职业资格的李某从事经纪业务，很显然是违反了守法经营的内容。

【例题7】房地产经纪人员守法经营涉及的领域有（　）。

A. 为委托人办理房地产产权交易

B. 赚取买卖差价

C. 签订经纪合同

D. 收取佣金

E. 分析市场前景

【答案】ACD

【解析】为委托人办理房地产产权交易、签订经纪合同和收取佣金涉及了房地产经纪人员守法经营的基本领域。

【例题8】下列不属于房地产经纪人员职业道德基本要求的是（　）。

A. 守法经营　　B. 恪守信用

C. 沟通为主　　D. 公平竞争

【答案】C

【解析】房地产经纪人员职业道德基本要求包括遵纪守法、规范执业、诚实守信、尽职尽责和公平竞争。

【例题9】房地产经纪合同不规范、高于规定标准收费等现象主要违反了房地产经纪人员职业道德基本要求中的（　）。

A. 守法经营　　B. 恪守信用

C. 尽职尽责　　D. 公平竞争

【答案】A

【解析】房地产经纪合同不规范、高于规定标准收费等现象主要违反了房地产经纪人员职业道德基本要求中的守法经营的内容。

【例题10】下列关于房地产经纪人员行为要求的表述中，与房地产经纪人员守法经营要求无关的是（　）。

A. 房地产经纪人员要持证上岗

B. 房地产经纪人员不得同时在两个房地产经纪机构执业

C. 房地产经纪人员要按经纪合同的约定执行业务

D. 房地产经纪人员要帮助客户客观分析市场

行情

【答案】D

【例题11】房地产经纪人员职业道德的基本内容包括遵纪守法、规范执业、诚实守信、公平竞争和( )。

A. 灵活机智　　B. 信息公开

C. 热情周到　　D. 尽职尽责

【答案】D

【例题12】房地产经纪人员职业道德的主要内容包括( )。

A. 遵纪守法　　B. 规范执业

C. 诚实守信　　D. 业绩至上

E. 尽职尽责

【答案】ABCE

【解析】房地产经纪人员职业道德的基本内容包括遵纪守法、规范执业、诚实守信、公平竞争和尽职尽责。

三、房地产经纪人的职业责任

(一) 房地产经纪人职业责任的内涵

房地产经纪人的职业责任是指房地产经纪人在从事房地产经纪活动时所应尽的义务，以及因自己在职业活动中的违纪、违约、违法甚至犯罪行为而应承担的行政和法律责任。

1. 就义务层面而言

尽管房地产经纪人在从事职业活动时受到各种规范、规章的约束，但规范、规章不可能包罗万象，总有一些未能列入其中的内容，这就常常以房地产经纪人的职业道德形式来出现。

2. 就行政和法律责任而言

房地产经纪人在履行自己职责的过程中，因违反有关行政规章、违反合同或不履行其他法律义务，侵害国家集体财产，侵害他人财产、人身权利的，应承担相应的民事责任。如果房地产经纪人的行为触犯了刑法，则要承担相应的刑事责任。

(二) 房地产经纪人违纪执业的行政责任

房地产经纪机构和房地产经纪人违反有关行政法规和规章的规定，行政主管部门或其授权的部门可以在其职权范围内，对违法房地产经纪机构或房地产经纪人处以与其违法行为相应的行政处罚。

(三) 房地产经纪人执业中违约、违法、犯罪行为的法律责任

1. 民事责任

(1) 违约责任。

违约责任是当事人不履行合同义务或者履行义务不符合约定条件而应承担的民事责任。违约责任的构成要件：一是必须有违约行为；二是无免责事由。

① 违约行为。违约行为包括履行不能、履行迟延、履行不当和履行拒绝四种情况。

★履行不能是指因可归于债务人的事由致合同不能履行，亦称合同不履行。

★履行迟延是指履行期已满而能履行的债务因可归于债务人的事由未履行所发生的延迟，这是时间上的不完全履行。

★履行不当是指债务人没有完全按合同内容所为的履行，也称瑕疵履行，如履行数量不足、地点不妥、方法不当等。

★履行拒绝是指债务人在债务成立后履行期届满前，能履行而明示不履行的意思表示。

② 免责事由包括以下三个方面。

★不可抗力。不可抗力指不能预见、不能避免并不能克服的客观情况。

★自己有过失。违约行为发生后相对人应采取措施防止损失扩大。

★约定免责事由。根据合同法规定约定造成对方人身伤害，及因故意或重大过失造成的对方财产损失的免责条款为无效。

③ 承担违约责任的方式主要有以下三种。

★强制实际履行。对于违约行为，采取以继续履行为主赔偿为辅的救济原则。对于因履行迟延、履行不当或履行拒绝的行为，原则上均可请求继续履行或补充履行。

★违约金。违约金是依当事人的约定或法律的直接规定，在当事人一方不履行债务时，向他方给付的金钱。

★损害赔偿。在违约人继续履行或采取补救措施后，相对人还有损失的，可请求损害赔偿。赔偿的范围包括实际损失和预期利益损失，但预期利益不得超过违约人缔约时预见到或可能预见到违约可能造成的损失。

(2) 侵权责任

侵权责任是指侵犯经纪合同所约定的债权之外的其他权利而应承担的民事责任。侵权责任的构成要件：一是有侵权行为；二是无免责事由。

① 侵权行为定义。

广义上的侵权行为指对他人的财产或人身造成损害并应承担民事责任的行为，包括一般侵权行为和特殊侵权行为。

狭义上的侵权行为指因过错侵害他人的财产或人身并应承担民事责任的行为，仅指一般侵权行为。本书所称侵权行为仅指狭义上的侵权行为。

② 侵权行为的构成要件有：

★行为违法；

★有损害事实；

★违法行为与损害事实之间有因果关系；

★主观过错。

③ 免责事由包括：

★阻却违法性事由，包括正当防卫和紧急避险；

★不可抗力；

★受害人过错。

④ 承担侵权责任的主要方式有：停止侵害；排除妨碍；消除危险；返还财产；恢复原状；赔偿损失；消除影响、恢复名誉；赔礼道歉。

2. 刑事责任

房地产经纪人和房地产经纪机构在经营活动中，触犯刑法的，司法机关必将追究有关责任人的刑事责任，包括限制人身自由的管制、拘役、有期徒刑、无期徒刑，乃至死刑。与民事责任重在补偿性不同，刑事责任重在惩罚性，对刑事责任的追究非常注重行为的主观要件。

【例题 13】缔约过失责任属于（　）。

A. 违约责任　　B. 侵权责任

C. 合同责任　　D. 行政责任

【答案】C

【解析】缔约过失责任属于合同责任。

【例题 14】房地产经纪机构和人员违规执业，按照其违反规定的性质不同及所承担法律责任和方式的不同，可以分为（　）。

A. 违约责任　　B. 侵权责任

C. 民事责任　　D. 行政责任

E. 刑事责任

【答案】CDE

【解析】按照其违反规定的性质不同及所承担法律责任和方式的不同，可以分为民事责任、行政责任和刑事责任。

【例题 15】房地产经纪机构的违约行为包括（　）。

A. 不可抗力　　B. 履行不能

C. 履行迟延　　D. 履行不当

E. 履行拒绝

【答案】BCDE

【解析】房地产经纪机构的违约行为包括履行不能、履行迟延、履行不当和履行拒绝。

【例题 16】房地产经纪机构和房地产经纪人员违约要承担法律责任。下列不属于房地产经纪执业免责事由的是（　）。

A. 不可抗力

B. 经纪机构有过失

C. 约定免责事由

D. 委托人有过失

【答案】D

【例题 17】马某于 2006 年 8 月委托甲房地产经纪机构出售其房产，双方签订了委托代理合同。此后马某在合同期内私自将房产出售给关某，该行为属于（　）。

A. 履行不当　　B. 履行不能

C. 履行拒绝　　D. 履行迟延

E. 预期违约

【答案】BE

【例题 18】张某故意损坏了他承租房屋的地板，张某应当承担（　）。

A. 行政责任

B. 刑事责任

C. 违约责任和侵权责任

D. 违约责任或侵权责任

【答案】D

【例题 19】承担侵权责任的主要方式有（　）。

A. 强制实际履行　　B. 消除危险

C. 违约金　　D. 赔偿损失

E. 恢复名誉

【答案】BDE

【解析】承担侵权责任的主要方式有：①停止侵害；②排除妨碍；③消除危险；④返还财产；⑤恢复原状；⑥赔偿损失；⑦消除影响、恢复名誉；⑧赔礼道歉。

【例题 20】赵某承租了汪某的一处住房，在租赁期间，赵某私自改变房屋墙体结构的行为属于（　）。

A. 违约行为　　B. 侵权行为

C. 免责行为　　D. 过失行为

E. 禁止行为

【答案】AE

【解析】在租赁期间，赵某私自改变了房屋墙体结构的行为很显然属于违约行为和禁止行为。

【例题 21】下列属于房地产经纪合同中受托方免责事由的有（　）。

A. 委托方因车祸造成失忆，丧失民事行为能力

B. 委托标的房产因海啸灭失

C. 当事人一方因出国贻误提交房地产权属证件的时间

D. 双方约定房产在半年内没有出售，互不追究责任

E. 双方约定在合同执行过程中出现的人身伤害，互不请求赔偿

【答案】AB

【例题22】由于房地产经纪合同履行违约而依法承担的法律后果属于（ ）。

A. 民事责任　　B. 行政责任

C. 刑事责任　　D. 缔约过失责任

【答案】A

【例题23】在房地产经纪合同有效的前提下，当事人的违约行为包括（ ）。

A. 履行不能　　B. 履行迟延

C. 履行提前　　D. 履行不当

E. 履行拒绝

【答案】ABDE

【解析】当事人的违约行为包括履行不能、履行迟延、履行不当和履行拒绝。

练习题

一、单项选择题（每题的备选答案中只有一个最符合题意）

1. 对涉及公共安全、人身健康、人民生命财产安全等特定职业（工种），国家依据有关法律、行政法规或国务院决定设置（ ）。

A. 非准入类执业资格

B. 职业水平评价制度

C. 准入类执业资格

D. 能力水平评价制度

2. 截至2012年5月份，共有（ ）名房地产经纪人获准注册，取得地产经纪人注册证书。

A. 25 344　　B. 22 344

C. 24 355　　D. 24 344

3. 房地产经纪人一个注册有效期为（ ）。

A. 3年　　B. 2年

C. 5年　　D. 1年

4. 中国房地产估价师与房地产经纪人学会是全国注册部门，负责全国的房地产经纪人注册管理工作，接受（ ）的监督和指导。

A. 中华人民共和国人力资源和社会保障部

B. 国务院住房城乡建设主管部门

C. 国务院安全生产管理部门

D. 国务院国土资源管理部门

5. 房地产经纪人注册有效期届满需要继续执业的，应当于注册有效期届满前（ ）内申请延续注册。

A. 120日　　B. 60日

C. 30日　　D. 90日

6. 房地产经纪人在注册有效期内变更受聘房地产经纪机构、受聘房地产经纪机构名称变更或者注册房地产经纪人姓名变更的，应当申请办理（ ）。

A. 初始注册　　B. 变更注册

C. 更正注册　　D. 原始注册

7. 省级注册部门自受理申请之日起30日内初步审核完毕，通过注册系统向全国注册部门发送注册信息，并将申请材料和初步审核意见寄送（ ）。

A. 直辖注册部门　　B. 市级注册部门

C. 全国注册部门　　D. 省级注册部门

8. 要多接触美好的事物属于（ ）的基本内容。

A. 积极、主动　　B. 乐观、开朗

C. 自知、自信　　D. 坚韧、奋进

9. 根据已有的数据信息计算某些数据指标，如平均单价、收益倍数等，属于（ ）的基本内容。

A. 简单统计分析　　B. 比较分析

C. 因果关系分析　　D. 数理分析

10. 不同地区或不同类别房源的比较、同类房源在不同时间段上的比较是（ ）。

A. 比例分析　　B. 比较分析

C. 因果分析　　D. 统计分析

11. 房地产经纪人员不仅要充分知晓这种搭配的具体方法，更要能熟练掌握，从而使之内化为自身的一种能力，这种搭配是指（ ）。

A. 人际沟通的技能　　B. 议价谈判的技能

C. 促成交易的技能　　D. 供求搭配的技能

12. 一方面，客户常常会就佣金数量与经纪人员讨价还价；另一方面，在房地产代理业务中，房地产经纪人员要代表客户与交易对家（ ）。

A. 议价谈判　　B. 促成交易

C. 供求搭配　　D. 人际沟通

13. （ ）是房地产经纪人劳动价值得以实现的基本前提，因此它是房地产经纪业务流程中关键的一环。

A. 顺利签约　B. 议价谈判

C. 交易达成　D. 供需搭配

14.（ ）是指人们在从事各种职业活动的过程中应该遵循的思想、行为准则和规范。

A. 执业道德　B. 职业道德

C. 职业修养　D. 职业规范

15.（ ）是指房地产经纪人就这一职业活动所共同认可并拥有的思想观念、情感和行为习惯的总和。

A. 房地产经纪人职业规范

B. 房地产经纪人职业理念

C. 房地产经纪人职业道德

D. 房地产经纪人执业道德

16.（ ）是涉及对执业活动"自愿"、"诚实守信"、"公平"等执业原则、经纪人员收入来源、经纪服务收费依据等一些重大问题的认识。

A. 职业规范　B. 行为习惯

C. 职业责任感　D. 职业良心

17. 一个房地产经纪机构如果在交易商品未成交时即收取所谓的"看房费"，或者获取佣金之外的其他经济利益，属于不遵守（ ）原则的内容。

A. 尽职守责　B. 诚实守信

C. 规范执业　D. 公平竞争

18. 房地产经纪人员首先必须不怕竞争、勇于竞争，是（ ）的内涵。

A. 勇于竞争　B. 主动竞争

C. 公平竞争　D. 尽职守责

19. 债务人在债务成立后履行期届满前，能履行而明示不履行的意思表示，是（ ）。

A. 履行不可　B. 履行拒绝

C. 履行不当　D. 履行推迟

20. 对于违约行为，采取以继续履行为主赔偿为辅的救济原则是（ ）的基本内涵。

A. 强制实际履行　B. 实际履行

C. 强制履行　D. 继续履行

二、多项选择题（每题的备选答案中有两个或两个以上符合题意）

1. 设立房地产经纪人员职业资格的两级认证制度是国际通行做法，下列属于美国房地产经纪人员划分方式的是（ ）。

A. 房地产经纪人

B. 地产代理（个人）

C. 不动产经纪人

D. 房地产销售员

E. 营业员

2. 下列关于房地产经纪人员职业资格的表述中，不正确的有（ ）。

A. 设立房地产经纪人员职业资格的两级认证制度是国际通行做法

B. 我国房地产经纪人员职业资格分为房地产经纪人执业资格和房地产经纪人协理从业资格

C. 取得房地产经纪人执业资格，是从事房地产经纪活动的基本条件

D. 房地产经纪人员职业资格实行考试、注册和继续教育制度

E. 取得房地产经纪人协理从业资格，是发起设立房地产经纪机构的必备条件

3. 房地产经纪人资格考试的组织实施部门是（ ）。

A. 住房和城乡建设部

B. 国土资源部

C. 安全生产管理部门

D. 房地产估价师与房地产经纪人协会

E. 人力资源和社会保障部

4. 住房和城乡建设部在房地产经纪人资格考试中，主要负责（ ）。

A. 编制房地产经纪人资格考试大纲

B. 组织实施房地产经纪人资格考试考务工作

C. 编写房地产经纪人资格考试教材

D. 确定房地产经纪人资格考试合格标准

E. 组织房地产经纪人资格考试命题

5. 下列关于房地产经纪人协理资格考试的表述中，不正确的是（ ）。

A. 考试的组织实施部门是各省、自治区、直辖市的住房和城乡建设（房地产）部门、人力资源和社会保障部门

B. 住房和城乡建设部负责审定考试大纲

C. 人力资源和社会保障部负责拟定房地产经纪人协理从业资格考试大纲

D. 在本行政区域内组织实施房地产经纪人协理从业资格考试

E. 房地产经纪人协理资格考试次数根据行业发展需要确定

6. 下列关于房地产经纪人资格互认的表述中，正确的有（ ）。

A. 境外人员通过资格互认，也可以取得房地产经纪人资格

B. 内地房地产经纪人与香港地产代理实现了专

业资格互认

C. 大陆房地产经纪人与台湾地产代理实现了专业资格互认

D. 我国房地产经纪人与英国地产代理实现了专业资格互认

E. 内地房地产经纪人与澳门地产代理实现了专业资格互认

7. 我国房地产经纪人员职业资格注册，包括（ ）。

A. 房地产销售员注册

B. 房地产经纪人注册

C. 房地产经纪人协理注册

D. 经纪营业员注册

E. 不动产经纪人注册

8. 房地产经纪人注册包括（ ）。

A. 基本注册　　B. 初始注册

C. 更正注册　　D. 延续注册

E. 变更注册

9. 下列关于房地产经纪人注册的表述中，正确的有（ ）。

A. 房地产经纪人注册包括初始注册、延续注册和变更注册

B. 一个注册有效期为 2 年

C. 取得房地产经纪人执业资格的可以申请注册

D. 受聘于在直辖市、市、县人民政府建设（房地产）主管部门备案的房地产经纪机构的可以申请注册

E. 无规定不予注册的情形的可以申请注册

10. 下列属于房地产经纪人不予注册的情形有（ ）。

A. 不具有完全民事行为能力

B. 受到刑事处罚，该刑事处罚尚未执行完毕及自该刑事处罚执行完毕之日起至申请房地产经纪人注册之日止不满 5 年

C. 因在房地产经纪活动或者相关业务中受到行政处罚，自该行政处罚决定生效之日起至申请房地产经纪人注册之日止不满 3 年

D. 以欺骗、贿赂等不正当手段获准的房地产经纪人注册被注销，自该注册被注销之日起至申请房地产经纪人注册之日止不满 4 年

E. 受到房地产经纪行业组织处分，自该处分生效之日起至申请房地产经纪人注册之日止不满 2 年

11. 下列关于房地产经纪人初始注册和变更注册的表述中，不正确的有（ ）。

A. 房地产经纪人注册部门分为全国注册部门和省级注册部门

B. 中国房地产估价师与房地产经纪人学会是全国注册部门

C. 注册房地产经纪人姓名变更、身份证件号码变更的，应当申请变更注册

D. 取得房地产经纪人执业资格后首次注册和房地产经纪人注册被注销后重新注册，应当申请变更注册

E. 注册有效期届满需要继续执业的，应当于注册有效期届满前 60 日内申请延续注册

12. 下列房地产经纪人初始注册和延续注册具体办理程序的表述中，正确的有（ ）。

A. 申请人通过中国房地产经纪人注册系统填写、提交注册信息，打印房地产经纪人注册申请表

B. 申请人将申请材料提交受聘房地产经纪机构工商注册所在地的国家注册部门

C. 省级注册部门自受理申请之日起 20 日内初步审核完毕

D. 通过注册系统向全国注册部门发送注册信息，并将申请材料和初步审核意见寄送全国注册部门

E. 全国注册部门自收到省级注册部门寄送的申请材料和初步审核意见之日起 10 日内公告注册结果

13. 下列关于房地产经纪人变更注册程序的表述中，正确的有（ ）。

A. 申请人通过注册系统填写、提交注册信息，打印房地产经纪人注册申请表

B. 申请人将申请材料提交受聘房地产经纪机构工商注册所在地的省级注册部门

C. 省级注册部门自受理申请之日起 15 日内审核完毕

D. 准予变更注册的，应当在房地产经纪人注册证书上填写变更事项，加盖批准机关印章，并通过注册系统将注册信息报全国注册部门备案

E. 跨省、自治区、直辖市变更受聘房地产经纪机构的，还应当先办理注册转入手续

14. 下列属于注册部门撤销房地产经纪人注册情形的有（ ）。

A. 注册部门超越职权予以注册

B. 注册部门工作人员滥用职权、玩忽职守予以注册

C. 注册部门按规定的程序予以注册

D. 注册部门对符合注册条件的申请人予以注册

E. 注册房地产经纪人以欺骗、贿赂等不正当手

段获准注册

15. 由全国注册部门注销房地产经纪人注册的情形包括（　）。

A. 注册房地产经纪人受到刑事处罚

B. 注册房地产经纪人因在房地产经纪活动或者相关业务中受到行政处罚

C. 以欺骗、贿赂等不正当手段获准的注册或者不符合注册条件的注册被撤销

D. 注册证书失效，并提出注册撤销申请

E. 法律、法规规定对注册应当予以注销的其他情形

16. 房地产经纪人的权利包括（　）。

A. 依法发起设立房地产经纪机构

B. 受聘于房地产经纪机构，担任关键岗位职务

C. 执行房地产经纪业务

D. 在经办业务的房地产经纪服务合同等业务文书上签名

E. 受聘于房地产经纪机构，担任辅助工作岗位

17. 房地产经纪人协理的权利有（　）。

A. 受聘于房地产经纪机构，担任辅助工作岗位

B. 协助房地产经纪人处理房地产经纪有关事务

C. 依法发起设立房地产经纪机构

D. 在经办业务的房地产经纪服务合同上签名

E. 获得合理报酬的权利

18. 房地产经纪基础知识包括（　）。

A. 基本理论与实务知识

B. 经济知识

C. 法律知识

D. 社会心理知识

E. 心理方面的知识

19. 信息的分析方法包括（　）。

A. 定性的分析　　B. 因果关系分析

C. 定量的分析　　D. 比较分析

E. 简单统计分析

20. 承担违约责任的方式包括（　）。

A. 消除影响　　B. 恢复名誉

C. 损害赔偿　　D. 违约金

E. 强制实际履行

三、综合分析题（每题的备选答案中有一个或一个以上符合题意。错选不得分；少选，但选择正确的每个选项得相应分）

2012 年 12 月，张某取得了房地产经纪人执业资格证书，被 A 房地产经纪机构（以下称 A 机构）聘用并办理了房地产经纪人注册手续。此后张某同时在 B 房地产经纪机构（以下称 B 机构）和 A 机构从事房地产经纪业务。张某在做业务的过程中，因隐瞒房屋真实价格、赚取差价等违规行为，多次受到房地产主管部门的警告与处罚。2013 年 6 月，张某被原注册机构注销了房地产经纪人注册。

1. 张某申请房地产经纪人注册，应符合的条件为（　）。

A. 取得房地产经纪人执业资格

B. 受聘于直辖市、市、县建设（房地产）主管部门备案的房地产经纪机构

C. 达到全国注册部门规定的继续教育合格标准

D. 身体健康，在房地产经纪岗位上工作 2 年

2. 张某必须有完善的知识结构，这一知识结构的核心内容包括（　）。

A. 法律及经济知识

B. 房地产经纪基本理论

C. 房地产经纪实务知识

D. 文学知识

E. 社会心理学知识

3. 张某作为房地产经纪人应尽的义务为（　）。

A. 遵守行业管理规定和职业道德规范

B. 指导房地产经纪人协理独立开展各种经纪业务

C. 为委托人保守商业秘密

D. 向委托人披露相关信息

4. 下列不属于张某应该具备的心理素质的是（　）。

A. 自知、自信　　B. 乐观、开朗

C. 敢想、敢干　　D. 坚韧、奋进

5. 构成张某被注销注册的情形为（　）。

A. 受到刑事处罚

B. 因在房地产经纪活动或者相关业务中受到行政处罚

C. 注册证书失效，并提出注册注销申请

D. 因违章停车而受到行政处罚

第四章　房地产经纪机构

本部分的考试目的是测试应考人员对房地产经纪机构的设立、备案、权利与义务、经营模式和组织系统等知识的掌握程度。

本章考试基本要求包括：

1. 掌握房地产经纪机构的设立与备案；
2. 掌握房地产经纪机构的权利和义务；
3. 熟悉房地产经纪机构的经营模式；
4. 了解房地产经纪机构的组织系统。

- 房地产经纪机构
  - 房地产经纪机构的设立与备案
    - 房地产经纪机构的界定
    - 房地产经纪机构的设立
    - 房地产经纪机构的备案
    - 房地产经纪机构的权利和义务
    - 房地产经纪机构与房地产经纪人员的关系
  - 房地产经纪机构的经营模式
    - 房地产经纪机构经营模式的概念与类型
    - 直营连锁与特许加盟连锁经营模式的比较
    - 房地产经纪机构经营模式的演进
  - 房地产经纪机构的组织系统
    - 房地产经纪机构的组织结构形式
    - 房地产经纪机构的部门设置
    - 房地产经纪机构的岗位设置

第一节　房地产经纪机构的设立与备案

一、房地产经纪机构的界定

（一）房地产经纪机构的界定

房地产经纪机构（包括分支机构），是指依法设立并到工商登记所在地的县级以上人民政府建设（房地产）主管部门备案，从事房地产经纪活动的中介服务机构。

从业务类型来看，目前我国房地产经纪机构主要有以下类型。

1. 以存量房经纪业务为主的房地产经纪机构

这类机构主要从事存量房，特别是存量住宅的买卖、租赁经纪业务。

2. 以新建商品房经纪业务为主的房地产经纪机构

这类机构主要为房地产开发企业提供新建商品房销售、租赁代理服务。

3. 以策划、顾问业务为主的房地产经纪机构

这类机构的经营业务中，房地产市场分析、房地产投资项目可行性分析、房地产营销方案策划等咨询服务业务占据了很大比例，目前主要是一些境外来中国大陆的房地产服务企业。

4. 综合性房地产经纪机构

这类机构同时经营存量房经纪业务、新建商品房

经纪业务，以及房地产咨询、顾问、策划等多种业务。

5. 其他房地产经纪机构

除以上类型的房地产经纪机构外，随着产业分化与融合的不断发展，中国房地产市场上也出现了一些边缘性的房地产经纪机构。

【例题1】根据业务类型的不同，房地产经纪机构的类型主要有（ ）。

A. 个人独资房地产经纪机构

B. 房地产经纪公司

C. 以租售代理居间为重点的实业房地产经纪机构

D. 顾问型房地产经纪机构

E. 管理型房地产经纪机构

【答案】CDE

【解析】根据业务类型的不同，房地产经纪机构的类型主要有以租售代理居间为重点的实业房地产经纪机构、顾问型房地产经纪机构和管理型房地产经纪机构。

【例题2】下列关于不同业务类型房地产经纪机构的表述中，错误的是（ ）。

A. 房地产代理机构主要以承担新建商品房销售代理为主要业务

B. 顾问型的房地产经纪机构可以从事房地产营销策划、投资咨询

C. 管理型的房地产经纪机构不可以兼营物业管理业务

D. 综合性房地产经纪机构是一种涉足多个房地产服务领域的机构

【答案】C

【解析】管理型的房地产经纪机构可以兼营物业管理业务。

（二）房地产经纪机构的特点

1. 房地产经纪机构是企业性质的中介服务机构

房地产经纪机构不具有任何政府授予的行政职能，完全是通过向市场提供专业服务来获取收益的经济组织。

2. 房地产经纪机构是轻资产类型的企业

房地产经纪机构主要依靠人力资源和信息资源进行运作，经营效益更多地取决于企业治理制度、内部管理、人员培训、企业文化等“软”实力。

3. 房地产经纪机构的企业规模具有巨大的可选择范围

由于房地产是不动产，房地产市场具有很强的地域分割性，房地产经纪服务的个性化特征也非常强，因此，规模化的大型房地产经纪机构不可能覆盖全部市场，这就给了大量中小型房地产经纪机构广阔的生存空间。

二、房地产经纪机构的设立

（一）房地产经纪机构设立的条件

1. 房地产经纪机构的设立应符合《中华人民共和国公司法》（中华人民共和国主席令第42号，以下简称《公司法》）、《中华人民共和国合伙企业法》（中华人民共和国主席令第82号，以下简称《合伙企业法》）、《中华人民共和国个人独资企业法》（中华人民共和国主席令第20号，以下简称《个人独资企业法》）等法律法规及其实施细则和工商登记管理的规定。

2. 设立房地产经纪机构应当具备足够数量的房地产经纪人和房地产经纪人协理，具体数量由各省、自治区、直辖市建设（房地产）主管部门制定。

（二）房地产经纪机构设立的程序

1. 设立房地产经纪机构，应当首先向当地工商行政管理部门申请办理工商登记。企业名称应以“房地产经纪”作为行业特征，经营项目统一核定为“房地产经纪”。

2. 房地产经纪机构在领取工商营业执照后的30日内，应当持营业执照、企业章程、注册房地产经纪人员情况等书面材料到登记机构所在直辖市、市、县人民政府建设（房地产）主管部门或其委托的机构备案，领取备案证明文件。

（三）房地产经纪机构的组织形式

目前在我国，房地产经纪机构的组织形式主要有以下类型。

1. 公司制房地产经纪机构

房地产经纪公司是指依照《公司法》和有关房地产经纪管理的规定，在我国境内设立的经营房地产经纪业务的有限责任公司和股份有限公司。

2. 合伙制房地产经纪机构

合伙制房地产经纪机构是指依照《合伙企业法》和有关房地产经纪管理的规定在我国境内设立的由合伙人订立合伙协议、共同出资、合伙经营、共享收益、共担风险，并对合伙机构债务承担无限连带责任的从事房地产经纪活动的营利性组织。

3. 个人独资房地产经纪机构

个人独资房地产经纪机构是指依照《个人独资企业法》和有关房地产经纪管理的规定在我国境内设立，由一个自然人投资，财产为投资人个人所有，

投资人以其个人财产对机构债务承担无限责任的，从事房地产经纪活动的经营实体。

4. 房地产经纪机构设立的分支机构

在中华人民共和国境内设立的房地产经纪机构（包括房地产经纪公司、合伙制房地产经纪企业、个人独资房地产经纪企业）、国外房地产经纪机构，经拟设立的分支机构所在地主管部门审批，都可以在我国境内设立分支机构。

（1）分支机构能独立开展房地产经纪业务，但不具有法人资格。

（2）房地产经纪机构的分支机构独立核算，首先以自己的财产对外承担责任，当分支机构的全部财产不足以对外清偿到期债务时，由设立该分支机构的房地产经纪机构对其债务承担清偿责任。

（3）分支机构解散后，房地产经纪机构对其解散后尚未清偿的全部债务（包括未到期债务）承担责任。

（4）该机构承担责任的形式按照机构的组织形式决定，股份有限公司和有限责任公司以其全部财产承担有限责任，合伙企业和个人独资企业承担无限连带责任。

（5）国外房地产经纪机构的分支机构撤销、解散及债务的清偿等程序都按照我国法律进行。

（6）国内房地产经纪机构经国内房地产经纪机构所在地主管部门及拟设立分支机构的境外当地政府主管部门批准，也可在境外设立分支机构。境外设立的分支机构是否具有法人资格视分支机构所在地法律而定。境外设立的分支机构撤销、解散及债务的清偿等程序按照当地有关法律法规进行。

【例题3】由出资者个人承担无限责任的房地产经纪机构是（　）。

A. 个人独资房地产经纪机构

B. 房地产经纪股份有限公司

C. 房地产经纪有限责任公司

D. 房地产经纪机构的分支机构

【答案】A

【解析】个人独资房地产经纪机构是指依照《个人独资企业法》和有关房地产经纪管理的规定在我国境内设立，由一个自然人投资，财产为投资人个人所有，投资人以其个人财产对机构债务承担无限责任的，从事房地产经纪活动的经营实体。

【例题4】下列关于房地产经纪机构分支机构的说法中，正确的有（　）。

A. 经相关部门审批，国外房地产经纪机构可以在我国境内设立分支机构

B. 分支机构具有法人资格，能独立开展房地产经纪业务

C. 分支机构先以自己的财产对外承担责任，不足部分由设立机构承担

D. 分支机构解散后，其设立机构对其解散后尚未清偿的全部债务承担责任

E. 分支机构承担责任的形式根据设立机构的组织形式确定

【答案】ACD

【解析】①在中华人民共和国境内设立的房地产经纪机构（包括房地产经纪公司、合伙制房地产经纪企业、个人独资房地产经纪企业）、国外房地产经纪机构，经拟设立的分支机构所在地主管部门审批，都可以在我国境内设立分支机构。②分支机构能独立开展房地产经纪业务，但不具有法人资格。③房地产经纪机构的分支机构独立核算，首先以自己的财产对外承担责任，当分支机构的全部财产不足以对外清偿到期债务时，由设立该分支机构的房地产经纪机构对其债务承担清偿责任。④分支机构解散后，房地产经纪机构对其解散后尚未清偿的全部债务（包括未到期债务）承担责任。⑤该机构承担责任的形式按照机构的组织形式决定，股份有限公司和有限责任公司以其全部财产承担有限责任，合伙企业和个人独资企业承担无限连带责任。

【例题5】在设立房地产经纪机构时，一般不涉及（　）中的有关内容。

A. 城市房地产管理法　　B. 公司法

C. 合伙企业法　　D. 律师法

【答案】D

【解析】在设立房地产经纪机构时，一般不涉及律师法。

【例题6】下列关于房地产经纪机构设立分支机构的表述中，正确的是（　）。

A. 设立房地产经纪分支机构，没有专业人员的数量限定

B. 国内房地产经纪机构不需要国内相关部门审批，可以直接在境外设立分支机构

C. 个人独资房地产经纪机构不能设立分支机构

D. 设立的房地产经纪分支机构实行独立核算，不具有法人资格

【答案】D

【解析】房地产经纪机构的分支机构能独立开展房地产经纪业务，可以实行独立核算，但不具有法人

资格。

【例题7】下列关于房地产经纪公司的表述中，正确的有（　）。

A. 房地产经纪公司包括有限责任公司和股份有限公司两种

B. 房地产经纪有限责任公司以股东出资额对公司的债务承担责任

C. 房地产经纪股份有限公司以公司全部资产对公司的债务承担责任

D. 出资人的出资可以是国外投资

E. 成立房地产经纪公司不能以国有资产出资

【答案】ABCD

【例题8】下列关于房地产经纪分支机构的表述中，正确的有（　）。

A. 分支机构能独立开展房地产经纪业务

B. 分支机构具有法人资格

C. 分支机构的财务独立核算

D. 分支机构首先应以自己的财产对外承担责任

E. 分支机构可以在境外设立分支机构

【答案】ACD

【解析】房地产经纪机构的分支机构能独立开展房地产经纪业务，可以实行独立核算，但不具有法人资格，分支机构不可以设立分支机构。

【例题9】下列关于房地产经纪机构的分支机构对外承担责任的表述中，正确的有（　）。

A. 分支机构以自己的全部财产对外独立承担责任

B. 当分支机构的全部财产不足以对外清偿债务时，由设立该分支机构的房地产经纪机构对其债务承担清偿责任

C. 分支机构首先以自己的财产对外承担责任

D. 分支机构没有法人资格不能对外承担责任

E. 分支机构解散后，设立分支机构的房地产经纪机构对分支机构未到期的债务承担责任

【答案】BCE

【解析】房地产经纪机构的分支机构独立核算，首先以自己的财产对外承担责任，当分支机构的全部财产不足以对外清偿到期债务时，由设立该分支机构的房地产经纪机构对其债务承担清偿责任；分支机构解散后，房地产经纪机构对其解散后尚未清偿的全部债务（包括未到期债务）承担责任。

【例题10】按照企业性质对房地产经纪机构进行分类，其种类不包括（　）。

A. 股份有限公司　　　B. 个人独资企业

C. 合伙企业　　　D. 个体工商户

【答案】D

【解析】按照企业性质对房地产经纪机构进行分类，其种类包括公司制经纪机构、合伙制经纪机构、个人独资经纪机构和经纪机构设立的分支机构。

【例题11】下列关于房地产经纪机构的分支机构的说法中，正确的有（　）。

A. 分支机构可以独立进行经济核算

B. 房地产经纪机构对其分支机构解散后尚未清偿的全部债务承担责任

C. 分支机构可以开展房地产经纪业务

D. 房地产经纪机构在我国境内设立的分支机构不具有法人资格

E. 分支机构可以与聘用的房地产经纪人签订劳动合同

【答案】ABCD

【解析】分支机构能独立开展房地产经纪业务，但不具有法人资格。房地产经纪机构的分支机构独立核算，首先以自己的财产对外承担责任，当分支机构的全部财产不足以对外清偿到期债务时，由设立该分支机构的房地产经纪机构对其债务承担清偿责任；分支机构解散后，房地产经纪机构对其解散后尚未清偿的全部债务（包括未到期债务）承担责任。

【例题12】下列房地产经纪机构中，以其全部资产对其债务承担责任的机构是（　）。

A. 房地产经纪有限责任公司

B. 房地产经纪机构的分支机构

C. 合伙制房地产经纪机构

D. 个人独资房地产经纪机构

【答案】A

三、房地产经纪机构的备案

（一）房地产经纪机构的备案

1. 房地产经纪机构及其分支机构应当自领取营业执照之日起30日内，到所在直辖市、市、县人民政府建设（房地产）主管部门备案。

2. 房地产经纪机构办理备案应符合下列条件：①依法取得营业执照；②具有符合规定数量的取得《房地产经纪人执业资格证书》的专职人员；③企业主要人员有合法身份证明；④法律、法规和规章规定的其他条件。

房地产经纪机构名称及服务场所与营业执照的记载应一致。

3. 房地产经纪机构申请办理备案应提交的材料通常包括：

（1）《房地产经纪机构备案登记表》；

（2）营业执照；

（3）房地产经纪人员职业资格和注册证书；

（4）法定代表人（执行合伙人、负责人）的身份证件。

4. 直辖市、市、县人民政府建设（房地产）主管部门应当将房地产经纪机构及其分支机构的名称、住所、法定代表人（执行合伙人）或者负责人、注册资本、房地产经纪人员等备案信息向社会公示。

（二）房地产经纪机构的变更

房地产经纪机构（含分支机构）的名称、法定代表人（执行合伙人、负责人）、住所、注册房地产经纪人员等备案信息发生变更的，应当在变更后30日内，向原备案机构办理备案变更手续。

（三）房地产经纪机构的注销

1. 房地产经纪机构的注销，标志着其主体资格的终止。

2. 注销后的房地产经纪机构不再有资格从事房地产经纪业务，注销时尚未完成的房地产经纪业务应与委托人协商处理，可以转由他人代为完成，可以终止合同并赔偿损失，在符合法律规定的前提下，经委托人约定，也可以用其他方法处理。

3. 房地产经纪机构的备案证书被撤销后，应当在规定的期限内向所在地的工商行政管理部门办理注销登记。

房地产经纪机构歇业或因其他原因终止经纪活动的，应当在向工商行政管理部门办理注销登记后的30日内向原办理登记备案手续的房地产管理部门办理注销手续，逾期不办理视为自动撤销。

【例题13】下列处理房地产经纪机构注销时尚未完成的经纪业务所采取的方式中，不正确的是（ ）。

A. 经与委托人协商，转由他人办理

B. 告知委托人不再办理

C. 经与委托人协商，终止合同并赔偿损失

D. 与委托人协商一致的其他符合法律规定的处理办法

【答案】B

【解析】注销后的房地产经纪机构不再有资格从事房地产经纪业务，注销时尚未完成的房地产经纪业务应与委托人协商处理，可以转由他人代为完成，可以终止合同并赔偿损失，在符合法律规定的前提下，经委托人约定，也可以用其他方法处理。

【例题14】房地产经纪机构在领取工商营业执照后1个月内，应当（ ）。

A. 到土地管理部门备案

B. 到房地产管理部门或其委托的机构备案

C. 到银行开立房地产交易资金专用存款账户

D. 交纳房地产经纪职业风险保证金

【答案】B

【解析】房地产经纪机构在领取工商营业执照后1个月内，应当到房地产管理部门或其委托的机构备案。

【例题15】对于房地产经纪机构注销时尚未完成的经纪业务，处理的方式包括（ ）。

A. 经过与当事人协商处理，可以转由他人代为完成

B. 可以终止合同并赔偿损失

C. 直接终止合同，房地产经纪机构不需承担任何法律责任

D. 应该由具体经办该业务的房地产经纪人自己去完成

E. 按事先约定，也可以采取其他处理方法

【答案】ABE

【解析】注销后的房地产经纪机构不再有资格从事房地产经纪业务，注销时尚未完成的房地产经纪业务应与委托人协商处理，可以转由他人代为完成，可以终止合同并赔偿损失，在符合法律规定的前提下，经委托人约定，也可以用其他方法处理。

【例题16】在房地产经纪机构注销时，下列对尚未完成的房地产经纪业务采取的处理方式中，不当的是（ ）。

A. 可以终止合同并赔偿损失

B. 经委托人同意，可以将业务转由他人代为完成

C. 由委托人自行处理，收取部分佣金

D. 在符合法律规定的前提下，与委托人约定处理方式

【答案】C

【解析】注销后的房地产经纪机构不再有资格从事房地产经纪业务，注销时尚未完成的房地产经纪业务应与委托人协商处理，可以转由他人代为完成，可以终止合同并赔偿损失，在符合法律规定的前提下，经委托人约定，也可以用其他方法处理。

【例题17】房地产经纪机构因歇业或者其他原因终止经纪活动的，应当自办理注销登记后的（ ）日内向原办理登记备案手续的房地产管理部门办理注销手续。

A. 15　　B. 20

C. 30　　D. 45

【答案】C

【解析】房地产经纪机构由于歇业或者其他原因终止经纪活动，应自办理注销登记后的30日内向原办理登记备案手续的房地产管理部门办理注销手续。

【例题18】房地产经纪机构的分支机构在领取工商营业执照之日起（　）日内，应当到所在直辖市、市、县人民政府建设（房地产）主管部门备案。

A. 15　　B. 20

C. 30　　D. 60

【答案】C

【解析】房地产经纪机构及其分支机构应当自领取营业执照之日起30日内，到所在直辖市、市、县人民政府建设（房地产）主管部门备案。

【例题19】房地产经纪机构应当办理备案信息变更手续的情形包括（　）。

A. 房地产经纪机构的名称变更

B. 房地产经纪机构的分支机构名称变更

C. 注册在房地产经纪机构的房地产经纪人员变更

D. 房地产经纪机构的法定代表人变更

E. 房地产经纪机构的商标变更

【答案】ABCD

【解析】房地产经纪机构（含分支机构）的名称、法定代表人（执行合伙人、负责人）、住所、注册房地产经纪人员等备案信息发生变更的，应当在变更后30日内，向原备案机构办理备案变更手续。

四、房地产经纪机构的权利和义务

（一）房地产经纪机构的权利

1. 享有工商行政管理部门核准的业务范围内的经营权利，依法开展各项经营活动，并按规定标准收取佣金及其他服务费用。

2. 按照国家有关规定制定各项规章制度，并以此约束在本机构中注册经纪人员的执业行为。

3. 有权在委托人隐瞒与委托业务有关的重要事项、提供不实信息或者要求提供违法服务时，中止经纪服务。

4. 由于委托人的原因，造成房地产经纪机构或房地产经纪人员的经济损失的，有权向委托人提出赔偿要求。

5. 有权向房地产管理部门提出实施专业培训的要求和建议。

6. 法律、法规和规章规定的其他权利。

（二）房地产经纪机构的义务

1. 依照法律、法规和政策开展经营活动。

2. 认真履行房地产经纪合同，督促房地产经纪人员认真开展经纪业务。

3. 在经营场所公示营业执照、备案证明文件、服务项目、业务流程、收费项目和依据等。

4. 维护委托人的合法权益，按照约定为委托人保守商业秘密。

5. 严格按照规定标准收费。

6. 接受房地产管理部门的监督和检查。

7. 依法缴纳各项税费。

8. 法律、法规和规章规定的其他义务。

【例题20】下列不属于房地产经纪机构义务的是（　）。

A. 按规定标准收取佣金

B. 依照法律、法规和政策开展经营活动

C. 维护委托人的合法权益，为委托人保守商业秘密

D. 接受房地产管理部门的监督和检查

【答案】A

【例题21】下列不属于房地产经纪机构权利的是（　）。

A. 委托人提供不实信息，房地产经纪机构有权中止经纪业务

B. 按照国家有关规定制定机构内部各项规章制度

C. 向房地产管理部门提出实施专业培训的要求

D. 督促房地产经纪人员认真履行经纪义务

【答案】D

【例题22】房地产经纪机构的义务不包括（　）。

A. 在经营场所公示房地产经纪人员的注册证书

B. 向房地产管理部门或行业组织提出实施专业培训的要求和建议

C. 督促房地产经纪人员认真开展经纪业务

D. 为委托人保守商业秘密

【答案】B

【解析】向房地产管理部门或行业组织提出实施专业培训的要求和建议是房地产经纪机构权利的内容。

五、房地产经纪机构与房地产经纪人员的关系

房地产经纪人员与房地产经纪机构之间的关系通过签订劳动合同来确定，并主要体现在以下几个方面。

（一）执业关系

1. 大多数房地产经纪人员从事经纪活动必须以房地产经纪企业的名义进行，不能以个人的名义进行；房地产经纪业务由房地产经纪企业统一承接，由房地产经纪企业与委托人签订经纪合同，再由房地产经纪企业指定具体的房地产经纪人承办房地产经纪业务。

2. 房地产经纪企业必须是由房地产经纪人组成的。根据一般规定，不论是设立房地产经纪公司、房地产经纪合伙企业、房地产经纪个人独资企业，还是设立房地产经纪机构的分支机构，都必须有规定数量的注册房地产经纪人和注册房地产经纪人协理。

（二）法律责任关系

房地产经纪业务一般是由房地产经纪企业统一承接的，房地产经纪合同是在委托人与房地产经纪企业之间签订的。

（三）经济关系

房地产经纪企业统一向委托人收取佣金等服务费用，并由房地产经纪企业出具发票。

【例题23】房地产经纪人与房地产经纪机构签订劳动合同后，两者之间就具有了（　）。

A. 主从关系　　B. 经济关系
C. 执业关系　　D. 支配关系
E. 法律责任关系

【答案】BCE

【解析】房地产经纪人员与房地产经纪机构之间的关系通过签订劳动合同来确定，并主要体现在以下几个方面：①执业关系；②法律责任关系；③经济关系。

第二节　房地产经纪机构的经营模式

一、房地产经纪机构经营模式的概念与类型

（一）房地产经纪机构经营模式的概念

1. 广义的企业经营模式

广义的企业经营模式是指企业根据自己的经营宗旨，为实现企业所确认的价值定位所采取某一类方式方法的总称，包括企业对自己在产业链中所处位置、业务范围、竞争战略的选择。

房地产经纪机构在房地产产业链中的位置已相对固定，处于房地产的市场流通环节。

房地产经纪机构的业务范围可根据房地产的类型分为住宅经纪业务、商业房地产经纪业务，或根据房地产市场的级别分为存量房地产经纪业务、新建商品房经纪业务等。

2. 具体层面上的企业经营模式

房地产经纪机构经营模式指房地产经纪机构在业务范围已确定的情况下，具体承接及开展房地产经纪业务的渠道及其外在表现形式。

（二）房地产经纪机构经营模式的类型

1. 无店铺经营模式

采用无店铺经营模式的房地产经纪机构并不依靠店铺来承接业务，而是主要由房地产经纪人员乃至房地产经纪机构的高层管理人员走出自己的企业，直接深入各种场所与潜在客户接触来承接业务。

首先，客户类型是一个重要的影响因素；其次，房地产经纪机构所在地的社会经济特征也是一个关键的影响因素。

2. 单店经营模式

这种模式即房地产经纪机构直接从事房地产经纪业务的经营，没有下设的分支机构。对于有店铺经营模式的机构而言，其表现形式就是只有一家门店。这是多数小型房地产经纪所采用的方式。

3. 连锁经营模式

在连锁经营模式中，房地产经纪机构与直接从事经营活动的组织之间的关系有两种。

（1）一种是隶属关系，即直接从事经营活动的组织是房地产经纪机构出资设立的分支机构，这种连锁经营可称为直营连锁经营。

（2）另一种是契约合作关系，直接从事经营活动的组织是被房地产经纪机构授权使用该机构品牌、商业标识、管理模式或其他知识产权的独立企业，这种连锁经营通常被称为特许加盟连锁经营。

（3）直营连锁经营是我国各类房地产经纪机构采用较多的一种连锁经营模式，特许加盟连锁经营模式在以存量住房经纪业务为主的房地产经纪机构中有所采用，同时也有极少数以新建商品房经纪业务为主的房地产经纪机构开始尝试采用特许加盟连锁经营模式。

（4）特许经营具有以下四个共同特点。

①（法人）对商标、服务标志、独特概念、专利、经营诀窍等拥有所有权。

② 权利所有者授权其他人使用上述权利。

③ 在授权合同中包含一些调整和控制条款，以指导受许人的经营活动。

④ 受许人需要支付权利使用费和其他费用。

4. 混合经营模式

混合经营模式首先是指直营连锁与特许加盟连锁

经营的混合。目前，我国规模化房地产经纪机构中也出现了同时采用直营连锁经营与特许加盟连锁经营的混合经营模式。

【例题1】无店铺经营的房地产经纪机构，通常（ ）。

A. 没有固定的办公场所

B. 业务主要来自个人客户

C. 主要经营大宗房地产业务

D. 采用网上办公

【答案】A

【解析】采用无店铺经营模式的房地产经纪机构并不依靠店铺来承接业务，而是主要由房地产经纪人员乃至房地产经纪机构的高层管理人员走出自己的企业，直接深入各种场所与潜在客户接触来承接业务。是否采取这种经营模式，受多方面因素的影响。

【例题2】在某种连锁经营模式中，房地产经纪机构与直接从事经营活动的组织之间的关系是契约合作关系，该种模式通常称为（ ）。

A. 直营连锁经营

B. 无店铺经营

C. 特许加盟连锁经营

D. 混合经营

【答案】C

【解析】在连锁经营模式中，房地产经纪机构与直接从事经营活动的组织之间的关系有以下两种：①隶属关系，即直接从事经营活动的组织是房地产经纪机构出资设立的分支机构，这种连锁经营可称为直营连锁经营；②契约合作关系，即直接从事经营活动的组织是被房地产经纪机构授权使用该机构品牌、商业标识、管理模式或其他知识产权的独立企业，这种连锁经营通常被称为特许加盟连锁经营。

【例题3】现代房地产经纪机构进行连锁经营的目的主要有（ ）。

A. 获得更多信息资源并借助网络技术实现信息共享

B. 吸引人才

C. 扩大有效服务半径

D. 以规模化经营降低运营成本

E. 形成垄断

【答案】ACD

【解析】现代房地产经纪机构进行连锁经营的目的主要有获得更多信息资源并借助网络技术实现信息共享、扩大有效服务半径和以规模化经营降低运营成本。

二、直营连锁与特许加盟连锁经营模式的比较

1. 直营连锁与特许经营连锁的差异

房地产经纪直营连锁与特许加盟连锁经营模式虽然都属于连锁经营，具有一定的共性，但两者的差异也是非常明显的，具体如下表所示。

直营连锁与特许经营连锁的差异

项目	直营连锁	特许经营
连锁经营组织与房地产经纪机构的关系	资产隶属关系	契约合作关系
连锁经营组织的资金	投资	加盟者投资
连锁经营组织的经营权	非完全独立	完全独立
房地产经纪机构对连锁经营组织的管理	行政管理	合同约束与沟通督导
房地产经纪机构与连锁经营组织的经济关系	收入、支出统一核算	各自独立核算，连锁经营组织按特许经营合同向房地产经纪支付加盟费

2. 直营连锁模式的优缺点

（1）优点

① 由于所有权与经营权的统一，加上直接行政管理的管理制度，这种模式的可控程度高，有利于制度的贯彻执行。

② 信息搜集范围扩大，信息利用率高，在房源、客源不断增加的同时提高了双方的匹配速度，使得成交比例提高。

③ 对员工的统一培训和管理，使业务水平提高，客户信任度增大，竞争能力相应提高，同时，完善的培训体系和较大的发展空间可以留住很多优秀的房地产经纪人。

（2）缺点

由于直营连锁不仅是经营模式的克隆，还是资本的扩张，每一家连锁分店的扩充，都是由总店直接投资，在企业发展到一定阶段后，容易出现总店资金周转不灵或亏损的情况，而且在跨区域扩张的时候，还经常出现时间、地域、地方法规、文化等方面的限制，企业发展逐渐缓慢；加上各直营连锁店的自主权力较少，积极性不高，也不利于企业的长期发展。

3. 特许经营模式的优缺点

（1）优点

① 对于特许人而言，可以不受资金的限制迅速扩张，品牌影响可以迅速扩大；在经纪全球化的趋势下，可以加快国际发展战略；可以降低经营费用，集中精力提高企业的管理水平；由于加盟者是自负盈亏，在市场发生变化的情况下，加盟者承担主要风险，降低了特许者的风险。

② 对加盟者而言，特许经营模式解决了他们在资金和经验上的限制，一旦加盟，就可以得到一个已被实践检验行之有效的商业模式和经营管理方法，以及一个价值很高的品牌的使用权，还可以得到特许者的指导和帮助，这些都将大大降低加盟者的投资创业风险；由于自主权较多，能够最大限度地发挥加盟商的积极性、主动性和创新性，有利于企业的长期发展。

（2）缺点

① 特许加盟连锁经营模式对特许人的管理水平、知识产权保护的制度环境和社会诚信氛围有很高的要求。如果特许人没有一套严密、高效的管理制度，或者管理水平的提升跟不上连锁企业的发展速度，就容易使整个体系脱节和分散。

② 当特许加盟连锁经营企业进入一个新的环境，如果该环境缺乏保护知识产权的法律、法规体系，或者社会诚信氛围欠佳，就会出现特许人对加盟者的管理失控，轻则不能收到经营授权的正常收益，重则会由于少数加盟者的不规范经营而损害企业品牌价值。

【例题4】下列关于房地产经纪机构连锁经营模式的表述中，不正确的是（　）。

A. 特许加盟连锁经营可以降低特许人的经营费用

B. 特许加盟连锁经营模式的母公司拥有各连锁店

C. 连锁经营模式主要有直营连锁经营模式和特许加盟连锁经营模式

D. 特许加盟连锁是将连锁经营和特许经营相结合的一种经营模式

【答案】B

【解析】特许加盟连锁经营模式的母公司不拥有各连锁店。

【例题5】房地产经纪机构连锁店模式的优点主要有（　）。

A. 有总部门技术支持

B. 专业化程度提升有体制保证

C. 门店间市场信息共享

D. 管理成本低

E. 决策快

【答案】ABC

【解析】有总部门技术支持、专业化程度提升有体制保证和门店间市场信息共享是房地产经纪机构连锁店模式的优点。

【例题6】下列关于房地产特许经营模式的表述中，不正确的是（　）。

A. 特许人对商标、专利拥有所有权

B. 受许人对服务标志、独特概念、经营诀窍拥有所有权

C. 受许人需要支付权利使用费

D. 特许经营可以在其授权合同中设立控制条款，以指导受许人的经营活动

【答案】B

【解析】特许人（法人）对商标、服务标志、独特概念、专利、经营诀窍等拥有所有权。

【例题7】房地产经纪机构可以采用多店模式或连锁店模式。下列关于这两种模式管理成本的表述中，正确的是（　）。

A. 多店模式管理费用低，连锁店管理层次少且管理成本低

B. 多店模式管理费用低，连锁店管理层次少且管理成本高

C. 多店模式管理费用低，连锁店管理层次多且管理成本高

D. 多店模式管理费用高，连锁店管理层次多且管理成本高

【答案】C

【解析】多店模式管理费用低，连锁店管理层次多且管理成本高。

【例题8】直营连锁经营通过统一的（　）管理形成规模效益。

A. 人力资源　　B. 信息

C. 标准化　　D. 财务

E. 广告宣传

【答案】BCE

【例题9】下列关于房地产经纪机构经营模式的表述中，错误的是（　）。

A. 单店模式容易控制企业经营风险，适合房地产经纪业发展初级阶段

B. 多店模式管理费用低

C. 连锁店模式管理费用低

D. 连锁店模式的决策时效性差

【答案】C

【解析】连锁店管理层次多且管理成本高。

【例题10】房地产经纪机构的直营连锁模式和特许加盟连锁模式的根本区别是（　）。

A. 是不是有统一的 CIS 系统

B. 是不是承担较大的风险

C. 是不是由同一公司所有

D. 是不是有店铺

【答案】C

【例题11】甲房地产经纪机构（以下简称甲机构）选择无店铺模式作为其开展业务的经营模式，下列关于甲机构的表述中，正确的是（　）。

A. 甲机构通常没有自己固定的办公场所

B. 甲机构的业务客户只能是机构客户

C. 甲机构主要为机构客户和大宗房地产业主提供服务

D. 售楼处有可能成为甲机构的办公场所

【答案】C

【解析】无店铺模式的特点是为机构客户和大宗房地产业主提供服务。

【例题12】下列关于房地产经纪机构连锁经营的表述中，正确的有（　）。

A. 直营连锁经营分店不属于同一公司所有

B. 发展连锁经营的主要目的是获得更多的信息资源，并实现信息共享

C. 直营连锁房地产经纪机构可以扩大有效服务半径，但提高了运营成本

D. 特许经营者授权其他人使用服务标志、商标等权利并获得相关收益

E. 特许加盟连锁有利于企业的快速扩张

【答案】BDE

【例题13】主要为机构客户和大宗房地产业主提供服务的房地产经纪机构，其经营模式通常是（　）。

A. 无店铺经营模式

B. 有店铺经营模式

C. 直营连锁经营模式

D. 特许加盟经营模式

【答案】A

【例题14】下列房地产经纪机构的经营模式中，最需要实行房源信息共享的是（　）。

A. 无店经营模式　　　B. 单店经营模式

C. 多店经营模式　　　D. 连锁店经营模式

【答案】D

【例题15】根据房地产经纪机构是否通过店铺来承接和开展房地产经纪业务，房地产经纪机构的经营模式可分为（　）。

A. 单店经营模式

B. 无店铺经营模式

C. 有店铺经营模式

D. 特许加盟连锁经营模式

E. 直营连锁经营模式

【答案】BC

【例题16】特许经营模式的特点有（　）。

A. 特许人对商标、服务标志、独特概念、专利、经营诀窍等拥有所有权

B. 特许人授权其他人使用其商标、服务标志等

C. 授权合同中包含一些调整和控制条款

D. 受许人对特许人有业务指导、培训及广告宣传的义务

E. 受许人需要支付权利使用费和其他费用

【答案】ABCE

【解析】特许经营具有以下四个共同特点：①（法人）对商标、服务标志、独特概念、专利、经营诀窍等拥有所有权；②权利所有者授权其他人使用上述权利；③在授权合同中包含一些调整和控制条款，以指导受许人的经营活动；④受许人需要支付权利使用费和其他费用。

【例题17】有店铺的房地产经纪机构，其规模化运作的主要方式是（　）。

A. 开设网上店铺　　　B. 发展连锁经营

C. 扩大主营业务　　　D. 提高管理水平

【答案】B

【例题18】房地产经纪机构是否采取店铺经营，主要取决于其（　）。

A. 人员规模　　　B. 发展阶段

C. 资金实力　　　D. 面向的客户类型

【答案】D

【解析】房地产经纪机构是否采取店铺经营，主要取决于其面向的客户类型。

【例题19】房地产经纪机构经营管理的首要任务

是（ ）。

A. 建立品牌战略

B. 进行集约性管理

C. 选择恰当的经营模式

D. 完成业务额

【答案】C

第三节 房地产经纪机构的组织系统

一、房地产经纪机构的组织结构形式

（一）企业的组织结构

企业的组织结构是企业组织内部各个有机构成要素相互作用的联系方式或形式。

（二）房地产经纪机构的组织结构形式

房地产经纪机构的组织结构是指其内部部门设置及其相互关系的基本模式。

对于小型的房地产经纪机构而言，其内部的组织结构较为简单，对机构的经营影响不大。而对较大规模，特别是大型房地产经纪机构而言，其内部组织结构的合理与否，对机构的运作效率有很大影响。

以下主要介绍大中型机构的内部组织结构。

1. 直线—参谋制组织结构形式

直线—参谋制又称直线—职能制，它是一种被广泛采用的企业组织结构形式。

其特点是为各层次管理者配备职能机构或人员，充当同级管理者的参谋和助手，分担一部分管理工作，但这些职能机构或人员对下级管理者无指挥权。这种结构形式的职能部门和人员一般是按管理业务的性质（如销售、企划、研展、财务、人事等）分工，分别从事专业化管理，这就可以聘用专家，发挥他们的专长，弥补管理者之不足，且减轻管理者的负担。同时，这些部门和人员只是同级管理者的参谋和助手，不能直接对下级发号施令，保证了管理者的统一指挥，避免了多头领导。

这种形式的缺点：①高层管理者高度集权，难免决策迟缓，对环境变化的适应能力差；②只有高层管理者对组织目标的实现负责，各职能机构都只有专业管理的目标；③职能机构和人员相互间的沟通协调性差，各自的观点有局限性。

2. 分部制组织结构形式

对于一些大型的房地产经纪机构而言，由于规模很大，业务繁多，不适合采用高层管理者高度集权的直线—参谋制形式，企业需要采用分部制或事业部制形式。

这一形式的特点是在高层管理者之下按商品类型（如住宅、办公楼、商铺）、地区（如东城区、西城区、南城区、北城区）或顾客群体设置若干分部或事业部，由高层管理者授予分部处理日常业务活动的权力，每个分部近似于一个小组织，可按直线—参谋制形式建立结构。高层管理者仍然要负责制订整个组织的方针、目标、计划或战略，并落实到各分部，在他下面仍可按管理业务性质分设非常精干的职能机构或人员，对各分部的业务活动实行重点监督。

这种结构形式的优点：①各分部有较大的自主经营权，利于发挥分部管理者的积极性和主动性，增强适应环境变化的能力，由于房地产市场具有很强的地域性、细分市场纷繁复杂，这一点尤为重要；②利于高层管理者摆脱日常事务，集中精力抓全局性、长远性的战略决策。

但它也有缺点：①职能部门重叠，管理人员增多，费用开支大；②如分权不当，易导致各分部闹独立，损害组织的整体目标和利益；③各分部之间的横向联系和协调较难。这种形式适用于特大型组织，在采用时也应注意扬长避短。

3. 矩阵制组织结构形式

在一些大型的复合型房地产经纪机构，这种矩阵制组织结构就更为复杂，常常可以看到专业性职能部门、按房地产类型或区域分设的事业部和各种临时的项目部门同时并存。

采用这种形式时，由职能机构派出、参加横向机构（事业部或项目组）的人员，既受所属职能机构领导，又受横向机构领导。这就有利于加强横向机构内部各职能人员之间的联系，沟通信息，协作完成横向机构的任务。

事实上，矩阵制是介于直线—参谋制与分部制之间的一种过渡形态，它可以吸收那两种形式的主要优点而克服其缺点，但是矩阵制的双重领导违反了统一指挥原则，又会引起一些矛盾，导致职责不清、机构间相互扯皮的现象，所以在实际运用中高层管理者要注意协调职能部门与横向机构间出现的矛盾和问题。

4. 网络制组织结构形式

网络制是一种最新的组织形式。公司总部只保留精干的机构，而将原有的一些基本职能，如市场营销、生产、研发开发等，都分包出去，由自己的附属企业和其他独立企业去完成。

在这种组织形式下，公司成为一种规模较小，但

可以发挥主要商业职能的核心组织——虚拟组织，依靠长期分包合同和电子信息系统与有关各方建立紧密联系。

它的缺点是，将某些基本职能外包，必然会增加控制上的困难，对外包业务缺乏强有力的控制。因此，采用这种组织形式的机构，其管理人员的大部分时间将会用于协调和控制外部关系上。在组织结构的设计中，要充分考虑控制跨度以及集权与分权之间的关系。

【例题1】下列关于房地产经纪机构分部制组织结构形式利弊的表述中，不正确的是（ ）。

A. 不利于培养高层管理者的后备人才

B. 各分部有较大的自主经营权

C. 有利于高层管理者摆脱日常事务

D. 有利于发挥分部管理者的积极性和主动性

【答案】A

【解析】房地产经纪机构分部制组织结构形式的优点是利于培养高层管理者的后备人才。

【例题2】房地产经纪机构最新的内部组织结构模式是（ ）。

A. 网络制　　B. 分部制

C. 直线—参谋制　　D. 矩阵制

【答案】A

【解析】网络制是房地产经纪机构最新的内部组织结构模式。

【例题3】直线—参谋制组织结构形式的主要缺点包括（ ）。

A. 高度集权会带来决策迟缓

B. 会出现多头领导

C. 职能部门重叠，管理人员增多

D. 只有高层领导对组织目标的实现负责

E. 职能机构和人员相互间的沟通协调性差

【答案】ADE

【解析】这种形式的缺点：①高层管理者高度集权，难免决策迟缓，对环境变化的适应能力差；②只有高层管理者对组织目标的实现负责，各职能机构都只有专业管理的目标；③职能机构和人员相互间的沟通协调性差，各自的观点有局限性。

【例题4】相比其他组织结构类型，矩阵制组织结构的主要优点是（ ）。

A. 有利于加强横向机构内部各职能人员之间的联系

B. 有利于人员精简

C. 有利于高层管理者摆脱日常事务

D. 有利于统一领导

【答案】A

【解析】有利于加强横向机构内部各职能人员之间的联系是矩阵制组织结构的主要优点。

【例题5】房地产经纪机构只在总部保留精干机构，而将与经纪业务有密切关系的贷款代办、登记代办等业务外包出去的组织结构形式是（ ）。

A. 网络制　　B. 分部制

C. 矩阵制　　D. 直线—参谋制

【答案】A

【解析】网络制（Network System）是一种最新的组织形式。公司总部只保留精干的机构，而将原有的一些基本职能，如市场营销、生产、研发开发等，都分包出去，由自己的附属企业和其他独立企业去完成。

二、房地产经纪机构的部门设置

各类房地产经纪机构内的部门不外乎四类：业务部门、业务支持部门、客户服务部门和基础部门。

（一）业务部门

业务部门一般由隶属于公司总部的业务部门和分支机构（主要是连锁店）构成。

1. 公司总部的业务部门

一般情况下，公司总部的业务部门可以根据需要进行不同的设置：

（1）根据物业类别不同进行设置；

（2）根据业务类型不同进行设置；

（3）根据业务区域范围进行设置。

2. 连锁店（办事处）

在连锁店（办事处）必须有一名以上的取得房地产经纪人执业资格并注册的房地产经纪人。没有注册房地产经纪人的房地产经纪分支机构，从事房地产经纪活动都是违规的。

（二）业务支持部门

1. 交易管理部

房地产经纪机构要对所属经纪人的行为承担法律责任。交易管理部门主要负责对房地产经纪人与客户签订的合同进行管理，维护经纪机构的利益。

2. 评估部

评估部主要是对某些需要提供价格意见的业务出具参考意见。这里评估部出具的是供交易双方参考的一个价格参考意见，而非正式的具有法律效力的评估报告（正式的评估报告应该由具有房地产估价资质的评估机构出具）。

3. 网络信息部

网络信息部的主要职责是负责信息系统软硬件的管理和维护。

4. 研究拓展部

负责市场调查分析，制定业务调整方案，研究开发新业务品种等工作。

5. 权证部办证部

负责为客户到房地产交易中心办理房地产权过户、合同登记备案，以及协助客户办理有关商业贷款、公积金贷款申请手续等。

6. 法务部

负责草拟房地产经纪合同文本，审校公司一切对外合同、为客户提供经济咨询。

（三）客服部门

客户服务部门的工作是综合性的。它的任务既包含了对客户服务以及受理各类客户的投诉，同时也包括对经纪人业务行为的监督。设立这样一个部门特别是在我国入世的大背景下是非常重要也是非常有意义的。

（四）基础部门

基础部门主要是指一些常设部门，如行政部、人事部、培训部、财务部等。

1. 行政部主要负责公司的日常行政工作和事务性工作。

2. 人事部主要负责人事考核、人员奖惩，制定员工培训方案，制定员工福利政策等事务。

3. 培训部负责人员培训组织及培训考核。

4. 财务部主要负责处理公司内的账务以及佣金、奖金结算等工作。

三、房地产经纪机构的岗位设置

（一）岗位设置的原则

1.“因事设岗、因岗设人”是企业内部岗位设置的基本原则。

2. 工作丰富化也是企业岗位设置时不容忽视的一条原则。

（二）房地产经纪机构的主要岗位设置

1. 销售序列

（1）业务员岗位

直接上级：案场销售经理（新建商品房营销代理机构）或是连锁店经理（存量房经纪机构）。

主要工作包括：

① 全力完成公司下达的各项工作指标；

② 自觉遵守公司制定的一切规章制度，对同事的不良行为不包庇，不纵容；

③ 积极参加公司对员工的各项专业知识方面的培训并争取优良成绩；

④ 培养良好的团队合作精神，提高工作效率；

⑤ 爱护公司财产，看到他人破坏行为及时阻止；

⑥ 接洽客户热情、周到，保证自己的服务让客户满意，遇事不与客户争执并及时向上级汇报；

⑦ 妥善保管销售手册并确保其内容不外泄；

⑧ 主动配合公司做好针对所在销售个案的调研工作；

⑨ 认真做好客户登记并确保资料的准确性；

⑩ 认真填写各类表单，确保内容及数据的准确性；

⑪ 高资历业务员主动提携帮助其他浅资历业务员，完成团队及个人指标；

⑫ 严格遵守公司保密制度，维护公司利益；

⑬ 贯彻实施部门制定的关于公司稽核发现问题的改进计划；

⑭ 个案销售结束后主动、积极配合市场部做好各类市场调研工作。

（2）商品房销售案场经理岗位

直接上级：销售副总经理。

（3）经纪门店经理岗位

直接上级：销售副总经理。

主要工作包括：

① 根据公司的授权负责该连锁店业务的运营及管理；

② 执行公司的有关业务部署；

③ 负责对连锁店人员的管理和工作评估，并及时将有关情况报告公司的有关部门。

（4）销售副总经理岗位

直接上级：总经理。

主要工作包括：

① 负责领导各个案场销售经理的工作，对各个案场实施宏观管理、控制；

② 负责销售员及各种资源在各案场中的调配；

③ 负责组织各项目的前期谈判和准备工作，以及项目营销方案的审定工作；

④ 负责销售员、案场经理的佣金发放、审核等工作。

2. 研发序列

（1）项目开发岗位

直接上级：所在部门的部门经理。

主要工作是捕捉商机，即针对各种渠道得来的信息进行项目跟踪，与潜在客户（如房地产开发商）进行初步洽谈，形成某种意向后提交给上级。

（2）市场调研岗位

直接上级：所在部门的部门经理。

主要工作包括专案市调、热点楼盘市调、开发市调等。

（3）信息管理岗位

直接上级：所在部门的部门经理。

主要工作是负责管理公司内部初期的商机信息及其收集工作。

（4）专案研究岗位

直接上级：所在部门的部门经理。

主要工作是对公司项目进行市场专案研究，并撰写研究、策划报告。

（5）市场研究岗位

直接上级：所在部门的部门经理。

主要工作是针对房地产市场情况，包括供求情况、交易情况、政策法规等进行总体研究，并撰写研究报告。

3. 管理序列

（1）部门经理岗位

直接上级：分管副总经理。

主要工作是具体负责房地产经纪机构内各部门的工作计划制订、工作安排，监控各部门的工作进度，考核本部门的工作人员。

（2）副总经理岗位

直接上级：总经理。

主要工作是参与机构整体工作计划的制订，协助总经理分管房地产经纪机构内某一个或几个方面的工作。

（3）总经理岗位

主要工作是负责房地产经纪机构的全面管理，包括组织制定与调整机构经营模式、内部组织结构、内部管理制度和任免各岗位的工作人员等。总经理对董事会（有限责任公司或股份责任公司）或投资人（合伙企业）负责。

4. 业务辅助序列

（1）办事员岗位

直接上级：所在部门的部门经理。

主要工作包括代办产权登记、房地产登记信息查询、抵押贷款代办等。

（2）咨询顾问岗位

直接上级：所在部门的部门经理。

主要工作是为客户提供信息、法律等方面的咨询。

5. 辅助序列

主要包括会计、出纳，较大规模的房地产经纪机构内通常还有秘书、接应台服务生、保安、司机、保洁员等岗位以辅助机构的运转。

【例题6】房地产经纪机构岗位设置的基本原则有（　）。

A. 因事设岗　　B. 因岗设人

C. 能级原则　　D. 工作丰富化

E. 最低岗位数量原则

【答案】AB

【例题7】下列关于房地产经纪机构部门设置的表述中，正确的有（　）。

A. 在没有连锁店的经纪机构中，业务部门直接从事经纪业务

B. 可以根据房地产类型设置房地产经纪机构的业务部门

C. 交易管理部、评估部属于业务部门

D. 连锁店必须有一名以上注册房地产经纪人

E. 客户服务部门负有监督房地产经纪人提供规范服务的职责

【答案】ABDE

【例题8】下列关于房地产经纪机构部门设置与岗位设置的表述中，正确的有（　）。

A. 房地产经纪连锁店拥有一名以上房地产经纪人协理即可

B. 根据房地产类型可以将业务部门划分为置换业务部、租赁部、销售部

C. 评估部属于业务支持部门

D. 客户服务部的任务包括对房地产经纪人业务行为的监督

E. “因事设岗、因人设岗”是企业内部岗位设置的基本原则

【答案】CD

【例题9】房地产经纪机构内，负责为客户代办房地产产权过户手续的部门一般是（　）。

A. 业务部门　　B. 基础部门

C. 客户服务部门　　D. 业务支持部门

【答案】D

【例题10】主动配合公司做好针对所在销售个案的调研工作是（　）的主要工作。

A. 销售员　　B. 案场销售经理

C. 销售副总经理　　D. 销售总经理

【答案】A

【例题11】房地产经纪机构中市场研究岗位的主要工作内容包括（　）。

A. 管理公司内部的商机信息

B. 针对各种渠道得来的信息进行项目跟踪，与开发商进行初步洽谈

C. 研究房地产市场的供需情况、交易情况等

D. 研究政策法规，撰写研究报告

E. 围绕市场上新开项目进行市场调研

【答案】CD

【例题12】房地产经纪机构中，负责客户服务以及受理各类客户投诉、监督房地产经纪人业务行为的部门通常是（　）。

A. 业务部门　　B. 业务支持部门

C. 权证代办部门　　D. 客户服务部门

【答案】D

练习题

一、单项选择题（每题的备选答案中只有一个最符合题意）

1.（　）是指依法设立并到工商登记所在地的县级以上人民政府建设（房地产）主管部门备案，从事房地产经纪活动的中介服务机构。

A. 房地产估价机构

B. 房地产咨询机构

C. 房地产经纪机构

D. 房地产测绘机构

2. 房地产经纪活动的服务报酬由（　）统一收取并开具发票。

A. 房地产经纪人

B. 房地产经纪机构

C. 房地产经纪人协理

D. 房地产经纪管理机构

3. 房地产经纪机构的分支机构应当以设立该分支机构的（　）名义承揽业务。

A. 房地产经纪机构监事

B. 房地产经纪机构董事

C. 房地产经纪机构股东

D. 房地产经纪机构

4. 房地产经纪人员不得以个人名义承接房地产经纪业务和（　）。

A. 收取成本

B. 收取费用

C. 收取税费

D. 收取佣金

5. 中国房地产市场上也出现了一些边缘性的房地产经纪机构，是指（　）。

A. 以二手房业务为主的房地产经纪机构

B. 其他房地产经纪机构

C. 以新建商品住宅为主的房地产经纪机构

D. 以策划业务为主的房地产经纪机构

6. 房地产经纪机构是（　）的中介服务机构。

A. 机关性质　　B. 企业性质

C. 事业性质　　D. 单位性质

7. 房地产经纪机构是（　）的企业形式。

A. 固定资产类型　　B. 有形资产类型

C. 重资产类型　　D. 轻资产类型

8. 房地产经纪机构主要依靠（　）进行企业发展运作。

A. 人力资源和财力资源

B. 无形资源和信息资源

C. 人力资源和信息资源

D. 经济资源和信息资源

9. 房地产经纪机构在领取工商营业执照后的（　）内，应当持营业执照、注册房地产经纪人员等到登记机构所在直辖市、市、县人民政府建设（房地产）主管部门备案。

A. 35 天　　B. 15 天

C. 30 天　　D. 20 天

10. 房地产经纪机构在领取工商营业执照后，应当到登记机构所在直辖市、市、县人民政府建设（房地产）主管部门或其委托的机构（　）。

A. 备案　　B. 登记

C. 注册　　D. 记录

11. 国家规定在设立房地产经纪机构时要求有足够数量的房地产经纪人和房地产经纪人协理，具体数量由各省、自治区、直辖市（　）制定。

A. 建设（测绘）主管部门

B. 建设（规划）主管部门

C. 建设（土地）主管部门

D. 建设（房地产）主管部门

12. 合伙制房地产经纪机构是承担（　）的营利性组织。

A. 有限经济责任　　B. 有限责任

C. 无限连带责任　　D. 有限连带责任

13. 经全体合伙人协商后，合伙人也可以用（　）出资，具体评估办法由全体合伙人协商确定。

A. 货币　　B. 劳务

C. 房屋　　　　D. 土地

14.（　）是指直接从事经营活动的组织是房地产经纪机构出资设立的分支机构。

A. 直营连锁经营

B. 母子公司经营模式

C. 特许加盟连锁经营

D. 集团化经营模式

15. 属于混合经营模式的是（　）。

A. 集团化经营模式

B. 网上联盟经营模式

C. 直营连锁经营模式

D. 跨国经营的模式

16.（　）是一种最新的组织结构形式。

A. 网络制组织结构形式

B. 矩阵制组织结构形式

C. 直线—职能制结构形式

D. 分部制组织结构形式

17.（　）的主要职责是负责信息系统软硬件的管理和维护。

A. 网络信息部　　　　B. 研究拓展部

C. 权证部　　　　D. 法务部

18. 企业内部岗位设置的基本原则是（　）。

A. 工作丰富化

B. “因事设岗、因人设岗”

C. “因事设人、因岗设人”

D. “因事设岗、因岗设人”

19.（　）的主要工作包括专案市调、热点楼盘市调、开发市调。

A. 市场调研岗位　　　　B. 部门经理岗位

C. 项目开发岗位　　　　D. 销售副总经理

20. 代办产权登记、房地产登记信息查询、抵押贷款代办是（　）的工作职责。

A. 客户服务部门

B. 市场调研岗位

C. 办事员岗位

D. 咨询顾问岗位

二、多项选择题（每题的备选答案中有两个或两个以上符合题意）

1. 下列关于房地产经纪机构特点的表述中，正确的有（　）。

A. 房地产经纪机构是企业性质的中介服务机构

B. 房地产经纪机构是轻资产类型的企业

C. 房地产经纪机构是事业性质的中介服务机构

D. 房地产经纪机构的企业规模没有巨大的可选择范围

E. 房地产经纪机构的企业规模具有巨大的可选择范围

2. 房地产经纪机构主要依靠（　）进行运作，经营效益更多地取决于企业治理制度、内部管理、人员培训、企业文化等“软”实力。

A. 现金资源　　　　B. 人力资源

C. 固定资源　　　　D. 信息资源

E. 流动资源

3. 关于房地产经纪机构设立的条件，下列表述不正确的有（　）。

A. 房地产经纪机构的设立应符合《中华人民共和国公司法》

B. 房地产经纪机构的设立应符合法律法规及其实施细则

C. 房地产经纪机构的设立应符合工商登记管理的规定

D. 设立房地产经纪机构只要具备足够数量的房地产经纪人即可

E. 房地产经纪人员数量由各省、自治区土地主管部门制定

4. 关于房地产经纪机构设立的程序，下列表述正确的有（　）。

A. 设立房地产经纪机构，应当首先向当地工商行政管理部门申请办理工商登记

B. 企业名称应以“房地产经纪”作为行业特征

C. 房地产经纪机构在领取工商营业执照后的30日内，到建设（房地产）主管部门或其委托的机构备案

D. 设立房地产经纪机构，应当首先向当地税务管理部门申请办理税务登记

E. 房地产经纪机构在领取工商营业执照后的20日内，到建设（房地产）主管部门或其委托的机构备案

5. 关于合伙制房地产经纪机构，下列表述不正确的有（　）。

A. 合伙人可以用货币、实物、土地使用权、知识产权或者其他财产权利出资

B. 上述出资应当是合伙人的合法财产及财产权利

C. 合伙人原则上以个人财产对合伙企业承担有限连带责任

D. 经全体合伙人协商一致，合伙人也可以用劳务出资，由全体合伙人委托法定评估机构进行评估

E. 货币以外的出资需要评估作价的，可以由全体合伙人协商确定

6. 下列属于合伙人出资形式的有（ ）。

A. 货币　B. 实物

C. 土地所有权　D. 土地使用权

E. 知识产权

7. 房地产经纪机构的义务，包括（ ）。

A. 有权向房地产管理部门提出实施专业培训的要求和建议

B. 由于委托人的原因，造成房地产经纪人员的经济损失的，有权向委托人提出赔偿要求

C. 维护委托人的合法权益，按照约定为委托人保守商业秘密

D. 在经营场所公示营业执照、备案证明文件、业务流程、收费项目和依据

E. 依照法律、法规和政策开展经营活动

8. 房地产经纪人员与房地产经纪机构之间的关系，包括（ ）。

A. 执业关系　B. 雇佣关系

C. 法律责任关系　D. 职业关系

E. 经济关系

9. 房地产经纪人员与房地产经纪机构之间的执业关系，体现在（ ）。

A. 房地产经纪人员从事经纪活动以房地产经纪企业的名义进行

B. 房地产经纪业务由房地产经纪企业统一承接

C. 房地产经纪企业必须是由房地产经纪人组成的

D. 由房地产经纪企业统一向委托人收取佣金等服务费用，并由房地产经纪企业出具发票

E. 房地产经纪业务由房地产经纪人单独承接

10. 房地产经纪人员与房地产经纪机构之间的经济关系，主要体现在（ ）。

A. 房地产经纪人员在活动中由于过失给委托人造成损失，由房地产经纪企业统一承担责任

B. 经纪企业收取佣金后应按约定给予具体承接和执行经纪业务的房地产经纪人员报酬

C. 报酬的形式可以由经纪企业与经纪人员协商约定

D. 可以是计件的也可以是按标的总额提成

E. 报酬的具体金额或比例由双方约定

11. 房地产经纪机构的经营模式和房地产经纪机构自身的（ ）等有关系。

A. 业务流程　B. 业务类型

C. 企业规模　D. 企业地位

E. 当地的经济状况

12. 根据房地产经纪机构是否有店铺，可以把房地产经纪机构的经营模式分为（ ）。

A. 有店铺模式　B. 多店模式

C. 连锁店铺模式　D. 网上店铺模式

E. 无店铺模式

13. 根据房地产经纪机构下属分支机构的数量及分支机构的商业组织形成，可将房地产机构的经营模式分为（ ）。

A. 直营连锁经营

B. 连锁经营模式

C. 多店模式

D. 无店铺经营模式

E. 单店模式

14. 特许经营的特点有（ ）。

A. 特许人需要支付权利使用费和其他费用

B. 受许人需要支付权利使用费和其他费用

C. 在授权合同中包含一些调整和控制条款，以指导受许人的经营活动

D. 权利所有者授权其他人使用上述权利

E. （自然人）对商标、独特概念、经营诀窍等拥有所有权

15. 直营连锁模式的优点包括（ ）。

A. 所有权与经营权不统一

B. 完善的培训体系和较大的发展空间可以留住很多优秀的房地产经纪人

C. 客户信任度增大，竞争能力相应提高

D. 信息搜集范围扩大，信息利用率高

E. 这种模式的可控程度高，有利于制度的贯彻执行

16. 关于直营连锁与特许加盟连锁经营模式，下列表述正确的有（ ）。

A. 特许加盟连锁经营模式对特许人的管理水平和社会诚信氛围有很高的要求

B. 对加盟者而言，直营连锁解决了他们在资金和经验上的限制

C. 特许加盟连锁对于特许人而言，可以不受资金的限制迅速扩张，品牌影响可以迅速扩大

D. 直营连锁容易出现总店资金周转不灵或亏损的情况

E. 直营连锁与特许加盟连锁经营模式都属于连锁经营

17. 分部制组织结构形式的优点包括（ ）。

A. 如分权不当，易导致各分部闹独立，损害组织整体目标和利益

B. 各分部有较大的自主经营权，利于发挥分部管理者的积极性和主动性

C. 将某些基本职能外包，必然会增加控制上的困难，对外包业务缺乏强有力的控制

D. 职能部门重叠，管理人员增多，费用开支大

E. 利于高层管理者摆脱日常事务，集中精力抓全局性、长远性的战略决策

18. 关于连锁经营模式，下列表述不正确的有（ ）。

A. 隶属关系的连锁经营模式可称为特许加盟连锁经营

B. 契约合作关系的连锁经营模式被称为直营连锁经营

C. 有极少数以新建商品房经纪业务为主的房地产经纪机构尝试采用特许加盟连锁经营模式

D. 特许加盟连锁经营模式在以存量住房经纪业务为主的房地产经纪机构中有所采用

E. 直营连锁经营是我国各类房地产经纪机构较多采用的一种连锁经营模式

19. 业务支持部门包括（ ）。

A. 行政部　　B. 交易管理部

C. 培训部　　D. 网络信息部

E. 评估部

20. 业务员岗位的主要工作包括（ ）。

A. 爱护公司财产，看到他人破坏行为及时阻止

B. 制定员工福利政策

C. 主动配合公司做好针对所在销售个案的调研工作

D. 严格遵守公司保密制度，维护公司利益

E. 培养良好的团队合作精神，提高工作效率

三、综合分析题（每题的备选答案中有一个或一个以上符合题意。错选不得分；少选，但选择正确的每个选项得相应分）

黄某曾是某市一家房地产经纪公司的房地产经纪人。在长期的业务实践中，黄某发现外国人的租赁经纪业务是该市房地产中介市场中的一个空白点。2011年5月，黄某辞去原工作，发起设立了甲房地产经纪公司（以下简称甲公司），专门为在本市的外国人提供租赁经纪服务。经过几年的发展，到2013年，甲公司已经成为该市的一家大型房地产经纪公司，其组织结构如下图所示。

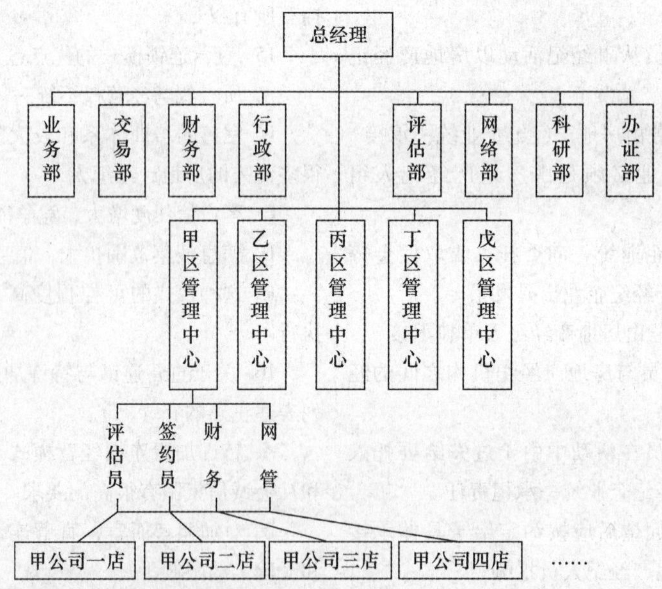

从2014年开始，甲公司顺应行业发展变化，内部信息系统采用了公盘制（即所有房源信息完全共享）。

1. 从图中可以看出，甲公司的组织结构形式为（ ）。

A. 直线—参谋制组织结构

B. 分部制组织结构

C. 矩阵制组织结构

D. 网络制组织结构

2. 从图中还可以看出，甲公司的经营模式为（ ）。

A. 网上联盟经营模式

B. 单店经营模式

C. 多店经营模式

D. 连锁店经营模式

3. 下列属于分部制组织结构形式缺点的有（　）。

A. 各分部有较大的自主经营权

B. 职能部门重叠，费用开支大

C. 损害组织整体目标和利益

D. 各分部之间的横向联系和协调较难

4. 甲公司采用公盘制，符合房地产经纪信息的（　）特征。

A. 时效性　　B. 多维性

C. 积累性　　D. 共享性

5. 甲公司在发展过程中把经营战略的重点放在（　）。

A. 一个特定的目标市场上

B. 目标细分市场客户的服务上

C. 后向一体化服务上

D. 前向一体化服务上

第五章　房地产经纪机构管理

本部分的考试目的是测试应考人员对房地产经纪机构的战略管理、品牌管理，人力资源与客户关系管理，运营管理等知识的掌握程度。

本章考试基本要求包括：

1. 熟悉房地产经纪机构的战略管理和品牌管理；
2. 了解房地产经纪机构的人力资源管理；
3. 熟悉房地产经纪机构的客户关系管理；
4. 了解房地产经纪机构业务流程管理；
5. 掌握房地产经纪机构的信息管理和风险管理。

- 房地产经纪机构管理
  - 房地产经纪机构的战略与品牌管理
    - 房地产经纪机构的战略管理
    - 房地产经纪机构的品牌管理
  - 房地产经纪机构的人力资源与客户关系管理
    - 房地产经纪机构的人力资源管理
    - 房地产经纪机构的客户关系管理
  - 房地产经纪机构的运营管理
    - 房地产经纪机构的业务流程管理
    - 房地产经纪机构的信息管理
    - 房地产经纪机构的风险管理

第一节　房地产经纪机构的战略与品牌管理

一、房地产经纪机构的战略管理

（一）房地产经纪机构战略管理的含义

房地产经纪机构的战略管理是指房地产经纪机构确定其使命，根据其外部环境和内部条件设定企业的战略目标，为保证目标的正确落实和实现进行谋划，并依靠企业内部力量将这种谋划和决策付诸实施，以及在实施过程中进行控制的动态管理过程。

（二）房地产经纪机构战略管理的内容

1. 明确企业使命

企业使命包括企业的经营哲学、理念、宗旨等，它定义了企业所能提供的产品与服务，所开展的技术创新、市场营销等活动的性质与范围，是企业一切决策与活动所应遵循的指南与基础。

2. 外部环境与内部条件分析

战略制定的要点在于达到外部环境与内部条件的动态平衡，即要在了解外部环境和内部资源条件的基础上进行合理选择和配置。

（1）外部环境分析

整体上看，房地产经纪机构的外部环境分析通常包括以下三个方面。

① 宏观环境分析，包括相关法律法规、行业发展政策、经济发展状况、投融资环境等方面的内容。

② 微观行业环境分析，包括市场供求状况、竞争对手的情况、消费者情况等。

③ 市场分析，包括本地市场现状、市场成熟度、市场未来的发展趋势等。

（2）内部条件分析

对机构内部条件的分析则侧重于对机构所拥有的

资金、信息、人力等资源的数量以及资源运用能力的分析。

3. 制定战略目标

一个好的战略目标通常具有四个特征：时限性、确定性、综合性和现实性。房地产经纪机构在制定其长期目标和短期目标时必须基于外部环境和企业自身的资源条件，恰当的目标设置应遵循有一定难度，但仍在可能范围之内的原则。

4. 业务领域选择

业务领域选择是指企业现在可以提供的产品与服务的领域以及在未来一定时间内拟进入或退出、支持或限制的某些业务领域，它为企业活动确定了界限，也因此为企业规定了某种环境界限。

5. 经营模式选择

房地产经纪机构经营模式的选择包括组织结构的选择、企业规模的确定以及规模化经营方式的选择。

（1）组织结构的选择

房地产经纪机构建立什么样的组织结构，是否开设店铺主要是由其所面向的客户类型所决定的。

（2）企业规模的选择

房地产经纪机构对企业规模的选择，首先，要遵循规模经济的一般原理；其次，要根据房地产经纪机构的自身特点，着重考虑经营规模与以下三方面因素的匹配程度：信息资源、人力资源和管理水平。

（3）规模化经营方式的选择

与任何企业一样，每一个房地产经纪机构都在不断谋求由小到大的发展。当经纪机构发展到一定规模时，就必须认真考虑其规模化经营的具体方式。

6. 战略控制

房地产经纪机构根据出现的新情况、新特点，按照企业使命，重新分析和调整具体的经营策略。当重大变动出现时，甚至需要按照规定的程序和方法对房地产经纪机构的战略决策进行调整。

（三）房地产经纪机构的战略选择

1. 房地产经纪机构的经营战略选择

（1）低成本战略

低成本战略是一种以较低的总成本提供产品或服务，从而吸引广大顾客的战略。

（2）聚焦战略

聚焦战略是指把经营战略的重点放在一个特定的目标市场上，为特定的地区或特定的购买集团提供特殊的产品或服务。

（3）一体化成长战略

一体化成长战略是指房地产经纪机构利用自身的优势，使企业向深度和广度发展的一种战略。一体化成长战略有两种类型：一是纵向一体化；二是水平一体化。

（4）多样化战略

① 横向多样化。横向多样化是以现有的市场为中心，向水平方向扩展服务领域，又称水平多样化或专业多样化。

② 多向多样化。多向多样化是指虽然与现有的产品、市场领域有关，但是通过开发完全异质的服务和市场来使经营领域多样化。

2. 房地产经纪机构的扩张战略选择

（1）跨地域市场扩张战略

跨地域市场扩张战略即从其公司注册的城市向其他城市扩张的战略。在这一模式中，企业能够在不改变业务领域和经营模式的情况下，拓展服务地域，扩大企业的规模。

（2）跨专业市场扩张战略

一些特大型房地产经纪机构已不满足于目前提供服务的专业市场，向其他专业市场扩张。

（3）跨行业扩张战略

在英、美等西方发达国家，一些特大型的房地产服务性企业往往兼营房地产经纪、房地产估价和房地产咨询等。在我国，一些特大型的房地产经纪机构也开始尝试跨行业的扩张。

目前，房地产经纪机构的跨行业扩张主要是向房地产咨询以及相关的房地产信息服务、房地产媒体（特别是网络等新媒体）扩张。

（4）综合性扩张战略

综合性扩张是个别的顶尖房地产经纪机构所采用的扩张模式，即同时进行跨地域市场、跨专业市场和跨行业的扩张。

【例题1】以现有市场为主要对象，开发新的服务类型，属于房地产经纪企业发展战略中的（　）。

A. 低成本战略　　B. 聚集战略

C. 差异化战略　　D. 多样化战略

【答案】D

【例题2】在房地产经纪企业发展战略中，属于一体化战略的是（　）。

A. 企业在小规模基础上，实施降低成本，控制企业运营成本的战略

B. 企业根据所在区位的特点，实施专门提供房屋租赁服务的企业发展战略

C. 企业根据自己的人员结构，在提供房地产经纪服务的基础上，实施提供房地产广告设计、房地产

产品设计等服务的企业发展战略

D. 企业在原有房地产经纪服务的基础上，实施家具生产、书刊印刷、影视制作等其他产品的企业发展战略

【答案】C

【例题3】在选择经营模式时，房地产经纪企业考虑的主要因素是企业规模、规模化经营方式和(　)。

A. 经纪企业类型　　B. 是否有店铺

C. 资金实力　　D. 市场环境

【答案】B

【例题4】甲房地产经纪机构的经营战略重点是专门为应届大学毕业生提供租房代理服务，此经营战略是(　)。

A. 低成本战略　　B. 聚焦战略

C. 多样化战略　　D. 一体化战略

【答案】B

【例题5】房地产经纪企业兼并处于同一经营阶段的企业，以促进企业实现更高程度的规模经济和迅速发展的战略，属于房地产经纪企业的(　)战略。

A. 横向多样化　　B. 前向一体化

C. 后向一体化　　D. 水平一体化

【答案】D

【例题6】下列关于房地产经纪机构发展战略的表述中，正确的是(　)。

A. 采取合并其他房地产经纪机构来扩大经营规模的战略是聚焦战略

B. 采取设立房地产广告设计公司来扩大经营规模的战略是前向一体化战略

C. 采取设立搬家服务公司来扩大经营规模的战略是后向一体化战略

D. 采取投资影视公司来扩大经营规划的战略是多向多样化战略

【答案】C

【例题7】房地产经纪机构采用控制管理成本和减少不必要的服务项目来获得竞争优势的战略是(　)。

A. 低成本战略　　B. 多样化战略

C. 聚焦战略　　D. 一体化成长战略

【答案】A

【例题8】房地产经纪企业发展战略的驱动因素包括(　)。

A. 企业使命因素　　B. 行业因素

C. 客户因素　　D. 国际化与政策因素

E. 企业文化因素

【答案】BCD

【解析】行业因素、客户因素和国际化与政策因素是房地产经纪企业发展战略的驱动因素。

【例题9】房地产经纪机构发挥自身优势，把经纪业务拓展至房地产登记手续代办领域的战略属于(　)。

A. 横向多样化战略　　B. 前向一体化战略

C. 后向一体化战略　　D. 水平一体化战略

【答案】C

【解析】后向一体化战略的基本特征。

【例题10】房地产经纪机构在选择企业规模时，应着重考虑的与其经营规模是否匹配的因素有(　)。

A. 信息资源　　B. 已有店面的布局

C. 管理水平　　D. 企业声誉

E. 人力资源

【答案】ACE

【例题11】影响房地产经纪机构经营模式选择的因素包括(　)。

A. 组织结构　　B. 企业规模

C. 业务素质　　D. 管理水平

E. 机构成立时间长短

【答案】ABD

【解析】房地产经纪机构经营模式的选择包括组织结构的选择、企业规模的确定以及规模化经营方式的选择。

【例题12】房地产经纪机构进入房地产开发领域战略是(　)。

A. 聚焦战略　　B. 低成本战略

C. 一体化成长战略　　D. 多样化战略

【答案】C

【解析】一体化成长战略是指房地产经纪机构利用自身的优势，使企业向深度和广度发展的一种战略。一体化成长战略有两种类型：一是纵向一体化。例如，房地产经纪机构根据市场需要和自身的条件，充分发挥企业在市场研究、房地产产品设计、融资能力等方面的优势和潜力，进入房地产开发领域或与房地产开发企业合并，组建经济联合体，向上游拓展企业的业务。二是水平一体化，是指房地产经纪机构兼并或联合同类。

二、房地产经纪机构的品牌管理

(一) 房地产经纪机构品牌管理的含义、内容和特点

1. 含义

房地产经纪机构的品牌管理是指房地产经纪机构以企业自身的特点及服务特色为核心，为树立企业形象和提升顾客感知价值所进行的企业品牌建设、品牌维护等一系列活动和过程。其中，客户感知价值取决于客户对服务过程和服务结果的期望与实际感受之间的综合权衡。

2. 内容

房地产经纪机构品牌管理的主要内容是品牌建立和品牌维护，通过制定企业的品牌战略、品牌识别系统以及积极的推广宣传，树立企业在市场中独一无二的形象和标识；通过遵循品牌维护的基本原则、提升服务质量、建立客户关系以及品牌的理性延伸、创新、联动等手段和方法对品牌进行有效的维护。

3. 特点

房地产经纪机构品牌管理的特点主要体现在以下几个方面：一是品牌管理的目标是提升客户价值，造就忠诚客户和终身客户；二是品牌建立以客户对企业服务的感知价值为核心；三是品牌维护主要通过影响客户价值感知的途径，利用交互过程中良好的态度、快捷灵活的服务、合理的价格以及良好的客户关系来实现。

（二）房地产经纪机构品牌的建立

1. 制定企业的品牌战略

品牌战略是指企业对自己品牌的期望目标以及为达到这一目标的主要途径所作的筹划。

品牌战略的目标包括：品牌愿景、品牌定位和品牌结构。

（1）品牌愿景，即企业对自己品牌的总体期望。

（2）品牌定位，即对品牌所涉及的产业（或行业）以及细分市场类型、品牌承诺和品牌个性的确定。

（3）品牌结构，即下属品牌组成，以及品牌与下属品牌的层次关系。

2. 建立品牌的识别系统，并进行品牌传播

（1）品牌识别是指区别于竞争对手的，客户可以感知和产生联系的视觉要素和其他要素。

（2）品牌传播以品牌规划为基础。现代的品牌传播是以“双向沟通”的方式实现的。研究、分析及确定社会（市场）的需求，特别是未来的消费潮流、“时尚”的概念，则是品牌传播者的首要任务。

（三）房地产经纪机构品牌的维护

房地产经纪机构的品牌维护，是指企业针对外部环境的变化对品牌造成的影响所进行的维护品牌形象、保持品牌的市场地位和品牌价值的一系列活动的统称。房地产经纪机构的品牌管理主要应侧重于以下两个方面。

1. 通过服务质量的全面提高，提升客户感知价值，保持和扩大企业品牌的影响力。

2. 通过建立良好和持续的客户关系，强化客户的归属感和品牌忠诚。

【例题 13】下列关于品牌与商标的表述中，不正确的是（ ）。

A. 商标注册后就成了品牌

B. 商标是品牌的标志和名称部分，便于消费者识别

C. 商标是一种法律概念，品牌是市场概念

D. 商标掌握在企业手中，品牌掌握在消费者手中

【答案】A

【解析】商标注册后不一定就成了品牌，两者没有因果关系。

【例题 14】下列关于品牌的表述中，错误的是（ ）。

A. 品牌通过某种或者某组标识来表现

B. 品牌是为了区别于竞争对手

C. 品牌是企业的无形资产

D. 经过注册的商标就是品牌

【答案】D

【解析】经过注册的商标就是品牌是错误的表述，两者没有因果关系。

【例题 15】房地产经纪机构建立品牌的首要工作是（ ）。

A. 建立品牌识别系统

B. 制定企业品牌战略

C. 提升顾客感知价值

D. 制订品牌推广计划

【答案】B

【例题 16】房地产经纪机构品牌战略的目标包括品牌愿景、品牌结构和（ ）。

A. 品牌承诺　　B. 品牌个性

C. 品牌定位　　D. 品牌价值

【答案】C

【解析】品牌愿景、品牌结构和品牌定位是房地产经纪机构品牌战略的目标。

【例题 17】在房地产经纪机构品牌的维护过程中，能提高客户价值感知的因素有（ ）。

A. 热情的工作态度　　B. 较大的经营规模

C. 便捷高效的服务　　D. 合理的收费标准

E. 频繁与客户联系

【答案】ABD

【解析】通过服务质量全面提高，提升客户感知价值，保持和扩大企业品牌的影响。房地产经纪机构的服务质量是影响客户感知价值的重要因素之一。首先，需要加强企业员工的思想教育，树立客户至上的服务理念，以热情周到的服务，提升客户的满意度，为感知价值的提高奠定基础；其次，加强企业员工的技能培训并建立快捷、便利、规范的工作程序，为客户提供快捷，便利的服务，以提高对服务过程的满意度，提升其感知价值；最后，通过制定合理的价格，减少客户的成本支出。

【例题18】在制定企业的品牌战略之后，建立品牌的第二项工作是（　）。

A. 品牌承诺

B. 建立品牌的识别系统，并进行品牌传播

C. 组建品牌管理部门

D. 培养客户的品牌忠诚度

【答案】B

第二节　房地产经纪机构的人力资源与客户关系管理

一、房地产经纪机构的人力资源管理

（一）房地产经纪机构人力资源管理的含义和特征

房地产经纪机构的人力资源管理是指房地产经纪机构运用现代管理方法，对人力资源的获取（选人）、开发（育人）、保持（留人）和利用（用人）等方面所进行的计划、组织、指挥、控制和协调等一系列活动，最终达到实现企业发展目标的一种管理行为。

房地产经纪机构人力资源管理具有以下几个特征。

1. 合法性。房地产经纪机构的人力资源管理符合房地产经纪行业管理中有关房地产经纪人员职业资格注册管理的规定。

2. 人本性。人力资源管理必须采取人本取向，始终贯彻员工是企业的宝贵财富的主题，强调对人的关心、爱护，把人真正作为资源加以保护、利用和开发。

3. 互惠性。人力资源管理必须采取互惠取向，强调管理应致力于获取组织的绩效和员工的满意感与成长的双重结果；强调组织和员工之间的“共同利益”，并重视发掘员工的主动性和责任感。

4. 战略性。人力资源管理应聚焦于组织管理中为组织创造财富、创造竞争优势的人员的管理上，即以员工为基础，以知识员工为中心和导向，是在组织最高层进行的一种决策性、战略性管理。

（二）房地产经纪机构人力资源管理的内容

1. 职务分析与设计

对房地产经纪机构中的各个工作职位的性质、结构、责任、流程以及胜任该职位工作人员的素质、知识、技能等，在调查分析所获取的相关信息的基础上，编写出职务说明书和岗位规范等人事管理文件。

2. 人力资源规划

把企业人力资源战略转化为中长期目标、计划和政策措施，包括对人力资源现状分析、未来人员供需预测与平衡，确保企业在需要时能获得所需要的人力资源。

3. 员工招聘与选拔

根据新员工的招聘来源不同，可分为外部招聘和内部选拔。外部招聘的程序分为编制宣传手册、广告宣传、招聘测试、招聘决策等。内部选拔是添补空缺的一个重要途径，是对员工的一种有效激励。内部选拔分为内部调用和内部提升两种。

4. 绩效考评

对员工在一定时间内对企业的贡献和工作中取得的绩效进行考核与评价，及时作出反馈，以便提高和改善员工的工作绩效，并为员工培训、晋升、计酬等人事决策提供依据。

5. 薪酬管理

包括对基本薪酬、绩效薪酬、奖金、津贴以及福利等薪酬结构的设计与管理，以激励员工更加努力地为企业工作。

6. 员工激励

采用激励理论和方法，对员工的各种需要予以不同程度的满足或限制，引起员工心理状况的变化，激发员工向企业所期望的目标努力。

7. 培训与开发

通过培训提高员工个人、群体和整个企业的知识、能力、工作态度与工作绩效，进一步开发员工的智力潜能，提高人力资源的贡献率。

8. 职业生涯规划

鼓励和关心员工的个人发展，帮助员工制定个人发展规划，进一步激发员工的积极性、创造性。

9. 人力资源会计

与财务部门合作，建立人力资源会计体系，开展人力资源投资成本与产出效益的核算工作，为人力资源管理与决策提供依据。

10. 劳动关系管理

协调和改善企业与员工之间的劳动关系，进行企业文化建设，营造和谐的劳动关系和良好的工作氛围，保障企业经营活动的正常开展。

（三）房地产经纪机构人力资源管理的主要方法

1. 设计科学的薪酬制度

房地产经纪机构薪酬制度是在房地产经纪机构与房地产经纪人员之间的经济关系的基础上建立的。

（1）薪酬制度的制定原则

薪酬制度的制定要遵循以下原则：①底薪与奖金分离；②简明扼要，易于执行；③管理方便，符合经济原则；④公平合理，有激励作用；⑤在同行业中有竞争力；⑥适时动态调整；⑦在机构内部各类、各级职务的奖酬基准上，适当地拉开差距。

（2）薪酬支付方式

在我国房地产经纪机构中，薪酬的支付方式大体分为以下几种。

① 固定薪金制，即有保障底薪，维持最低所得，对业务员生活最有保障，人员流动率最低，与顾客的关系容易保持常态。但其最大的缺点是不具有激励性。

② 佣金制，即没有保障底薪，业务员收入完全视个人业绩而定，业绩高则薪酬高，业绩低则薪酬低，甚至没有薪金。佣金制激励大，刺激性强，业务员的“危机意识”最高。但由于无底薪，公司在管理上存在较大的难度，人员流动大。有些业务员为了取得业绩，甚至不择手段，可能对公司的信誉产生严重的影响。

③ 混合制，即将固定薪金制和佣金制混合运用，比如，工资加代理佣金、销售佣金加提成比例等。它融合了上述两种支付方式的优点，并避免了它们的缺点。

2. 建立有效的激励机制

（1）目标激励

设置适当的目标，把员工的需要与目标紧密联系在一起，从而调动员工的积极性。

（2）情感激励

积极的情感可以焕发出惊人的力量，消极的情感会严重妨碍工作。领导者如果能和员工建立起真挚的感情，用自己积极的情感去感染员工，打动和征服员工的心，就能起到激励作用。

（3）尊重激励

尊重是加速员工自信力爆发的催化剂，尊重激励是一种基本激励方式。

（4）参与激励

让员工恰当地参与管理，既能激励员工，又能为企业的成功获得有价值的意见。参与会使员工对企业有归属感、认同感，可以进一步满足员工自尊和自我实现的需要。

【例题1】房地产经纪人员的薪酬制度有（ ）。

A. 固定薪金制

B. 佣金制

C. 固定薪金和佣金混合制

D. 计时薪金制

E. 分红薪金制

【答案】ABC

【解析】房地产经纪机构薪酬制度是在房地产经纪机构与房地产经纪人员之间的经济关系的基础上建立的。在我国房地产经纪机构中，薪酬的支付方式大体分为以下几种：①固定薪金制，即有保障底薪，对业务员生活最有保障，人员流动率最低。②佣金制，即没有保障底薪，收入完全视个人业绩而定，业绩高则薪酬高，业绩低则薪酬低。③混合制，即将固定薪金制和佣金制混合运用。

【例题2】对房地产经纪人员有一定激励作用，又能降低人员流动率的薪酬制度是（ ）。

A. 佣金制

B. 奖金制

C. 固定薪金制

D. 固定薪金和佣金提成混合制

【答案】D

【解析】①固定薪金制。即有保障底薪，维持最低所得，对业务员生活最有保障，人员流动率最低，与顾客的关系容易保持常态。但其最大的缺点是不具有激励性。②佣金制。即没有保障底薪，业务员收入完全视个人业绩而定，业绩高则薪酬高，业绩低则薪酬低，甚至没有薪金。佣金制激励大，刺激性强，业务员的“危机意识”最高。但由于无底薪，公司在管理上存在较大的难度，人员流动大。有些业务员为了取得业绩，甚至不择手段，可能对公司的信誉产生严重的影响。③混合制。即将固定薪金制和佣金制混合运用，比如，工资加代理佣金、销售佣金加提成比例等。它融合了上述两种支付方式的优点，并避免了它们的缺点。

二、房地产经纪机构的客户关系管理

（一）房地产经纪机构客户关系管理的主要内容

1. 留住客户

（1）提供个性化服务；

（2）正确处理投诉；

（3）建立长久的合作关系；

（4）与客户积极沟通。

2. 争取新客户

房地产经纪机构除了留住客户外，还可以从下列几方面入手积极争取更多的客户。

（1）鼓励客户推荐。可以通过折扣返点、推荐积分等手段鼓励已买房客户介绍朋友购买。

（2）给新客户提供附加服务，如有奖销售、限时优惠，吸收新客户加入客户会享受各种会员服务等。

（二）房地产经纪机构客户关系管理的主要方法

1. 创建客户关系管理系统

房地产经纪机构客户关系管理系统是信息技术、软硬件系统集成的管理方法和应用解决方案在房地产经纪机构的应用。

2. 建立和维护客户数据资料库

客户数据资料库是由房地产经纪信息及销售管理信息所组成的。建立客户数据资料库包括信息的输入与存储、整理分析、数据输出等工作。客户资料数据库是客户关系管理的核心。

3. 利用客户分析子系统进行客户的分析和管理

客户分析子系统可以提供和输出客户表单管理、营销表单管理、客户资料管理、营销服务质量分析以及客户行为分析等分析结果。

4. 建立决策支持子系统发现问题并提出针对性的解决方案

利用决策支持系统，房地产经纪机构可以根据客户分析的结果，全面了解和把握企业的营销质量是否有显著的提高。

5. 利用客户俱乐部等形式深化与客户的沟通和联系

房地产经纪机构可以将客户俱乐部，又称“客户会”，作为有形的客户资料库，纳入其客户关系管理系统。

【例题3】房地产经纪企业人力资源管理的基本原理有（ ）。

A. 适应原理 B. 团队原理

C. 搭配原理 D. 同素异构原理

E. 能级层序原理

【答案】ADE

【例题4】客户分析是客户关系管理的重要功能之一，客户分析系统不包括（ ）。

A. 客户联系时机优化分析

B. 市场活动影响分析

C. 客户分类分析

D. 客户服务分析

【答案】D

【例题5】房地产经纪机构客户关系管理系统的核心是（ ）。

A. 决策支持子系统 B. 客户分析子系统

C. 客户联络中心 D. 客户资料数据库

【答案】D

【例题6】房地产经纪机构在客户关系管理中，为了争取新客户而采取的措施有（ ）。

A. 提供个性化服务

B. 提供附加服务

C. 建立长期合作关系

D. 正确处理投诉

E. 鼓励客户推荐

【答案】BE

【解析】房地产经纪机构争取新客户而采取的措施为：①鼓励客户推荐；②给新客户提供附加服务。

第三节 房地产经纪机构的运营管理

一、房地产经纪机构的业务流程管理

（一）房地产经纪机构业务流程管理的含义

房地产经纪机构实施业务流程管理，即对房地产经纪业务活动的先后次序、部门与人员分工以及信息传递等制定规则，并监督实施。房地产经纪机构业务流程再造的步骤如下。

1. 业务流程分析和重组

具体内容包括：

（1）对现有流程进行调研；

（2）绘制现有流程，对流程中的每个活动进行描述；

（3）组织小组讨论，找出流程中每个阶段存在的问题；

（4）将问题分类，确定解决问题的先后顺序；

（5）寻找解决问题的方法；

（6）选择最好的解决方案，安排专人负责实施；

（7）评估实施结果，修正解决方案，重新实施；

（8）进行下一个问题的解决；

（9）进行新一轮的流程分析。

2. 业务流程改造

业务流程改造的基本原则是：执行流程时，参与的人越少越好；在流程服务对象（顾客）看来，越简单越好。根据这一原则的要求，可以采用下面一些改造策略。

（1）将几道工序合并，由一个人完成。

（2）将完成几道工序的人员组成小组或团队共同工作，构造新流程。

（二）房地产经纪机构业务流程管理的主要方法

1. 建立有效的组织保障

房地产经纪机构必须建立有效的组织保障，这样才能保证流程管理工作的连续性和长期性。

2. 建立流程管理信息系统

通过流程管理信息系统，决策者可以及时掌握必需的决策信息。

3. 重塑企业文化

房地产经纪机构必须建立与流程管理相适应的企业文化。

4. 培养复合型人才

复杂的工作需要配备高素质、全能的人才。因此，运用流程管理模式的房地产经纪机构，必须加强对员工的教育、培训和辅导。

【例题 1】房地产经纪业务流程改造的原则是越简单越好，其措施主要有（ ）。

A. 将业务分解成多个简单工序

B. 将几道工序合并，由一个人完成

C. 采取流程多层审批制度

D. 将完成几道工序的人员组成小组或团队共同工作，构造新流程

E. 将与房屋有关的各种协议、合同、确认书等合并到合同签订流程进行统一管理

【答案】BDE

二、房地产经纪机构的信息管理

（一）房地产经纪机构信息管理的内容

1. 房地产经纪信息的搜集

（1）收集报纸、广播、电视、杂志等公开传播的房地产经纪信息。

（2）从开发商、银行、政府相关部门等单位调查、收集房地产经纪信息。

（3）通过门店接待、上门拜访、信函或电话询问、人群聚集场所直接采集。

（4）利用互联网、联机系统等计算机网络获取。

2. 房地产经纪信息的加工整理

房地产经纪信息加工整理的程序通常包括鉴别、筛选、整序、编辑和研究这五个环节。

（1）鉴别

鉴别就是对房地产经纪信息的准确性、真实性、可信性进行分析，判断误差的大小和时效的高低，剔除人为、主观的部分，使之准确、客观。

（2）筛选

筛选就是对已鉴别的房地产经纪信息进行挑选。

（3）整序

整序就是将不同的、杂乱无序的房地产经纪信息按一定的标准、方法加以整理归类。

（4）编辑

编辑就是对整序后的信息进行具体的文字整理过程，是整个加工整理过程中最关键的工作。在编辑的过程中要注意简单明了、重点突出，同时要注意语义表达的准确性。

（5）研究

研究是在对大量信息综合分析的基础上，经过分析、判断、思考，产生具有深度和新价值的信息。

3. 房地产经纪信息的储存

房地产经纪机构在日常业务记录和档案管理工作中，应当充分利用计算机等现代化手段搜集、记录、整理房地产经纪业务信息和文件资料，这样既减少了手工操作，提高了工作效率，还降低了人为因素对信息内容的干扰，更便于信息的保存。

（二）房地产经纪信息管理的原则

1. 重视房地产经纪信息的系统性

重视系统性，就是要通过房地产经纪信息管理，一是保证房地产经纪信息的完整性，尽可能全面准确地反映房源、客源、市场和行业的实际状况；二是保证房地产经纪信息在时间上的连续性；三是对房地产经纪信息及时进行更新和维护，以保证其时效性。

2. 加强房地产经纪信息的目的性

房地产经纪信息管理，包括搜集、加工、整理和利用都应围绕房地产经纪活动的目的而展开，这样才能节约房地产经纪信息的获取成本，提高房地产经纪机构的经济效益。

3. 提高房地产经纪信息的时效性

随着时间的推移以及房地产市场环境和市场主体的不断变化，房地产经纪信息的有效性也发生变化，因此，提高房地产经纪的时效性，是房地产经纪机构信息管理的重要任务之一。提高房地产经纪信息的时效性，一方面要对信息库进行及时的更新和维护；另一方面要提高信息利用的效率，尽量使信息在最短的时间内发挥作用。

4. 实现房地产经纪信息的共享性

信息共享是房地产经纪机构信息管理所要实现的主要功能之一。计算机网络技术的发展，为房地产经纪信息的信息共享提供了手段。

（三）房地产经纪信息管理系统

1. 房地产经纪信息管理系统设计的原则

（1）网络化原则

（2）共享原则

（3）协同原则

2. 房地产经纪机构信息管理系统的架构

房地产经纪机构信息管理系统通常包括以下子系统。

（1）数据管理系统

这类系统把现有房源信息、销售合同、费用凭证、需求客户等以一定的数据格式录入到计算机里，以数字的形式保存起来，可以随时查询和维护，实现企业内部信息的数字化，并可通过局域网与互联网的对接实现与企业外部的信息交流。

（2）流程控制系统

这类系统把企业已经规范的一些流程以软件程序的方式固化下来，使得流程所涉及岗位员工的工作更加规范高效，减少人为控制，同时提升客户满意度。

（3）辅助决策系统

这类系统通过对信息化的原始数据进行科学的加工处理，运用一定的计算模型，为管理和决策提供基础数据支持。

【例题2】楼盘广播上的图画属于房地产经纪信息的（　）。

A. 语言要素　　B. 内容要素

C. 载体要素　　D. 中介要素

【答案】A

【例题3】在房地产经纪信息加工整理的过程中，最关键的工作是对信息的（　）。

A. 筛选　　B. 鉴别

C. 编辑　　D. 研究

【答案】C

【解析】编辑是房地产经纪信息加工整理的过程中最关键的工作。

【例题4】房地产经纪人从楼书中收集了大量信息，这种搜集信息的途径属于（　）。

A. 通过公开传媒收集信息

B. 从有关单位内部获取信息

C. 现场收集信息

D. 利用网络获取信息

【答案】B

【例题5】在房地产经纪机构的客观信息表格中，最重要的表格是（　）。

A. 房源登记表　　B. 销售进度登记表

C. 客户登记表　　D. 房价信息表

【答案】C

【例题6】房地产经纪信息包括（　）。

A. 房源信息

B. 客户信息

C. 房地产市场信息

D. 区域经济发展状况信息

E. 房地产经纪行业信息

【答案】ABCE

【解析】房地产经纪信息包括房源信息、客户信息、房地产市场信息和房地产经纪行业信息。

【例题7】房地产经纪信息的利用主要包括（　）。

A. 规范房地产经纪行业

B. 促进房地产经纪的发展

C. 提升房地产经纪服务的附加值

D. 以信息提供的具体内容指导房地产经纪业务

E. 发布房地产经纪信息来影响消费者

【答案】DE

【解析】房地产经纪信息的利用包括以信息提供的具体内容指导房地产经纪业务和发布房地产经纪信息来影响消费者。

【例题8】下列属于房地产经纪信息内容要素的是（　）。

A. 房地产平面媒体广告上的图画和文字

B. 房地产网站上的房地产广告网页

C. 报纸上登载的新楼盘地理位置等信息

D. 专门播放房地产项目的电视频道

【答案】A

【解析】房地产平面媒体广告上的图画和文字属于房地产经纪信息内容要素。

【例题9】房地产经纪机构受理了房地产经纪业务后，需要收集的信息包括（　）。

A. 房地产标的物信息

B. 与标的房地产相关的市场信息

C. 委托方信息

D. 政府机构信息

E. 非类似房产的成交记录

【答案】ABC

【解析】房地产经纪机构受理了房地产经纪业务后，需要收集的信息包括房地产标的物信息、与标的房地产相关的市场信息和委托方信息。

【例题10】房地产经纪信息计算机管理系统的主要类型不包括（ ）。

A. 数据管理信息系统

B. 网络转换管理信息系统

C. 流程控制信息系统

D. 辅助决策信息系统

【答案】B

【解析】网络转换管理信息系统不是房地产经纪信息计算机管理系统的主要类型。

【例题11】加工整理房地产经纪信息的首要环节是（ ）。

A. 筛选 B. 编辑

C. 鉴别 D. 研究

【答案】C

【例题12】下列关于房地产经纪信息加工整理的表述中，正确的有（ ）。

A. 对房地产经纪信息进行鉴别是为了剔除人为和主观的部分

B. 对房地产经纪信息进行筛选是为了删除无用的信息

C. 对房地产经纪信息进行整序是为了便于查询

D. 对房地产经纪信息进行编辑是为了提高信息的真实性

E. 对房地产经纪信息进行研究是为了提高研究者的判断、思考能力

【答案】ABCE

【例题13】下列选项中，不属于房地产经纪信息特征的是（ ）。

A. 共享性 B. 简单性

C. 多维性 D. 积累性

【答案】B

【解析】简单性不是房地产经纪信息的特征。

【例题14】下列选项中，不属于大众媒体传播房地产经纪信息的载体是（ ）。

A. 报纸 B. 楼书

C. 杂志 D. 电视

【答案】B

【解析】楼书不属于大众媒体传播房地产经纪信息的载体。

【例题15】房地产经纪人在发布房地产经纪信息时，不需要注意的是（ ）。

A. 在第一时间快速将信息发布出去

B. 让尽可能多的人获得信息

C. 尽可能保证发布信息的完整性

D. 尽可能利用最先进的信息技术发布

【答案】D

【例题16】房地产经纪人在房地产经纪信息加工整理的过程中，通过对信息的（ ），产生具有深度和新价值的信息并提高自身的判断、思考能力。

A. 筛选 B. 鉴别

C. 研究 D. 编辑

【答案】C

【例题17】对房地产经纪信息筛选的目的是（ ）。

A. 删除无用的信息 B. 增加信息的数量

C. 增强信息的可信度 D. 将信息整理归类

【答案】A

【例题18】为积极开拓业务，房地产经纪人钱某在亲朋好友中收集房地产买卖的信息。钱某所采用的信息收集渠道属于（ ）。

A. 直接渠道 B. 间接渠道

C. 媒介渠道 D. 关联渠道

【答案】B

【例题19】房地产经纪信息的加工整理程序通常包括鉴别、筛选、（ ）、编辑和研究五个环节。

A. 分析 B. 整序

C. 集中 D. 调整

【答案】B

【例题20】下列对搜集房地产经纪信息的认识中，正确的是（ ）。

A. 认为广播和电视信息不易整理，故只以报纸和杂志作为信息来源途径

B. 认为学术文章是专家个人意见，主观性强，故学术文章不能作为信息来源途径

C. 认为楼书多为溢美之词，不具有客观性，故楼书不作为信息来源途径

D. 认为房地产具有不可移动性，现场调查能获得直观的信息材料

【答案】D

【解析】房地产经纪信息是房地产经纪活动中十分重要的资源，但经纪信息不是自然而然地被经纪人所掌握，而是要通过有意识、有目的的劳动才能将其收集起来。由于房地产经纪信息量大、覆盖面宽，所以其收集应从多个方面入手。通常可从以下途径进行收集：①收集报纸、广播、电视、杂志等公开传播的房地产经纪信息；②从开发商、银行、政府相关部门等单位调查、收集房地产经纪信息；③通过门店接

待、上门拜访、信函或电话询问、人群聚集场所直接采集；④利用互联网、联机系统等计算机网络获取。

【例题21】在房地产经纪信息加工整理的过程中，对房地产经纪信息的真实性、准确性、可信性进行分析，判断其时效性，是（ ）环节的主要内容。

A. 整序　　B. 筛选

C. 鉴别　　D. 编辑

【答案】C

【解析】鉴别就是对房地产经纪信息的准确性、真实性、可信性进行分析，判断误差的大小和时效的高低，剔除人为、主观的部分，使之准确、客观。鉴别是房地产经纪信息加工整理的第一步，是一项非常重要的基础性工作，也是后续加工整理工作有效开展的重要保障。

三、房地产经纪机构的风险管理

所谓房地产经纪机构的风险管理，是指房地产经纪机构对风险进行识别、衡量、分析，并在此基础上有效地处置风险，以最低成本实现最大安全保障的科学管理方法。

（一）房地产经纪机构风险的构成

房地产经纪业务中可能出现的风险主要包括以下几种。

1. 信息欠缺引起的风险

信息欠缺，指的是房地产经纪机构或经纪人因为客观条件的限制或一些主观上的原因，对房源的相关信息掌握得不全面。

2. 操作不规范引起的风险

房地产经纪人在开展经纪业务时，由于许多具体的操作由经办人直接办理而无法集中处理，因而存在不少由于不规范的业务操作引起的风险事故，如虚报成交价、乱收费、伪造客户签名等，这些不规范的操作容易使房地产经纪机构与客户发生纠纷，从而给房地产经纪机构带来经济或名誉上的损失。

3. 承诺不当引起的风险

房地产经纪人对客户进行承诺时，如果没有把握好分寸，一味地迎合客户的心理，作出无法兑现或其他不适当的承诺，就容易引起纠纷，有时甚至会带来不必要的经济损失，也会给房地产经纪机构的形象带来损害。

4. 资金监管不当引起的风险

对于房地产经纪机构而言，依法正确、有效地监管这种代收代付资金显得非常重要。一旦监管不当，则会给买卖双方造成损失，同时也给房地产经纪机构的经营带来不可估量的损失。

5. 产权纠纷引起的风险

产权风险就是指买卖双方签订买卖合同甚至交付房款后才发现，由于房屋产权的种种问题，房屋无法交易，也无法过户。

6. 经纪业务对外合作的风险

选择具备合法资质的合作伙伴，对促成交易、保障交易安全有着非同小可的意义。否则，由于合作带来的不可预见的风险则会接踵而至。

7. 房地产经纪人员的道德风险

某些房地产经纪人为了个人的利益，会置房地产经纪机构的利益于不顾，作出一些损害房地产经纪机构利益与形象的举动。

8. 客户道德风险

房地产经纪机构在与道德较差的客户打交道时，稍有不慎，就会发生风险事故，有些事故还可能带来比较严重的后果。

（二）房地产经纪机构风险的规避

房地产经纪机构的风险管理主要通过风险识别、风险估计、风险驾驭、风险监控等一系列活动来规避和防范风险。

风险规避过程由以下几个步骤构成。

第一步，针对预知风险进行进一步调研。

第二步，根据调研结果，草拟消除风险的方案。

第三步，将该方案与相关人员讨论，并报上级批准。

第四步，实施该方案。

房地产经纪机构的风险规避，主要以预防为主，针对房地产经纪机构可能存在的上述风险，其措施和方法包括以下几个方面。

1. 加强对房地产经纪人的教育和培养

加强房地产经纪人的教育和培养，提高其法律意识、职业道德水平，业务能力。

2. 完善企业自身的制度建设和日常管理

房地产经纪机构可以通过完善企业自身的制度建设，强化日常业务的监督与管理，以减少各种风险发生的可能性。

3. 建立有效的风险识别和警示系统

房地产经纪机构可以通过建立较为系统的风险识别系统，主动识别和发现企业中可能出现的风险；同时，通过加强房地产经纪人的风险防范教育，提高其风险意识和风险识别能力。

【例题22】房地产经纪企业风险管理要以（ ）为主。

A. 预防风险　　B. 控制风险

C. 分散风险　　D. 转移风险

【答案】A

【例题23】房地产经纪企业面临的个别风险有（　）。

A. 政策风险　　B. 经营风险

C. 市场风险　　D. 决策风险

E. 财务风险

【答案】BDE

【例题24】下列关于房地产经纪企业风险管理的表述中，不正确的是（　）。

A. 企业的风险管理应遵循公司既定的经营战略

B. 房地产经纪企业的风险管理以转嫁风险为主

C. 企业要建立内部监督机构经常对企业高风险区域进行检查

D. 企业的风险管理必须贯穿并渗透于企业控制的全过程

【答案】B

【解析】房地产经纪企业风险管理要以预防风险为主。

【例题25】房地产经纪机构因国家颁布实施新的政策所引起的风险属于（　）。

A. 总体风险　　B. 经营风险

C. 决策风险　　D. 财务风险

【答案】A

【例题26】在房地产经纪机构所面临的经营风险中，属于个别风险的是（　）。

A. 因利率提高，资金筹措发生困难

B. 因国家出台限制外国人购买高档住房的规定，该类业务交易量迅速下降

C. 部门经理错误估计了二手房市场情况，二手房业务量迅速下滑

D. 因税收政策调整，二手房业务量减少

【答案】C

【例题27】对于房地产经纪机构来讲，中国人民银行调整人民币对美元的汇率中间价属于（　）。

A. 个别风险　　B. 意外风险

C. 经营风险　　D. 总体风险

【答案】D

【例题28】房地产经纪机构在风险管理过程中，因买卖双方客户“飞单”而产生的风险，属于（　）。

A. 操作不规范的风险

B. 经纪业务对外合作的风险

C. 房地产经纪人员的道德风险

D. 客户道德风险

【答案】D

【例题29】存量房的买卖双方在房地产经纪机构的协助下签订了买卖合同后，发现房屋产权存在问题，房屋无法交易及过户。这种情况提示房地产经纪人必须高度重视签约前的（　）。

A. 买方调查　　B. 合同审查

C. 产权确认　　D. 房屋现场查验

【答案】C

【解析】产权风险是指买卖双方签订买卖合同甚至交付房款后才发现，由于房屋产权的种种问题，房屋无法交易，也无法过户。房地产经纪人必须意识到产权确认在存量房交易中的重要性。这些在交易签约前未做产权确认而引发的纠纷大量出现，这不仅浪费了经纪人、买卖双方大量的时间和精力，甚至给客户造成了经济损失，同时也给房地产经纪机构带来经济或名誉上的损失，影响了存量房市场的健康发展。

【例题30】由于房地产经纪机构担保公司、估价机构等选择不当而可能产生的风险属于（　）。

A. 客户道德风险

B. 对外合作风险

C. 承诺不当风险

D. 房地产经纪人员道德风险

【答案】B

【解析】房地产经纪人在从事经纪业务中为了开拓业务必然会与其他单位或机构、个人进行一些合作，利用各自的资源增加客户群、提高服务效率以促成更多的交易。常见的合作单位有商业银行、按揭机构、评估公司、保险公司和房地产经纪机构等。选择具备合法资质的合作伙伴，对促成交易、保障交易安全有着非同小可的意义。否则，由于合作带来的不可预见的风险则会接踵而至。

【例题31】房地产经纪机构规避房地产经纪业务风险的措施有（　）。

A. 加强对房地产经纪人员的教育和培养

B. 建立有效的风险识别和警示系统

C. 完善机构的制度建设和日常管理

D. 将业务固定在一个区域市场

E. 降低佣金标准

【答案】ABC

【解析】房地产经纪机构的风险规避，主要以预防为主，针对房地产经纪机构可能存在的上述风险，其措施和方法包括以下几个方面：①加强对房地产经纪人的教育和培养；②建立有效的风险识别和警示系统；③完善企业自身的制度建设和日常管理。

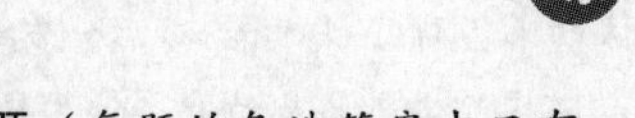

练习题

一、单项选择题（每题的备选答案中只有一个最符合题意）

1. 有店铺的房地产经纪机构规模化运作的主要方式是（ ）。

A. 网络经营　B. 连锁经营
C. 店铺经营　D. 虚拟经营

2. 以较低的总成本提供产品或服务，从而吸引广大顾客的战略是（ ）。

A. 节约成本战略
B. 一体化成长战略
C. 低成本战略
D. 聚焦战略

3.（ ）是指以新开拓的市场为主要对象，开发新的服务类型。

A. 经济开发型
B. 市场开发型
C. 产品、市场开发型
D. 产品开发型

4.（ ）是指以研究技术或生产技术为基础，以异质的服务为对象，开发异质服务。

A. 复合多样化
B. 资源多样化
C. 市场营销关系的多样化
D. 技术关系多样化

5. 建立品牌的首要工作是要制定企业的（ ）。

A. 品牌战略　B. 经营战略
C. 品牌愿景　D. 品牌结构

6.（ ）是指企业对自己品牌的总体期望。

A. 品牌定义　B. 品牌结构
C. 品牌愿景　D. 品牌包装

7.（ ）是指对品牌所涉及的产业（或行业）以及细分市场类型、品牌承诺和品牌个性的确定。

A. 品牌结构　B. 品牌定义
C. 品牌定位　D. 品牌规划

8.（ ）就是对品牌愿景、品牌定位和品牌结构的研究、筹划，它是品牌战略中的基础部分，其质量高低决定了整个品牌战略的成败。

A. 品牌确定　B. 品牌要求
C. 品牌计划　D. 品牌规划

9.（ ）是指区别于竞争对手的，客户可以感知和产生联系的视觉要素和其他要素。

A. 品牌辨认　B. 品牌分辨
C. 品牌识别　D. 品牌认识

10. 把企业人力资源战略转化为中长期目标、计划和政策措施的是（ ）。

A. 人力资源目标　B. 人力资源政策
C. 人力资源计划　D. 人力资源规划

11.（ ）是指从公司外部吸收具备相应能力和资格的人员，然后编制到相关岗位的过程。

A. 外部招聘　B. 内部招聘
C. 内部选拔　D. 企业招聘

12.（ ），即有保障底薪，维持最低所得，对业务员生活最有保障，人员流动率最低，与顾客的关系容易保持常态。

A. 薪水制　B. 混合制
C. 固定薪金制　D. 佣金制

13. 房地产经纪机构运营的核心内容是（ ）。

A. 开展房地产咨询业务
B. 开展房地产估价活动
C. 开展房地产经纪业务
D. 进行房地产经纪信息收集

14. 在业务流程管理中，（ ）是关键。

A. 信息传递　B. 信息整理
C. 信息收集　D. 信息分析

15.（ ）是整个加工整理过程中最关键的工作。

A. 研究　B. 编辑
C. 整序　D. 筛选

16. 协同的最基本含义是协同工作，也就是多人相互配合完成同一目标。这属于（ ）的内容。

A. 协同原则　B. 共享原则
C. 基本原则　D. 共同原则

17. 在协同概念的四个含义中，（ ）是核心内容。

A. 物的协同　B. 人的协同
C. 信息协同　D. 流程协同

18. 客户在成交后发现，该房源存在某些质量隐患，就极有可能与经纪人或房地产经纪机构发生纠纷，从而引发风险事故。这属于（ ）。

A. 资金监管不当引起的风险
B. 承诺不当引起的风险
C. 操作不规范引起的风险

D. 信息欠缺引起的风险

19. 虚报成交价、乱收费、伪造客户签名，属于（　）。

A. 经纪业务对外合作的风险

B. 信息欠缺引起的风险

C. 承诺不当引起的风险

D. 操作不规范引起的风险

20. 房地产经纪机构的风险规避，以（　）为主要手段。

A. 保险　　B. 计划

C. 退守　　D. 预防

二、多项选择题（每题的备选答案中有两个或两个以上符合题意）

1. 战略目标具有的四个特征是（　）。

A. 时限性　　B. 确定性

C. 综合性　　D. 现实性

E. 经济性

2. 下列属于房地产经纪机构的业务领域选择的有（　）。

A. 业务类型选择　　B. 区域选择

C. 市场类型选择　　D. 市场范围选择

E. 业务方式选择

3. 房地产经纪机构对企业规模的选择，要着重考虑经营规模与（　）三方面因素的匹配程度。

A. 财务资源　　B. 信息资源

C. 管理水平　　D. 人力资源

E. 管理理念

4. 无店铺的房地产经纪机构规模化运作时，需要考虑（　）。

A. 外部部门的扩张

B. 内部部门的结构调整

C. 内部部门的扩张

D. 内部部门的结构更新

E. 设立分支机构

5. 关于聚焦战略，下列表述正确的有（　）。

A. 超越在较狭窄范围内竞争的对手们

B. 能以更高的效率和更好的效果为某一广阔的细分市场服务

C. 战略的前提思想是企业业务的专一化

D. 指企业集中使用资源，以快速增加某种产品的销售额和市场占有率

E. 是指把经营战略的重点放在一个特定的目标市场上

6. 房地产经纪机构人力资源管理的特征包括（　）。

A. 战略性　　B. 合法性

C. 人本性　　D. 互惠性

E. 广泛性

7. 根据新员工的招聘来源不同，企业招聘可分为（　）。

A. 招聘决策　　B. 外部招聘

C. 内部选拔　　D. 招聘测试

E. 内部招聘

8. 房地产经纪机构中的激励机制包括（　）。

A. 社会激励　　B. 动态激励

C. 情感激励　　D. 尊重激励

E. 参与激励

9. 客户分析子系统包括（　）。

A. 决策支持子系统

B. 客户联络中心

C. 客户行为分析

D. 客户资料管理

E. 营销服务质量分析

10. 下列属于业务流程分析和重组的内容有（　）。

A. 进行上一个问题的解决

B. 评估实施结果，修正解决方案，重新实施

C. 寻找解决问题的方法

D. 组织小组讨论，找出流程中每个阶段存在的问题

E. 对现有流程进行调研

11. 业务流程改造的基本原则有（　）。

A. 执行流程时，参与的人越多越好

B. 在流程服务对象（顾客）看来，越简单越好

C. 执行流程时，参与的人越少越好

D. 在流程服务对象（顾客）看来，越复杂越好

E. 在流程执行者看来，越复杂越好

12. 业务流程改造策略包括（　）。

A. 将一道工序合并，由一个人完成

B. 将几道工序合并，由一个人完成

C. 将几道工序合并，由多个人完成

D. 将完成几道工序的人员组成小组或团队共同工作，构造新流程

E. 将完成一道工序的人员组成小组或团队共同工作，构造新流程

13. 房地产经纪机构业务流程管理可以采取的主要方法和措施包括（　）。

A. 培养单一型人才

B. 建立有效的激励机制

C. 重塑企业文化

D. 建立流程管理信息系统

E. 建立有效的组织保障

14. 房地产经纪信息加工整理的程序有（ ）。

A. 筛选　　B. 鉴别

C. 整序　　D. 排列

E. 编辑

15. 房地产经纪信息管理的原则包括（ ）。

A. 实现房地产经纪信息的经纪性

B. 提高房地产经纪信息的时点性

C. 实现房地产经纪信息的共享性

D. 加强房地产经纪信息的目的性

E. 重视房地产经纪信息的系统性

16. 房地产经纪信息管理系统设计的原则有（ ）。

A. 协同原则　　B. 经纪原则

C. 分配原则　　D. 共享原则

E. 网络化原则

17. 协同原则包括（ ）。

A. 流程协同　　B. 应用协同

C. 过程协同　　D. 物的协同

E. 人的协同

18. 风险规避过程包括（ ）。

A. 实施该方案

B. 规划该方案

C. 将该方案与相关人员讨论，并报上级批准

D. 根据调研结果，草拟消除风险的方案

E. 针对预知风险进行进一步调研

19. 房地产经纪机构风险规避的措施和方法包括（ ）。

A. 加强对房地产经纪机构内部构建

B. 建立有效的激励系统

C. 加强对房地产经纪人的教育和培养

D. 完善企业自身的制度建设和日常管理

E. 建立有效的风险识别和警示系统

20. 房地产经纪机构的风险管理包括（ ）。

A. 风险监督

B. 风险监理

C. 风险驾驭

D. 风险估计

E. 风险识别

三、综合分析题（每题的备选答案中有一个或一个以上符合题意。错选不得分；少选，但选择正确的每个选项得相应分）

市民王某需要购买一套商品住宅，但他由于工作繁忙，没有时间去寻找适合自己的住房，于是他找到甲房地产经纪公司。甲房地产经纪公司在听取了王某的要求后，答应帮其找合适的房源，并签订了经纪合同。经过7天时间，甲房地产经纪公司经纪人李某从乙房地产开发公司在建住宅项目中找到了适合王某的房源，乙房地产开发公司对该房的报价是总价款70万元，首付45%的房款，余款提供30年的抵押贷款，年贷款利率为7%。

1. 李某评估该套住房价格为69万元，则下列表述中，正确的有（ ）。

A. 李某不能评估，应由房地产估价机构的房地产估价师进行评估

B. 李某可以评估，但不能收取评估费

C. 甲房地产经纪公司可以收取王某的评估费

D. 甲房地产经纪公司不能收取评估费，但因为李某为王某评估了该住房的价格，可以要求适当增加经纪佣金

2. 下列关于李某对这套房屋所评估出的价格的表述中，正确的是（ ）。

A. 房地产经纪人员为委托人提供的评估价是一个房地产价格区间

B. 房地产经纪人员出具的价格咨询报告必须是规范的房地产估价报告

C. 房地产经纪人员为委托人提供价格咨询首先要确定标的房地产的最大价值

D. 房地产经纪人员进行房地产价格咨询，要保持公开性

3. 下列关于房地产价格咨询的表述中，错误的是（ ）。

A. 房地产估价中的合法原则是指估价对象要具有合法权益

B. 房地产价格咨询属于鉴证性估价，且必须坚持公正性原则

C. 房地产经纪机构出具的房地产价格可以是一个价格区间

D. 房地产经纪机构出具房地产咨询报告以满足委托人最大利益为目标

4. 李某参加了王某与乙房地产开发公司的洽谈，帮助王某以69.50万元的价格订立了《商品房预售合同》，甲房地产经纪公司的这项业务活动属于（ ）。

A. 代理行为

B. 居间行为

C. 房地产投资咨询行为

D. 房地产价格咨询行为

5. 王某与乙房地产开发公司订立了《商品房预售合同》，并将所购商品房抵押给银行，办理个人购房贷款手续。需要到房地产登记部门办理备案登记的合同有（ ）。

A.《商品房预售合同》

B.《借款合同》

C.《房地产抵押合同》

D.《房地产经纪合同》

第六章　房地产经纪门店与商品房售楼处管理

考纲解读

本部分的考试目的是测试应考人员对房地产经纪门店管理、商品房售楼处管理等知识的了解、熟悉和掌握程度。

本章考试基本要求包括：

1. 掌握房地产经纪门店的开设要求；
2. 熟悉房地产经纪门店的日常管理内容；
3. 掌握商品房售楼处的设置要求；
4. 了解商品房售楼处的日常管理内容。

- 房地产经纪门店与商品房售楼处管理
  - 房地产经纪门店管理
    - 房地产经纪门店的开设
    - 房地产经纪门店的日常管理
  - 商品房售楼处管理
    - 商品房售楼处的设置
    - 商品房售楼处的日常管理

第一节　房地产经纪门店管理

一、房地产经纪门店的开设

（一）门店的开设程序

一般应按照以下步骤依次进行。

1. 区域选择。也就是确定在哪个（或哪些）区域设置门店。

2. 店址选择。也就是在所确定的城市区域内选择最佳位置的店铺。

3. 租赁谈判和签约。选定门店，应及时与门店业主进行谈判。

4. 开业准备。确定门店的具体位置后，需要抓紧时间投资改造、装修，并拟定切实可行的实施方案，以保证门店开业前的准备工作有条不紊的进行。

（二）门店设置的区域选择

选择目标区域前，经纪机构首先应对所在城市的存量房市场进行调查和分析。调查和分析的内容主要应包括以下几个方面。

1. 房源状况

（1）区域内业主置业情况，可按初次置业、二次置业、多次置业进行区分。

（2）区域内业主户数及结构，包括现有业主的年龄、性别、职业、文化程度等基本情况。

（3）区域内房屋转让率及出租率。这两个指标将直接影响到区域内市场开拓的潜力。

2. 客源状况

客源状况主要是指客流量，包括现有客流量和潜在客流量，客流量大小是门店经营成功的关键因素。通常门店应尽量设置在潜在客流量最多、最集中的地点，以便最大限度地吸纳客户。

对客流量的分析包括多方面的因素。

（1）客流类型。门店的客流通常分为三种类型，即自身的客流，是指专门为购房或租房而寻求中介的客流；分享客流，指从临近的竞争对手的客流中获得的客流；派生客流，指事先没有购买目标，无意中进店了解相关知识及信息等所形成的客流。

（2）客流的目的、速度和滞留时间。不同区域客流规模虽可能相同，但其目的、速度、滞留时间存

在较大差异，须经过实地调查和分析后，作为门店选址的重要依据。

3. 竞争因素

同业竞争是不可避免的，同业门店与门店之间的竞争所产生的影响是不可忽视的。所以，在门店选址时必须分析竞争形势。

4. 周边环境

门店周围有无专业市场，是不是商业集中区域或居民社区人流旺地等因素，都对门店选址有较大的影响。

（三）门店的选址

1. 门店选址的原则

（1）保证充足的客源和房源

门店必须通过实现客户与业主交易需求来实现自身的利润目标。门店应有一定规模的目标客户，这是保证经营达到一定规模的重要条件。通常情况下，门店的影响力在区域内通常有一个相对集中、稳定的范围。一般是以门店设定点为圆心，以周围1 000m距离为半径划定的范围作为该区域设定考虑的可辐射市场。

半径在500m内的为核心区域，通常门店可在该区域内获取本门店客户总数的55%～70%；半径在500～1 000m期间的为中间区域，门店可从中获取客户总数的15%～25%；半径在1 000m以外的为外围区域，门店可从中获取客户总数的5%左右。界定区域时，应力求较大的目标市场，以吸引更多的目标客户，故门店所处位置不能偏离选定区域的核心。

（2）保证良好的展示性

房地产经纪业务门店不仅是直接承揽存量房经纪业务的场所，还是房地产经纪机构对外展示企业形象的主要窗口，因此，选择店址应尽量保证其有良好的展示性。

（3）保证顺畅的交通和可达性

门店周围的交通是否畅通是检验店址优良与否的重要标志之一。

（4）确保可持续性经营

门店选址时，必须具有发展眼光，不仅要对目前的市场状况进行深入的研究，同时对未来的市场发展也要有一个准确的评估和预测。

2. 竞争对手分析

首先要对对手进行详尽的调查，即以选定门店的地点为中心，对500m半径距离内的同业门店的发展状况、营运状况进行调查。

另外，对竞争对手的经营效益进行分析也是至关重要的工作。

3. 门店环境研究

（1）临路状况

在布置门店时，应尽量将门店的正门设置在人流最大街道的一面。

（2）方位

方位是指门店正门的朝向。门店正门的朝向会影响到门店的日照程度、时间和受风情况，从而在一定程度上影响客流量。通常门店正门朝南为佳。

（3）地势

门店的地势高于或低于所面临的街道，都有可能会减少门店的客流。通常门店与道路基本同处一个水平面上是最佳的。

（4）与客户的接近度

客户的接近度是指目标客户是否容易接近门店。接近度是衡量待选门店客户是否容易接近门店的准则。门店与客户接近度越高越好。通常衡量接近度应考虑以下几点因素：

① 门店前路的宽度，人流量及停留性；

② 人流的结构及行为特点；

③ 道路的特性；

④ 邻居类型；

⑤ 同业门店的情况；

⑥ 离社区主入口的距离；

⑦ 是否便于停车。

4. 门店开设的可行性研究

门店开设的可行性研究是在对区域的市场存量、客户需求程度、周转率、交易的活跃和关注程度等机会因素分析的基础上进行的。应尽量形成数据，计算出供决策判断的关键指标，进行盈亏分析，以确定是否投资、投资的方式、投资的数额及规模等。

门店可行性研究中关键的指标包括经营成本、损益平衡销售额和区域必要市场占有率等。其中，经营成本的估算，包括以下项目：

（1）门店购买费用或门店租金，一般采用租赁的形式，租金按合同采用年付、季度付或其他付款方式；

（2）门店装修费（包括招牌、橱窗、灯光、地段、墙面等）；

（3）门店登记注册费；

（4）办公用品购置费（电脑、复印机、打印机、收银用设备等）；

（5）员工工资福利；

（6）广告费；

(7) 水电费、物业管理费;

(8) 税费和管理费;

(9) 办公用品费(纸、笔、宣传手册及单张等);

(10) 其他杂费。

门店租赁费用、员工工资福利费用、办公用品配置费用、广告费是相对最主要的费用。其中，投入最大的是广告推广费用和门店租赁费用，房地产经纪机构可根据自身的发展规划进行适当的调整。由以上费用的累计总和，可以估算出计划期限(如月、季度)内的经营成本。

(四) 门店的租赁

在办理房屋租赁手续时，应注意以下要点。

1. 了解出租人是否有权出租店铺

了解出租人是否具有房地产权证或预售合同及银行抵押合同等证明产权的文件非常重要。

2. 了解门店实际状况

对门店实际状况进行全面的了解，有利于与出租人协商签约的细节，并详细写入合同中。

3. 协商租赁条件

门店经营成本中租金所占成本的比率很高，所以必须谨慎考虑和核算，全面地考虑门店经营的可行性和延续性，往往要注意以下环节的协商:

(1) 租金价格及调整;

(2) 缴付方式;

(3) 附加条件。

4. 合同签署

应遵照国家城市房屋租赁管理办法的规定，签署由政府主管机关统一印制的房屋租赁合同书，并在当地房产管理部门进行备案。

(五) 门店的布置

1. 门店的形象设计

(1) 形象设计的基本原则

① 符合经纪机构的形象宣传。

② 注重个性化。

③ 注重人性化。

(2) 形象设计的要点

① 招牌的设计。

② 门脸与橱窗的设计。

2. 门店的内部设计

(1) 门店的内部设计不仅包括建筑表面的装饰，还包括内部布局的设计。门店的布局设计包含了内部场地的分配、交通方式、设备与用具的摆放等。

(2) 在布局设计方面还必须考虑网络及电话的合理布线，电脑配置等事宜。同时，经纪业务人员的工作服装配备也是内部设计不可缺少的一个环节，这种重要性在针对高端客户群中表现得尤为明显。

(六) 门店的人员配置

门店内应配置的主要人员是房地产经纪人员和门店的管理人员(店长或店经理)。其中，业务人员通常应配置6~10人。对于发达城市，由于门店租金较高，为了充分提高门店资源的利用率，降低单位佣金收入的门店租金成本，可分两班(或以上)配置经纪人员，规模可以15~20人。一个门店通常应该配置一名店长或店经理;如果门店内分两组(或以上)配置经纪人员，则可对各业务组配置经理，并由其中的一名经理兼任店长或店经理。对于单店模式的房地产经纪机构，应配置会计、出纳人员(可由具有相应资质的管理人员兼任)。

二、房地产经纪门店的日常管理

(一) 店长岗位职责

店长是门店日常管理的责任主体，其岗位职责通常包括以下几个方面。

1. 门店日常管理工作，规范房地产经纪人员行为，确保完成和超额完成本门店的考核指标。

2. 接受公司领导及所在区域总监、区域经理的指导和帮助。

3. 参与并了解本门店经纪人员每单业务的洽谈，并促成合同的签订。

4. 关心本门店经纪人员的业务进程，协调解决门店内、外经纪人员之间的业务纠纷。

5. 经营门店业务，提高业绩，降低门店成本。对日常操作业务的风险严格把关，树立以公司利益高于一切的经营管理意识。

6. 落实公司及各部门的各项工作要求。

7. 开好晨会。

8. 参加公司的各类会议和培训。

9. 及时上交各类表单。

10. 及时了解并关心经纪人员的思想动态，与公司员工经常沟通。

11. 协助解决门店内的投诉、抱怨及其他各类问题。

12. 做好每套业务的售前、售中、售后服务工作，特别是客户回访工作。

13. 建立业务档案，做好网络无效信息的清理。

14. 保管好相关客户的财务和资料，相关费用及时上交。

15. 严格执行公司的培训带教制度，严格培训带教所在门店的经纪人员。

（二）门店的任务目标管理

1. 门店目标的设定

店长根据门店年度营业计划及月度利润目标设定当月营业收入目标，设定时需要参考上月营业实绩、人员现状等要素。

2. 目标设定原则

（1）数量化：必须有明确的数量表示。

（2）细分化：必须细分至分段时间及人员指标。

（3）挑战性：衡量团队的能力，每月设定一定的超额量。

（4）可行性：不能设定不切实际的目标，那将毫无意义。

（5）及时调整：遇到条件因素影响或团队的不断成熟，需阶段性调整目标。

3. 目标设定参考因素

经纪人员上月业绩，经纪人员的数量，经纪人员操作技能及工作态度，营销及广告力度，未来市场的动向及营业额之预测，季节性的变动，新客户开发的可能性，利润目标及成本控制。

4. 营业目标定位

房地产经纪门店的营业目标包括营业收入目标（团队及个人）、利润目标（成本控制目标）、租售签约单数（团队及个人）、需求/房源委托签约数量（团队及个人）。

5. 营业目标的分配方法

（1）店长自行估计法

由店长单方面授予经纪人员业务指标额的方法，实行此办法，店长必须正确地掌握每一个经纪人员的工作能力。但若完全由店长单方面设定业务指标额，经纪人员完全没有参与，经纪人员将缺乏达成目标的共识。

（2）经纪人员自行预估法

由经纪人员自行设定个人目标的方法，实施此办法的优点在于经纪人员会产生达成分配额的责任感；相反的，其缺点在于易产生因分配额过大或过小，导致公平性与可靠性的欠缺。

（3）历史实绩推估法

由过去的实绩算出其分配额的方法，此法唯一可取之点是具有数字上的客观性，其缺点就是光看实际情况，难以反映置业顾问的达成动机。

（4）共同责任分担法

将团体目标额平均分配于各置业顾问的方法，必须将团队的目标融入个人的目标、团队的意愿融入个人的意愿。缺点在于若原封不动地根据实际分配下去，长期不求变通的话，易流于形式化、表面化。

6. 制定个人目标的过程

（1）根据公司目标和个人历史业绩确定业务目标。

（2）确定月度目标，分解成交量化。

（3）确定开发房源目标。

（4）确定开发客户目标。

（5）确定每日工作量目标。

（三）门店目标客户管理

1. 目标客户的定义标准

门店的目标客户通常分为两大类：委托出售/出租目标客户和委托求购/求租目标客户。

根据目标客户成交可能性的大小，可将目标客户进行等级划分（如下表所示）。

房地产经纪门店目标客户分级

客户等级	委托出售/出租客户	委托求购/求租客户
0级—成约客	即将委托	即可成交
A级—有望客	7天内	1个月内/7日内
B级—希望客	1个月内	2个月内/2周内
C级—潜在客	比较条件再说	半年内/到期客户
D级—暂弃客	会先选择别家	有兴趣、时间不定
E级—无望客	已选择别家	目前不可能

2. 目标客户管理方式

（1）目标客户管理的方式及差异分析

房地产经纪门店的目标客户管理有经纪人员个人管理和门店店内集中管理两种形式。这两种管理方式各有所长（如下表所示）。

目标客户管理的方式及差异分析

项目	门店店内集中管理	经纪人员个人管理
优点	1. 较易实施目标客户的分类管理 2. 能准确把握目标客户的分类，易于整理 3. 客户不易漏失	1. 能整体掌握自己的目标客户 2. 可迅速掌握目标客户动向 3. 店长较易查核 4. 个人易订立工作计划、创造优异业绩 5. 能适切地掌握每个目标客户
负责人	店长或行政助理	经纪人员本人
资料保管	店长或行政助理保存	经纪人员个人保管
注意事项	资料不可遗失 需紧迫盯人，不容懈怠 目标客户的真正需求及迅速跟进实施	1. 所制作的目标客户资料不仅可供本人之用，也可与店内其他同仁流通 2. 要与个人其他档案有所区别 3. 对目标客户的补充、客户访问计划、需及时与店长进行沟通 4. 要求经纪人员定期提出报告

根据上述方式分析，应采取在个人客户管理基础上实行店长集中管理制度。

（2）集中管理办法

① 由于目标客户是经纪人员个人开发、募集或轮值时门店接待而产生的，所以在前一个阶段的目标客户应由经纪人员自行管理（7～15天）；第二阶段则应由店长以多年的实务经验来考量，评估目标客户是否值得继续下功夫。

② 房地产经纪门店目标客户集中管理的效能包括：店长充分掌握目标客户资料，易预估当月或下月全店成交的可能情况；经纪人员间的时间安排与拜访洽谈工作预定行程会更具效率；店长可根据每一个目标客户的特性，给予经纪人员相应的建议；能够把握目标客户的总数，对目标客户的补充工作，较易掌握；集中管理目标客户，故对客户的成交可能性可排出先后顺序且知所取舍，进而减少对目标客户的漏失。

【例题1】下列不属于二手房经纪业务门店选址原则的是（ ）。

A. 保证充足的客源和房源

B. 保证良好的展示性

C. 保证顺畅的交通和可达性

D. 保证靠近商务区

【答案】D

【解析】房地产经纪门店选址的原则包括保证充足的房源和客源、保证良好的展示性、保证顺畅的交通和可达性和确保可持续性经营。

【例题2】二手房经纪业务门店选址时，对区域竞争对手情况的调查以选定门店的地点为中心，对其（ ）米半径距离内的同业门店进行调查。

A. 500　　B. 1 000

C. 1 500　　D. 2 000

【答案】A

【解析】二手房经纪业务门店选址时，对区域竞争对手情况的调查以选定门店的地点为中心，对其500米半径距离内的同业门店进行调查。

【例题3】房地产经纪机构选择开设门店的区域时，应优先考虑（ ）。

A. 企业目标市场定位

B. 企业财务状况

C. 企业人力资源状况

D. 企业管理现状

【答案】A

【解析】房地产经纪机构选择开设门店的区域时，应优先考虑企业目标市场定位。

【例题4】房地产经纪门店选址的原则包括（ ）。

A. 要同有良好商业配套的居住区毗邻

B. 保证充足的房源和客源

C. 保证良好的展示性

D. 保证顺畅的交通和可达性

E. 确保可持续性经营

【答案】BCDE

【例题5】房地产经纪门店选址区域调查的内容包括（　）。

A. 目标区域的房源情况

B. 目标区域的客源情况

C. 目标区域的竞争对手情况

D. 目标区域的房价情况

E. 目标区域的市政配套设施情况

【答案】ABC

【例题6】房地产经纪门店可辐射的核心区域一般为以该门店为圆心，半径为（　）m的区域。

A. 500　　B. 500 ~ 1 000

C. 1 000 ~ 2 000　　D. 2 000 ~ 3 000

【答案】A

【解析】房地产经纪门店可辐射的核心区域一般为以该门店为圆心，半径为500m的区域。

【例题7】房地产经纪机构选择设置存量房业务门店具体区域时，其出发点和根据是（　）。

A. 客源情况　　B. 房源情况

C. 目标市场定位　　D. 市场状况

【答案】C

【解析】目标市场定位是房地产经纪机构选择设置存量房业务门店具体区域时，其出发点和根据。

【例题8】下列地点中，适宜开设存量房经纪门店的有（　）。

A. 居住区主干道旁　　B. 居住区的十字路口

C. 居住小区门口　　D. 高速公路出口

E. 火车站广场

【答案】ABC

【解析】门店开设的可行性研究是在对区域的市场存量、客户需求程度、周转率、交易的活跃和关注程度等机会因素分析的基础上，通过盈亏分析，以确定是否投资、投资的方式、投资的数额及规模等的过程。以上几个地点都符合存量经济房门店开设的条件。

【例题9】房地产经纪机构进行门店开设的可行性研究，主要应考虑门店辐射范围内的（　）。

A. 房屋存量和周转率

B. 房屋价格和面积

C. 房屋新旧程度和装修程度

D. 房屋交易成本和持有成本

【答案】A

【解析】门店可行性研究中，关键的指标包括经营成本、损益平衡销售额和区域必要市场占有率等。门店必须通过实现客户与业主交易需求来实现自身的利润目标。门店应有一定规模的目标客户，这是保证经营达到一定规模的重要条件。所以应主要考虑门店辐射范围内的存量和周转率。

【例题10】房地产经纪机构开设门店的可行性研究中的关键指标有（　）。

A. 区域必要市场占有率

B. 损益平衡销售额

C. 经营成本

D. 市场利率

E. 房屋价格指数

【答案】ABC

【解析】门店开设的可行性研究是在对区域的市场存量、客户需求程度、周转率、交易的活跃和关注程度等机会因素分析的基础上，通过盈亏分析，以确定是否投资、投资的方式、投资的数额及规模等的过程。门店可行性研究中关键的指标包括经营成本、损益平衡销售额和区域必要市场占有率等。

【例题11】房地产经纪门店的目标客户管理包括房地产经纪人员个人管理和（　）两种形式。

A. 店内集中管理　　B. 行业集中管理

C. 店内分散管理　　D. 行业分散管理

【答案】A

【解析】房地产经纪门店的目标客户管理有经纪人员个人管理和门店店内集中管理两种形式。

第二节　商品房售楼处管理

一、商品房售楼处的设置

（一）售楼处设置的工作程序

售楼处，在房地产经纪业内又常被称之为“案场”，是新建商品房经纪业务中销售环节进行的主要工作场所，同时也是以新建商品房经纪业务为主的房地产经纪机构下设项目组的所在地。售楼处设置一般应按照以下程序进行。

1. 售楼处功能确定

售楼处的基本功能是展示商品房项目的信息，提供商品房销售的场所。

2. 售楼处的选址

售楼处的位置，对售楼处的功能实现具有直接影响。但售楼处位置的选择，受到项目自身条件（地理位置、规划布局、施工进度等）的制约。

3. 售楼处的布置

售楼处布置包括售楼处户外功能布置、内部功能区域布置、人流动线设计、装修装饰风格及档次设计。

4. 售楼处管理制度的制定

售楼处管理制度包括工作流程、关键内容说辞、接待时间、保洁要求等。其中，工作流程是最为核心的部分，主要包括客户接待的流程、签约流程、收款流程、交房流程等。

5. 售楼处工作团队的组建

售楼处的工作团队包括销售人员、管理人员和辅助人员三大类。应根据项目的房源数量、销售期、市场推广方式等情况综合考虑而定。

（二）售楼处的选址

1. 保证售楼处的可视性。

2. 保证售楼处的通达性。

3. 保证售楼处的空间容纳性。

4. 保证售楼处与项目（特别是样板房）之间的便捷性。

5. 保证进出售楼处人员的安全性。

6. 尽可能减少售楼处的浪费。

（三）售楼处的布置

1. 户外功能布置

售楼处的户外功能包括广告功能、广场功能、停车场功能、通往样板房的道路功能等。

2. 人流动线设计

为了保证各类信息的充分展示，应对售楼处内的客户人流动线进行合理设计，并据此安排不同功能区域的具体位置。以下是某售楼处分别对首次来访客户和二次来访客户的流动线设计。

（1）首次来访客户。

停车→入/出口→接待台→休息区→影音展示区→模型展示区→示范单位→建材展示→开发商品牌展示→洽谈区→休息区→入/出口。

（2）二次来访客户。

停车→入/出口→接待台→洽谈区→入/出口。

3. 装修装饰风格

售楼处的建筑外形、外墙立面的用材、色调，均应与项目本身的建筑风格协调、统一，内部装修风格和档次应根据目标客户的偏好进行设计，家具、装饰品等应选择有利于激发客户购买欲的品种，并可适当地配置背景音乐烘托气氛，但要注意音乐文化属性与项目定位的统一。

（四）售楼处的人员配置

售楼处内销售人员的数量，应根据项目销售单位的多寡而定，但售楼处的大小也是必须考虑的因素，面积较大，或分层布局的，应相应配置更多人数的销售人员。

二、商品房售楼处的日常管理

（一）商品房售楼处的物业管理

售楼处（包括样板间）日常物业管理工作主要包括如下内容。

1. 接待服务：负责售楼处（包括样板间）客户的接待服务工作，委派适合的工作人员热情接待并解答客户关于项目后期物业管理的咨询，体现高档次的服务水准和管理水平。

2. 工程技术服务：负责售楼处（包括样板间）及外围附属区域的设施设备的运行及维护保养，以及日常的工程小修工作等。

3. 保安服务：负责维持车场秩序及大门迎送客户工作，负责售楼处（包括样板间）物业设施的安全。

4. 保洁服务：负责售楼处（包括样板间）及外围附属区域的日常保洁维护工作。

（二）商品房售楼处的业务员管理

1. 售楼处销售人员岗位职责

（1）业务准则

① 销售工作必须坚持企业利益导向以及客户满意导向。

② 在对外业务交往中，不得泄露公司机密。

③ 一切按财务制度办事，客户交款应到售楼处办理，个人不得收取客户定金及房款。

④ 业务员在工作中，不得以任何形式收取客户钱物及接受客户宴请，如有必要须事先向经理请示。

⑤ 所有客户均为公司所有，员工不得私自保留客户或向客户推荐其他项目。

⑥ 业务员不得再为其他任何房地产开发企业策划、接洽其他物业。

⑦ 业务员必须遵守销售流程，完成接听电话、接待客户、追踪客户、签订认购书、签署合同、协助办理贷款、督促客户按期付款、办理入住等手续。

（2）客户接待要求

① 业务员按顺序接待客户（顺序由经理事先排定），今日最后接待者的后一名业务员即为次日第一个接待者，依次顺延。

② 当日负责楼面接待客户的业务员在接待区、洽谈区等候，其余人员在工作区接听电话、追踪、联系客户。

③ 楼面接待的业务员负责向客户翔实地介绍项目情况，带客户参观样板间，利用销售说辞和技巧促使客户下订单，并与客户签订房屋认购书。

④ 业务员应积极主动接待客户，认真解答客户的提问，不得使用"不知道、不了解"等用语，如遇不明白的问题及时向有关人员了解，落实清楚后尽快答复客户，不得以生硬、冷漠的态度接待客户。

⑤ 严格按照开发商的承诺和答客问内容向客户介绍，不准超范围承诺。

(3) 客户登记要求

① 售楼处员工应每日及时、详细、真实地填写客户来电登记表、客户来访登记表，并及时按经理要求定期上报。如有隐瞒或上报虚假客户的行为，一经发现，将按公司的有关规定处理。

② 业务员对客户的每次接触都要详细记录，填写客户档案表。

③ 销售经理有权随时抽查员工的工作，包括报表、笔记。

(4) 客户确认要求

① 业务员接听电话或接待客户后应认真填写客户各种登记表，接待客户前要询问。

② 客户的确认，均以第一次接听电话、接待客户时登记为准。

③ 业务员之间严禁争抢客户，在工作中对客户的确认有争议时，应立即通报经理，由经理调查、协调后裁定。裁定后双方不应再有争议，否则，对由此引起的不良后果由当事人自己承担责任。

2. 物业管理人员岗位职责

物业管理人员岗位职责包括：售楼处、样板间物业管理服务的日常运作及监督、控制；解答客户关于后期物业管理事项的咨询；收取及审阅售楼处、样板间各工作岗位记录，跟进所列问题；记录员工考勤，员工排班，检查员工仪容仪表是否符合标准；售楼处水吧服务，保持高档次水准；对售楼处、样板间、外围清洁总体工作负责；按照各项清洁标准监督、检查清洁员的工作；做好清洁员的岗前训示、工作分派；负责售楼处保安工作；做好岗前训示、分派岗哨有关工作；不定时巡视、督促各岗位，及时纠正、处理违章违纪现象；熟悉公司背景、了解公司组织架构；熟悉公司员工手册的各项规定；熟悉售楼处、样板间、园区环境、设备，熟悉保安监控的重点；检查售楼处水吧饮料登记单，核实账物是否相符；检查水吧服务用品、设施，保证其完好、清洁，监督、检查器皿的消毒工作；检查样板间各类用品、设施，保证其完好与正常使用，避免丢失与人为损坏；检查售楼处库房登记单，核实账物是否相符。

3. 工程技工岗位职责

工程技工岗位职责包括：做好售楼处的各种设施、设备的日常维护保养工作；每天定时对售楼处的设施设备等部位认真巡查，发现问题，马上解决；对提出的报修、维护等问题立即作出反应，争取尽快解决问题；对随时发生的情况予以大力配合，并在售楼处举行的各种活动中予以工程上的支持；对各种设备建立档案，定期进行检修并做好检修记录，对重要设备做运行记录；制定切实可行的节约能源措施，提出实施方案。

4. 保安员岗位职责

保安员岗位职责包括：为售楼处提供安全、高效、礼貌的保安及迎宾服务；保持仪容仪表整洁；维持停车场的秩序，保持其畅通和有序状态，维护企业形象；坚持礼貌用语，保持正确的站立、动作姿势，以微笑来迎接惠顾售楼处的客户，并尽可能地对客户的提问给予满意的答复；发现可疑人员应及时报告；发现有客户遗留物品应立即报告并上交，严禁擅自打开遗留物品；下雨天应站在门前发放雨伞套，协助客户将雨伞装入伞套后再进入售楼大厅；夜班定时巡查外围、走廊和各区域重点设施；检查大厅内灭火器是否正常、照明指示灯是否正常工作；夜间停车场无停闲杂车辆；如发现设施被毁坏须予以记录并通知经理；如果发现火警，迅速赶到现场扑灭初起发生的火灾并查明原因。

5. 保洁员岗位职责

保洁员岗位职责包括：为售楼处提供高效、高质量的清洁维护服务；保持仪容仪表整洁；对客户询问礼貌解答；负责大厅地面、大厅内各种设施、卫生间、办公区域、门窗清洁以及样板间的清洁及成品保护和外围清洁。

【例题 1】布置售楼处应考虑的户外功能有（ ）。

A. 广告功能

B. 广场功能

C. 停车场功能

D. 通往样板房的道路功能

E. 商业功能

【答案】ABCD

【解析】布置售楼处应考虑的户外功能有广告功能、广场功能、通往样板房的道路功能和停车场功能等。

【例题 2】售楼处设置工作的第一个步骤是

( )。

A. 售楼处选址

B. 确定售楼处的功能

C. 组建售楼处工作团队

D. 制定售楼处管理制度

【答案】B

【解析】售楼处设置一般应按照以下程序进行：①售楼处功能确定；②售楼处的选址；③售楼处的布置；④售楼处管理制度的制定；⑤售楼处工作团队的组建。

【例题3】售楼处管理制度的核心部分是( )。

A. 收款方式规定

B. 接待时间规定

C. 工作流程规定

D. 关键内容说辞规定

【答案】C

【解析】售楼处管理制度包括工作流程、关键内容说辞、接待时间、保洁要求等。其中，工作流程是最为核心的部分，主要包括客户接待的流程、签约流程、收款流程、交房流程等。

【例题4】售楼处的房地产经纪人员因客户不满意其推荐的房源，而向客户推荐朋友公司所代理楼盘的行为( )。

A. 不符合房地产经纪管理规定

B. 能提高房地产经纪人员收入，符合行业惯例

C. 不符合售楼处经纪人员的岗位职责要求

D. 是为顾客着想，值得提倡

【答案】C

一、单项选择题（每题的备选答案中只有一个最符合题意）

1. ( )，即确定在哪个(或哪些)区域设置门店。

A. 方式选择　　B. 区域选择

C. 内容选择　　D. 店址选择

2. ( )包括现有业主的年龄、性别、职业、文化程度等基本情况。

A. 区域内房屋转让率

B. 区域内业主户数及结构

C. 区域内业主置业情况

D. 区域内房屋出租率

3. 从临近的竞争对手的客流中获得的客流，是( )。

A. 分享客流　　B. 主要客流

C. 派生客流　　D. 自身客流

4. 门店周围有无专业市场，是不是商业集中区域或居民社区人流旺地等因素，都对门店选址有较大的影响，这属于( )。

A. 周边设施　　B. 周边环境

C. 周边人文　　D. 周边情况

5. 通常情况下，在开设地点附近如果同业竞争对手众多，但店铺经营独具特色，会吸引一定的客流，是( )的基本内容。

A. 竞争因素　　B. 环境因素

C. 经营因素　　D. 金融因素

6. ( )一般可以采取观察法、电话咨询法、假买法等。

A. 竞争对手分析　　B. 客户需求分析

C. 人文状况分析　　D. 周围环境分析

7. 方位是指门店( )的朝向。

A. 后门　　B. 侧门

C. 偏门　　D. 正门

8. 在办理营业证照及税费登记时，也必须提供正式的房屋租赁合同书，是( )的基本内容。

A. 竞争对手分析　　B. 合同签署

C. 租赁谈判　　D. 租金支付

9. 门脸的设计一般采用( )的设计。

A. 半封闭型　　B. 全封闭型

C. 半公开型　　D. 全公开型

10. 发达城市，由于门店租金较高，为了充分提高门店资源的利用率，降低单位佣金收入的门店租金成本，配置经纪人员数量为( )。

A. 15～20人　　B. 15～25人

C. 10～20人　　D. 15～30人

11. ( )唯一可取之点是具有数字上的客观性，其缺点就是光看实际情况，难以反映置业顾问的达成动机。

A. 共同责任分担法

B. 店长自行估计法

C. 历史实绩推估法

D. 经纪人员自行预估法

12. ( )的缺点在于若原封不动根据实际分配下去，长期不求变通的话，易流于形式化、表面化。

A. 店长自行估计法

B. 经纪人员自行预估法

C. 历史实绩推估法

D. 共同责任分担法

13. (　) 基本上由其对应的经纪人员自行管理。

A. 目标客户　B. 目的客户

C. 经营客户　D. 资产客户

14. (　) 是以新建商品房经纪业务为主的房地产经纪机构下设项目组的所在地。

A. 办公室　B. 标准间

C. 样板房　D. 售楼处

15. (　) 直接影响售楼处的面积大小、选址要求、视觉形象等。

A. 售楼处的功能　B. 售楼处的分区

C. 售楼处的设置　D. 售楼处的环境

16. 人流动线设计中，二次来访客户的路线为(　)。

A. 停车→出口→接待台→洽谈区→入/出口

B. 停车→入/出口→接待台→洽谈区→出口

C. 停车→入口→接待台→洽谈区→入/出口

D. 停车→入/出口→接待台→洽谈区→入/出口

17. 售楼处的 (　) 是非常关键的人员。

A. 市场经理　B. 案场经理

C. 财务经理　D. 策划经理

18. (　) 负责售楼处（包括样板间）及外围附属区域的设施设备的运行及维护保养，以及日常的工程小修工作。

A. 保洁服务　B. 保安服务

C. 接待服务　D. 工程技术服务

19. (　) 负责售楼处（包括样板间）客户的接待服务工作，委派适合的工作人员热情接待并解答客户关于项目后期物业管理的咨询，体现高档次的服务水准和管理水平。

A. 接待服务　B. 工程技术服务

C. 保安服务　D. 保洁服务

20. 负责大厅地面、大厅内各种设施、办公区域、门窗以及样板间的清洁及成品保护和外围清洁，是 (　) 的工作职责。

A. 保洁员　B. 保卫员

C. 保险员　D. 维修员

二、多项选择题（每题的备选答案中有两个或两个以上符合题意）

1. 房地产经纪门店的开设程序包括 (　)。

A. 店员准备　B. 开业准备

C. 租赁谈判和签约　D. 店址选择

E. 区域选择

2. 门店选址的原则包括 (　)。

A. 保证充足的客源和房源

B. 确保可持续性经营

C. 保证良好的展示性

D. 保证顺畅的交通和可达性

E. 确保可持续性生产

3. 下列关于门店的可辐射市场范围的表述中，正确的是 (　)。

A. 门店所处位置不能偏离选定区域的核心

B. 半径在 600m 内的为核心区域

C. 周围 1 200m 距离为半径划定的范围作为该区域设定考虑的可辐射市场

D. 半径在 500 ~ 1 000m 期间的为中间区域

E. 半径在 1 000m 以外的为外围区域

4. 门店的环境研究包括 (　)。

A. 临路状况　B. 地势

C. 方位　D. 面积

E. 与客户的接近度

5. 衡量接近度应考虑的因素有 (　)。

A. 道路的特性

B. 人流的结构及行为特点

C. 邻居类型

D. 离社区出入口的距离

E. 同业门店的情况

6. 门店经营成本中租金协商的内容包括 (　)。

A. 基本条件　B. 附加条件

C. 缴付程序　D. 缴付方式

E. 租金价格及调整

7. 店长的岗位职责通常包括 (　)。

A. 参加公司的各类会议和培训

B. 开好晨会

C. 及时上交各类表单

D. 协助解决门店内的投诉

E. 帮助财务经理制表

8. 门店目标的设定原则包括 (　)。

A. 数量化　B. 均衡性

C. 细分化　D. 挑战性

E. 可行性

9. 房地产经纪门店的营业目标包括 (　)。

A. 营业利润目标

B. 需求/房源委托签约数量

C. 租售签约单数

D. 利润目标

E. 营业收入目标

10. 营业目标的分配方法包括（　）。

A. 店长自行估计法

B. 经纪人员自行预估法

C. 历史实绩推估法

D. 分解成交量化法

E. 共同责任分担法

11. 制定个人目标的过程包括（　）。

A. 确定开发房源目标

B. 确定开发客户目标

C. 确定每日工作量目标

D. 确定共同责任目标

E. 根据公司目标和个人历史业绩确定业务目标

12. 门店的目标客户通常分为（　）。

A. 委托过户目标客户

B. 委托出售目标客户

C. 委托出租目标客户

D. 委托求购目标客户

E. 委托求租目标客户

13. 售楼处布置包括（　）。

A. 档次设计

B. 售楼处户外功能布置

C. 内部功能区域布置

D. 装修装饰风格

E. 签约流程设计

14. 售楼处管理制度包括（　）。

A. 工作流程　　B. 关键内容说辞

C. 保安要求　　D. 接待时间

E. 保洁要求

15. 售楼处的工作团队包括（　）。

A. 辅助人员　　B. 策划人员

C. 管理人员　　D. 文案人员

E. 销售人员

16. 售楼处的选址要注意（　）。

A. 保证售楼处的高大性

B. 保证售楼处的宽敞性

C. 保证售楼处的空间容纳性

D. 保证进出售楼处人员的安全性

E. 保证售楼处与项目（特别是样板房）之间的便捷性

17. 售楼处的户外功能包括（　）。

A. 媒体功能

B. 通往样板房的道路功能

C. 停车场功能

D. 广场功能

E. 广告功能

18. 客户接待要求包括（　）。

A. 楼面接待的业务员负责向客户翔实地介绍项目情况

B. 业务员应积极主动接待客户，认真解答客户的提问

C. 严格按照开发商的承诺内容向客户介绍

D. 业务员对客户的每次接触都要详细记录，填写客户档案表

E. 业务员按顺序接待客户

19. 物业管理人员岗位职责包括（　）。

A. 收取及审阅售楼处、样板间各工作岗位记录

B. 记录员工考勤，员工排班，检查员工仪容仪表是否符合标准

C. 不定时巡视、督促各岗位，及时纠正、处理违章违纪现象

D. 熟悉公司员工手册的各项规定

E. 检查大厅内灭火器是否正常、照明指示灯是否正常工作

20. 保安员岗位职责包括（　）。

A. 对提出的报修、维护等问题立即作出反应，争取尽快解决问题

B. 保持仪容仪表整洁

C. 对可疑人员应及时报告

D. 下雨天应站在门前发放雨伞套

E. 发现有客户遗留物品应立即报告并上交，严禁擅自打开遗留物品

三、综合分析题（每题的备选答案中有一个或一个以上符合题意。错选不得分；少选，但选择正确的每个选项得相应分）

2013 年 12 月，方某在某市购买了甲公司开发建设的 1 套 130m^2 的商品住宅，并与乙房地产经纪公司（以下简称乙公司）签订了代理出租协议。双方约定房屋月租金不得低于 1 800 元。2014 年 1 月，乙公司代理方某与王某订立了房屋租赁合同，约定租金为1 300 元，租期为 2 年，该租赁合同未办理登记备案。2 月，方某领取了出租房屋的所有权证书。3 月，出租房屋所在的小区成立了业主大会和业主委员会，并决定选聘新的物业服务企业取代原物业服务企业。

1. 乙公司与方某之间为（　）关系。

A. 委托代理　　B. 复代理

C. 法定代理　　D. 指定代理

2. 乙公司在代理出租过程中，对收取中介服务费正确的处理方式为（　）。

A. 乙公司应向方某收取中介服务费

B. 乙公司应向王某收取中介服务费

C. 方某和王某分担中介服务费

D. 乙公司收取的中介服务费标准与成交的租赁期限长短无关

3. 下列关于方某和王某之间房屋租赁合同效力的表述中，正确的为（　）。

A. 因没有登记备案，房屋租赁合同无效

B. 因违反代理出租协议关于租金的规定，房屋租赁合同无效

C. 因方某在订立合同时没有取得房屋所有权证书，房屋租赁合同无效

D. 房屋租赁合同没有违背法律、行政法规的强制性规定，属于有效合同

4. 该房屋的业主为（　）。

A. 方某

B. 王某

C. 方某和王某

D. 乙公司在方某、王某中指定的人

5. 下列关于物业服务合同的表述中，正确的为（　）。

A. 甲公司与其选定的物业服务企业签订的前期物业服务合同必须约定期限

B. 如期限未满，业主组织与新选聘的物业服务企业签订的物业服务合同生效时，甲公司与物业服务企业签订的前期物业服务合同，在原合同期限内仍然有效

C. 如期限未满，业主组织与新选聘的物业服务企业签订的物业服务合同生效时，甲公司与物业服务企业签订的前期物业服务合同自动终止

D. 业主组织可以与甲公司选聘物业服务企业续签物业服务合同

第七章　房地产经纪业务

本部分的考试目的是测试应考人员对房地产经纪基本业务的分类、流程，房地产经纪延伸服务，及房地产经纪基本业务的网络化运作等知识的掌握程度。

本章考试基本要求包括：

1. 掌握房地产经纪基本业务的分类和流程；
2. 了解房地产经纪基本业务的网络化运作；
3. 掌握房地产交易相关手续代办服务；
4. 熟悉房地产咨询服务和房地产交易保障服务。

- 房地产经纪业务
  - 房地产经纪基本业务的分类
    - 新建商品房经纪业务与存量房经纪业务
    - 房地产买卖经纪业务与房地产租赁经纪业务
    - 住宅经纪业务与商业房地产经纪业务
    - 房地产买方代理业务与卖方代理业务
  - 房地产经纪基本业务的流程
    - 新建商品房销售代理业务流程
    - 存量住房买卖、租赁经纪业务流程
    - 商业房地产租赁代理业务流程
  - 房地产经纪基本业务的网络化运作
    - 房源客源管理网络化
    - 房源发布网络化
    - 网上房地产经纪门店
    - 房地产经纪人工作辅助系统
    - 房地产电子商务
  - 房地经纪延伸服务
    - 房地产交易相关手续代办服务
    - 房地产咨询服务
    - 房地产交易保障服务

第一节　房地产经纪基本业务的分类

一、新建商品房经纪业务与存量房经纪业务

根据房地产经纪服务的标的房地产所处的市场类型不同，理论上可以将房地产经纪业务分为土地经纪业务、新建商品房经纪业务和存量房经纪业务。但从实际情况看，目前我国房地产经纪业务主要集中在新建商品房市场和存量房市场，土地市场上的业务比较少。

（一）新建商品房经纪业务

1. 含义

新建商品房市场上的业务主要是新建商品房销售代理与租赁代理，且大多为卖方代理，即房地产经纪机构代理房地产开发企业出售或出租其开发的商品房。

2. 特点

(1) 客户相对强势，房源批量化，业务运作成本较高。

(2) 由于房地产开发企业属机构客户，且通常具有较雄厚资金实力和房地产专业人员，故而房地产经纪机构要具备更高的专业水平。

(3) 销售期比较长。

(4) 房地产经纪机构与客户之间的佣金结算相对较为复杂。

(5) 此类业务的运作中需要投入较大量广告费，售楼处及样板房的搭建、装修等费用。

3. 标的和客户

新建商品房销售代理业务的标的通常是一个楼盘或一个楼盘的某一部分的批量房地产商品，其销售或出租的客户却是分散化的个体。

(二) 存量房经纪业务

存量房市场上的房地产经纪业务涉及面更广，类型更为丰富。

1. 分类

(1) 按交易方式，可分为存量房买卖经纪业务和租赁经纪业务。

(2) 按服务方式，存量房经纪业务既有采用居间方式进行的，也有采用代理方式进行的。

(3) 从客户类型来看，存量房经纪业务既有面向分散的个体客户的，也有面向机构客户的。

2. 标的

存量房经纪业务的基本共性是标的房地产以单宗房地产为主。

(三) 房地产经纪业务发展趋势

1. 从我国房地产业的发展历程来看，在行业发展的早期阶段，新建商品房经纪业务曾经是房地产经纪业最主要的业务类型。

2. 随着存量房市场的发展，存量房经纪业务显现出更快的增长势头。在一些特大城市，存量房经纪业务已逐步超过新建商品房经纪业务而占据主导地位。

3. 从长远来看，由于存量房交易不受土地资源有限性的限制，并且随着社会经济发展而更趋活跃，存量房经纪业务的增长空间更大，将成为房地产经纪的主要业务。

二、房地产买卖经纪业务与房地产租赁经纪业务

根据房地产经纪活动所促成的房地产交易类型，理论上可以将房地产经纪业务分为房地产转让经纪业务、房地产租赁经纪业务和房地产抵押经纪业务。但是，从目前我国房地产经纪行业的实际运营情况来看，房地产经纪机构所促成的交易主要是房地产买卖和房地产租赁。

(一) 房地产买卖经纪业务

房地产买卖涉及房地产产权和巨额交易资金的转移，因此，房地产买卖经纪业务事关交易双方的重大财产安全问题，特别需要房地产经纪机构在开展这类业务时切实保障交易安全，要特别注重对交易标的房地产产权的查验以及对交易资金的安全保障。

(二) 房地产租赁经纪业务

房地产租赁经纪是指房地产经纪人为使房屋承租方和出租方达成租赁交易而提供的经纪服务。房地产租赁主要包括：新建商品房出租、存量房屋的出租和转租。

三、住宅经纪业务与商业房地产经纪业务

根据房地产的用途类型（如住宅、零售商业、办公、工业等），可以将房地产经纪业务分为住宅房地产经纪业务、商业房地产经纪业务。其中，商业房地产经纪业务是指除住宅以外其他所有用途类型（如零售商业、办公、工业等）房地产的经纪业务。

(一) 住宅房地产经纪业务

1. 地位

到目前为止，住宅经纪业务一直是我国房地产经纪业务的主要类型。

2. 标的

作为人类基本生活资料的住宅。

3. 注意情况

(1) 房地产经纪人员应注意对房地产交易当事人家庭情况的了解，合理把握其家庭收入与财产状况、人员结构、家庭关系等因素对住宅交易的影响，合理进行供需搭配。

(2) 应充分把握家庭生命周期对住宅需求的影响，合理挖掘已成交客户新的住宅需求。

(二) 商业房地产经纪业务

1. 含义

商业房地产经纪业务是指除住宅以外其他所有用途类型（如零售商业、办公、工业等）房地产的经纪业务。

2. 商业房地产作为企业、机构的生产资料，其占用方式（自有或承租）以及购买（或承租）的价格（或租金），直接影响着企业、机构的资产结构和现金流状况。

3. 在商业房地产经纪业务中，房地产经纪人员

必须对委托方所在的行业及其商业运作模式进行深入了解，并分析某一特定商业房地产交易对委托方的资产、经营将产生的具体影响，帮助客户谋划和实现最有利的房地产交易。

四、房地产买方代理业务与卖方代理业务

根据房地产经纪服务对象的不同，可以将采用代理方式的房地产经纪业务分为卖方代理业务和买方代理业务。

（一）房地产卖方代理业务

1. 含义

房地产卖方代理业务是指房地产经纪机构受委托人委托，以委托人名义出售、出租房地产的专业服务行为。

2. 内容

目前在我国，房地产卖方代理业务主要有新建商品房销售代理业务、存量房出售代理业务和房屋出租代理业务等。

3. 交易过程

在房地产交易中，卖方的基本诉求是通过出售、出租房地产获得尽可能多的房款和租金收入，因此在卖方代理业务中，房地产经纪机构应在合理平衡售价（或租金）与成交速度之间关系的前提下，帮助委托人实现这一诉求，同时应特别重视对承购（或承租）方实际支付能力与信用的调查，以确保能按时、足额收取房款或租金。

（二）房地产买方代理业务

1. 含义

房地产买方代理业务是指房地产经纪机构受委托人委托，以委托人名义承租、承购房地产的专业服务行为。房地产买方代理的委托人是需要购买或承租房屋的机构或个人。

2. 现状

受消费习惯、交易成本等因素的影响，目前房地产买方代理业务的发展还不是很成熟，这方面的业务主要集中在境外公司和个人在我国境内承租房屋的代理上。因此，从业务总量上看，目前房地产买方代理业务远远少于卖方代理业务。

3. 前景

随着人民消费意识的提高和房地产市场环境的变化，这类业务具有很大的发展空间。

4. 措施

在买方代理业务中，房地产经纪机构及人员应充分了解委托方的预算和对房地产的具体要求，在对待购（租）房地产的质量、产权及周边环境进行深入调查和仔细筛选的基础上，为委托人提供数宗房源供其选择，并要代表委托方与出售（或出租）方洽谈交易价格、付款方式等事项，签订交易合同。

【例题1】按照经纪活动方式的不同，房地产经纪业务可以分为（ ）。

A. 房地产转让经纪业务、房地产租赁经纪业务和房地产抵押经纪业务

B. 住宅房地产经纪业务、商业房地产经纪业务和工业房地产经纪业务

C. 房地产代理业务和房地产居间业务

D. 土地居间业务和房屋居间业务

【答案】C

【例题2】二手房经纪业务的基本共性是（ ）。

A. 经纪业务的主要形式是居间

B. 经纪业务的主要形式是代理

C. 标的房地产以单宗房地产为主

D. 主要面向分散的机构客户

【答案】C

【例题3】在美国，最常见的房地产代理业务类型是（ ）。

A. 联合专卖销售

B. 开放式销售

C. 卖主与经纪人独家销售

D. 经纪人独家销售

【答案】D

【例题4】下列属于卖方代理业务的有（ ）。

A. 某房地产开发公司委托房地产经纪公司销售商品房

B. 某人委托房地产经纪公司出租其所有的一套楼房

C. 房地产经纪公司为某计算机公司寻找办公场所

D. 房地产经纪公司为某人将其市中心的两居室置换为郊区的三居室

E. 某跨国公司委托房地产经纪公司为其外籍雇员办理在华公寓承租手续

【答案】ABD

【例题5】下列关于房地产经纪基本业务的表述中，正确的有（ ）。

A. 从事新建商品房经纪业务的房地产经纪机构的变动成本比较高

B. 在新建商品房经纪业务中，房地产经纪机构与客户之间的佣金结算比较复杂

C. 二手房经纪业务的基本共性是标的房地产以

单宗房地产为主

D. 房屋租赁经纪业务不包括新建商品房期权预租业务

E. 开展房地产租赁经纪业务的房地产经纪机构应注重与客户建立长期合作关系

【答案】ABCE

【例题6】在房地产卖方代理业务中，委托人可以是（ ）。

A. 房地产开发公司

B. 需要购买房屋的个人

C. 需要承租房屋的机构

D. 存量房所有者

E. 出租房屋的业主

【答案】ADE

【例题7】经济发达国家最主要的房地产经纪业务类型是（ ）。

A. 房地产买卖　　B. 房地产租赁

C. 房地产居间　　D. 房地产代理

【答案】D

【例题8】下列关于新建商品房经纪业务和二手房经纪业务的表述中，错误的是（ ）。

A. 新建商品房经纪业务标的通常是批量化的房地产

B. 二手房经纪业务标的通常是单宗房地产

C. 开展新建商品房经纪业务的经纪机构与客户之间的佣金结算相对比较简单

D. 开展二手房经纪业务的经纪机构需要扩大经营规模来降低固定成本

【答案】C

【解析】开展新建商品房经纪业务的经纪机构与客户之间的佣金结算相对比较复杂。

【例题9】将房地产经纪业务分为房地产代理业务和房地产居间业务，所依据的分类标准是（ ）。

A. 经纪活动所促成房地产交易的类型

B. 经纪活动的方式

C. 经纪活动所涉及标的房地产的用途

D. 经纪活动所涉及标的房地产的新旧状态

【答案】B

【解析】根据经纪活动的方式，可以将房地产经纪业务分为房地产代理业务和房地产居间业务。

【例题10】房地产经纪机构为房地产开发企业代理销售商品房的业务属于（ ）。

A. 存量房经纪业务中的买方代理

B. 存量房经纪业务中的卖方代理

C. 新建商品房经纪业务中的买方代理

D. 新建商品房经纪业务中的卖方代理

【答案】D

【例题11】根据房地产经纪活动促成的房地产交易类型，可将房地产经纪业务分为房地产转让经纪业务和（ ）等。

A. 房地产买卖经纪业务

B. 房地产居间经纪业务

C. 房地产租赁经纪业务

D. 房地产代理经纪业务

【答案】C

【例题12】根据所促成的房地产交易类型，可将房地产经纪业务分为（ ）。

A. 房地产转让经纪业务

B. 房地产租赁经纪业务

C. 房地产担保经纪业务

D. 房地产抵押经纪业务

E. 房地产顾问经纪业务

【答案】ABD

【例题13】存量房经纪业务的标的房地产以（ ）为主。

A. 批量房地产　　B. 特殊房地产

C. 单宗房地产　　D. 商业房地产

【答案】C

【例题14】下列关于新建商品房经纪业务与二手房经纪业务的表述中，正确的有（ ）。

A. 从我国目前情况来看，新建商品房经纪业务基本采用代理方式；二手房经纪业务以居间方式为主

B. 房地产经纪机构承接新建商品房经纪业务需要更高的专业化水平；二手房经纪业务需要提供差异化服务

C. 开展新建商品房经纪业务，业务总成本中的变动成本较高；开展二手房经纪业务，业务总成本中的固定成本较高

D. 新建商品房经纪业务的佣金结算相对较简单；二手房经纪业务的佣金结算相对较复杂

E. 新建商品房经纪业务以机构客户为主；二手房经纪业务单纯面向个体客户

【答案】ABC

第二节　房地产经纪基本业务的流程

一、新建商品房销售代理业务流程

（一）项目信息开发与整合

在这一阶段首先要调动房地产经纪机构的全体人员进行项目信息的开发，即发动每个员工通过各种途径尽力寻找新建商品房项目的信息，然后由研究拓展部门负责收集、汇总并初步筛选所得到的信息，上报总经理或专门的信息统筹部门。

（二）项目研究与拓展

由研究拓展部门组织、协调有关部门（如业务部、交易管理部等）对承接项目进行营销策划，确定项目销售的目标客户群、销售价格策略和具体市场推广的方式与途径等，撰写书面营销策划报告。如果专门成立项目组，则由项目组来组织实施项目研展，有关部门积极配合。

（三）项目签约

由项目的直接操作部门具体与项目开发商进行谈判，并起草代理合同文本，然后，在房地产经纪机构内部的有关部门，如交易部门、法律顾问和高层管理人员之间进行流转，并各自签署意见，其中，应由专门负责法律事务的部门或人员对代理合同草案出具书面法律意见书，提交房地产经纪机构的最高决策者。最后，由最高决策者签署与开发商达成一致的合同。

（四）项目执行企划

本阶段的第一项工作是，项目执行部门根据已签署的代理合同，对营销策划报告进行修改，并初步制定项目的执行指标（销售期、费用预算等）和佣金分配方案，召集各分管业务的高层管理者及有关部门（如交易管理部、研究拓展部、财务部等）合作会议。

（五）销售准备

这一阶段是对销售资料、销售人员、销售现场的准备。

（六）销售执行

在这一阶段，作为开发商销售代理方的房地产经纪机构要安排相应的工作团队在售楼处接待购房者，引领购房者看房，签订商品房买卖合同，办理合同预告登记等，并配合开发商实施广告、公关活动等市场推广以招徕客户。

（七）项目结算

由于商品房的销售过程比较长，一般在销售过程中要按一定时间周期（如按月）对外结算佣金（与开发商结算佣金）和对内结算佣金（与销售人员结算佣金），但到整个项目销售的最后阶段（通常是完成代理合同所约定的销售指标后），要进行项目的总结算。

首先，由项目直接操作部门与开发商进行总结算，经纪机构的法务部门予以配合。

其次，对内结算，业务部门要将日常核对的佣金结算数据提交财务部门审核，项目执行部门要撰写结案报告。

最后，由房地产经纪机构的最高管理者、项目负责人、业务部门负责人、财务部门负责人和负责法律事务的部门负责人共同召开结案审计会，确定最终的结案报告和对内结佣方案，按佣金结算方案对销售人员进行总结算。结案报告交业务管理部门的信息资料部门存档。

【例题1】“在销售现场接待购房者看房，签订商品房买卖合同”属于新建商品房销售代理业务流程中（　）阶段的工作。

A. 项目执行企划　　B. 销售准备
C. 销售执行　　D. 项目的研究与拓展

【答案】C

【例题2】新建商品房销售代理中，衡量房地产经纪机构销售任务完成情况的指标是（　）。

A. 代理期限　　B. 代理费用
C. 销售面积比例　　D. 入住户数

【答案】C

【例题3】布置样板房属于新建商品房销售代理业务流程中（　）阶段的工作。

A. 项目结算　　B. 销售准备
C. 销售执行　　D. 项目签约

【答案】B

【例题4】新建商品房销售代理业务流程中，房地产经纪机构完成任务所需时间通常比较长的是（　）阶段。

A. 销售准备　　B. 销售执行
C. 项目结算　　D. 项目执行企化

【答案】B

【例题5】在新建商品房销售代理中，房地产经纪机构应准备的销售资料包括（　）。

A. 商品房预售许可证
B. 商品房买卖合同文本
C. 楼书
D. 施工许可证

E. 开盘广告

【答案】ABCE

【例题6】在新建商品房销售代理业务的销售准备环节，应当准备的销售资料包括（ ）等。

A. 商品房买卖合同　　B. 佣金估算表

C. 价目表　　D. 销控表

E. 楼书

【答案】ACDE

【解析】这一阶段是对销售资料、销售人员、销售现场的准备。销售资料包括有关审批文件（如商品房预售许可证）、商品房销售代理委托书、商品房买卖合同文本、楼书、开盘广告、价目表、销控表等。

二、存量住房买卖、租赁经纪业务流程

（一）客户开拓

1. 这一步的主要工作是争取客户，一般房地产经纪机构都会通过品牌宣传和公共关系活动来宣传自己，进而吸引客户。

2. 商圈经营是指房地产经纪企业通过经纪门店，将各个业务团队固定在各自特定的客户开发范围内，使业务人员确实了解各自所在商圈内的各种重要资讯及房源行情。

（二）客户接待与业务洽谈

要通过客户接待来成功承接委托业务，首先，要求房地产经纪人员树立良好的“客户意识”：①平等化意识；②珍惜常客；③充分体察客户的希望。

在客户接待与业务洽谈中，房地产经纪人员应通过核实身份与产权状况把握来访者中的卖主与房主，通过交谈来了解其是否真心打算出售或出租房产，并通过请其填写委托书来检验。

房地产经纪人员在接待潜在买方客户时，应注意明确购房的实际出资人和实际收益人，并通过与之交谈，对客户的购房能力和购房意愿进行了解，以便向其推荐合适的房源。

在与客户进行业务洽谈时，首要环节是倾听客户的陈述，以充分了解委托方的意图与要求，把握客户的心理状况，同时衡量自身接受委托、完成任务的能力。

其次，要向客户告知自己及房地产经纪机构的姓名、名称、资格以及按房地产经纪执业规范必须告知的所有事项。

最后，要就经纪方式、佣金标准、服务标准以及拟采用的经纪合同类型及文本等关键事项与客户协商，达成委托意向。

（三）物业查验

1. 现场查验

房地产经纪人员在接受业主委托后，应在业主或其代理人的带领下，亲临现场，实地查勘房屋状况，应根据现场查验后所了解的情况，向业主提出一些化解房屋缺陷的建议，以利于成交，具体如下。

（1）建议修复缺陷，如打扫、油漆、修补裂缝渗漏、电灯更新、暗处使用玻璃补光、歪斜处摆放饰品家具等。

（2）留意通风采光，空屋应常开窗通风，避免客户看房时呼吸不适。

（3）建议花费适当的成本加以修整，甚至装潢，提升房屋的格调。

（4）清理家具，破败的杂物全部抛弃，体现家居的温馨和主人的精神。

（5）预备赠送家具电器的清单，贵重家具如不想赠送，则宜提前搬出，免生异议。

（6）通知业主准备好房地产权证、室内平面图、物业管理公约及其他文件。

2. 产权调查

房屋产权清晰是成交的前提条件。在存量房经纪业务中，产权调查是保证产权真实性、准确性的主要手段，因而是房屋交易前必不可少的环节。

首先，要求出售方提供合法的证件（包括身份证、房地产权证等）；其次，到房地产登记机构（各区县房地产交易中心）查询房屋的权利人、产权来源、抵押和贷款情况、土地使用情况、是否有法院查封等信息。

在核验产权时需注意下列问题：

（1）物业权属的类别与范围；

（2）产权登记；

（3）房地产其他权利设定情况；

（4）产权纠纷。

（四）签订房地产经纪服务合同

房地产经纪机构接受委托人的委托，应根据委托人的角色（出售方、承购方、出租方、承租方）不同与委托方签订相应的房地产经纪服务合同，如房屋出售经纪服务合同、房屋承购经纪服务合同、房屋出租经纪服务合同、房屋承租经纪服务合同。

（五）信息收集与传播

信息，是房地产经纪机构及人员赖以开展业务的重要资源。房地产经纪人受理委托业务后，应主要收集三方面信息：标的物业信息、与标的物业相关的市场信息和委托方信息。

标的物业信息是指标的物业的物质状况、权属状况、环境状况等方面的信息；与标的物业相关的市场信息是指标的物业所属的房地产分类市场（如中心城区二手住宅市场、城市边缘区别墅市场等）的供求信息、价格信息等；委托方信息包括委托方的类型（如个人或法人、法人的经营类型）、信誉情况等。

（六）引领买方（承租方）看房

房地产经纪人有义务引领买方（承租方）全面查验标的物业的结构、设备、装修等实体状况和物业的使用状况、环境状况，并充分告知与该物业有关的一切有利或不利因素。

（七）协助交易达成

1. 协调交易价格

房地产经纪人应以专业的身份和经验来协调双方的认识。一般而言，房地产经纪人应以标的物业的客观市场价值为基准来协调交易双方，必要时还可借助房地产估价机构的力量。

2. 促成交易

在成交信息得以明确后，要尽可能快速促成交易。具体可采用以下方法：

（1）加强客户对房地产经纪人的信心；

（2）针对客户的动机、偏好，进行劝说；

（3）遇到迟迟不下决定的客户，应先分析其犹豫的原因，如确因房源不恰当，则再选择其他房源予以推荐；

（4）尽量引导买方（承租方）开出价格；

（5）强化交易合同的保障作用。

3. 协助或代理客户签订交易合同

签订交易合同是成交的标志。房地产经纪人应协助（在采用居间方式的经纪业务中）或代理（在采用代理方式的经纪业务中）委托方与交易对象签订合同。

（八）产权过户与登记

在采用代理方式的房地产经纪业务中，房地产经纪人应代理客户办理各类产权登记手续。在采用居间方式的房地产经纪业务中，房地产经纪人应协助客户办理各类产权登记手续。

（九）物业交接

业主应按合同期限规定，迁出非转让、出租物品与原有户口，结清有关物业费用，妥善办理物业交接手续。物业交接是房地产交易过程中最容易暴露问题和产生矛盾的一环。

（十）佣金结算

根据经纪合同的约定，房地产经纪人应及时与委托人（或交易双方）进行交易结算，佣金金额和结算方式应按经纪合同的约定执行。

（十一）售后服务

售后服务是房地产经纪机构提高服务、稳定老客户的重要环节。售后服务的内容可包括三个主要方面：第一是延伸服务，例如，作为买方代理时为买方进一步提供装修、家具配置、搬家等服务；第二是改进服务，即了解客户对本次交易的满意程度，对客户感到不满意的环节进行必要的补救；第三是跟踪服务，即了解客户是否有新的需求意向，并提供针对性的服务。

【例题7】下列关于房地产代理业务洽谈的表述中，正确的有（　）。

A. 房地产经纪人员应当充分了解客户的意图

B. 要查清委托人是否对拟委托的房地产享有处分权

C. 提供给客户一个代理合同的格式文本，客户先签订代理合同，然后再开始开展代理工作

D. 了解、核实客户的有关证件

E. 向客户告知房地产经纪机构的名称、资格等内容

【答案】ABDE

【例题8】在二手房代理业务中，房地产查验的基本途径有（　）。

A. 进行广泛的市场调研

B. 文字资料了解

C. 向政府部门了解

D. 现场实地查看

E. 向有关人员了解

【答案】BDE

【例题9】二手房代理业务开拓的关键是（　）。

A. 市场研究　　B. 争取客户

C. 洽谈业务　　D. 品牌经营

【答案】B

【例题10】向已经成交的房地产经纪客户了解是否有新的需求意向，并提供针对性的服务，属于售后服务中的（　）。

A. 延伸服务　　B. 跟踪服务

C. 增值服务　　D. 改进服务

【答案】B

【例题11】对于二手房经纪业务，房地产经纪人要对接受居间委托的房地产进行查验，查验的主要内容有（　）。

A. 该房地产相邻的房地产类型和周围环境

B. 该房地产的上一次交易情况

C. 该房地产的出租情况

D. 该房地产的抵押、查封情况

E. 该房地产的成新、朝向、楼层、结构等情况

【答案】ACDE

【例题12】房地产经纪机构通过门店，将一个业务团队固定在一个特定的客户开发范围之内，使之针对特定的客户提供服务，这叫做（ ）。

A. 取向经营 B. 聚焦经营

C. 单一经营 D. 商圈经营

【答案】D

【例题13】在二手房居间业务中，不属于房地产查验内容的是待交易房屋的（ ）。

A. 建筑结构、设备

B. 产权证书

C. 周围的交通状况

D. 产权人的职业情况

【答案】D

【例题14】二手房代理业务基本流程的最后一个环节是（ ）。

A. 信息服务 B. 房地产查验

C. 房地产交验 D. 售后服务

【答案】D

【例题15】在二手房代理业务的“业务洽谈”阶段，房地产经纪机构需要做的工作包括（ ）。

A. 倾听客户的陈述，充分了解客户的意图与要求

B. 查验委托房地产的物理状况

C. 向客户告知房地产经纪机构的名称、资格

D. 收集与标的物相关的市场信息

E. 查清委托人是否对委托事项具备相应的权利

【答案】ACE

【例题16】在房地产查验过程中，可以不必查验的是（ ）。

A. 房地产所处地块的具体位置和形状

B. 房屋的建筑结构、设备、成新、装修情况

C. 房屋产权人的身世

D. 房地产周边的交通、自然景观

【答案】C

【解析】在房地产查验过程中，需要查验的内容是房地产所处地块的具体位置和形状，房屋的建筑结构、设备、成新、装修情况和房地产周边的交通、自然景观。

【例题17】下列关于二手房居间业务流程的表述中，正确的有（ ）。

A. 房地产经纪机构可以通过广告宣传和公共关系吸引客户

B. 在房地产居间业务洽谈时，经纪人要向客户告知自己的姓名和身份证号码

C. 为了保证交易双方权益，房地产经纪机构要与交易双方同时同地签订房地产居间合同

D. 房地产经纪机构有义务引领买方现场查验标的房地产状况

E. 房地产经纪人有义务协助交易双方办理房地产权属登记

【答案】ADE

【例题18】下列关于房地产经纪机构提供房地产居间业务售后服务的表述中，正确的有（ ）。

A. 为买方提供装修、家具购置等信息咨询的延伸服务

B. 对客户不满意的环节进行补救，提供改进服务

C. 关注客户新的需求意向，提供跟踪服务

D. 为买方提供检验房屋设备完好度的技术服务

E. 为交易双方提供结算房屋租金及物业管理费的财务服务

【答案】ABC

【例题19】二手房居间业务洽谈环节的主要内容有（ ）。

A. 了解委托人的意图与要求

B. 查验委托人的房地产权证等相关证明文件

C. 接受委托人的委托，签订房地产居间合同

D. 引领委托人现场查验房地产的使用状况

E. 协商居间方式和佣金标准

【答案】ABE

【例题20】在房地产经纪活动中，判断客户是否有真实委托意愿的依据是（ ）。

A. 客户的口头表述是否诚恳

B. 客户是否带了房产证和身份证

C. 客户是否愿意签订经纪业务委托协议

D. 客户是否询问了一些核心的信息

【答案】C

【例题21】存量房居间业务和代理业务流程中都有的环节是（ ）。

A. 房源和资源信息的收集发布

B. 代办产权过户手续

C. 办理交易资金监管手续

D. 代办抵押贷款手续

【答案】A

【例题22】房地产经纪人欲充分了解委托人的意图和要求，把握客户的真实需求，首先需要（　）。

A. 全面细致地向客户介绍房地产现状

B. 认真观察客户看房的反应

C. 认真倾听客户的陈述

D. 引导客户了解、喜欢房地产经纪人所推荐的房地产

【答案】C

【例题23】在存量房出售代理业务中，房地产经纪人要充分了解待售房地产的实物状况、权属状况和（　）。

A. 政策规定　　B. 区位状况

C. 价格状况　　D. 市场状况

【答案】B

【例题24】在存量房经纪业务中，“协助交易达成”环节的主要工作包括（　）。

A. 现场看房

B. 收集价格信息

C. 协调交易价格

D. 促成交易

E. 协助或代理客户签订交易合同

【答案】CDE

【例题25】房地产经纪人员在房屋查验过程中，对房屋产权的确认，应以（　）为准。

A. 出售方口头陈述

B. 房地产权属管理部门登记的产权信息

C. 出售方出示的产权书面说明

D. 房屋买卖合同

【答案】B

【例题26】房地产经纪人受理委托业务后，收集所需标的物业信息，是指标的物业的物质状况、权属状况和（　）等方面的信息。

A. 政策导向　　B. 环境状况

C. 价格　　D. 供求

【答案】B

【例题27】在存量房经纪业务的洽谈阶段，为了充分了解委托人的意图和要求，把握客户的心理状况并衡量其购房能力，房地产经纪人首先应当（　）。

A. 引导客户需求

B. 倾听客户陈述

C. 介绍佣金标准

D. 全面介绍自己所在机构情况

【答案】B

【解析】在与客户进行业务洽谈时，首要环节是倾听客户的陈述，以充分了解委托方的意图与要求，把握客户的心理状况，同时衡量自身接受委托、完成任务的能力。

【例题28】在存量房经纪业务的售后服务中，对客户感到不满意的环节进行补救的服务是（　）。

A. 延伸服务　　B. 跟踪服务

C. 后续服务　　D. 改进服务

【答案】D

【解析】售后服务是房地产经纪机构提高服务、稳定老客户的重要环节。售后服务的内容可包括：①延伸服务，例如，作为买方代理时为买方进一步提供装修、家具配置、搬家等服务；②改进服务，即了解客户对本次交易的满意程度，对客户感到不满意的环节进行必要的补救；③跟踪服务，即了解客户是否有新的需求意向，并提供针对性的服务。

三、商业房地产租赁代理业务流程

（一）客户开拓

客户开拓主要通过向潜在客户提供有关商业房地产的资讯、分析报告、组织论坛、专业活动等方式来进行。

（二）签订房地产经纪服务合同

根据委托方的不同，房地产经纪机构应与委托方签订房屋出租代理合同或房屋承租代理合同。

（三）信息搜集与分析

房地产经纪服务合同签订后，房地产经纪人员应根据委托方的交易需求，对其潜在交易对象、标的物业进行广泛而深入的信息搜集。

房地产经纪机构及人员如能对不同的商业房地产对委托方经营收支所产生的影响进行深入分析，将有利于为委托方选择最合适的物业，也更能赢得客户的信赖。

（四）信息传播

商业房地产租赁代理业务中，房地产经纪人员需要进行信息传播，以吸引潜在的交易对象。但根据委托方地位的不同，信息传播的内容与方式均有不同。

（五）引领承租方查勘物业

无论委托方是出租方还是承租方，房地产经纪人员都应引领承租方现场查勘经选择的待租商业房地产。

（六）租赁谈判与租赁合同签订

当承租方对商业房地产本身满意时，应及时安排租赁谈判。此时，房地产经纪机构或者代理出租方与承租方谈判，或者代理承租方与出租方谈判。

谈判达成一致时，就可以签订租赁合同了。房地产经纪机构及人员应高度重视与租赁双方法务部门或人员的沟通，使得租赁商务谈判的结果，能顺利地转化为法律文本——房屋租赁合同。

（七）办理租赁合同备案

作为商业房地产承租代理的房地产经纪机构应代理委托方办理租赁合同备案，作为商业房地产出租代理的房地产经纪机构也应提醒承租方及时办理租赁合同备案。

（八）佣金结算

房地产经纪机构应按照房地产经纪服务合同的约定，及时与委托方进行租金结算，以保护自身的合法权益。

（九）后续服务

租赁合同签订和备案后，房地产经纪机构可为委托方提供相关后续服务。

第三节　房地产经纪基本业务的网络化运作

一、房源客源管理网络化

我国一些大中型房地产经纪企业的房源管理普遍采用了信息化手段，通过专业的存量房业务运行管理软件建立房源数据库，对房源的自身信息、业务进展情况进行信息化管理。

二、房源发布网络化

房地产经纪机构的房源发布也趋于信息化，通过专业网站、门户网站、E-mail 发布房源信息已非常普遍。

三、网上房地产经纪门店

随着存量房信息发布的网络化，一些房地产专业网站和重要门户网站的房地产频道，也为房地产经纪人提供了开设网上房地产经纪门店的平台，房地产经纪人可以在这些网站开设个性化的网上店铺，呈现自己的电子名片、房源信息，并通过店铺留言和网民实现沟通。

四、房地产经纪人工作辅助系统

一些专业化的软件为房地产经纪人提供了丰富的信息化辅助工具，大大方便了房地产经纪人，例如，某软件为房地产经纪人提供了 5 大类 20 多种辅助工作，具体如下。

1. 制作类。包括视频制作、全景图制作、房源介绍制作（单页、多页）、房型图制作、网上门店制作器、地图集成等。

2. 计算器。包括购房能力评估、等额本息还款计算、提前还款计算、等额本金还款计算、个人住房公积金贷款计算、税费计算等。

3. 发布器。包括网站发布器、报纸发布器、短信发布器、邮件发布器等。

4. 文本类。包括通讯录、记账本、工作日志（计划安排）、文本工具（公文秘书）、辅助决策（置业顾问）等。

5. 其他。包括业务提醒、钥匙管理、聊天工具、房源搜索器等。

此外，房地产经纪机构的管理人员，也可以借助一些专业化的房地产经纪管理辅助系统，对门店、机构进行管理。

五、房地产电子商务

1. 房地产电子商务平台向房地产经纪机构、卖房者和买房者全面开放。

2. 所有与房地产电子商务平台合作的房地产经纪机构都可以销售平台上所有的新建商品房和二手房房源，提高了房地产交易的效率。

3. 房地产电子商务平台还为房地产经纪人、房地产经纪机构提供智能化移动互联管理工具。有利于提高房地产经纪机构及人员的工作效率。

第四节　房地产经纪延伸服务

一、房地产交易相关手续代办服务

（一）房地产登记信息查询

房地产登记信息包括房地产原始登记凭证和房屋权属登记机关对房屋权利的记载信息。通常情况下，房地产买方需要查询房屋登记机关对其拟购买房屋的权利的记载信息时，可由房地产经纪机构代为办理。

（二）房地产登记

房地产登记是保障房地产权利人合法权益的基本手段。按照民法规定，具有完全民事行为能力的权利人（18 周岁以上的成年人或 16 周岁以上不满 18 周岁以自己的劳动收入为主要生活来源的未成年人）可以自行办理房地产权属登记。

限制行为能力的人（10 周岁以上的未成年人和不能完全辨认自己行为的精神病人）和无民事行为能力的人（不满 10 周岁的未成年人和不能辨认自己行为的精神病人），可由他们的法定代理人（即监护人）代理登记。

在采用居间方式的房地产经纪业务中，代办房地产登记属于房地产经纪机构向客户提供的后续服务项目之一。

（三）房地产抵押贷款

以房地产抵押作为取得金融机构贷款的担保，是房地产交易活动中通行的做法。

房地产经纪人员在为购房者进行个人住房贷款代办服务时，一般需要协助购房者制定合理的贷款方案，贷款方案主要由以下要素组成：①贷款类型（商业性贷款、住房公积金贷款、组合贷款）；②贷款成数（贷款金额占房地产价值的比率）；③贷款金额；④贷款期限；⑤偿还比率（又称收入还贷比，指借款人分期偿还额占其同期收入的比率）；⑥贷款偿还方式（等额本息还款法或等额本金还款法）。

房地产经纪人在帮助客户制定贷款方案时，应充分考虑客户的储蓄、收入水平、家庭开支以及家庭理财状况。

贷款方案制定后，房地产经纪人应协助客户向相关银行提出贷款申请，得到银行批准后，协助客户与银行签订贷款合同，然后协助或代理客户到标的房地产所在区的房地产登记机构办理产权转移登记和抵押登记。

【例题1】下列关于房地产登记代办的表述中，正确的是（ ）。

A. 房地产登记代办属于房地产经纪基本业务

B. 房地产登记代办服务对象只限于限制行为能力的人

C. 房地产登记代办服务只能由房地产经纪人提供

D. 房地产登记代办可以节省房地产权利人的时间、精力

【答案】D

【解析】房地产登记代办属于房地产经纪延伸服务，不是基本业务；房地产登记代办服务只能由房地产经纪人提供和房地产登记代办服务对象只限于限制行为能力的人的说法片面。

【例题2】与客户自己办理房屋登记相比较，房地产经纪人代办房屋登记时，还应当提交的材料是（ ）。

A. 授权委托书和代理人身份证明

B. 登记申请书

C. 申请人身份证明

D. 房屋所有权证书

【答案】A

【例题3】在房地产抵押贷款手续代办业务中，房地产经纪机构不宜提供（ ）的服务。

A. 贷款政策咨询

B. 协助准备贷款资料

C. 贷款申请资料代交

D. 贷款审批担保

【答案】D

【例题4】关于房地产登记信息查询的说法，正确的有（ ）。

A. 房地产经纪人可以通过查询登记信息调查受托房屋的权属情况

B. 查询登记信息发生的费用应由经纪业务委托人承担

C. 房地产登记机构应当为房地产经纪人提供权属信息查询服务

D. 所有经纪业务都应当查询房地产登记信息

E. 委托人出具房屋所有权证，房地产经纪人就无须再查询房屋登记信息

【答案】ABC

【例题5】下列房地产登记手续中，可委托房地产经纪机构代办的有（ ）。

A. 房地产所有权转移登记

B. 房地产抵押登记

C. 房地产预售登记

D. 房屋租赁备案登记

E. 小产权房转移登记

【答案】ABD

【例题6】房地产经纪人员在帮助客户制定贷款方案时，不应（ ）。

A. 向客户担保贷款一定成功

B. 考虑客户的储蓄和收入水平

C. 考虑客户的家庭开支状况

D. 考虑客户的家庭理财状况

【答案】A

【解析】房地产经纪人在帮助客户制定贷款方案时，应充分考虑客户的储蓄、收入水平、家庭开支以及家庭理财状况。但是，必须注意，贷款能否成功经过银行批准主要取决于客户的资信，房地产经纪机构不对贷款申请的结果承担担保责任。

【例题7】下列关于房地产抵押的表述中，正确的有（ ）。

A. 农村集体土地所有权可以设定抵押

B. 以行政划拨方式取得的土地使用权不能单独抵押

C. 房屋建设工程权利人在房屋建设期间不能设

定抵押

D. 以出让方式取得土地使用权，该土地使用权出让金必须全部付清才能抵押

E. 以土地使用权抵押获得的贷款可以用于其他房地产开发项目

【答案】BD

二、房地产咨询服务

（一）房地产投资咨询

目前，房地产经纪机构从事的房地产投资咨询业务主要有房地产开发投资咨询和房地产置业投资咨询。

1. 房地产开发投资咨询

（1）房地产开发投资是指投资者开发土地或其他房地产，进而通过买卖或租赁等形式获利的商业活动。其投资目的不仅是为了回收原垫付的所投资金，而且是要获取盈利。

（2）房地产经纪机构可提供的开发投资咨询服务通常包括为房地产开发企业“拿地”提供专业意见、对特定区域或细分市场进行调研、提供特定房地产开发项目的市场定位与产品策划等。

2. 房地产置业投资咨询

（1）房地产置业投资是指投资者购置房地产后，在较长时期内持有该房地产，通过出租经营，持续地获取周期性投资收益，当然，一般而言这类投资者也期望所购置的房地产在未来能够增值。

（2）对于房地产置业投资，房地产经纪人关键要根据房地产租赁市场的特点把握供需关系的变化，要站在获取长期收益和增值的角度对租赁市场进行分析，特别是对影响供给和需求变动的因素进行分析和预测。

（二）房地产价格咨询

1. 房地产经纪人员最有条件为客户提供某一特定区域、特定类型的房地产市场价格行情的资讯；房地产经纪机构及人员还可以就某一特定的房地产提供更加详细的房地产价格咨询。

2. 房地产经纪人员从事房地产价格咨询，还要结合房地产价格咨询服务的特点掌握房地产价格评估的基本原则和市场比较法、收益法、成本法等估价基本方法，熟悉房地产价格咨询的程序。

（三）房地产法律咨询

房地产经纪机构可开展的房地产法律咨询服务是有关房地产交易的法律知识咨询、合同咨询等法律咨询活动。房地产经纪机构可以采用个案解答、商业文书审查、全程法律服务等方式向客户提供房地产咨询服务。

三、房地产交易保障服务

（一）房屋质量保证

目前，消费者购买汽车、家电、家具等大额消费品，都会得到供应商所提供的产品质量保证。而价值远高于这些商品的房地产，却没有相应的服务。这是阻碍房地产交易的重要因素，同时也是导致房地产交易纠纷的重要因素。

（二）房地产交易履约保证

履约保证是签署商业合同的一方或第三方为合同履行所提供的一种财力担保，即支付合同履约金，来担保合同的履行。

【例题8】新建房屋所有权初始登记时需要提交的文件有（ ）。

A. 已付清土地使用权出让金的证明

B. 土地使用权证

C. 建设用地规划许可证

D. 建设工程规划许可证

E. 房屋竣工验收资料

【答案】BCDE

【例题9】房地产价格咨询是房地产经纪咨询业务的一种，下列表述中正确的有（ ）。

A. 最高最佳使用原则是房地产价格评估的基本原则之一

B. 在评估房地产价格时，不需要注重房地产“同一供求圈”的界定

C. 房地产价格咨询与鉴证性的估价相同

D. 房地产经纪人员提供价格咨询时，不一定提供一个确切的价格值

E. 房地产交易中最敏感、最关键的因素就是价格

【答案】ADE

【例题10】下列属于房地产法律咨询服务的有（ ）。

A. 某开发商就签订商品房预售合同中的一些法律问题向房地产经纪人询问

B. 请房地产经纪人审查自己与他人签订的住房租赁合同

C. 某人委托经纪人代自己签订二手房买卖合同

D. 受某开发商委托，房地产经纪机构到某市进行法律环境调研

E. 某人购置了一套新建商品房，后来因质量问题与开发商发生了纠纷，最后请某个经纪机构代自己向法院提起诉讼

【答案】ABCD

【例题11】下列关于房地产价格咨询的表述中，不正确的有（ ）。

A. 房地产价格咨询旨在提供一种价格参考，因此须借助房地产估价师来完成

B. 房地产经纪人员从事房地产价格咨询时，只是价格判断，不需要借助房地产估价的基本理论和方法

C. 房地产经纪人员从事房地产价格咨询提供的评估价格不具有鉴证性

D. 房地产经纪人员给委托方的估价结果可以是一个确切值，也可以是一个价格区间

E. 房地产经纪人员可以站在委托人的立场上进行房地产价格估算，在合法的原则下，满足委托人利益最大化目标

【答案】ABE

【解析】房地产价格咨询旨在提供一种价格参考，不一定要借助房地产估价师来完成；房地产经纪人员从事房地产价格咨询时，是价格判断，但也需要借助房地产估价的基本理论和方法；E选项表述不正确。所以，A、B、E选项是不正确的。

【例题12】房地产经纪人员从事房地产价格咨询时，常用的估价方法有（ ）。

A. 市场法　　B. 长期趋势法

C. 成本法　　D. 收益法

E. 特征价格法

【答案】ACD

【解析】房地产经纪人员从事房地产价格咨询时，常用的估价方法有市场法、成本法和收益法。

【例题13】房地产法律咨询服务的方式主要有（ ）。

A. 个案解答

B. 房地产经营咨询

C. 商业文书审查

D. 土地开发投资咨询

E. 房地产全程法律服务

【答案】ACE

【解析】房地产法律咨询服务的方式主要有个案解答、商业文书审查 、全程法律服务等。

【例题14】房地产市场调控时，反应最灵敏的是（ ）。

A. 房地产价格　　B. 房地产交易量

C. 商品房开工量　　D. 房地产开发投资

【答案】A

【解析】房地产交易中最敏感、最关键的因素就是价格。由于房地产价格的影响因素、价格形成和运动机制具有不同于一般作为完全劳动产品的商品特性，投资者、购房者往往难以把握房地产市场价格，尤其是市场的变动趋势。

练习题

一、单项选择题（每题的备选答案中只有一个最符合题意）

1.（ ）是房地产转让的一种主要形式。

A. 房地产质押　　B. 房地产抵押

C. 房地产租赁　　D. 房地产买卖

2.（ ）主要包括新建商品房出租、存量房屋的出租和转租。

A. 房地产典当　　B. 房地产抵押

C. 房地产买卖　　D. 房地产租赁

3. 将房地产经纪业务分为住宅房地产经纪业务、商业房地产经纪业务，是按照（ ）划分的。

A. 房地产的利用方式

B. 房地产的经营范围

C. 房地产的用途类型

D. 土地的用途类型

4.（ ）是我国房地产经纪业务的主要类型。

A. 住宅经纪业务

B. 商业房地产经纪业务

C. 办公房地产的经纪业务

D. 工业房地产的经纪业务

5. 确定项目销售的目标客户群、销售价格策略和具体市场推广的方式与途径等，撰写书面营销策划报告，是（ ）的基本内容。

A. 项目研究与拓展

B. 项目信息开发与整合

C. 项目签约

D. 售后服务

6.（ ）的主要工作是争取客户。

A. 项目策划　　B. 客户开拓

C. 项目签约　　D. 商圈经营

7. 房地产经纪人在服务客户时，不可因年龄、外貌、服装、职业、消费能力等因素而对客户有差别的待遇，是（ ）的基本内涵。

A. 体察客户的希望　　B. 重视常客意识

C. 珍惜常客　　D. 平等化意识

8. 房地产经纪人员在接受业主委托后，应在业主或其代理人的带领下，亲临现场，实地查勘房屋状况，是（　）的基本内容。

A. 现场查验　　B. 产权调查

C. 产权登记　　D. 信息收集

9. （　）是成交的前提条件。

A. 房屋环境优越　　B. 房屋产权清晰

C. 房屋状况良好　　D. 房屋设施完备

10. 如果标的物业是所有权房，要注意是否为共有房地产，是在核验产权时需注意的问题中（　）的内涵。

A. 房地产人文情况

B. 物业权属的类别与范围

C. 房地产其他权利情况

D. 房地产的环境情况

11. 房屋产权应以房地产权属管理部门（　）的产权信息为准。

A. 记录　　B. 登记

C. 绘制　　D. 刊登

12. （　）是房地产交易中必不可少的环节。

A. 现场过户　　B. 现场看房

C. 现场签约　　D. 现场登记

13. 房地产经纪人应以标的物业的客观市场价值为基准来协调交易双方，是（　）的基本内涵。

A. 协调交易价格

B. 产权过户与登记

C. 协调交易方式

D. 协调交易类型

14. 房地产交易过程中最容易暴露问题和产生矛盾的环节是（　）。

A. 佣金结算　　B. 产权登记

C. 物业查验　　D. 物业交接

15. 了解客户对本次交易的满意程度，对客户感到不满意的环节进行必要的补救属于（　）。

A. 延伸服务　　B. 改进服务

C. 跟踪服务　　D. 后续服务

16. 商业房地产租赁代理业务的（　）主要通过向潜在客户提供有关商业房地产的资讯、分析报告、组织论坛、专业活动等方式来进行。

A. 客户组织　　B. 客户经营

C. 客户开拓　　D. 客户分析

17. 一些大中型房地产经纪企业的房源管理普遍采用了信息化手段，通过专业的存量房业务运行管理软件建立房源数据库，对房源的业务进展情况进行（　）。

A. 信息化管理　　B. 社会化管理

C. 成本化管理　　D. 数据化管理

18. 经纪人通过（　）进行查寻房源、添加房源、更新房源的业务进展状况等操作。

A. 统计数据库　　B. 房源数据库

C. 数据库　　D. 客源数据库

19. （　）已成为房地产经纪人获得客源的一个重要渠道。

A. 连锁门店　　B. 网上门店

C. 经纪门店　　D. 业务门店

20. （　）涉及的领域有土地开发、旧城改造、房屋建设、房地产经营、置业等。

A. 房地产投资　　B. 房地产利用

C. 房地产规划　　D. 房地产经营

二、多项选择题（每题的备选答案中有两个或两个以上符合题意）

1. 房地产买卖经纪业务主要有（　）。

A. 土地买卖

B. 商品房现房买卖

C. 在建工程买卖

D. 存量房买卖

E. 新建商品房期房买卖

2. 根据房地产的用途类型，可将房地产经纪业务分为（　）。

A. 商品房销售代理业务

B. 工业房地产经纪业务

C. 办公房地产经纪业务

D. 商业房地产经纪业务

E. 住宅房地产经纪业务

3. 商业房地产包括（　）。

A. 住宅　　B. 商铺

C. 游乐场　　D. 健身俱乐部

E. 服务式公寓

4. 根据房地产经纪服务对象的不同，可以将房地产经纪业务分为（　）。

A. 共同代理　　B. 卖方代理

C. 买方代理　　D. 双边代理

E. 单方代理

5. 销售人员准备包括（　）。

A. 价目表　　B. 抽调销售人员

C. 招聘销售人员　　D. 进行业务培训

E. 销控表

6. 新建商品房销售代理业务流程的项目结算，包括（　）。

A. 对外结算佣金　　B. 对内结算佣金

C. 项目的总预算　　D. 项目的分步结算

E. 项目的总结算

7. 经纪门店应建立的商圈信息档案内容包括（　）。

A. 商圈概况　　B. 区域概况

C. 街巷概况　　D. 物业概况

E. 住房市场行情

8. 房地产经纪人员树立良好的“客户意识”，包括（　）。

A. 合法化意识　　B. 平等化意识

C. 珍惜常客　　D. 体察客户的希望

E. 珍惜老客户

9. 房地产经纪人向业主提出的一些化解房屋缺陷的建议，包括（　）。

A. 留意通风采光

B. 建议花费适当的成本加以修整

C. 清理家具，破败的杂物全部抛弃

D. 通知业主准备好房屋交易合同

E. 预备赠送家具电器的清单

10. 房屋产权清晰是成交的前提条件，房地产经纪人在核验产权时需注意（　）。

A. 物业权属的类别与范围

B. 产权登记

C. 产权注册

D. 房地产其他权利设定情况

E. 产权纠纷

11. 标的物业信息是指标的物业的（　）。

A. 供求信息　　B. 物质状况

C. 权属状况　　D. 信誉情况

E. 环境状况

12. 商业房地产租赁代理业务流程的后续服务，包括（　）。

A. 为委托承租方联络装修公司

B. 提供搬迁方案

C. 联络幼儿园

D. 联络家具、设备、绿化供应商

E. 为委托出租方提供承租方物业使用与履约能力监控

13. 商业房地产租赁代理业务流程中，引领承租方查勘物业要注意（　）。

A. 房地产经纪人员应引领承租方现场查勘经选择的待租商业房地产

B. 一定要安排承租企业中对承租事务具有决定权的人物到现场查勘

C. 要尽量安排在所有关键人物都能到场的时间进行查勘

D. 查勘过程中，应全面、客观地向出租方展示商业房地产

E. 认真听取承租方对商业房地产的现场反映及相关意见

14. 下列关于房源发布网络化的表述中，正确的有（　）。

A. 随着互联网的迅速发展，中国网民数量已跃升至世界第二位

B. 互联网已成为各类信息传播的重要渠道

C. 房地产经纪机构的房源发布也趋于信息化

D. 通过专业网站、E－mail 发布房源信息已非常普遍

E. 通过门户网站发布房源信息已非常普遍

15. 房地产经纪人工作辅助系统有（　）。

A. 图片类　　B. 发布器

C. 文本类　　D. 计算器

E. 制作类

16. 房屋原始登记凭证包括（　）。

A. 登记机关记载的其他必要信息

B. 房屋权利登记申请表

C. 房屋权利设立、变更、转移、消灭的具体依据

D. 房屋权利限制的具体依据

E. 房屋权属登记申请人提交的其他资料

17. 房屋登记簿所记载的信息包括（　）。

A. 房屋自然状况

B. 房屋权利登记申请表

C. 房屋权利状况

D. 登记机关记载的其他必要信息

E. 限制的具体依据

18. 房地产投资所涉及的领域包括（　）。

A. 房地产咨询　　B. 旧城改造

C. 房屋建设　　D. 房地产拍卖

E. 置业

19. 房地产经纪机构所提供的房地产法律咨询主要是（　）。

A. 房地产价格咨询

B. 房地产交易过程中相关法律问题的咨询

C. 房地产权利咨询

D. 房地产法律关系咨询

E. 房地产管理咨询

20. 房地产说明书内容包括（　）。

A. 出租情况　　B. 房屋坐落

C. 抵押情况　　D. 城市规划

E. 建筑年限

三、综合分析题（每题的备选答案中有一个或一个以上符合题意。错选不得分；少选，但选择正确的每个选项得相应分）

N 省 M 市李某委托本市 A 房地产经纪公司购买一套商品住房供自己居住，该房地产经纪公司的执业房地产经纪人赵某经过比较，推荐了 B 房地产开发公司开发的内销商品住宅，李某同意购买。于是经纪人赵某与 B 房地产开发公司于 2013 年 5 月 15 日签订《M 市内销商品房预售合同》。同时李某将佣金交给赵某，并将全部购房款交给 B 房地产开发公司，该开发公司于 2013 年 9 月 18 日将李某所购商品住房交付其使用。

1. 李某与 A 房地产经纪公司之间的业务关系属于（　）。

A. 代理　　B. 居间

C. 行纪　　D. 代办

2. 赵某与李某在进行业务洽谈时，应事先确定的事项有（　）。

A. 拟采用的经纪合同类型

B. 佣金标准

C. 服务标准

D. 赵某与 A 房地产经纪公司的佣金分成

3. 赵某在与 B 房地产开发公司进行业务洽谈时，为确保李某了解和掌握该开发公司的主体资格、生产经营状况及信誉，应查验公司的（　）证件。

A. 营业执照

B. 商品房预售许可证

C. 建筑工程施工许可证

D. 售楼说明书

4.《商品房预售合同》应由（　）向政府管理部门登记备案。

A. 李某

B. 赵某

C. A 房地产经纪公司

D. B 房地产开发公司

5. 李某取得所购商品住房所有权的日期为（　）的日期。

A. 商品房预售合同签订

B. 商品房预售合同生效

C. 李某所购商品房住房竣工

D. 取得房屋权属证明

第八章　房地产经纪服务合同

本部分的考试目的是测试应考人员对房地产经纪服务合同的含义、特征、作用、内容及注意事项等知识的掌握程度。

本章考试基本要求包括：

1. 掌握房地产经纪服务合同的特征；
2. 掌握房地产经纪服务合同的内容和重要事项；
3. 掌握存量房经纪服务合同的注意事项和特殊内容；
4. 熟悉房地产经纪服务合同的含义；
5. 熟悉房地产经纪服务合同的作用；
6. 熟悉新建商品销售代理合同和销售委托书的主要内容。

- 房地产经纪服务合同
  - 房地产经纪服务合同的含义、特征与作用
    - 房地产经纪服务合同的含义
    - 房地产经纪服务合同的特征
    - 房地产经纪服务合同的作用
  - 房地产经纪服务合同的内容和重要事项
    - 房地产经纪服务合同的内容
    - 签订房地产经纪服务合同的有关重要事项
  - 存量房经纪服务合同
    - 房屋出售经纪服务合同
    - 房屋承购经纪服务合同
    - 房屋出租经纪服务舍同
    - 房屋承租经纪服务合同
  - 新建商品房销售代理合同
    - 新建商品房销售代理合同的主要内容
    - 新建商品房销售委托书

第一节　房地产经纪服务合同的含义、特征与作用

一、房地产经纪服务合同的含义

（一）含义

房地产经纪服务合同是指房地产经纪机构为促成委托人房地产交易而提供有偿经纪服务，与委托人之间设立、变更、终止权利义务关系的协议，是房地产经纪服务委托人与房地产经纪机构就某一个经纪服务项目进行协商而达成一致的协议。

（二）签订条件

房地产经纪服务合同中的甲方必须是具有民事行为能力的自然人、法人或其他组织。

（三）成立的要件

房地产经纪服务合同成立的要件有三个：一是委托人的签名或者盖章；二是受托房地产经纪机构的盖章；三是承办该业务的一名房地产经纪人或者两名房地产经纪人协理签名。这三个要件必须同时具备，缺一不可。

（四）分类

1. 根据委托房地产不同，可分为存量房房地产经纪服务合同和新建商品房的房地产经纪服务合同。

2. 根据委托交易目的的不同，又可将存量房经纪服务合同细分为房屋出售经纪服务合同、房屋承购经纪服务合同、房屋出租经纪服务合同和房屋承租经纪服务合同。

二、房地产经纪服务合同的特征

（一）房地产经纪服务合同是双务合同

双务合同是指双方当事人互相享有权利、承担义务的合同，是商品交换最为典型的法律表现形式。在双务合同中，双方当事人之间存在着互为对价的关系。

（二）房地产经纪服务合同是有偿合同

有偿合同是指当事人取得权利必须支付相应代价的合同。

（三）房地产经纪服务合同为书面形式的合同

这里需要说明的是，《中华人民共和国合同法》中规定合同形式分为要式合同和不要式合同。

要式合同主要是以法律规定的特定形式要件为主。房地产经纪服务合同可以是不要式合同。但房地产经纪服务合同采用书面形式是中外房地产经纪行业的惯例。

三、房地产经纪服务合同的作用

（一）有效保障合同当事人的合法权益

以合同形式来相对固定房地产经纪机构与委托人之间的权利义务关系，从而有效保障当事人的合法权益。

（二）维护和保证市场交易的安全与秩序

1. 房地产经纪服务合同是房地产经纪人与委托人共同遵守的行为规则。这些行为规则为合同当事人的交易活动确定了基本规范，促使合同当事人遵守规则。

2. 房地产经纪服务合同不仅有利于避免房地产经纪人与委托人相互损害对方当事人利益行为的发生，也有利于维护房地产商品市场交易的安全与秩序。

（三）将房地产经纪机构的服务“产品化”

房地产经纪服务合同使得房地产经纪机构所提供的各项服务得以“显化”或“产品化”，从而有利于提高房地产经纪机构的服务针对性。

【例题1】下列合同中，无需进行登记备案的合同是（ ）。

A. 商品房预售合同

B. 在建工程转让合同

C. 房地产租赁合同

D. 商品房抵押合同

【答案】B

【例题2】经纪机构与委托人签订经纪合同时，可以（ ）。

A. 预收部分费用

B. 预收部分信息费

C. 预收部分回扣

D. 签订专有经纪合同

E. 预收部分佣金

【答案】ADE

【例题3】下列关于房地产经纪合同的表述中，错误的是（ ）。

A. 房地产经纪合同是劳务合同

B. 房地产经纪合同是有偿合同

C. 房地产经纪合同可以是不要式合同

D. 房地产经纪合同是单务合同

【答案】D

【解析】房地产经纪服务合同是双务合同。

【例题4】房地产经纪合同约定的是房地产经纪机构与（ ）之间的权利义务关系。

A. 交易一方　　B. 交易双方

C. 交易当事人　　D. 委托人

【答案】D

【例题5】下列关于房地产经纪合同的说法中，正确的有（ ）。

A. 合同标的是劳务服务

B. 合同是有偿合同

C. 合同当事人取得权利必须要支付相应代价

D. 合同经备案才生效

E. 合同一般要采用书面形式

【答案】ABCE

【例题6】下列关于房地产经纪服务合同特征的说法中，正确的有（ ）。

A. 房地产经纪服务合同属于实践性合同

B. 房地产经纪服务合同属于双务合同

C. 房地产经纪服务合同属于有偿合同

D. 房地产经纪服务合同属于单务合同

E. 房地产经纪服务合同一般为书面形式的合同

【答案】BCE

【解析】房地产经纪服务合同的特征：①房地产经纪服务合同是双务合同；②房地产经纪服务合同是有偿合同；③房地产经纪服务合同为书面形式的

合同。

【例题7】房地产经纪服务合同属于（ ）。

A. 双务合同 B. 口头合同

C. 从合同 D. 有偿合同

E. 劳务合同

【答案】AD

第二节 房地产经纪服务合同的内容和重要事项

一、房地产经纪服务合同的内容

（一）房地产经纪服务合同的基本内容

房地产经纪服务合同应当包含下列内容。

1. 房地产经纪服务双方当事人的姓名（名称）、住所等情况和从事业务的房地产经纪机构与房地产经纪人员的情况

2. 房地产经纪服务的项目、内容、要求以及完成的标准

房地产经纪服务的项目包含三项，即提供房地产信息、实地看房和代拟合同，三项服务也可以在书面合同中进一步细化。

（1）提供房地产信息服务包括提供相关的房地产市场信息，搜集、配对交易房源，房地产交易政策咨询等。

（2）实地看房服务包括首次看房、制作房屋状况说明书、带领客户看房等服务。

（3）代拟合同服务包括交易条件谈判、议价撮合、协助订立房地产交易合同，也称为代书。

对房地产经纪机构和人员来说，房地产经纪服务的基本要求包括房地产交易相关信息及时告知和披露、维护委托人的合法权益等；对委托人来说，房地产经纪服务的基本要求包括提供必要的资料，实地看房和办理相关手续时给予必要协助等。

房地产经纪服务一般以房地产交易合同（包括买卖合同和租赁合同）签订为完成标准。

3. 服务费用及其支付方式

（1）服务费用就是房地产经纪机构提供房地产经纪服务应得的服务报酬，由佣金和代办服务费两部分构成。

（2）房地产经纪服务完成并达到约定的服务标准，房地产经纪机构才可以收取服务报酬，一般情况下，房地产经纪服务的完成以房地产交易合同签订为标志，房地产交易合同订立后就可以收取佣金；代办服务费用的收取标准和时点由当事人自行约定。

（3）依据《中华人民共和国合同法》的相关规定，房地产经纪机构未完成约定服务事项的，不得要求支付服务报酬，但可以在合同中约定由委托人支付经纪服务过程中实际支出的必要费用，必要费用不得高于房地产经纪服务收费标准，具体收费额度双方协商议定。

（4）房地产买卖、租赁过程中，涉及政府规定应由委托人支付的税、费，由房地产经纪机构代收代缴的，不包含在房地产经纪服务费中。

（5）服务过程中涉及支付给第三方的费用，如权属信息查询费、评估费等，也可以在房地产经纪服务合同约定。

4. 合同当事人的权利和义务

（1）委托人的义务一般包括提供材料、协助看房、支付费用，权利一般包括知情权、全部收入的所有权。

（2）房地产经纪机构的义务一般包括及时如实报告义务、尽职尽责义务、风险提示义务等，权利一般包括违法违规行为拒绝权、报酬请求权等。

5. 委托期限

委托期限是指房地产经纪服务委托方委托房地产经纪机构提供房地产经纪服务的具体时间期限。委托期限实质上规定了房地产经纪机构完成某项经纪服务工作的时间界限，有利于督促房地产经纪机构增强紧迫感，提高工作效率。

6. 违约责任和纠纷解决方式

（1）房地产经纪机构的违约情形主要包括：未完成委托人委托的经纪服务事项；未达到合同约定的标准，或未经委托人书面同意，擅自改变房地产经纪服务内容、要求和标准；未经委托人同意，由第三方代替房地产经纪机构或者房地产经纪机构与第三方共同完成委托方委托的事项；房地产经纪机构违反国家有关法律、法规及本市相关法规，损害委托人利益。

（2）委托人的违约情形主要包括：委托人虚假委托或提供的有关证件和资料不实；委托方未能按时将约定经纪服务费支付给房地产经纪机构。

（3）房地产经纪服务合同的违约责任可以定金或者违约金的方式约定，纠纷解决方式可以采取相关部门调节、仲裁、司法诉讼等。

（二）房地产经纪服务合同的补充内容

1. 房地产经纪服务合同还可以针对房地产经纪机构提供的其他延伸服务增加相关补充内容，但延伸服务需要另外签订服务合同的除外。

2. 增设补充内容时要特别注意的是，应将房地

产经纪服务（也是房地产经纪机构的基本业务）与房地产经纪延伸服务区分清楚。

房地产经纪机构完成房地产经纪服务后委托人就有义务支付佣金，延伸服务的效果不应作为影响委托人佣金支付义务的因素。

3. 延伸服务是否收费应由经纪机构和委托人协商确定，但其本身并不作为影响委托方佣金支付义务的因素。

4. 现实业务运作中，由房地产经纪机构代办的买方贷款不成功，只是延伸服务的失败，不能作为买方拒付佣金的依据。

5. 在房地产承购代理服务中，由于标的物业的产权纠纷因素，导致买卖合同签订后无法办理标的物业的产权过户，则并不只是代办房地产登记这一延伸服务的失败，而是在很大程度上与房地产经纪机构在房地产经纪服务的产权调查环节不尽职有关，这时委托人有权拒付佣金。

【例题1】对于房地产经纪合同履行中发生的争议，不适宜的处置方式是（ ）。

A. 仲裁

B. 行政复议

C. 当事人协商解决

D. 向有关政府管理部门投诉，由其进行调解

【答案】B

【解析】房地产经纪服务合同的违约责任可以定金或者违约金的方式约定，纠纷解决方式可以采取相关部门调节、协商、仲裁和司法诉讼等。

【例题2】如果房地产经纪人未完成房地产经纪合同的委托事项，则（ ）。

A. 经纪机构不得收取佣金和其他任何费用

B. 经纪机构有权收取佣金

C. 如果合同有约定，经纪机构可以收取从事经纪活动的必要费用

D. 经纪人除了依合同约定可收取必要费用外，还可以索取佣金

【答案】C

【例题3】在履行房地产经纪合同过程中，当事人之间对房地产经纪合同履行有争议的，宜采取的处理方式不包括（ ）。

A. 双方当事人协商解决

B. 向有关政府管理部门投诉

C. 向信访部门投诉

D. 向人民法院提起诉讼

【答案】C

【例题4】在履行房地产经纪合同过程中，因房地产经纪人员或其所在房地产经纪机构的故意或过失，使房地产经纪人员和房地产经纪机构与委托人产生了纠纷，对争议的处理正确的有（ ）。

A. 双方当事人可以协商解决纠纷

B. 对委托人造成的经济损失，由房地产经纪人员和房地产经纪机构承担赔偿责任

C. 房地产经纪主管部门可以对双方当事人之间的纠纷进行调解

D. 房地产经纪合同中没有仲裁条款的，双方当事人可以另行达成仲裁决议

E. 对仲裁决议不服的，双方当事人还可以向房地产所在地人民法院提起诉讼

【答案】ACD

【例题5】为了减少房地产经纪合同纠纷，（ ）在2006年发布了一套《房地产经纪业务合同推荐文本》。

A. 中国房地产估价师与房地产经纪人学会

B. 中国房地产业协会

C. 建设部

D. 国家工商行政管理总局

【答案】A

【例题6】下列属于房地产经纪合同应当约定的内容是（ ）。

A. 发票的样式和内容

B. 佣金的支付标准

C. 投诉方式和渠道

D. 房地产经纪业务流程

【答案】B

【例题7】在房地产经纪服务合同中，主要条款如“标的”“劳务报酬与酬金”等属于（ ）。

A. 程序条款　　B. 免责条款

C. 默示条款　　D. 明示条款

【答案】D

【例题8】房地产经纪服务合同的主要条款包括（ ）。

A. 当事人的名称或姓名

B. 标的房屋

C. 服务事项和服务标准

D. 劳务报酬

E. 委托人的家庭情况

【答案】ABCD

【例题9】房地产经纪服务合同的主要内容包括（ ）。

A. 房地产经纪人与委托人的利害关系

B. 房地产经纪事项及服务要求、收费标准

C. 交易物质量、安全状况及责任约定

D. 合同当事人的权利义务

E. 合同履行期限

【答案】BCDE

【例题10】应当通过房地产经纪服务合同约定的房地产经纪服务项目包括（　）。

A. 提供房地产信息　　B. 实地看房

C. 代拟交易合同　　D. 代办贷款

E. 代办房地产登记

【答案】ABC

【解析】房地产经纪服务的项目包含三项，即提供房地产信息、实地看房和代拟合同，三项服务也可以在书面合同中进一步细化。

【例题11】房地产经纪延伸服务是否收费由（　）确定。

A. 价格管理部门

B. 房地产经纪机构

C. 委托人

D. 房地产经纪机构和委托人协商

【答案】D

【解析】房地产经纪机构完成房地产经纪服务后委托人就有义务支付佣金，延伸服务的效果不应作为影响委托人佣金支付义务的因素。延伸服务是否收费应由经纪机构和委托人协商确定，但其本身并不作为影响委托方佣金支付义务的因素。

二、签订房地产经纪服务合同的有关重要事项

（一）房地产经纪机构的书面告知义务

根据《房地产经纪管理办法》，房地产经纪机构在签订房地产经纪服务合同前，有义务向委托人书面说明下列事项。

1. 是否与委托房屋有利害关系

此项告知内容体现了房地产经纪机构和房地产经纪人员在房地产经纪活动中应遵循的回避原则。为保持经纪活动的公正性，严禁房地产经纪机构或者房地产经纪人员作为交易方出现在房地产经纪活动中。

房地产经纪人员和房地产经纪机构存在以下情形的，需要回避或如实披露并征得另一方当事人同意：一是，与房屋的出卖方或者出租方有利害关系的，如房主为房地产经纪人员的直系亲属等；二是，与房屋的承购方或者承租方有利害关系的，如房地产经纪人是买方的直系亲属等。另外，房地产经纪机构和房地产经纪人员在不提供经纪服务的交易中，可以充当交易方，但一定要向交易相对人明示自己的身份。

2. 应当由委托人协助的事宜、提供的资料

为了保证房地产交易的合法性及房地产经纪服务的顺利进行，房地产经纪机构应当根据房地产交易相关规定，告知委托人要提供本人及相关人员的身份证明、房屋权属证明、房屋共有权人同意出售或出租等有关证明和文件资料。

3. 委托房屋的市场参考价格

房地产经纪机构应当告知委托人其委托房屋所在社区或所处商圈范围内同类房屋当时的一般、平均成交价格水平，一段时期内价格变动的情况及其信息来源，并提供若干类似房屋成交实例的真实价格，供委托人作为合理设定心理价格和报价的参考。

4. 房屋交易的一般程序及可能存在的风险

《城市房地产管理法》规定，房地产交易包括房地产转让、房地产抵押和房屋租赁。房地产经纪机构应当根据委托人对交易方式的具体需求，将有关交易程序告知委托人。

同时，对可能存在的由交易主体、标的物、不可抗力等导致的风险，如实向委托人进行告知。

5. 房屋交易涉及的税费

在房屋交易中，根据权属性质、物业用途、购买年限的不同，所缴税费亦有所不同，交易税费计算比较复杂。

房地产经纪机构应当根据委托交易房屋的性质、种类和政府出台的关于房地产交易税费的现行规定，将房屋所涉及的税费种类、交费主体、收取标准告知委托人。

6. 经纪服务的内容及完成标准

房地产经纪机构应根据特定房地产经纪业务项目的具体情况，详细说明在该项目中所提供的具体服务内容和完成标准。

7. 经纪服务收费标准和支付时间

房地产经纪机构应当事先告知委托人并在房地产经纪合同中明确具体的收费标准和支付时间。收费标准应当符合价格法律、法规和规章规定，并应当与经营场所公示的有关内容一致。

8. 其他需要告知的事项

一方面，房地产经纪机构可根据特殊情况就其他问题向委托人进行告知；另一方面，各地方人民政府建设（房地产）主管部门可根据本地区实际情况，规定房地产经纪机构向委托人告知其他事项。

（二）房地产经纪机构的验证义务

房地产经纪机构与委托人签订房屋承购、承租经

纪服务合同，应当查看委托人身份证明等有关资料。

1. 查看委托人身份证明

（1）为了防止某些身份不明的人员虚报物业权属资料，给交易造成不便或导致交易不成，甚至给房地产经纪机构和房地产经纪人员带来经济损失或形象损害，房地产经纪机构在与委托人签订房地产经纪服务合同前，应先查看委托人的身份证明。

委托人是自然人的，要查看其身份证或护照，证件上的照片与委托人应当相符，委托人应具有完全民事行为能力。

完全民事行为能力人是指18周岁以上可以独立进行民事活动的公民，或16周岁以上不满18周岁以自己的劳动收入为主要生活来源的公民。

无民事行为能力人或者限制民事行为能力人，应由其监护人代理委托。

委托人是单位的，要查看其工商营业执照及单位出具的授权委托书，委托书上办理房屋交易相关事项的人员与经办人姓名和证件号一致。所有证件均应在有效期内。

（2）承购、承租房屋的委托人，应符合下列条件。

第一，是自然人的，应具有完全民事行为能力。无民事行为能力人或者限制民事行为能力人，应由其监护人代理委托。

第二，是法人的，应具有国家规定的资金数额及设立的条件等，经国家主管机关批准，依法向法人登记机关登记，取得法人资格。

第三，是其他组织的，应具有相应资格。

2. 查看委托出售、出租的房屋及房屋权属证书

房地产经纪机构在与委托人签订房屋出售、出租经纪服务合同前，应当认真查看委托交易房屋的《房屋所有权证》《房屋共有权证》《房屋他项权证》等权属证书，并实地查看房屋，核实房屋的坐落、楼层、建筑面积、规划设计用途等基本情况和共有权人情况、土地使用状况、房屋性质、抵押情况等权属及权利情况。房地产经纪机构对经查验的房产权属证书进行复印留存。

（三）房地产经纪机构对合同执行的监督

1. 房地产经纪服务合同签订后，房地产经纪机构要加强对合同执行的监督，及时了解房地产经纪人或房地产经纪人协理在合同执行中的困难和问题，并接受委托人的意见和投诉，及时处理相关问题，保证合同的正常履行。

2. 房地产交易当事人约定由房地产经纪机构代收代付交易资金的，应当通过房地产经纪机构在银行开设的客户交易结算资金专用存款账户划转交易资金。

3. 交易资金的划转应当经过房地产交易资金支付方和房地产经纪机构的签字和盖章。

4. 代收代付资金独立于房地产经纪机构或交易保证机构的自有财产及其管理的其他财产之外，也不属于房地产经纪机构或交易保证机构的负债，其所有权属于交易当事人。

（四）房地产经纪机构对合同文本的保存

房地产经纪机构应当建立业务记录制度，如实记录业务情况。房地产经纪服务合同是业务记录资料中的关键内容，同时也是其他相关机构（如法院、房地产行政管理部门、房地产经纪行业组织等）开展调查研究的重要资料，应至少保存5年。

（五）委托人的相关义务

委托人与房地产经纪机构签订房地产经纪服务合同，应当向房地产经纪机提供真实有效的身份证明。委托出售、出租房屋的，还应当向房地产经纪机构提供真实有效的房屋权属证书。委托人未提供规定资料或者提供资料与实际不符的，房地产经纪机构有权拒绝接受委托。

【例题12】根据房地产代理合同中委托人的义务，委托人（ ）。

A. 不承担处理事务过程中的不利后果

B. 不应该承担房地产经纪人受托处理事务的费用

C. 负有支付房地产经纪人报酬的义务

D. 承担在处理事务过程中发生的全部损失的赔偿责任

【答案】C

【例题13】房地产居间合同中，属于委托人义务的是（ ）。

A. 支付报酬或必要费用的义务

B. 只能委托一个房地产经纪人提供居间服务的义务

C. 允许居间人使用其名义的义务

D. 对居间人行为负责的义务

【答案】A

【例题14】签订二手房买卖合同应注意的事项有（ ）。

A. 若房屋是共有，房地产权属证书上的共有人都应在合同上签字盖章

B. 合同生效后，卖方应当告知物业管理单位，

办理房屋维修资金户名变更手续

C. 若房屋是商品房，卖方应将开发公司提供的住宅质量保证书和住宅使用说明书一并转给买方

D. 若房屋装修过，买方应委托具有资质的测绘单位对房屋重新进行测绘

E. 合同条款应有房屋质量条款

【答案】ACE

【例题15】在房地产代理合同中，房地产经纪人有（ ）的义务。

A. 承担交易后果

B. 替委托人决策

C. 亲自处理事务

D. 向被代理人报告处理事务情况

E. 所得交付被代理人

【答案】CDE

【例题16】房地产居间合同中，房地产经纪机构一般不承担（ ）的服务。

A. 如实报告交易机会

B. 尽力提供说合服务

C. 为委托人保守秘密

D. 代收、代管房款

【答案】D

【例题17】房地产经纪服务合同的保存期限（ ）。

A. 不少于3年 B. 不少于5年

C. 5~10年 D. 10年以上

【答案】B

【例题18】房地产经纪机构承办房地产经纪服务以外的其他服务时，所提供的书面告知服务材料需经（ ）确认。

A. 委托人签名或盖章

B. 委托人口头

C. 房地产管理部门盖章

D. 工商管理部门盖章

【答案】A

【解析】房地产经纪机构根据交易当事人需要提供房地产经纪服务以外的其他服务（如各类房地产经纪延伸服务）的，也应当书面告知服务内容及收费标准。书面告知材料应当经委托人签名（盖章）确认。

第三节 存量房经纪服务合同

一、房屋出售经纪服务合同

房屋出售经纪服务合同是指房地产经纪机构为促成委托人出售房屋提供有偿经纪服务，与委托人之间设立、变更、终止权利义务关系的协议。

（一）签订房屋出售经纪服务合同的注意事项

1. 认真查验交易房屋的权属状况

房屋交易的实质是房屋产权交易，因此，确认房屋产权的真实性以及是否存在瑕疵是首要问题。

房屋是否即将拆迁、是否已经抵押或涉案被查封、产权共有人的意见等均将成为影响房屋是否上市的重要因素。

要注意以下几个重点问题：①单位自建的房屋，农村宅基地上建造的房屋，社区或项目配套用房，未经规划或报建批准的房屋等，都有可能不是完全产权；②因房地产证遗失补办后发生过转让、房屋被查封甚至强制拍卖，原房地产证没有产权；③伪造的房地产证没有产权；④未登记的预售商品房、抵押商品房，仅凭购买合同或抵押合同不能完全界定产权状态；⑤已抵押的房屋未解除抵押前，业主不得擅自处置；⑥公房上市需要补交地价或其他款项，符合已购公有住房上市出售条件才能出售；⑦在拍卖市场上竞得的房屋可能存在产权不完整的情况；⑧涉及婚姻或财产继承的房屋产权一般比较复杂；⑨法律禁止转让的房地产。

2. 经委托人同意再对外公布房源信息

为了确保房源信息发布的真实、有效、准确，房地产经纪机构与委托人签订房屋出售经纪服务合同后，还要根据委托人提供的证明、材料以及查验房屋的结果，在委托人的协助下，进一步编制房屋状况说明书。

房地产经纪人员还要尽可能全面地掌握房源的其他相关信息，如房屋的区位、配套设施设备、债权债务信息，附送的家具电器及其他用品，房屋的其他现况等内容，并在房屋状况说明书中予以记载。

房屋状况说明书中还要附上相关证件材料的复印件和房屋外立面及各房间的照片。

3. 详尽告知委托人相关税费政策

在房屋交易中，根据权属性质、物业用途、购买年限的不同，交易当事人所缴税费亦有所不同，交易税费计算比较复杂。

房地产税费政策一直处在不断的调整变化中，专业性强，一般委托人很难详细掌握。房地产经纪机构应该根据委托物业的情况详尽告知房屋所涉及的税费种类、交费主体、收取标准等。

4. 委托方式选择

房屋出售经纪服务合同中的委托方式可以是独家委托，或多家委托。

两种方式各有利弊，委托人可以根据自己的实际情况进行选择。

独家委托中委托人把房屋授权给一家房地产经纪机构出售，并确定一定的委托期限。

在委托期内，房地产经纪机构为了促成交易，会集中力量将房源推荐给客户，缺点在于受到房地产经纪机构客户的数量限制。

多家委托的方式中委托人把房屋同时授权给多家房地产经纪机构出售，谁先达成交易合同，谁获得佣金。

在多家委托方式下多家房地产经纪机构展开竞争，房源信息可以尽可能多地传递到客户那里，缺点在于房地产经纪机构竞争激烈，可能为尽快成交不择手段，对委托人造成损失。

当然，独家委托、多家参与销售的方式可以结合以上两种委托方式的优点。

5. 房屋出售经纪业务中的创新服务

在房屋出售经纪服务中，房地产经纪机构也可以根据委托人的意愿，提供待售期间的房屋保管服务。即委托人将房屋钥匙交给房地产经纪机构保管并使用，房地产经纪机构可以直接带客户看房而不需要房东陪同。这种适合于房东目前不居住在该委托屋内的情况，一方面可以省去房东每次看房陪同的麻烦，也方便了房地产经纪机构可以带承购人看房。这种情况一般出现在独家委托中。

（二）房屋出售经纪服务合同的特殊内容

1. 出售房地产的基本情况

合同中标明出售房地产的基本情况，包括房屋基本信息、区位信息、实物信息、配套设设施设备、债权债务信息等。房屋信息尽可能详细，能够更好地完成经纪工作。

2. 房地产经纪服务及延伸服务的项目、内容、要求以及完成的标准

在房屋出售经纪服务合同中，房地产经纪机构可以提供的基本服务内容包括：提供与标的房屋买卖相关的法律法规、政策、市场行情咨询；寻找承购人；在协议约定的期限内代管标的房屋；协助甲方与承购人达成房屋买卖合同。

除基本服务外，提供代办个人住房抵押贷款、房地产估价、公证手续；为委托人代办税费缴纳事务；代办解除标的房屋抵押手续；代办房屋产权及附属设施过户手续；代理移交房屋、附属设施及家具设备等；代办各种房屋维修基金、物业管理费、公用事业费账户更名、费用移转手续等其他服务的，房地产经纪机构和委托人根据需要协商确定具体服务内容、要求及完成标准，作为补充内容列入合同，或经协商人通过其他服务合同加以约定。

3. 出售价格

标明委托人要求的房产出售价格，如实际成交价高于上述价格，超过部分归委托人所有。

二、房屋承购经纪服务合同

房屋承购经纪服务合同是指房地产经纪机构为促成委托人购买房屋提供有偿经纪服务，与委托人之间设立、变更、终止权利义务关系的协议。

（一）签订房屋承购经纪服务合同的注意事项

1. 明确委托人的购房需求

房地产经纪机构要询问委托人尽可能详细的购房需求，委托人也要如实告知。

2. 相关购买方税费政策的说明

购房人一般需要交纳契税、印花税、交易手续费、权属登记费等。另外，房地产经纪机构还要向委托人介绍当地实行的房地产市场政策，如房产税、限购政策等。

3. 房屋承购经纪业务中的创新服务

房屋承购经纪服务中可以包含房屋质量保证、房屋交易履约保证等交易保障服务，如提供这类服务，也应在合同中对这些服务的具体内容、服务标准及收费标准进行约定。

（二）房屋承购经纪服务合同的特殊内容

1. 承购房地产的基本要求

合同中标明承购房产需求信息，包括房屋区位、价格、面积、户型、其他要求等。

2. 房地产经纪服务的项目、内容、要求以及完成的标准

在房屋承购经纪服务合同中，房地产经纪机构可以提供的基本服务内容包括：提供与标的房屋买卖相关的法律法规、政策、市场行情咨询；寻找意愿购买房屋及其出售人；对符合委托方购买要求且得到委托人基本认可的房屋进行产权调查和实地查验；协助委托人与出售人达成房屋买卖合同。

除基本服务外，提供代办房地产估价、公证手续；为委托人代办税费缴纳事务；代办购房抵押贷款手续；代办房屋产权及附属设施过户手续；代理查验并接受房屋、附属设施及家具设备等；代办各种收费设施的交接手续等其他服务的，房地产经纪机构和委

托人根据需要协商确定具体服务内容、要求及完成标准，作为补充内容列入合同，或通过其他服务合同约定。

3. 委托承购价格

标明委托人要求的房屋承购价格。委托人支付的价格应与出售人得到的价格相同。

三、房屋出租经纪服务合同

房屋出租经纪服务合同是指房地产经纪机构为促成委托人出租房屋提供有偿经纪服务，与委托人之间设立、变更、终止权利义务关系的协议。

（一）签订房屋出租经纪服务合同的注意事项

1. 认真查验房屋物质状况，经委托人同意后对外公布房源信息

为了避免房屋出租后因房屋及其设备、家具等给承租人造成健康、安全损害从而产生交易纠纷，房地产经纪机构与委托人签订房屋出租经纪服务合同之前，就应对房屋的结构、装修、设备、家具进行认真查验，有重大健康、安全隐患的应敦促出租人进行整改后再受理委托出租业务。

对可受理出租委托的房屋，要根据房屋查验的实际情况以及委托人提供的相关证明材料（如甲醛排放量），编制房屋状况说明书，经委托人确认并同意对外公布房源信息后，房地产经纪机构方可通过各种合法渠道进行房源信息发布。

2. 详细了解委托人租赁要求

房地产经纪机构要充分了解委托人对租客和租赁期限的要求。对租客的要求包括租客的年龄、职业、数量、国籍地域等。

有些房东暂时不会处理和使用房产的，希望长期出租，房地产经纪机构可以帮其寻找稳定的租客；有些房东可能只是短暂出租，一段时间以后要使用或者出售的，房地产经纪机构可以帮其寻找短租客或者是租期灵活的客户。

3. 房屋出租经纪业务中的创新服务

出租经纪服务中可以包含对出售房屋及设备的使用监督、维修服务，以及代收租金服务。

比如房地产经纪机构可以推出“房屋管家”或“房屋托管”服务。房东和房地产经纪机构签订托管协议，房东将房屋委托给经纪机构进行管理，包括房屋租前保洁、寻找租客、收取租金、维修等，房东向房地产经纪机构支付管理费用（或以某个特定时间段内的租金充抵）。

如果在租约期内房屋出现维修等问题，可以由房地产经纪机构负责找人进行修理，如果是房屋设备老化等问题导致的，维修费用由房东支付，可以从租金中代扣。如果是租客使用不当造成的，维修费用由租客支付。

租约期内只需房地产经纪机构和租客接触，房东不和具体的租客联系。

租约期内出现的租客临时退租出现空置期，或者没有按期支付租金、拖延或拒交水电费等情况都由房地产经纪机构进行风险担保，不会影响签约房东的收益。

（二）房屋出租经纪服务合同的特殊内容

1. 出租房屋的基本情况

合同中标明出租房地产的基本情况，包括房屋基本信息、区位信息、实物信息、配套设设施设备、债权债务信息等。

2. 房地产经纪服务的项目、内容、要求以及完成的标准

在房屋出租经纪服务合同中，房地产经纪机构可以提供的服务包括：提供与标的房屋买卖相关的法律法规、政策、市场行情咨询；寻找承租人；在约定期限内代管标的房屋；协助委托人与承租人达成房屋买卖合同；为委托人代办税费缴纳事务；代理交接房屋、附属设施及家具设备等；代办各种收费设施的交接手续等。

3. 委托出租条件

标明委托人要求的租金、租赁期限、押金标准、租金支付方式和其他费用支付。

四、房屋承租经纪服务合同

房屋承租经纪服务合同是指房地产经纪机构为促成委托人租赁房屋提供有偿经纪服务，与委托人之间设立、变更、终止权利义务关系的协议。

（一）签订房屋承租经纪服务合同的注意事项

1. 明确委托人租赁要求

房地产经纪机构要明确委托人的租赁要求，包括租赁房屋面积、租金、租赁期限、内部设施、小区环境、交通等情况，将这些内容具体写在房屋承租经纪服务合同中。

另外要提醒租客不得在未取得出租人同意其转租的情况下进行转租（特别是群租）或在承租房屋内从事各种不合法活动。

2. 房屋承租经纪业务中的创新服务

承租经纪服务也可以像承购经纪服务一样，提供类似的房屋质量保证服务。还可以进一步拓展到维修服务。

房地产经纪机构在这个维修服务中承担风险，可

以向出租委托人和承租人收取一定的费用作为服务费用或风险资金。

房地产经纪机构还可以推出“包年限租赁”服务，比如以一年为租赁服务年限，在一年内如果非因委托人原因终止租赁合同，被迫搬离租赁房源的，房地产经纪机构负责另外推荐其他房源，保证其继续租赁而不需要另外支付经纪服务费。这种服务对于房地产经纪机构增加了一定的风险也会减少部分收益，但是对于稳定客源很有益处，特别是对于长期租赁的人群很有吸引力。

房地产经纪机构为了减少风险，也会着力推荐较稳定的长期租赁的房源给客户，使得合同两方都受益。

（二）房屋承租经纪服务合同的特殊内容

1. 承租房屋的基本要求

合同中标明承租房屋需求信息，包括房屋区位、面积、户型、设施设备、租期、租金及其支付方式、押金等要求。

2. 房地产经纪服务的项目、内容、要求以及完成的标准

3. 委托承租价格

标明委托人要求房产承租的价格。

【例题1】二手房的房屋买卖合同应包括的主要条款有（ ）。

A. 规划、设计变更的约定

B. 房屋的使用要求和修缮责任

C. 房屋的平面图、结构、配套设施等

D. 买卖房地产当事人的姓名或名称

E. 房地产买卖的价格、支付方式和期限

【答案】CDE

【例题2】下列关于房屋租赁合同承租人权利义务的表述中，不正确的是（ ）。

A. 承租人确有必要更改原有设施的，应征得出租人书面同意

B. 承租人确有必要更改原有设施的，应按照物业管理规定实施

C. 房屋维修责任一般由出租人承担

D. 租赁期满承租人在返还房屋时需要将房屋恢复原状

【答案】D

【解析】租赁期满承租人在返还房屋时不一定需要将房屋恢复原状。

【例题3】下列关于二手房买卖合同生效后当事人行为的表述中，正确的有（ ）。

A. 当事人应将房地产转让情况书面告知业主管理委员会

B. 当事人应将房地产转让情况书面告知物业管理单位

C. 当事人需要办理房屋维修资金户名的变更手续

D. 当事人不需要将房屋维修基金账户内结余交割

E. 当事人需要将住房内原户口迁移

【答案】ABC

【例题4】下列关于房地产代理合同主要条款内容的表述中，正确的有（ ）。

A. 房地产代理服务事项是代理合同的明示条款

B. 无民事行为能力的房地产权利人经其法定监护人或法定代理人代理才能与房地产经纪机构签订房地产代理合同

C. 当事人需要在合同中明确合同的履行地点和履行方式

D. 酬金的标准是合同的主要条款，但不是合同的明示条款

E. 合同中没有约定违约责任的，违约方可以不承担违约责任

【答案】ABC

【例题5】下列关于房地产抵押合同的表述中，正确的有（ ）。

A. 房地产抵押权可以转让，但债务合同不可以转让

B. 债务合同可以转让，但房地产抵押权不可以转让

C. 房地产抵押权可以转让，而且债务合同随抵押权一同转让

D. 处分抵押物只能选择拍卖方式

E. 以建设工程设定抵押的，在房地产抵押合同中应注明《建设工程规划许可证》编号

【答案】CE

【例题6】下列关于房地产居间合同的表述中，正确的有（ ）。

A. 居间合同的委托人给付义务具有不确定性，只有交易达成，委托人才有向经纪人支付报酬的义务

B. 居间合同中，房地产经纪人只能接受相对两方的委托

C. 房地产经纪人在居间合同中具有向委托人如实报告的义务

D. 委托人可以要求房地产经纪人不得将自己的

姓名、家庭等情况告知相对人

E. 房地产经纪人对在提供居间服务过程中得到有关委托人的商业机密等具有保密义务

【答案】ACDE

【例题7】房地产经纪合同的两种基本类型是（ ）。

A. 房地产代理合同和房地产买卖经纪合同

B. 房地产买卖合同和房地产租赁合同

C. 房地产租赁经纪合同和房地产居间合同

D. 房地产代理合同和房地产居间合同

【答案】D

【例题8】在存量房买方代理合同中，应当约定的内容是（ ）。

A. 带领客户看房的次数

B. 提供的备选房源数量

C. 向买方报告交易机会的次数

D. 对代购房地产的估价服务

【答案】B

【例题9】某房地产经纪机构推出一年期“包年限租赁”经纪服务，其承租客户在一年内因房主原因被迫撤离租赁房屋的，该机构应当另外推荐其他房源，但（ ）。

A. 不能另外收费　　B. 只能收看房费

C. 只能收信息费　　D. 只能收劳务费

【答案】A

【解析】房地产经纪机构推出“包年限租赁”服务，比如以一年为租赁服务年限，在一年内如果非因委托人原因终止租赁合同，被迫搬离租赁房源的，房地产经纪机构负责另外推荐其他房源，保证其继续租赁而不需要另外支付经纪服务费。

【例题10】二手房房屋买卖合同的主要条款包括（ ）。

A. 房地产买卖价格

B. 房地产交付日期

C. 面积差异处理办法

D. 规划设计变更的约定

E. 争议解决处理办法

【答案】ABE

【例题11】《房地产经纪业务合同推荐文本》（2006版）包括（ ）。

A. 房屋出售委托协议

B. 房屋出租委托协议

C. 房屋承购委托协议

D. 房屋承租委托协议

E. 房屋拍卖委托协议

【答案】ABCD

第四节 新建商品房销售代理合同

一、新建商品房销售代理合同的主要内容

1. 新建商品房销售代理合同双方当事人的名称、住所等情况

合同中标明委托方房地产开发商和受托方房地产经纪机构的注册地址、法人代表（或授权代表）、营业执照、联系电话等信息。销售代理合同双方法人代表或授权人签字，单位盖章后，合同生效。

2. 新建商品房的基本情况

合同中标明新建商品房的基本情况，包括项目名称、位置、性质和代理范围、建设批文等。

3. 房地产经纪服务的项目、内容、要求以及完成的标准

对于新建商品房销售代理商而言，目前已经有很多将服务内容向开发前期延伸，直至发展为从市场调研、产品定位、商品房预（销）售到代收售房款、代办商品房预售合同预告登记等的全过程营销服务。

销售代理合同要对各项服务项目、具体内容、要求及完成标准进行详细约定。

4. 委托期限与方式

房地产经纪机构和委托人可以约定一段时间作为服务时间，或者明确合同终止的标准，并约定在委托期限内是否为独家委托。

5. 经纪服务费用及其支付方式

销售代理的服务一般包括佣金和营销费用。佣金一般为代理销售价格的一定比率，并随销售进度分批支付。

可以约定根据销售批次采取不同的佣金比率。营销费用应包括项目销售中投入的媒体广告、楼书、售楼处样板房装修、销售案场的办公费用等。

6. 委托方的权利义务

房地产经纪机构的销售节奏要求，派专员办理收款、开具发票、出具预告登记抵押登记中需委托方提供的各类资料；交房时派专员办理入户手续；及时和房地产经纪机构结算款项。

7. 房地产经纪机构的权利义务

房地产经纪机构实施营销企划方案中发布的广告、楼书和销售道具等必须经委托方确认后方可发布；教育、约束机构内的房地产经纪人员不得采取误

导或其他不当行为给当事人或委托方造成任何损失；明确项目的市场定位、营销企划方向；制定、实施本项目的媒体安排、推广方案、广告内容、销售道具；制定、实施现场销售方案和认购合同的签订、预售合同的签订、按揭贷款的收件工作等；实施销售现场（售楼处）与样板房的日常维护。

8. 违约责任

合同履行期间，任何一方出现单方无故终止或解除本合同的严重违约行为致使本合同无法继续履行，给对方造成损失的，须赔偿对方因此造成的相应损失。

9. 合同变更与解除

合同履行期间，任何一方要求变更合同条款，应书面通知对方。经双方协商一致，可达成补充协议。补充协议为本合同的组成部分，与合同具有同等效力。

合同履行期间，任何一方有确凿证据证明对方行为严重影响自己的利益，必须终止合同的，可于委托期限届满前，书面通知对方解除本协议，并结清相关费用，或追偿违约金。

10. 合同纠纷解决方式

合同发生争议，双方应协商解决。协商不成的，可以向相关部门申请仲裁、司法诉讼等。

二、新建商品房销售委托书

新建商品房销售委托书是开发商基于新建商品房销售代理合同，而向与其签订合同的房地产经纪机构出具的商品房销售代理授权书，以便于房地产经纪机构向购房者等第三方明示其所具有的商品房代理销售权。

根据《房地产经纪管理办法》的规定，代理销售商品房项目的房地产经纪机构应当在销售现场明显位置明示商品房销售委托书。

新建商品房销售委托书的主要内容如下。

1. 委托书授权方与被授权方情况。

2. 新建商品房的基本情况。

新建商品房的项目名称、位置、性质和代理范围等。

3. 授权房地产经纪机构代理事务的项目名称、内容。

4. 委托期限。

【例题1】在《商品房销售代理合同》中，商品房销售委托方要求销售代理方须完成销售的代理房屋最低平均单价是（ ）。

A. 单套底价 B. 平均底价

C. 合同底价 D. 代理销售底价

【答案】A

【例题2】在新建商品房销售代理合同中，由于约定的销售价格越高，销售难度就越大，为了避免可能出现的纠纷，合适的做法有（ ）。

A. 在合同中约定提供交易机会的次数

B. 在合同中约定房地产交易价格的范围

C. 在合同中约定销售的时间和进度

D. 在合同中约定不同价格和销售进度下的佣金计算标准

E. 在合同中约定如果售价高出某个基准，房地产经纪人员可以进行分成

【答案】BCD

【例题3】房地产经纪机构代理销售商品房项目应当取得（ ）。

A. 银行资金证明

B. 经公证的授权书

C. 商品房销售委托书

D. 房地产开发企业资质

【答案】C

【解析】新建商品房销售委托书是开发商基于新建商品房销售代理合同，而向与其签订合同的房地产经纪机构出具的商品房销售代理授权书，以便于房地产经纪机构向购房者等第三方明示其所具有的商品房代理销售权。根据《房地产经纪管理办法》的规定，代理销售商品房项目的房地产经纪机构应当在销售现场明显位置明示商品房销售委托书。

【例题4】居先生将其自有的一套房屋委托给一家房地产经纪机构出售，并签订了为期3个月的独家出售经纪服务合同。2个月后，居先生又将房屋委托给另一家房地产经纪机构出售。对此，居先生应当承担（ ）。

A. 违约责任

B. 侵权责任

C. 履约不当责任

D. 缔约过失责任

【答案】A

【解析】违约责任是指合同履行期间，任何一方出现单方无故终止或解除本合同的严重违约行为致使本合同无法继续履行，给对方造成损失的，须赔偿对方因此造成的相应损失。本题中，居先生与一家房地产经纪机构签订了3个月的独家出售经纪服务合同，2个月后将房屋委托给另一家房地产经纪机构出售，属于单方违约，应承担违约责任。

练习题

一、**单项选择题**（每题的备选答案中只有一个最符合题意）

1.（　）是房地产经纪服务委托人与房地产经纪机构就某一个经纪服务项目进行协商而达成一致的协议。

A. 房地产经纪服务内容
B. 房地产经纪服务合约
C. 房地产经纪服务协议
D. 房地产经纪服务合同

2.（　）是指当事人取得权利必须支付相应代价的合同。

A. 佣金合同　　B. 书面合同
C. 单务合同　　D. 有偿合同

3. 要式合同主要是以法律规定的（　）要件为主。

A. 口头形式　　B. 书面形式
C. 基本形式　　D. 特定形式

4. 房地产经纪服务合同是房地产经纪人与委托人共同遵守的（　）。

A. 行为要点　　B. 行为规定
C. 行为规则　　D. 行为规范

5.（　）是房地产经纪机构提供房地产经纪服务应得的服务报酬。

A. 服务所得　　B. 服务费用
C. 服务报酬　　D. 服务佣金

6. 为了保证房地产交易的合法性及房地产经纪服务的顺利进行，房地产经纪机构应当根据房地产交易的相关规定，告知委托人要提供本人及相关人员的身份证明。这属于（　）的内容。

A. 委托房屋的市场参考价格
B. 是否与委托房屋有利害关系
C. 应当由委托人协助的事宜、提供的资料
D. 房屋交易涉及的税费标准

7.（　）应当符合价格法律、法规和规章规定，并应当与经营场所公示的有关内容一致。

A. 收费标准　　B. 收费内容
C. 收费费率　　D. 收费金额

8. 各地方人民政府建设（房地产）主管部门可根据本地区实际情况，规定房地产经纪机构向委托人告知（　）。

A. 基本事项　　B. 其他事项
C. 经营事项　　D. 规定事项

9. 为了防止某些身份不明的人员虚报物业权属资料，给交易造成不便或导致交易不成，房地产经纪机构在与委托人签订房地产经纪服务合同前，应先查看（　）。

A. 委托人的合同证明
B. 委托人的档案证明
C. 委托人的经营证明
D. 委托人的身份证明

10. 房屋交易的实质是（　）。

A. 房屋产权图交易　　B. 房屋产权交易
C. 房屋资金交易　　D. 房屋产权证交易

11.（　）的方式中，委托人把房屋同时授权给多家房地产经纪机构出售，谁先达成交易合同，谁获得佣金。

A. 多家委托　　B. 独家委托
C. 专人委托　　D. 合作委托

12. 合同中标明承购房产需求信息，包括房屋区位、户型、其他要求等，属于（　）的内容。

A. 出租房地产的基本要求
B. 承购房地产的基本要求
C. 承租房地产的基本要求
D. 出售房地产的基本要求

13. 委托人支付的价格应与出售人得到的价格相同，是（　）的基本内涵。

A. 委托承购价格
B. 委托承租价格
C. 受托承购价格
D. 受托承租价格

14.（　）是指房地产经纪机构为促成委托人购买房屋提供有偿经纪服务，与委托人之间设立、变更、终止权利义务关系的协议。

A. 房屋出售经纪服务合同
B. 房屋抵押经纪服务合同
C. 房屋出租经纪服务合同
D. 房屋承购经纪服务合同

15.（　）是指房地产经纪机构为促成委托人出售房屋提供有偿经纪服务，与委托人之间设立、变更、终止权利义务关系的协议。

A. 房屋承购经纪服务合同
B. 房屋出售经纪服务合同
C. 房屋出租经纪服务合同
D. 房屋承租经纪服务合同

16. 房屋承租经纪服务合同是指房地产经纪机构为促成委托人（ ）房屋提供有偿经纪服务，与委托人之间设立、变更、终止权利义务关系的协议。

A. 出售　　B. 抵押

C. 典当　　D. 租赁

17. 合同中标明承租房屋需求信息，包括房屋区位、面积、户型、设施设备、租期、租金及其支付方式、押金等要求，属于（ ）。

A. 房地产经纪服务的项目

B. 房地产经纪服务的内容

C. 承租房屋的基本要求

D. 委托承租价格

18. 合同履行期间，任何一方出现单方无故终止或解除本合同的严重违约行为致使本合同无法继续履行，给对方造成损失的，属于（ ）。

A. 侵害责任　　B. 违约责任

C. 侵权责任　　D. 违法责任

19.（ ）是开发商基于新建商品房销售代理合同，而向与其签订合同的房地产经纪机构出具的商品房销售代理授权书。

A. 新建商品房销售委托书

B. 新建商品房销售委托合同

C. 商品房销售委托书

D. 存量房销售委托书

20. 房地产经纪合同的两种基本类型是（ ）。

A. 房地产代理合同和房地产买卖经纪合同

B. 房地产买卖合同和房地产租赁合同

C. 房地产租赁经纪合同和房地产居间合同

D. 房地产代理合同和房地产居间合同

二、多项选择题（每题的备选答案中有两个或两个以上符合题意）

1. 房地产经纪服务合同中的甲方必须是具有民事行为能力的（ ）。

A. 政府机构　　B. 自然人

C. 国际组织　　D. 法人

E. 其他组织

2. 房地产经纪服务合同的特征包括（ ）。

A. 房地产经纪服务合同为口头形式的合同

B. 房地产经纪服务合同是无偿合同

C. 房地产经纪服务合同为书面形式的合同

D. 房地产经纪服务合同是有偿合同

E. 房地产经纪服务合同是双务合同

3. 房地产经纪服务合同的作用包括（ ）。

A. 有效保障合同当事人的合法权益

B. 维护和保证市场交易的安全与秩序

C. 将房地产经纪机构的服务“产品化”

D. 将房地产经纪机构的服务“量化”

E. 有效保障社会的稳定发展

4. 房地产经纪服务的项目包含（ ）。

A. 提供房地产信息　　B. 居间撮合

C. 实地测量　　D. 实地看房

E. 代拟合同

5. 提供房地产信息服务包括（ ）。

A. 提供相关的房地产市场信息

B. 搜集、配对交易房源

C. 协助订立房地产交易合同

D. 议价撮合

E. 房地产交易政策咨询

6. 代拟合同服务包括（ ）。

A. 交易条件谈判

B. 制作房屋状况说明书

C. 议价撮合

D. 协助订立房地产交易合同

E. 提供相关的房地产市场信息

7. 服务费用就是房地产经纪机构提供房地产经纪服务应得的服务报酬，包括（ ）。

A. 奖金　　B. 佣金

C. 利息　　D. 代办服务费

E. 信息费

8. 房地产经纪机构的违约情形主要包括（ ）。

A. 未完成委托人委托的经纪服务事项

B. 未达到合同约定的标准

C. 未经委托人口头同意，擅自改变房地产经纪服务内容

D. 未经委托人同意，由第三方代替房地产经纪机构或者房地产经纪机构与第三方共同完成委托方委托的事项

E. 房地产经纪机构违反国家有关法律、法规及本市相关法规，损害委托人利益

9. 委托人的违约情形主要包括（ ）。

A. 委托人虚假委托

B. 提供的有关证件和资料不实

C. 房地产经纪机构违反国家有关法律、法规及本市相关法规

D. 擅自改变房地产经纪服务内容

E. 委托方未能按时将约定经纪服务费支付给房地产经纪机构

10. 下列关于房地产经纪服务合同的补充内容的

说法中，正确的是（ ）。

A. 增设补充内容时要特别注意的是，应将房地产经纪服务与房地产经纪延伸服务区分清楚

B. 延伸服务是否收费应由经纪人和委托人协商确定

C. 现实业务运作中，由房地产经纪机构代办的买方贷款不成功，只是延伸服务的失败，不能作为买方拒付佣金的依据

D. 在房地产承购代理服务中，由于标的物业的产权纠纷因素，导致买卖合同签订后无法办理标的物业的产权过户，则并不只是代办房地产登记这一延伸服务的失败

E. 在很大程度上与房地产经纪机构在房地产经纪服务的产权调查环节不尽职有关，这时委托人有权拒付佣金

11. 房地产经纪机构的验证义务包括（ ）。

A. 查验委托出售房屋的实体

B. 查验委托出租房屋的实体

C. 查验房屋权属证书

D. 查验委托人的身份证明

E. 查验受托人的身份证明

12. 承购、承租房屋的委托人，应符合下列条件：（ ）。

A. 是自然人的，应具有无民事行为能力

B. 无民事行为能力人或者限制民事行为能力人，应由其监护人代理委托

C. 是法人的，应具有国家规定的资金数额及设立的条件

D. 经国家主管机关批准，依法向法人登记机关登记，取得法人资格

E. 是其他组织的，应具有相应资格

13. 影响房屋是否上市的重要因素包括（ ）。

A. 房屋是否即将拆迁

B. 房屋是否已经抵押

C. 房屋是否涉案被查封

D. 产权使用人的意见

E. 产权共有人的意见

14. 认真查验交易房屋的权属状况，要注意（ ）。

A. 单位自建的房屋、未经规划或报建批准的房屋等，都有可能不是完全产权

B. 因房地产证遗失补办后发生过转让、房屋被查封甚至强制拍卖，原房地产证没有产权

C. 伪造的房地产证有产权

D. 已抵押的房屋未解除抵押前，业主可以擅自处置

E. 公房上市需要补交地价或其他款项，符合已购公有住房上市出售条件才能出售

15. 房屋状况说明书中还要附上（ ）。

A. 相关证件材料的影印件

B. 相关证件材料的复印件

C. 房屋外立面的照片

D. 相关证件材料的原件

E. 房屋各房间的照片

16. 房屋出售经纪服务合同中的委托方式可以是（ ）。

A. 多家委托　　B. 双方委托

C. 代理委托　　D. 销售委托

E. 独家委托

17. 房屋出租经纪业务中的创新服务是指（ ）。

A. 对出售房屋及设备的使用监督

B. 提供交易信息

C. 代收租金服务

D. 维修服务

E. 代收利息服务

18. 销售代理合同包括（ ）。

A. 各项服务项目　　B. 争议内容

C. 具体内容　　D. 具体要求

E. 完成标准

19. 合同纠纷的解决方式有（ ）。

A. 申请仲裁　　B. 双方协商解决

C. 行政复议　　D. 司法诉讼

E. 行政审查

20. 新建商品房销售委托书的主要内容有（ ）。

A. 委托书授权方与被授权方情况

B. 新建商品房的基本情况

C. 合同履行期间

D. 授权房地产经纪机构代理事务的项目名称、内容

E. 委托期限

三、综合分析题（每题的备选答案中有一个或一个以上符合题意。错选不得分；少选，但选择正确的每个选项得相应分）

A 省 B 市甲房地产经纪公司（以下简称甲公司）受开发商委托，代理销售某楼盘。房地产经纪人小李受甲公司指派具体负责该楼盘的代理销售工作。某一天，小李接待了有意向购房的小王，小李为小王详细介绍了一套商品房后，小王表示满意。经过协商，双

方一致同意按照《商品房买卖合同示范文本》的条款签订了《商品房买卖合同》。

1. 根据《中华人民共和国合同法》《中华人民共和国城市房地产管理法》及其他相关法律、法规，在双方一致同意订立的《商品房买卖合同》中第一条“项目建设依据”中包括（ ）。

A. 土地使用权出让合同号

B. 建设用地规划许可证号

C. 建设工程规划许可证号

D. 房屋权属证书号

2. 减少合同纠纷的措施不包括（ ）。

A. 采用房地产经纪合同示范文本

B. 求同存异，回避有争议的条款

C. 由法律人士对合同内容进行审核

D. 采用书面合同形式

3. 依照国家和当地人民政府有关规定，开发商应将（ ）的商品房交付买受人小王使用。

A. 经验收合格

B. 符合《商品房买卖合同》约定

C. 符合小王要求

D. 办理了房屋所有权证

4. 按照《商品房买卖合同示范文本》中的提示性条款，对于有可能影响到所购商品房质量或使用功能的规划变更、设计变更，开发商、小王的权利义务有（ ）。

A. 开发商应当在有关部门批准同意之日起 15 日内书面通知小王

B. 小王有权在通知到达之日起 15 日内作出是否退房的书面答复

C. 小王在通知到达之日起 15 日内未作出答复视同接受变更

D. 开发商在规定时限内未通知小王，小王有权退房

5. 按照《商品房买卖合同》中的内容要求，小李还应向小王明示商品房达到交付使用条件后，如购商品房为住宅，开发商还需提供（ ）交付买房人。

A.《住宅质量保证书》

B.《住宅使用说明书》

C.《土地使用权出让合同书》

D.《开发企业资质证书》

第九章　房地产经纪执业规范

本部分的考试目的是测试应考人员对房地产经纪执业规范的概念、作用、制定和执行，房地产经纪执业的基本原则，房地产经纪执业规范的主要内容等知识的掌握程度。

本章考试基本要求包括：

1. 掌握房地产经纪执业的基本原则；
2. 掌握房地产经纪执业规范的主要内容；
3. 熟悉房地产经纪执业规范的概念、作用、制定和执行。

- 房地产经纪执业规范
  - 房地产经纪执业规范概述
    - 房地产经纪执业规范的概念
    - 房地产经纪执业规范的作用
    - 房地产经纪规范的制定和执行
  - 房地产经纪执业的基本原则
    - 合法原则
    - 自愿原则
    - 平等原则
    - 公平原则
    - 诚信原则
  - 房地产经纪执业规范的主要内容
    - 业务招揽规范
    - 业务承接规范
    - 业务办理规范
    - 房地产经纪服务费用收取规范
    - 资料签署和保存规范
    - 信息保密规范
    - 处理与同行关系的行为规范
    - 处理与社会关系的行为规范

第一节　房地产经纪执业规范概述

1. 规范一词含有约定俗成或明文规定的某种规格、标准、准则的意思，指人们在一定情况下应该遵守的各种规则。

2. 规范大体可分为技术性规范和社会规范两大类。法律规范和道德规范都是社会规范中的一种。

3. 法律规范，是指通过国家的立法机关制定的或者认可的，用以指导、约束人们行为的行为规范的一种。

4. 道德规范又称“道德准则”，是一定社会或阶级根据社会整体利益向人们提出的应当普遍遵循的行为善恶准则。

5. 技术规范是有关使用设备工序，执行工艺过程以及产品、劳动、服务质量要求等方面的准则和标准。

6. 职业规范是针对某一职业或工种的人员制定的道德准则和行为标准。

7. 执业规范则是针对从事某一职业的人员和从事该行业的机构制定的道德准则和行为标准。

8. 执业规范有以下几个特点。

(1) 行业性：执业规范只适用于特定行业或者特定的社会活动。例如，房地产估价要求保持独立性，房地产经纪则不需要。

(2) 广泛性：只要是执业活动或者专业服务行为，就一定要体现执业规范，换言之，执业规范渗透到执业活动的方方面面。比如，房地产经纪是种专业服务，则房地产经纪业务的全流程都要体现出专业性。

(3) 实用性：执业规范是用条例、章程、守则、规则、制度、公约等以简明的形式对行业行为作出规定，执业规范的条文指向具体的行为，具有很强的针对性和可操作性。

(4) 时代性：执业活动往往代代相传，所以不同时代的执业规范有许多相同的内容。但随着时代的变化，执业规范具有时代的特征。

一、房地产经纪执业规范的概念

(一) 房地产经纪执业规范的概念

由房地产行业组织制定或认可的，调整房地产经纪机构、人员与客户之间，房地产经纪机构、人员与社会之间以及房地产经纪同行之间关系的职业道德和行为规范总和。

(二) 对房地产经纪执业规范的理解

1. 房地产经纪执业规范是调整房地产经纪机构及人员与委托人、交易当事人、同行及社会各界关系的行为准则，主要是房地产经纪机构及人员应当承担的义务和责任。

2. 房地产经纪执业规范是房地产经纪职业责任的外在显化形式，是行业全体人员对自身职业责任共识的书面表现。

3. 房地产经纪执业规范是履行房地产经纪社会责任与义务的保障。

二、房地产经纪执业规范的作用

(一) 规范房地产经纪执业行为，提高房地产经纪服务水平

执业规范是衡量房地产经纪水平高低的标尺，新设立的房地产经纪机构可以依据执业规范制定内部的业务管理制度，即有的房地产经纪机构可以依据执业规范改进内部业务管理制度。认真贯彻落实房地产经纪执业规范，可以有效提高房地产经纪服务的水平。

(二) 协调房地产经纪同行及同业的关系，维护行业的整体利益

房地产经纪执业规范作为行规，可以调整同行间的竞争合作关系，防止同行的不正当竞争，处理业内纠纷。

(三) 促进自律管理，有利于实现房地产经纪行业的健康持续发展

房地产经纪执业规范一般由房地产经纪行业组织制定和发布，推行和落实执业规范是房地产经纪行业组织进行自律管理的有效手段。

通过行业自律实现行业自治，不仅管理成本低而且管理效果好，有利于房地产经纪行业实现健康持续发展。

房地产经纪执业规范还是评判房地产经纪机构和人员执业行为是否符合要求的标准，它也可作为对违规房地产经纪人员、房地产经纪机构进行处分的依据。

三、房地产经纪规范的制定和执行

1. 房地产经纪执业规范的形成是一个约定俗成的过程。当房地产经纪行业发展到一定阶段后，众多从业者为了调整与客户、社会之间以及同业之间的关系，积极提倡规范执业行为时，便自发成立房地产经纪行业组织。

2. 房地产经纪行业组织应会员或者广大执业人员的要求，将约定俗成或者大家达成共识的行为规范和道德准则用文字固定下来，再通过公约、守则、规则、准则、规范、标准等自律性文件的方式予以发布。

3. 目前，我国唯一全国性的房地产经纪执业规范是中国房地产估价师与房地产经纪人学会在2006年10月31日发布的《房地产经纪执业规则》，这个执业规则将不定期进行修订。

4. 房地产经纪执业规范的落实和执行主要依靠执业人员的自觉和行业的自律。

5. 社会各项活动需要法律和道德同时进行调节。法律调节是一种他律行为，即以国家或政府的强制力来施加影响，从而规范人们的行为；道德调节是一种自律行为，即以人们内心的良知去支配自己的行为。

房地产经纪执业行为同样需要以法律和道德同时去调节。涵盖有房地产经纪行为规范的房地产经纪法律、法规主要发挥法律的强制调整功能；对于执业规范当中高于法律、法规的部分，主要是运用道德调整的功能来规范经纪人员的执业行为。

【例题1】中国房地产估价师与房地产经纪人学会发布的《房地产经纪执业规则》中，指导房地产经纪行为的基本准则有（　）。

A. 房地产经纪机构可以转让自己不能胜任的已受托的经纪业务

B. 房地产经纪机构对外发布的房源、客源信息应当与事实相符

C. 房地产经纪机构应当严格遵守房地产交易资金监管规定

D. 在房地产经纪业务合同中应有执行该项经纪业务的房地产经纪执业人员的签名及注册号

E. 房地产经纪人员在执行业务时，应当向当事人出示自己的注册证书

【答案】BCDE

【例题2】房地产经纪执业规范的适用对象是（　）。

A. 房地产经纪行业自律组织

B. 房地产经纪行业主管部门

C. 房地产经纪机构和房地产经纪人员

D. 房地产经纪业务委托人

【答案】C

【例题3】目前唯一全国性的房地产经纪执业规范，是中国房地产估价师与房地产经纪人学会于2006年10月31日发布的（　）。

A. 房地产经纪行业规则

B. 房地产中介服务行为规范

C. 房地产经纪执业规则

D. 房地产中介行业自律规则

【答案】C

【例题4】如果房地产经纪执业规范与房地产经纪机构内部规定存在冲突，则以（　）。

A. 房地产经纪机构规定为准

B. 房地产经纪执业规范为准

C. 视实际情况而定

D. 房地产经纪人员的意愿为准

【答案】B

【解析】房地产经纪执业规范是由房地产行业组织制定或认可的，调整房地产经纪机构、人员与客户之间，房地产经纪机构、人员与社会之间以及房地产经纪同行之间关系的职业道德和行为规范总和。它也是调整房地产经纪机构及人员与委托人、交易当事人、同行及社会各界关系的行为准则，主要是房地产经纪机构及人员应当承担的义务和责任。执业规范是衡量房地产经纪水平高低的标尺，新设立的房地产经纪机构可以依据执业规范制定内部的业务管理制度，有的房地产经纪机构可以依据执业规范改进内部业务管理制度，即执业规范高于内部规定。

第二节　房地产经纪执业的基本原则

一、合法原则

房地产经纪机构和房地产经纪人员在进行任何房地产经纪活动时，都要以遵守法律、法规和规章为首要原则，这主要体现在以下几个方面。

1. 房地产经纪活动主体合法。

从事房地产经纪活动的机构和人员必须具备相应的条件，主体资格必须合法。

2. 房地产经纪活动的客体合法，即交易的房地产必须合法。

3. 房地产经纪行为必须合法。

二、自愿原则

自愿原则是指房地产经纪活动当事人在房地产交易和房地产经纪活动中遇到矛盾和问题都必须自愿协商，都有权按照自己的真实意愿独立自主地进行选择和决策。这一原则包括三方面内容。

1. 房地产经纪活动当事人自主决定房地产经纪服务的有关事项。

对房地产经纪机构来说，可以自主决定经营内容和范围，也可以自主选择服务对象。对委托人来说，一方面，委托人可以自主决定是否要委托房地产经纪机构或者委托哪一家房地产经纪机构提供服务；另一方面，委托人还可以自主选择委托房地产经纪机构提供的服务内容，如只提供经纪服务或者只提供代办服务等。

2. 房地产经纪活动当事人对自己的真实意思负责，自愿作出的承诺具有法律效力。

房地产经纪是双方当事人充分表达各自意愿，并在互利互惠基础上就各自权利义务达成一致的结果。在房地产经纪活动中，只有当事人的真实意思表示，才能发生法律效力。当事人也只对表达自己真实意愿的有关行为负责。

3. 自愿不是绝对的，应以遵守法律，尊重社会公德，不损害社会公共利益为前提。

当事人在房地产经纪活动中应当遵守法律、行政

法规，尊重社会公德，不得扰乱社会经济秩序，损害社会公共利益。

房地产经纪活动的自愿是法律框架下的自愿。一方面，只要当事人的意思不与强行性规范、社会公共利益和社会公德相抵触，就承认房地产活动的合法性及其法律效力；另一方面，当事人的意思应在法律允许的范围内表示，唯有如此，自愿才获得法律拘束力。

三、平等原则

平等原则是指房地产经纪活动当事人，在地位平等的权利义务对等的基础上，经充分协商达成一致，以实现互利互惠的经济利益目的的原则。这一原则包括两方面内容。

1. 房地产经纪活动当事人的法律地位平等

在房地产经纪活动中，房地产经纪机构、房地产经纪人员、房地产经纪业务委托人（可以是出售方、承购方、出租方、承租方或其他当事人）及交易相对人的法律地位一律平等。

2. 房地产经纪活动当事人的权利和义务对等

所谓“权利和义务对等”，是指房地产经纪机构和人员享有权利，同时就应承担义务，对房地产经纪业务委托人来说也是如此，而且，房地产经纪业务委托人和受托人的权利、义务是相应的。

四、公平原则

房地产经纪公平原则就是要求房地产经纪活动机构及人员应以正义、公平的观念指导自己的职业行为及处理相互间的关系。在房地产经纪活动中，公平原则主要体现在以下方面。

1. 房地产经纪机构及人员在从事居间服务时应当以正义、公平的观念指导自己的行为，不偏向交易双方的任何一方；用公正的心态平衡当事人各方的利益，处理交易当事人之间的关系。

2. 房地产经纪机构及人员相互之间应公平竞争。房地产经纪业是竞争激烈的行业，房地产经纪机构及人员只有通过竞争，才能获得经纪业务。但是，这种竞争必须是服务意识、专业能力、管理水平的竞争，而不能采取任何不正当竞争的手段来进行。

五、诚信原则

所谓“诚实信用”，是指房地产经纪活动当事人在房地产经纪活动过程中要诚实、守信。人无信而不立，业无信则难兴。这一原则包括两方面内容。

1. 房地产经纪机构及人员要诚实，不弄虚作假，不欺诈，不进行不正当竞争。

房地产经纪机构或人员发布的房源、客源信息要真实准确，不得夸大其词，不得弄虚作假；房地产经纪机构承接业务要量力而行，不得承接、承办自己不能胜任的业务；房地产经纪机构、房地产经纪人员要将有关信息准确告知客户，客观分析房地产的优劣势，不得为了促成交易隐瞒已知悉的房地产的有关状况，或者夸大其优势，引诱、欺诈客户；房地产经纪机构和人员不得诽谤、诋毁同行，不得进行不正当竞争。

2. 房地产经纪机构及人员应信守诺言，严格按法律规定和合同约定履行义务，不得擅自违约或毁约。

房地产经纪活动往往“空口无凭，立字为据”，一旦签约，房地产经纪机构和人员就需要信守承诺。房地产交易具有不确定性，房地产经纪机构和人员应谨防不当承诺。

【例题1】诚信原则既要通过法律予以保证，又要通过（ ）为整个社会所认同。

A. 道德教育　　B. 社会宣传

C. 行政管理　　D. 公益活动

【答案】A

【例题2】房地产经纪人在房地产经纪活动中应遵循的原则有（ ）。

A. 自愿原则　　B. 平等原则

C. 诚实信用原则　　D. 利润最大化原则

E. 协商原则

【答案】ABC

【解析】房地产经纪人在房地产经纪活动中应遵循的原则有合法原则、自愿原则、平等原则、公平原则和诚信原则。

【例题3】下列关于房地产经纪行业存在诚信问题主要原因的表述中，正确的有（ ）。

A. 房地产经纪服务的无形性导致对服务质量缺乏判断标准

B. 房地产经纪当事人之间存在信息不对称

C. 房地产经纪活动的专业性

D. 房地产经纪机构与客户关系的“弱连续性”

E. 房地产经纪行业缺乏品牌

【答案】ABCD

【例题4】房地产经纪诚信体系中的信用管理是（ ）。

A. 制定完善的、符合当前房地产经纪服务需要的房地产经纪法律、法规和制度

B. 建立汇集市场主体诚信状况的各种信息的数据库

C. 将信用制度规定提升为房地产经纪人员道德自律的过程

D. 监督诸法律、制度的实施，确保诚信原则得以贯彻的过程

【答案】D

【例题5】房地产经纪信用档案的涵盖范围不包括（　）。

A. 房地产经纪人

B. 房地产经纪人协理

C. 私下成交的房地产交易双方

D. 房地产经纪机构

【答案】C

【例题6】房地产经纪活动自愿原则的内涵有（　）。

A. 房地产经纪机构有权按照自己的真实意愿聘请房地产经纪人员

B. 房地产经纪机构有权按照自己的真实意愿独立选择房地产经纪服务对象

C. 房地产经纪委托人有权按照自己的真实意愿独立选择房地产经纪机构

D. 房地产经纪活动当事人行使独立选择权的同时，应尊重社会公共利益

E. 房地产经纪活动当事人对自己的真实意思负责，自愿作出的承诺具有法律效力

【答案】BCDE

【例题7】在房地产经纪活动中，公平原则主要体现在（　）。

A. 房地产经纪机构获得经纪业务的机会平等

B. 房地产经纪机构与委托人的权利义务对等

C. 房地产经纪活动当事人的法律地位平等

D. 房地产经纪活动当事人的民事责任平等

E. 房地产经纪活动当事人对自己的行为负责

【答案】AB

【例题8】房地产经纪人员和房地产经纪机构在进行房地产经纪活动时，应遵循（　）原则。

A. 合法　　B. 合理

C. 平等　　D. 自愿

E. 诚信

【答案】ACDE

【解析】房地产经纪人员和房地产经纪机构在进行房地产经纪活动时，应遵循合法、平等、自愿、公平和诚信原则。

【例题9】房地产经纪执业的合法原则主要体现在（　）。

A. 房地产经纪执业行为必须合法

B. 房地产经纪促成交易的房地产必须合法

C. 从事房地产经纪活动的机构资质必须合法

D. 从事房地产经纪活动的人员资格必须合法

E. 国家保护房地产经纪活动当事人的合法权益

【答案】ABCD

【解析】房地产经纪机构和人员进行房地产经纪活动必须恪守合法原则，即房地产经纪机构和房地产经纪人员在进行任何房地产经纪活动时，都要以遵守法律、法规和规章为首要原则，主要体现在：①房地产经纪活动主体合法。从事房地产经纪活动的机构和人员必须具备相应的条件，主体资格必须合法。②房地产经纪行为必须合法。③房地产经纪活动的客体合法，即交易的房地产必须合法。

【例题10】房地产经纪执业的平等原则主要体现在（　）。

A. 房地产经纪人员在每宗经纪业务中的佣金分成比率一律相等

B. 房地产经纪机构在每宗经纪业务中的佣金费率一律相等

C. 房地产经纪活动当事人的法律地位平等

D. 房地产经纪活动当事人的权利义务对等

E. 房地产经纪机构之间应当公平竞争

【答案】CD

【解析】"平等"是指在房地产经纪活动中，当事人的法律地位平等、权利义务对等。平等原则是指房地产经纪活动当事人，在地位平等的权利义务对等的基础上，经充分协商达成一致，以实现互利互惠的经济利益目的的原则。这一原则包括两方面内容：①房地产经纪活动当事人的法律地位平等；②房地产经纪活动当事人的权利和义务对等。

第三节　房地产经纪执业规范的主要内容

一、业务招揽规范

房地产经纪业务招揽是指房地产经纪机构为获得委托或者推广代理销售房屋，安排房地产经纪人员搜集和发布授权的房源客源，及进行广告宣传的行为。

按照业务分类，业务招揽可以分为存量房交易经纪业务的招揽和新建商品房销售代理业务的招揽。

在业务招揽过程中，房地产经纪机构和人员要注意业务招揽方式。

房地产经纪机构和人员为了招揽房屋出售、出租经纪业务，不得用能卖（租）高价等借口故意误导出售人（出租人）；房地产经纪机构和人员为了招揽房屋承购、承租经纪业务，不得捏造散布涨价信息，及可为客户省钱等借口故意误导承购人或者承租人。

为使客户或顾客在选择房地产经纪机构时，对房地产经纪机构的资质及实力有一定的了解，房地产经纪机构应当在其经营场所公示下列内容：

1. 营业执照；

2. 房地产管理部门备案证明文件；

3. 房地产经纪行业组织会员证书；

4. 房地产经纪机构品牌标识；

5. 所聘用的房地产经纪人员的姓名、照片、职业资格、联系电话等；

6. 服务项目内容、服务标准及业务流程；

7. 服务收费项目、依据、标准及收取方式；

8. 遵守的房地产经纪执业规则；

9. 政府主管部门或者行业组织制定的房地产经纪服务合同、房屋买卖合同、房屋租赁合同示范文本；

10. 交易资金监管方式；

11. 信用档案查询方式、投诉电话及 12358 价格举报电话；

12. 法律、法规规定应当明示的事项。

房地产经纪机构代理销售商品房项目的，还应当在销售现场的醒目位置向商品房购买人公示商品房销售代理委托书和批准销售商品房的有关证明文件。

二、业务承接规范

房地产经纪业务应当由房地产经纪机构统一承接。分支机构应当以设立该分支机构的房地产经纪机构名义承揽业务。房地产经纪人员不得以个人名义承接房地产经纪业务。

房地产经纪机构承接业务和房地产经纪人员承办业务，必须符合其所从事业务的执业标准和能力。

（一）重要信息告知

房地产经纪机构承接业务时，在签订房地产经纪服务合同前，应当向委托人说明房地产经纪服务合同和房屋买卖合同或者房屋租赁合同的相关内容，并书面告知下列事项。

1. 是否与委托房屋有利害关系

利害关系包括承接业务的房地产经纪机构与委托房屋的利害关系和承办房地产经纪人员与委托房屋的利害关系。例如，房地产经纪机构及其母公司或者子公司与委托房屋是否存在所属关系、房地产经纪人员及其直系亲属与委托房屋是否存在所属关系等。

原则上，与委托房屋有利害关系的房地产经纪机构和房地产经纪人员不得再提供相关的经纪服务，当然，向委托人明确告知后，委托人书面同意的除外。

另外，房地产经纪机构和人员更不得直接参与自己提供经纪服务房屋的交易，如不得承购、承租自己提供经纪服务的房屋。

房地产经纪机构和人员在不提供经纪服务的交易中，可以充当买方或者卖方，但一定要向交易相对人明示自己的身份。

2. 应当由委托人协助的事宜、提供的资料

委托人为房屋出售或者出租人的，需要协助的事宜包括核查房屋权属信息、配合实地查看房屋、协助编制房屋状况说明书、办理合同备案、办理房屋登记和房屋交接手续等；需要提供的资料包括身份证明、房屋权属证书等。委托人为房屋承购或者承租人的，需要协助的事宜包括购买资格、贷款资格审查，办理房屋登记和房屋交接手续等；需要提供的资料包括身份证明、收入证明等。

3. 委托房屋的市场参考价格

市场参考价格包括两个方面的价格，一是委托房屋所在社区或所处商圈范围内同类房屋当时的一般、平均成交价格水平（主要指单价），一段时期内价格变动的情况；二是在近一段时期内，委托房屋所在区域其他成交案例的买卖成交价格或者租赁成交价格情况（包含单价和总价）。

4. 房屋交易的一般程序及可能存在的风险

根据交易类型，房屋交易的一般程序包括买卖程序、租赁程序和抵押程序等。房屋交易存在的风险包括交易当事人违约风险、房屋价格变动风险、房屋产权瑕疵风险、政策调控风险、交易资金的安全风险、房屋的使用和保管风险等。

5. 房屋交易涉及的税费

房屋交易涉及的税费，根据房屋交易类型，可分为存量房屋买卖涉及的税费种类、缴纳人、计税（费）依据、税（费）率及减免规定，存量房屋租赁涉及的税费种类、缴纳人、计税（费）依据、税（费）率及减免规定，新建商品房屋买卖涉及的税费种类、缴纳人、计税（费）依据、税（费）率及减免规定等。

6. 经纪服务的内容及完成标准

7. 经纪服务收费标准和支付时间

房地产经纪人员还应当向委托人告知向交易相对人收费的情况，以及在不收取委托人服务报酬的情况

下，仍可代表委托人的利益完成经纪服务。

合作完成经纪业务的，只按照一宗业务收取佣金，不再向委托人增加收费，以及与合作经纪机构和经纪人员的佣金分配情况。

8. 其他需要告知的事项

其他告知事项，为法律、法规和政策对房地产交易的限制性、禁止性规定等。

相关法律责任。房地产经纪机构承接房地产经纪业务，在签订房地产经纪服务合同前，不向交易当事人说明和书面告知规定事项的，由县级以上地方人民政府建设（房地产）主管部门责令限期改正，记入信用档案；对房地产经纪人员处以 1 万元罚款；对房地产经纪机构处以 1 万元以上 3 万元以下罚款；因告知不清或者告知不实，给委托人造成经济损失的，房地产经纪机构应当承担相应的责任。

房地产经纪机构提供代办贷款、代办房地产登记等其他服务，未向委托人说明服务内容、收费标准等情况，并未经委托人同意的，由县级以上地方人民政府建设（房地产）主管部门责令限期改正，记入信用档案；对房地产经纪人员处以 1 万元罚款；对房地产经纪机构处以 1 万元以上 3 万元以下罚款。

（二）房地产经纪服务合同签订

房地产经纪服务合同应当包括下列主要内容：

1. 房地产经纪服务双方当事人的姓名（名称）、住所等情况和从事业务的房地产经纪人员情况；

2. 房地产经纪服务的项目、内容、要求以及完成的标准；

3. 服务费用及其支付方式；

4. 合同当事人的权利和义务；

5. 违约责任和纠纷解决方式。

房地产经纪机构与委托人签订房屋出售、出租经纪服务合同的，应当查看委托出售、出租的房屋及房屋权属证书和委托人的身份证明等有关资料，并应当编制房屋状况说明书；房地产经纪机构与委托人签订房屋承购、承租经纪服务合同的，应当查看委托人的身份证明等有关资料。

房地产经纪服务合同应当加盖房地产经纪机构印章，并有执行该项经纪业务的一名房地产经纪人或两名房地产经纪人协理的签名及注册号。

（三）业务联合承接及转委托

房地产经纪机构之间，有时共同承接某些业务，发生业务上的合作关系是不可避免的。经委托人书面同意，房地产经纪机构之间可以合作完成一项房地产经纪业务。合作的机构之间应当合理分工、明确职责、密切协作，意见不一致时应当及时通报委托人协商决定。房地产经纪机构对合作完成的经纪业务承担连带责任，禁止以转让业务为名规避对委托人应当承担的责任。

房地产经纪机构不得擅自转让或者变相转让受托的经纪业务。但是经委托人同意，房地产经纪机构可以按相关规定转让经纪业务，转让经纪业务不得增加佣金。

房地产经纪机构未与委托人签订独家房地产经纪服务合同的，不得阻挠或者拒绝委托人再委托其他房地产经纪机构参与同一交易的经纪服务。

签订独家房地产经纪服务合同的，在合同约定的委托期间，委托人也不得就同一事务另行委托其他房地产经纪机构。委托人违反前款规定擅自另行委托的，应当承担违约责任。

三、业务办理规范

（一）安排办理人员

房地产经纪机构承接经纪业务后，应当根据业务性质委派具备相应素质和能力的房地产经纪人直接办理或者牵头办理。

每宗房地产经纪业务都应当由注册在本机构的房地产经纪人为承办人，并在房地产经纪服务合同中载明。承办的房地产经纪人可以选派注册在本机构的房地产经纪人协理为经纪业务的协办人，协助执行经纪业务。承办人对协办人执行经纪业务进行指导和监督，并对其工作结果负责。

（二）发布房源信息或者房地产广告

房地产经纪机构发布房地产广告或者业务招揽广告还应当遵守下列规范。

1. 房地产广告中对价格有表示的，应当清楚表示为实际的销售价格，明示价格的有效期限。

2. 房地产广告中涉及所有权或者使用权的，所有或者使用的基本单位应当是有实际意义的完整的生产、生活空间。

3. 房地产广告不得含有风水、占卜等封建迷信内容，对项目情况进行的说明、渲染，不得有悖社会良好风尚。

4. 房地产中表现项目位置，应以从该项目到达某一具体参照物的现有交通干道的实际距离表示，不得以所需时间来表示距离。

5. 房地产广告中的项目位置示意图，应当准确、清楚，比例恰当。

6. 房地产广告中涉及的交通、商业、文化教育设施及其他市政条件等，如在规划或者建设中，应当在广告中注明。

7. 房地产广告中涉及面积的，应当表明是建筑面积或者使用面积。

8. 房地产广告涉及内部结构、装修装饰的，应当真实、准确。预售、预租商品房广告，不得涉及装修装饰内容。

9. 房地产广告中不得利用其他项目的形象、环境作为本项目的效果。

10. 房地产广告中使用建筑设计效果图或者模型照片的，应当在广告中注明。

11. 房地产广告中不得出现融资或者变相融资的内容，不得含有升值或者投资回报的承诺。

12. 房地产广告中涉及贷款服务的，应当载明提供贷款的银行名称及贷款额度、年期。

13. 房地产广告中不得含有广告主能够为入住者办理户口、就业、升学等事项的承诺。

（三）及时报告订约机会等信息

房地产经纪机构和房地产经纪人员作为买方或者承租方代理人时，必须在首次与卖方接触时将与购买人或者承租人的关系告诉卖主，在签订交易合同前，并将此告知以书面确认的方式告诉卖主。担任卖方代理人时，亦然。

承办业务的房地产经纪人员应当及时、如实地向出售（出租）委托人报告业务进行过程中的订约机会、市场行情变化及其他有关情况，不得对委托人隐瞒与交易有关的重要事项；应当凭借自己的专业知识和经验，及时、如实地向承购（承租）委托人提供经过调查、核实的标的房屋信息，如实告知所知悉的标的房屋的有关情况，协助其对标的房屋进行查验；应当及时、如实地向房地产经纪机构报告业务进展情况。

（四）撮合交易

在当事人对交易房屋满意的情况下，撮合交易的过程就是房地产经纪人员代替委托人讨价还价的过程。房地产经纪人员在执行代理业务时，在合法、诚信的前提下，应当维护委托人的最大权益；在执行居间业务时，应当公平正直，不偏袒任何一方。

房地产经纪机构和房地产经纪人员不得迎合委托人，为达到规避房屋交易税费等非法目的，协助当事人就同一房屋签订不同交易价款的“阴阳合同”。

相关法律责任。为交易当事人达到规避房屋交易税费等非法目的，就同一房屋签订不同交易价款的合同提供便利的，由县级以上地方人民政府建设（房地产）主管部门责令限期改正，记入信用档案；对房地产经纪人员处以 1 万元罚款；对房地产经纪机构，取消网上签约资格，并处以 3 万元罚款。

（五）交易资金监管

房地产经纪机构、房地产经纪人员应当严格遵守房地产交易资金监管规定，保障房地产交易资金安全，不得挪用、占用或者拖延支付客户的房地产交易资金。

房地产交易当事人约定由房地产经纪机构代收代付交易资金的，应当通过房地产经纪机构在银行开设的客户交易结算资金专用存款账户划转交易资金。交易资金的划转应当经过房地产交易资金支付方和房地产经纪机构的签字和盖章。

相关法律责任。房地产经纪机构擅自划转客户交易结算资金的，由县级以上地方人民政府建设（房地产）主管部门责令限期改正，取消网上签约资格，并处以 3 万元罚款。

侵占、挪用房地产交易资金的，由县级以上地方人民政府建设（房地产）主管部门责令限期改正，记入信用档案；对房地产经纪人员处以 1 万元罚款；对房地产经纪机构，取消网上签约资格，并处以 3 万元罚款。

四、房地产经纪服务费用收取规范

（一）服务费用收取规范

1. 房地产经纪服务实行明码标价制度，不得收取任何未予标明的费用。服务报酬由房地产经纪机构按照约定向委托人统一收取，并开具合法票据。

2. 房地产经纪人员不得以个人名义收取任何费用。房地产经纪机构收取佣金不得违反国家法律法规，不得赚取差价及谋取合同约定以外的非法收益；不得利用虚假信息骗取中介费、服务费、看房费等费用。

3. 房地产经纪机构未完成房地产经纪服务合同约定的事项，或者服务未达到房地产经纪服务合同约定的标准的，不得收取佣金。

4. 房地产经纪机构从事经纪活动支出的必要费用，可以按照房地产经纪服务合同约定要求委托人支付；房地产经纪服务合同未约定的，不得要求委托人支付。

5. 经委托人同意，两个或者两个以上房地产经纪机构就同一房地产经纪业务开展合作的，只能按一宗业务收费，不得向委托人增加收费。合作完成机构应当根据合同约定分配佣金。

（二）行政处罚的情况

有下列行为之一的，由县级以上人民政府价格主管部门按照价格法律、法规和规章的规定，责令改正、没收违法所得、依法处以罚款；情节严重的，依法给予停业整顿等行政处罚。

1. 房地产经纪服务未实行明码标价，未在经营场所醒目位置标明房地产经纪服务项目、服务内容、收费标准以及相关房地产价格和信息。

2. 房地产经纪机构收取未予标明的费用。

3. 房地产经纪机构利用虚假标价，或者通过混合标价、捆绑标价等使人误解的标价内容和标价方式进行价格欺诈。

4. 对交易当事人隐瞒真实的房屋交易信息，低价收进高价卖（租）出房屋赚取差价构成价格违法行为。

5. 房地产经纪机构未完成房地产经纪服务合同约定事项，或者服务未达到房地产经纪服务合同约定标准但收取佣金。

6. 两家或者两家以上房地产经纪机构合作开展同一宗房地产经纪业务，未按照一宗业务收取佣金，或者向委托人增加收费。

五、资料签署和保存规范

1. 重要文书签章。为将经纪服务合同责任落实到每个房地产经纪人员，增强承办房地产经纪人员的责任心，切实保护委托人利益，房地产经纪服务合同、房屋状况说明书和书面告知材料等重要文书应当由房地产经纪机构授权的注册房地产经纪人员签名，并在文书上注明房地产经纪人员的注册号。

2. 业务记录。房地产经纪机构应当建立和健全业务记录制度，执行业务的房地产经纪人员应当如实全程记录业务执行情况及发生的费用等，形成业务记录。

3. 资料保管。房地产经纪机构应当妥善保管房地产经纪服务合同、房屋买卖合同或房屋租赁合同、委托人提供的资料、业务记录、业务交接单据、原始凭证等与房地产经纪业务有关的资料、文件和物品，严禁伪造、涂改交易文件和凭证。房地产经纪服务合同的保存期不少于5年。

六、信息保密规范

房地产经纪机构和人员应当保守在从事房地产经纪活动中知悉的委托人、交易相对人和其他人不愿泄露的情况、信息及商业秘密。

但是，两种情况除外，一是委托人或者其他人准备或者正在实施的危害国家安全、公共安全以及其他严重危害他人人身、财产安全的犯罪事实和信息除外；二是法院或政府有关部门要求协助提供相关信息时除外。

房地产经纪机构和房地产经纪人员不得不当使用委托人的个人信息或者商业秘密，谋取不正当利益。

现实房地产交易中，交易当事人向房地产经纪机构提供个人信息，日积月累，房地产经纪机构会掌握大量的客户信息。一般在购房之后，房主还会进行装饰装修、购置家具家电等一些后续投资，掌握在房地产经纪机构手里的客户信息就有相当的经济价值，这种情况下，房地产经纪机构及人员一定要抵制利诱，遵守职业道德，不泄露客户信息，更不利用委托人的个人信息或者资料谋取不正当利益。

相关法律责任。房地产经纪机构未按照规定如实记录业务情况或者保存房地产经纪服务合同的，由县级以上地方人民政府建设（房地产）主管部门责令限期改正，记入信用档案；对房地产经纪人员处以1万元罚款；对房地产经纪机构处以1万元以上3万元以下罚款。

七、处理与同行关系的行为规范

（一）同行及同业间的尊重与合作

房地产经纪机构和人员应当共同遵守经纪服务市场及经纪行业公认的行业准则，从维护行业形象及合法利益的角度出发，相互尊重，公平竞争，不能进行房地产经纪机构之间或房地产经纪人员之间的优劣比较宣传，严禁在公众场合及传媒上发表贬低、诋毁、损害同行声誉的言论。

房地产经纪同行及同业应当开展合作，除非同行合作不符合委托人的最佳利益。两个或两个以上房地产经纪机构就同一房地产交易提供经纪服务时，房地产经纪机构之间和房地产经纪人员之间应当合理分工、明确职责、密切协作，意见不一致时应当及时通报委托人协商决定。

独家代理或者转任委托具有排他性，房地产经纪机构和房地产经纪人员在联系已与其他机构签署独家房地产经纪服务合同的业务时，应当遵守如下规范。

1. 任何有独家代理出售的房屋，房地产经纪机构和人员只能与代理人联系，经独家代理人同意及独家代理的委托人（被代理）主动联系的情况除外。

2. 针对独家代理的房地产经纪业务，当代理的经纪机构拒绝披露独家代理到期日或者代理性质时，其他房地产经纪人可以与房屋所有权人取得联系，招揽业务。

3. 若其他房地产经纪机构的客户主动联系房地

产经纪机构，讨论建立同样独家服务的关系，可讨论未来的合同，或现存独家代理的房地产经纪服务合同到期后，可能由房地产经纪人接手的事宜。

（二）禁止不正当竞争

房地产经纪执业不正当竞争行为是指房地产经纪机构和人员为了承揽经纪业务，违反自愿、平等、公平、诚实信用原则和房地产经纪执业行为规范，违反房地产经纪服务市场及房地产经纪行业公认的行业准则，采用不正当手段与同行进行业务竞争，损害其他房地产经纪机构及人员合法权益的行为。房地产经纪行业的不正当竞争主要依据《反不正当竞争法》来调整。

房地产经纪机构和人员在与委托人及其他人员的接触中，不得采用下列不正当手段与同行进行业务竞争。

1. 故意诋毁、诽谤其他房地产经纪机构和人员的信誉、声誉，散布、传播关于同行的错误信息。

2. 无正当理由，以低于国家规定收费标准或在同行业收费水平以下的收费为条件吸引客户，或采用商业贿赂的方式争揽业务。

3. 房地产经纪人员与所受聘的房地产经纪机构解除劳动关系后，诱劝原受聘房地产经纪机构的客户，以取得业务；

4. 故意在委托人与其他房地产经纪机构和人员之间设置障碍，制造纠纷。

八、处理与社会关系的行为规范

（一）禁止误导社会公众、扰乱市场秩序

1. 房地产经纪机构和人员不得捏造散布涨价信息，或者与房地产开发经营单位串通捂盘惜售、炒卖房号，操纵市场价格。

2. 房地产经纪机构公开发布的房地产市场报告应当真实、客观、翔实，不得误导社会公众。

3. 房地产经纪人员应当珍视和维护房地产经纪人员的职业声誉，在网络、电视、报纸等媒体上发表专业观点时，应当表明房地产经纪专业人士的身份。

（二）配合监督检查

房地产经纪机构及人员接受司法机关、行政主管部门及相关部门监督检查时，被检查的房地产经纪机构和房地产经纪人员应当予以配合，并根据要求提供检查所需的资料。

（三）承担社会责任

房地产经纪机构及人员应充分认识到自己是社会的一员，作为（企业）公民，理应承担自己的社会责任。

【例题1】在房地产经纪机构的告示责任中，不必公示的内容是（ ）。

A. 营业执照

B. 主管部门制定的房地产经纪合同示范文本

C. 佣金标准及国家关于佣金的有关规定

D. 发票的式样和内容

【答案】D

【例题2】下列不属于"告示责任"所要求明示的事项是（ ）。

A. 房地产经纪机构的营业执照

B. 房地产经纪合同文本

C. 房地产经纪收费标准

D. 房地产经纪收费发票

【答案】D

【解析】房地产经纪收费发票不是"告示责任"所要求明示的事项。

【例题3】下列关于我国房地产经纪服务收费管理的表述中，错误的是（ ）。

A. 依照合同约定收取服务费

B. 房地产中介服务收费必须实行明码标价制度

C. 收取服务费必须开具发票

D. 交易成功后可获取佣金以外的其他收益

【答案】D

【解析】房地产交易成功后可获取佣金，但不能获取佣金以外的其他收益。

【例题4】房地产经纪机构在经营场所应明示的事项有（ ）。

A. 房地产管理部门备案证明

B. 房地产经纪行业组织会员证书

C. 房地产经纪机构品牌标识

D. 房地产经纪机构组织构架图

E. 使用的房地产经纪业务合同文本

【答案】ABCE

【解析】房地产经纪机构应当在其经营场所公示下列内容：①营业执照；②房地产管理部门备案证明文件；③房地产经纪行业组织会员证书；④房地产经纪机构品牌标识；⑤所聘用的房地产经纪人员的姓名、照片、职业资格、联系电话等；⑥服务项目内容、服务标准及业务流程；⑦服务收费项目、依据、标准及收取方式；⑧遵守的房地产经纪执业规则；⑨政府主管部门或者行业组织制定的房地产经纪服务合同、房屋买卖合同、房屋租赁合同示范文本；⑩交易资金监管方式；⑪信用档案查询方式、投诉电话及12358价格举报电话；⑫法律、法规规定应当明示的事项。

【例题5】关于房地产广告发布的说法，错误的是（　）。

A. 房地产经纪机构发布新建商品房项目广告应当提供开发商的委托证明

B. 房地产经纪机构发布房源广告之前，应当核验委托人提供的房地产权属证明

C. 房地产经纪机构为得到客源信息，可以发布虚构的房源广告

D. 房地产经纪机构不得发布含有风水、占卜等封建迷信内容的广告

【答案】C

【例题6】为使客户选择房地产经纪机构时，对房地产经纪机构的资质及实力有所了解，房地产经纪机构应当在其经营场所公示（　）。

A. 房地产管理部门颁发的备案证明

B. 房地产经纪行业组织颁发的会员证书

C. 房地产经纪机构品牌标识

D. 房地产经纪机构财务收支状况

E. 服务收费标准及收费方式

【答案】ABCE

【例题7】房地产经纪机构在接受承购或者承租委托时，应书面告知委托人的事项有（　）。

A. 法律、法规、政策对房地产交易的限制性、禁止性规定

B. 住房贷款的政策及有关规定

C. 经纪业务完成的标准及收费标准

D. 发票的样式和内容

E. 合同的履行期限

【答案】ABCD

【例题8】房地产经纪机构转让房地产经纪业务需经（　）同意。

A. 房地产主管部门

B. 业务委托人

C. 承办业务的房地产经纪人

D. 协办业务的房地产经纪协理

【答案】B

【解析】房地产经纪机构不得擅自转让或者变相转让受托的经纪业务。但是经委托人同意，房地产经纪机构可以按相关规定转让经纪业务，转让经纪业务不得增加佣金。

【例题9】房地产经纪人员应当以（　）的名义承接业务。

A. 法定代表人

B. 房地产经纪机构

C. 房地产经纪机构的分支机构

D. 房地产经纪行业组织

【答案】B

【解析】房地产经纪业务应当由房地产经纪机构统一承接。分支机构应当以设立该分支机构的房地产经纪机构名义承揽业务。房地产经纪人员不得以个人名义承接房地产经纪业务。

【例题10】房地产经纪机构发布的广告不得含有（　）。

A. 能为入住者办理孩子升学的承诺

B. 房地产升值或投资回报的承诺

C. 风水、占卜等内容

D. 商品房项目位置示意图

E. 房地产项目距离市中心的距离

【答案】ABC

【解析】房地产经纪机构发布房地产广告或者业务招揽广告还应当遵守下列规范：①房地产广告中对价格有表示的，应当清楚表示为实际的销售价格，明示价格的有效期限；②房地产广告中涉及所有权或者使用权的，所有或者使用的基本单位应当是有实际意义的完整的生产、生活空间；③房地产广告不得含有风水、占卜等封建迷信内容，对项目情况进行的说明、渲染，不得有悖社会良好风尚；④房地产中表现项目位置，应以从该项目到达某一具体参照物的现有交通干道的实际距离表示，不得以所需时间来表示距离；⑤房地产广告中的项目位置示意图，应当准确、清楚，比例恰当；⑥房地产广告中涉及的交通、商业、文化教育设施及其他市政条件等，如在规划或者建设中，应当在广告中注明；⑦房地产广告中涉及面积的，应当表明是建筑面积或者使用面积；⑧房地产广告涉及内部结构、装修装饰的，应当真实、准确。预售、预租商品房广告，不得涉及装修装饰内容；⑨房地产广告中不得利用其他项目的形象、环境作为本项目的效果；⑩房地产广告中使用建筑设计效果图或者模型照片的，应当在广告中注明；⑪房地产广告中不得出现融资或者变相融资的内容，不得含有升值或者投资回报的承诺；⑫房地产广告中涉及贷款服务的，应当载明提供贷款的银行名称及贷款额度、年期；⑬房地产广告中不得含有广告主能够为入住者办理户口、就业、升学等事项的承诺。

【例题11】房地产经纪机构侵占和挪用房地产交易资金的，由县级以上地方人民政府建设（房地产）主管部门（　）。

A. 责令限期改正并记入信用档案

B. 吊销房地产经纪人员职业资格

C. 吊销房地产经纪机构的营业执照

D. 暂停房地产经纪机构的营业活动

【答案】A

【解析】房地产经纪机构侵占、挪用房地产交易资金的，由县级以上地方人民政府建设（房地产）主管部门责令限期改正，记入信用档案；对房地产经纪人员处以1万元罚款；对房地产经纪机构，取消网上签约资格，并处以3万元罚款。

练习题

一、单项选择题（每题的备选答案中只有一个最符合题意）

1. 执业规范的条文指向具体的行为，具有很强的针对性和可操作性，属于执业规范的（　）。

A. 时代性　　B. 实用性

C. 广泛性　　D. 行业性

2.（　）的概念为：由房地产行业组织制定的，调整房地产经纪机构、人员与客户之间，房地产经纪机构、人员与社会之间以及房地产经纪同行之间关系的职业道德和行为规范总和。

A. 房地产估价执业规定

B. 房地产估价执业规范

C. 房地产经纪执业规则

D. 房地产经纪执业规范

3.（　）是行业全体人员对自身职业责任共识的书面表现。

A. 房地产经纪执业规范

B. 房地产经纪执业法规

C. 房地产经纪执业合同

D. 房地产经纪执业内容

4. 就法律效力而言，法律、法规的法律效力（　）执业规范。

A. 小于　　B. 等于

C. 低于　　D. 高于

5. 房地产经纪执业规范的落实和执行主要依靠执业人员（　）和行业的自律。

A. 承认　　B. 自觉

C. 遵守　　D. 认同

6.（　）当中高于法律、法规的部分，主要是运用道德调整的功能来规范经纪人员的执业行为。

A. 执业类型　　B. 职业规范

C. 执业规范　　D. 执业规程

7.（　）是一种自律行为。

A. 法律调节　　B. 经济调节

C. 公德调节　　D. 道德调节

8. 我国全国性的房地产经纪执业规范是（　）。

A.《房地产经纪执业条例》

B.《房地产经纪执业法规》

C.《房地产经纪执业规定》

D.《房地产经纪执业规则》

9. 房地产经纪是专业服务，不是所有机构和人员都可以从事的，体现的是（　）的基本内容。

A. 房地产经纪过程必须合法

B. 房地产经纪行为必须合法

C. 房地产经纪活动客体合法

D. 房地产经纪活动主体合法

10.（　）不是绝对的，应以遵守法律，尊重社会公德，不损害社会公共利益为前提。

A. 自愿　　B. 竞争

C. 平等　　D. 公平

11. 房地产经纪机构及人员相互之间应（　）。

A. 激烈竞争　　B. 公正竞争

C. 团结合作　　D. 公平竞争

12.（　）要求房地产经纪活动机构及人员应以正义、公平的观念指导自己的职业行为及处理相互间的关系。

A. 房地产经纪公平原则

B. 房地产经纪平等原则

C. 房地产经纪诚信原则

D. 房地产经纪自愿原则

13. 房地产经纪服务合同的保存期不少于（　）。

A. 4年　　B. 5年

C. 3年　　D. 2年

14. 房地产经纪机构应当建立和健全业务记录制度，执行业务的房地产经纪人员应当如实全程记录业务执行情况及发生的费用等，形成（　）。

A. 重要文书　　B. 资料内容

C. 业务记录　　D. 合同记录

15. 房地产经纪服务合同、房屋状况说明书和书面告知材料等重要文书应当由房地产经纪机构授权的注册房地产经纪人员签名，并在文书上注明房地产经纪人员的注册号，是（　）的基本内涵。

A. 业务记录签章

B. 重要文书签章

C. 资料保管签章

D. 重要档案签章

16. 房地产经纪服务合同应当加盖房地产经纪机构印章，并有执行该项经纪业务的（　）房地产经纪人或2名房地产经纪人协理的签名及注册号。

A. 1名　　B. 2名

C. 3名　　D. 4名

17. 房地产经纪机构及人员接受司法机关、行政主管部门及相关部门监督检查时，被检查的房地产经纪机构和房地产经纪人员应当予以配合，并根据要求提供检查所需的资料，是（　）的基本内涵。

A. 承担社会责任

B. 配合监督检查

C. 承担经济责任

D. 配合政府工作

18.（　）是指房地产经纪机构为获得委托，安排房地产经纪人员搜集和发布授权的房源客源，及进行广告宣传的行为。

A. 房地产经纪业务招揽

B. 房地产经纪业务推广

C. 房地产经纪业务执行

D. 房地产经纪业务活动

19. 房地产经纪业务应当由（　）统一承接。

A. 房地产经纪人

B. 房地产经纪机构

C. 房地产经纪人协理

D. 房地产经纪协会

20. 房地产经纪人员以个人名义承接房地产经纪业务和收取费用的，由县级以上地方人民政府建设（房地产）主管部门对房地产经纪人员处以（　）罚款。

A. 1.5万元　　B. 1万元

C. 2万元　　D. 2.5万元

二、多项选择题（每题的备选答案中有两个或两个以上符合题意）

1. 房地产经纪执业规范是调整（　）关系的准则。

A. 房地产经纪机构及人员

B. 委托人

C. 交易当事人

D. 同行及社会各界

E. 房地产经纪管理部门

2. 房地产经纪执业规范的适用对象是（　）。

A. 房地产经纪机构

B. 房地产经纪协会

C. 房地产经纪人员

D. 房地产经纪管理部门

E. 房地产估价机构

3. 关于法律法规和执业规范的表述，不正确的是（　）。

A. 就房地产经纪机构和人员应当承担的义务而言，执业规范的标准高于现行的法律、法规

B. 就法律效力而言，法律、法规的法律效力高于执业规范

C. 如果执业规则与现行法律、法规存在冲突，则以法律法规的规定为准

D. 如果执业规则与现行法律、法规存在冲突，则以执业规则的规定为准

E. 就法律效力而言，法律、法规的法律效力低于执业规范

4. 房地产经纪执业规范是（　）。

A. 由房地产行业组织制定的

B. 由房地产行业组织认可的

C. 调整房地产经纪机构、人员与客户之间关系的职业道德和行为规范

D. 调整房地产经纪机构、人员与协会之间关系的职业道德和行为规范

E. 调整房地产经纪同行之间关系的职业道德和行为规范

5. 自愿原则主要体现在（　）。

A. 房地产经纪活动当事人自主决定房地产经纪服务的有关事项

B. 自愿是绝对的，应以遵守法律，尊重社会公德，不损害社会公共利益为前提

C. 房地产经纪行为必须合法

D. 房地产经纪活动当事人对自己的真实意思负责，自愿作出的承诺具有法律效力

E. 自愿不是绝对的，应以遵守法律，尊重社会公德，不损害社会公共利益为前提

6. 按照业务分类，业务招揽可以分为（　）。

A. 存量房交易经纪业务的招揽

B. 商品房销售代理业务的招揽

C. 新建商品房销售代理业务的招揽

D. 土地销售代理业务的招揽

E. 在建商品房销售代理业务的招揽

7. 房地产经纪机构应当在经营场所公示的内容

包括（　）。

A. 物业管理规划

B. 房地产管理部门备案证明文件

C. 房地产经纪机构品牌标识

D. 服务收费项目、依据、标准及收取方式

E. 交易资金监管方式

8. 根据交易类型，房屋交易的程序有（　）。

A. 查封程序　　B. 抵押程序

C. 租赁程序　　D. 拍卖程序

E. 买卖程序

9. 房屋交易存在的风险包括（　）。

A. 交易当事人违约风险

B. 房屋买卖变动风险

C. 房屋产权瑕疵风险

D. 交易资金的安全风险

E. 房屋的使用和保管风险

10. 关于业务联合承接及转委托的表述，正确的是（　）。

A. 房地产经纪机构之间，有时共同承接某些业务，发生业务上的合作关系是不可避免的

B. 经委托人口头同意，房地产经纪机构之间可以合作完成一项房地产经纪业务

C. 房地产经纪机构不得擅自转让或者变相转让受托的经纪业务

D. 经委托人同意，房地产经纪机构可以按相关规定转让经纪业务，转让经纪业务可以增加佣金

E. 房地产经纪机构未与委托人签订独家房地产经纪服务合同的，不得阻挠委托人再委托其他房地产经纪机构参与同一交易的经纪服务

11. 下列关于业务办理规范中安排办理人员的表述，不正确的为（　）。

A. 应当根据业务性质委派具备相应素质和能力的房地产经纪人直接办理或者牵头办理

B. 每宗房地产经纪业务都应当由注册在本机构的房地产经纪人协理为承办人

C. 承办的房地产经纪人可以选派注册在本机构的房地产经纪人协理为经纪业务的协办人

D. 承办人对协办人执行的经纪业务进行指导和监督，但不对其工作结果负责

E. 房地产经纪机构应当设置不同的部门，安排不同的人员从事不同的房地产经纪业务

12. 下列关于发布房源信息或者房地产广告的表述，正确的是（　）。

A. 房地产经纪机构应当与委托人签订房地产经纪服务合同，并经委托人书面同意后，方可对外发布相应的房源信息或广告

B. 房地产经纪机构发布所代理的新建商品房项目广告时，可以不提供委托证明

C. 房源信息或者房地产信息必须真实、合法，不得欺骗和误导公众

D. 对于能否实地查看待售的房屋，房地产经纪人员应当在房源广告中据实披露

E. 不得作不实宣传

13. 房地产经纪机构发布房地产广告应当遵守（　）。

A. 房地产广告不得含有风水、占卜等封建迷信内容

B. 房地产广告中的项目位置示意图应当准确、清楚，比例恰当

C. 房地产广告中涉及面积的，应当标明是建筑面积或者使用面积

D. 房地产广告中可以利用其他项目的形象、环境作为本项目的效果

E. 房地产广告中可以出现融资或者变相融资的内容

14. 关于撮合交易的表述中，正确的是（　）。

A. 在当事人对交易房屋满意的情况下，撮合交易的过程就是房地产经纪人员代替委托人讨价还价的过程

B. 房地产经纪人员在执行代理业务时，在合法的前提下，应当维护委托人的最大权益

C. 在执行居间业务时，应当公平正直，不偏袒任何一方

D. 当事人双方达成交易意向后，房地产经纪人员应当协助委托人订立房地产交易合同

E. 房地产经纪人员可以迎合委托人，协助当事人就同一房屋签订不同交易价款的“阴阳合同”

15. 房地产经纪服务费用收取规范中有下列行为之一的，由县级以上人民政府价格主管部门按照价格法律的规定，进行行政处罚（　）。

A. 房地产经纪服务实行明码标价

B. 房地产经纪机构收取未予标明的费用

C. 对交易当事人隐瞒真实的房屋交易信息

D. 房地产经纪机构未完成房地产经纪服务合同的约定事项

E. 房地产经纪机构利用虚假标价使人误解的标价内容和标价方式进行价格欺诈

16. 处理与社会关系的行为规范有（　）。

A. 禁止误导社会公众、扰乱市场秩序

B. 采用正常方式争揽业务

C. 配合监督检查

D. 承担社会责任

E. 参加公益事业

17. 关于房地产经纪机构与委托人签订房屋出售、出租经纪服务合同的表述中，不正确的是（　）。

A. 应当查看委托出售、出租的房屋及房屋权属证书

B. 应当编制房屋状况说明书

C. 应当查看委托人身份证明

D. 房地产经纪服务合同应当加盖房地产经纪协会印章

E. 有执行该项经纪业务的一名房地产经纪人或三名房地产经纪人协理的签名及注册号

18. 下列属于房地产经纪服务合同主要内容的有（　）。

A. 房地产经纪服务的项目

B. 服务费用及其支付方式

C. 合同当事人的权利和义务

D. 出租房屋权属证书编号

E. 违约责任和纠纷解决方式

19. 房地产经纪机构在联系已与其他机构签署独家房地产经纪服务合同的业务时，应当遵守以下规范中的（　）。

A. 任何有独家代理出售的房屋，房地产经纪机构和人员只能与委托人联系

B. 经独家代理人同意及独家代理的委托人（被代理）主动联系的情况除外

C. 针对独家代理的房地产经纪业务，当代理的经纪机构拒绝披露独家代理到期日或者代理性质时，其他的房地产经纪人可以与房屋所权人取得联系，招揽业务

D. 若其他房地产经纪机构的客户主动联系房地产经纪机构，讨论建立同样独家服务的关系，可讨论未来的合同

E. 现存独家代理的房地产经纪服务合同到期后，可能由房地产经纪人接手的事宜

20. 房地产经纪机构和人员在与委托人接触中，不得采用下列不正当手段与同行进行业务竞争：（　）。

A. 故意诋毁、诽谤其他房地产经纪机构和人员声誉，散布、传播关于同行的错误信息

B. 无正当理由，以低于国家规定收费标准或在同行业收费水平以下的收费为条件吸引客户，或采用商业贿赂的方式争揽业务

C. 房地产经纪人员与所受聘的房地产经纪机构解除劳动关系后，诱劝原受聘房地产经纪机构的客户，以取得业务

D. 故意在委托人与其他房地产经纪机构和人员之间设置障碍，制造纠纷

E. 和其他同行进行合作和竞争

三、综合分析题（每题的备选答案中有一个或一个以上符合题意。错选不得分；少选，但选择正确的每个选项得相应分）

胡某2014年购得一商铺，以每月3 000元租金租给吴某，租期5年。半年后由于经营资金周转困难，胡某将商铺抵押给银行贷款20万元，贷款期限1年，并办理了抵押登记。抵押到期后，胡某未能偿还债务。银行依法向人民法院申请拍卖该商铺。

1. 下列关于胡某房屋租赁的表述中，正确的为（　）。

A. 胡某出租商铺的租金，由胡某与吴某在平等、自愿的原则下协商议定

B. 经胡某同意，吴某可以将该商铺转租，并可以从转租中获得收益

C. 在租赁期限内，无须胡某同意，吴某可以根据其经营需要改变房屋用途

D. 在租赁期限内，无须胡某同意，吴某可以根据其经营需要拆改房屋结构

2. 胡某出租房屋应缴纳的税为（　）。

A. 营业税　　B. 房产税

C. 契税　　D. 印花税

3. 下列关于胡某抵押房屋的表述中，错误的为（　）。

A. 胡某将该商铺抵押后又在屋顶搭建一阁楼，该阁楼也应当属抵押财产

B. 胡某应当将房屋抵押情况告之吴某

C. 经估价机构评估，胡某商铺价值70万元，该商铺的价值大于所担保债权，其余额还可以再次抵押

D. 胡某到期不能偿还债务，拍卖、变卖商铺时，吴某有优先购买权

4. 如果拍卖、变卖胡某商铺，胡某应当缴纳（　）。

A. 契税　　B. 营业税

C. 房产税　　D. 印花税

5. 拍卖、变卖后，该房屋租赁合同（　）。

A. 应当解除

B. 对购买人仍然有约束力

C. 由人民法院决定是否继续有效

D. 由购买人决定是否继续有效

第十章　房地产经纪行业管理

本部分的考试目的是测试应考人员对房地产经纪行业管理的含义、作用、基本原则、基本模式、重要内容，房地产经纪行业行政管理，房地产经纪行业自律管理等知识的掌握程度。

本章考试基本要求包括：

1. 掌握房地产经纪行业管理的基本模式；
2. 掌握房地产经纪行业管理的重要内容；
3. 掌握我国房地产经纪行业管理的部门、主要内容、监管方式和措施；
4. 掌握房地产经纪机构和人员的相关法律责任；
5. 掌握房地产经纪行业组织的管理职责；
6. 熟悉房地产经纪行业组织的性质和组织形式；
7. 熟悉我国的房地产经纪行业自律管理体系；
8. 熟悉房地产经纪行业管理的含义与作用；
9. 了解房地产经纪行业管理的基本原则。

- 房地产经纪行业管理
  - 房地产经纪行业管理概述
    - 房地产经纪行业管理的含义与作用
    - 房地产经纪行业管理的基本原则
    - 房地产经纪行业管理的基本模式
    - 房地产经纪行业管理的重要内容
  - 我国房地产经纪行业行政管理
    - 我国房地产经纪行业管理部门
    - 我国房地产经纪行业管理的主要内容
    - 我国房地产经纪行业监管方式和措施
  - 我国房地产经纪行业自律管理
    - 房地产经纪行业组织的性质和组织形式
    - 房地产经纪行业组织的管理职责
    - 我国的房地产经纪行业自律管理体系

重点难点分析

第一节　房地产经纪行业管理概述

一、房地产经纪行业管理的含义与作用

房地产经纪行业管理的目的在于规范房地产经纪行为，协调房地产经纪活动相关当事人（如房地产经纪机构、房地产经纪人员、房地产经纪活动服务对象）之间的关系，维护当事人合法权益。

房地产经纪行业管理是社会公共管理的一个组成部分，它的基本作用就是维护社会整体利益，即通过管理使房地产经纪活动符合社会整体规范，并最大限度地增进社会福利。

就目前的情况来看，通过房地产经纪行业管理来规范房地产经纪服务活动，有助于增加房地产有效供给，提高房地产利用效率，可以进一步改善房地产流通，以利于通过市场机制来促进房地产经济活动及其他相关经济活动的效益，从而促进房地产业的发展，提高人民的居住质量和水平。

房地产经纪行业管理作为一种行业管理，可以协调行业内部各类主体之间以及行业与社会其他主体之间的关系，促进行业整体的高效运作和持续发展，维护和提高行业的整体利益。

二、房地产经纪行业管理的基本原则

（一）营造良好环境，鼓励行业发展

房地产经纪行业是一个需要鼓励发展的行业。对房地产经纪行业的管理，应本着鼓励行业发展、促进行业进步的原则。

（二）遵循行业规律，实施专业管理

房地产商品的特殊性和房地产交易的复杂性都使得房地产经纪是专业性极强的经纪活动。对从业人员专业知识要求较高的经纪行业，实施专业化管理是必要的。

（三）严格依法办事，强化行业自律

法制社会对房地产经纪行业的管理应以国家法律为基本依据，应避免政府超出法律许可范围实施管理，更要避免不同政府部门从本部门角度出发制定互不衔接的行政法规和政策。

目前我国房地产经纪行业管理的法律法规依据主要有以下几方面。

1. 法律：《城市房地产管理法》、《民法通则》、《合同法》等。

2. 部门规章：《房地产经纪管理办法》、《经纪人管理办法》（国家工商行政管理局令第 14 号）。

3. 地方性法规和地方性规章：各省市、自治区人大及其常委会在不与宪法、法律、行政法规相抵触的前提下，结合当地实际制定了一些规范房地产经纪行为的地方性法规和规章。

4. 政府行政主管部门出台的规范性文件：《国家计委建设部关于房地产中介服务收费的通知》（计价格［1995］971 号）、《人事部建设部关于印发 < 房地产经纪人员职业资格制度暂行规定 > 和 < 房地产经纪人执业资格考试实施办法 > 的通知》等。

针对目前房地产经纪法律法规体系尚不健全，许多方面存在法律空白的状况，国家和各地方立法机构应该加快建设有关房地产经纪的法律法规体系，理顺房地产经纪行业管理的行政管理体系。

行业规范通过同行业内的民事行为主体协商制定，比之法律、法规具有更强的灵活性，可以在法律法规所规定的标准之上，为行业提供更高的行业标准，便于根据市场需要和行业发展水平不断进行调整、更新。

（四）顺应市场机制，维护有序竞争

对房地产经纪行业的管理应适应市场经济的要求，顺应市场经济发展的趋势。房地产经纪行业管理应有助于形成按照市场经济原则有序运作，不断发展的行业发展机制。在这一原则指导下，房地产经纪行业管理应以维护房地产经纪行业及其相关市场有序竞争为价值取向。

三、房地产经纪行业管理的基本模式

（一）行政主管模式

在这种模式下，政府行政主管部门承担了房地产经纪行业管理的绝大部分职能，管理手段以行政手段为主，如进行执业资格认证、登记备案与年检、制定收费标准和示范合同、行政监督等。这种模式下的房地产经纪行业组织管理职能相对薄弱，一般只在教育训练、学术交流、评奖等方面发挥作用。

目前我国内地和香港地区主要采取这种模式，但香港地区在法律手段的运用上比内地更成熟一些。

（二）行业自治模式

这种模式中房地产经纪的直接管理主体是房地产经纪行业组织。行业协会不仅实施自律性管理职能，还受政府职能部门甚至立法机构的委托，行使对房地产经纪业的行政管理职能。在这种模式下，管理手段相对较为丰富，法律、行政、经济和自律等手段都有所运用。目前我国台湾地区就是采取这种模式。

（三）行政与行业自律并行管理模式

在这种模式中，政府行政主管部门和房地产经纪行业组织都是强有力的管理主体，但两者管理职能有所分工。美国房地产经纪业的行业管理就是这种模式。

美国建立了全国、州和区域三个层次的房地产经纪行业协会，它是房地产经纪人与立法、行政机关之间的桥梁，为会员提供培训教育的机会，并制定具体的行业技术标准以及职业道德准则。由行业协会主导建立的联合销售制度，从客观上促使房源信息在全国范围内得以共享。

四、房地产经纪行业管理的重要内容

（一）房地产经纪行业的专业性管理

房地产经纪是围绕一种特定的商品——房地产，开展的中介服务活动，具有很强的专业性，因此，房地产经纪行业管理也具有很强的专业性。这主要体现在以下三个方面。

1. 对房地产经纪活动主体实行专业资质、资格管理。从发达国家和地区的情况来看，很多国家对房地产经纪业的从业人员，建立了系统的教育和继续教育、资格考试、资格认定的制度，以保证房地产经纪业从业人员具备相应的专业知识和技能。同时，对房地产经纪机构实行专业的营业资质和牌照管理。

2. 对房地产经纪人员的职业风险进行管理。房地产经纪活动所涉及的标的是具有高额价值的房地产，因此，房地产经纪人员在执业活动的一些失误，常常会给客户造成巨大的经济损失，从而也就给房地产经纪人员自身带来严重的民事法律后果。这种职业风险如果不能有效规避，会给房地产经纪业造成重大打击。所以一些发达国家和地区通过设立房地产经纪业赔偿基金、强制性过失保险制度等，来规避房地产经纪业的职业风险。

3. 重视房地产经纪管理的地域性。房地产市场的地域性决定了房地产经纪业的运作也不可避免地带有很强的地域特征，因此对房地产经纪业的管理也应注意到不同地域的差别。

（二）房地产经纪行业的规范性管理

从发达国家和地区的经验来看，对服务过程规范性方面的管理，主要通过以下几方面内容的管理来实现。

1. 房地产经纪执业规范。发达国家和地区一般通过立法来制定房地产经纪执业规范，如美国的《一般代理法规》（Common Law Agency），我国香港地区的《地产代理条例》。

2. 房地产经纪收费。房地产经纪作为一种服务性行业，其所提供的服务不如实体产品那样容易进行价值判别，因此房地产经纪机构与客户之间在服务收费问题上较容易产生纠纷，特别需要行业管理的协调作用，收费管理的最主要方式是制定具有法律约束力的房地产经纪服务佣金标准（通常是指其相对于房地产交易额的一定比率）。

（三）房地产经纪行业的公平性管理

1. 行业竞争与协作的管理。信息的共享性、积累性、时效性，使得房地产经纪业内部容易产生不正当竞争，但同时又迫切需要开展行业内的广泛协作。因此，对行业竞争与协作的管理也是房地产经纪行业管理的重要内容，美国房地产经纪协会所建立的"多重上市服务（MLS）系统"是开展行业协作管理的典范。

2. 房地产经纪业的诚信管理。由于房地产经纪人员与服务对象之间存在着较为明显的信息不对称现象，因此对房地产经纪的管理必须十分注重房地产经纪的诚信管理。很多国家的政府和房地产经纪行业组织，通过法律、行政、教育、行业自律乃至评奖、设立信用保证金等种种方法来对房地产经纪机构及执业人员的信誉进行管理。

3. 房地产经纪纠纷管理。由于房地产经纪人员与服务对象之间的信息不对称，很容易引起双方对同一问题认识的差异性，从而导致房地产经纪纠纷。所以关于房地产经纪纠纷的管理是房地产经纪行业管理的重要内容。从发达国家和地区的情况来看，建立常规的消费者投诉通道、明确仲裁和协调的主体、制定纠纷处理的法律性文件是纠纷管理的主要手段。

【例题1】在我国台湾地区，房地产经纪行业管理采取的模式是（　）。

A. 行政主管模式

B. 行业自治模式

C. 行政与行业自律并行的管理模式

D. 经纪机构自管模式

【答案】B

【例题2】房地产经纪纠纷管理属于房地产经纪行业的（　）。

A. 专业性管理　　B. 规范性管理

C. 公平性管理　　D. 监督性管理

【答案】C

【例题3】房地产经纪行业管理的专业性主要体现在（　）。

A. 行业竞争与协作的管理

B. 房地产经纪业的诚信管理

C. 重视房地产经纪管理的地域性

D. 对房地产经纪人员的职业风险进行管理

E. 对房地产经纪活动主体实行专业资质、资格管理

【答案】CDE

【例题4】为了提高房地产经纪行业的服务质量，我国台湾地区建立的各种服务制度中不包括（　）。

A. 交易安全保障制度

B. 交屋履约制度

C. 电脑出价制度

D. 佣金浮动费率制度

【答案】D

【例题5】由政府行政主管部门承担房地产经纪行业管理的绝大部分职能，而房地产经纪行业组织管理职能相对薄弱，这种房地产经纪行业的管理模式被称为（　）。

A. 行业自治模式

B. 行政与行业自律并行管理模式

C. 行政主管模式

D. 双重主体管理模式

【答案】C

【例题6】房地产经纪行业必须实行专业性管理的原因有（ ）。

A. 房地产经纪从业人员构成复杂

B. 房地产是特殊商品，价值量大，交易程序复杂

C. 从事房地产经纪服务需要专业知识

D. 房地产经纪从业人员素质高低不一

E. 房地产经纪人员社会接触面广

【答案】BCD

【例题7】目前我国香港地区房地产经纪行业管理主要采取的模式是（ ）。

A. 行业自治模式

B. 行政主管模式

C. 计划审批模式

D. 行政与行业自律并行管理模式

【答案】B

【例题8】房地产经纪收费管理属于房地产经纪行业的（ ）。

A. 专业性管理　　B. 规范性管理

C. 公平性管理　　D. 服务性管理

【答案】B

【例题9】把房地产经纪人员分为经纪人和销售员的国家或地区是（ ）。

A. 中国内地　　B. 中国香港

C. 中国台湾　　D. 美国

【答案】D

【例题10】美国房地产经纪行业协会主导建立的（ ），从客观上促使房源信息在全国范围内得以共享。

A. 联合销售制度

B. 个人信用的保障制度

C. 房屋质量保证制度

D. 产权查询制度

【答案】A

【例题11】房地产经纪行业公平性管理的内容包括（ ）。

A. 房地产经纪行业竞争与协作的管理

B. 房地产经纪人员的职业风险管理

C. 房地产经纪行业的诚信管理

D. 房地产经纪收费管理

E. 房地产经纪纠纷管理

【答案】ACE

【例题12】房地产经纪行业管理的基本原则主要有（ ）。

A. 鼓励自由竞争，促进市场活跃

B. 遵循行业规律，实施专业管理

C. 营造良好环境，鼓励行业发展

D. 严格依法办事，强化行业自律

E. 顺应市场机制，维护有序竞争

【答案】BCDE

【解析】房地产经纪行业管理的基本原则包括：①营造良好环境，鼓励行业发展；②遵循行业规律，实施专业管理；③严格依法办事，强化行业自律；④顺应市场机制，维护有序竞争。

【例题13】目前，在房地产经纪行业管理中采用行业自治模式的国家或地区是（ ）。

A. 美国　　B. 中国大陆

C. 中国香港地区　　D. 中国台湾地区

【答案】D

【解析】行业自治模式中房地产经纪的直接管理主体是房地产经纪行业组织。行业协会不仅实施自律性管理职能，还受政府职能部门甚至立法机构的委托，行使对房地产经纪业的行政管理职能。在这种模式下，管理手段相对较为丰富，法律、行政、经济和自律等手段都有所运用。目前我国台湾地区就是采取这种模式。

【例题14】房地产经纪诚信管理的关键是（ ）。

A. 培育房地产经纪行业组织

D. 提高房地产经纪企业的诚信度

C. 加强房地产经纪企业自身的信用管理

D. 确立房地产经纪服务诚信管理机构

【答案】D

【例题15】在房地产经纪诚信体系建设中，诚信管理的主体不包括（ ）。

A. 房地产经纪行业组织

B. 房地产经纪企业

C. 房地产主管部门

D. 房地产经纪人员

【答案】D

【例题16】下列关于房地产经纪行业管理基本模式的表述中，正确的有（ ）。

A. 在行政主管模式下，行业协会管理职能相对较弱

B. 在行业自治模式下，行业协会可以接受立法机构的委托进行行业管理

C. “经纪行业在办妥公司登记后，应加入登记所在地的同业公会后方得营业”的规定是行业行政

主管的基础

D. 行业自治模式比行政主管模式更为有效

E. 在行政与行业自律并行管理模式下，管理效果通常比单一主体的管理模式更有效

【答案】ABE

【例题 17】在房地产经纪行业行政管理模式下，房地产经纪行业的直接管理主体是（ ）。

A. 政府职能部门

B. 司法机构

C. 房在产经纪行业组织

D. 大型房地产经纪机构

【答案】A

【例题 18】房地产经纪行业管理实行自治管理的关键是（ ）。

A. 成立协会　　B. 业必归会

C. 人必归业　　D. 政府支持

【答案】B

第二节 我国房地产经纪行业行政管理

一、我国房地产经纪行业管理部门

1. 目前我国房地产经纪行业管理涉及的行政部门较多，主要包括建设（房地产）、价格、人力资源和社会保障等部门。三个部门按照职责分工开展房地产经纪活动的监督和管理。

2. 建设（房地产）管理部门承担规范房地产市场秩序、监督管理房地产市场的重要职能。负责对房地产经纪行业的日常监管，对房地产经纪机构和人员的执业行为进行监督管理，制定行业管理相应制度并监督执行。

3. 价格主管部门承担拟定并组织实施价格政策，监督价格政策执行的重要职能。负责制定房地产经纪相关的价格政策，监督检查价格政策的执行，对房地产经纪机构和人员的价格行为进行监督管理，依法查处价格违法行为和价格垄断行为。

4. 人力资源和社会保障主管部门承担完善职业资格制度，拟定专业技术人员管理和继续教育政策、社会保障体系建设等职能。人力资源和社会保障部门还承担房地产经纪机构和从业人员劳动合同、社会保障关系的监督管理。

5. 其他部门如工商管理部门也涉及房地产经纪机构的管理，例如，工商部门负责房地产经纪机构的工商登记等。

二、我国房地产经纪行业管理的主要内容

（一）房地产经纪人员职业资格管理

我国已建立起一套包括职业资格考试和职业资格注册的房地产经纪人员职业资格管理制度。

房地产经纪人员职业资格包括房地产经纪人和房地产经纪人协理。今后还将通过加强对房地产经纪人员的继续教育来完善这方面的管理。

《房地产经纪管理办法》第八条规定，“设立房地产经纪机构和分支机构，应当具有足够数量的房地产经纪人员。本办法所称房地产经纪人员，是指从事房地产经纪活动的房地产经纪人和房地产经纪人协理。”因此，不论设立房地产经纪机构还是设立分支机构，既应当具有足够数量的房地产经纪人，也应当具有足够数量的房地产经纪人协理。

（二）房地产经纪机构备案管理

在 2011 年颁布的《房地产经纪管理办法》中再次规定，房地产经纪机构及其分支机构应当自领取营业执照之日起 30 日内，到所在直辖市、市、县人民政府建设（房地产）主管部门备案。

对不进行备案的房地产经纪机构，直辖市、市、县建设（房地产）主管部门可以通过限制网签资格和备案信息公示等手段加以监管。因此，不论是设立房地产经纪机构还是设立分支机构，都应当在规定期限内办理备案手续，否则，将无法获取网上签约资格。

（三）房地产经纪行为监管

1. 房地产经纪机构日常经营活动监管

所谓日常经营活动监管，主要是指主管部门对房地产经纪机构开展经营活动的资格是否具备、程序是否合规、行为是否规范等方面进行的监管。具体包括需要房地产经纪机构公示的内容是否真实全面、是否有足够数量的房地产经纪人员、签订房地产经纪服务合同前履行告知义务的情况、业务承揽活动是否规范、发布的房源信息是否经委托人书面同意、明码标价制度落实情况、业务记录建立情况、房地产经纪服务合同签订及保存情况、是否存在《房地产经纪管理办法》等规定的禁止行为等，涵盖房地产经纪机构的管理和经营活动的全部内容。

2. 房地产经纪纠纷管理

（1）房地产经纪活动中常见的纠纷类型

① 缔约过失造成的纠纷。主要是由于房地产经纪人与委托人在签订合同前未进行充分协商，合同中缺乏主要条款，或由于经纪人在缔约前未充分履行告

知义务或故意夸大承诺，在订立合同时又故意对自身义务条款“缩水”，从而引发纠纷。

由于目前很多委托人自身法律意识薄弱、法律知识缺乏，往往会造成双方在并未对各项主要事项达到一致的情况下签订了合同。而且这种合同通常是不规范的，事后通常出现合同无法协调双方对一些问题认识差异的情况，从而引发纠纷。

② 合同不规范造成的纠纷。例如，由于房地产交易行为与房地产经纪行为混淆，居间行为与代理行为混淆，房地产交易资金结算方式、时间、条件约定不明、权利义务不等，主要条款欠缺等，侵害委托人权益。在目前房地产经纪人员职业素质参差不齐的情况下，特别容易引发纠纷。

③ 服务标准与佣金标准差异造成的纠纷。由于目前有关管理部门对房地产经纪服务收贺所制定的标准并无相对应的服务标准，而房地产经纪机构在与委托人签订经纪合同时，因疏忽或故意省缺服务标准的条款，在合同签订后的房地产经纪活动中常常会与客户产生纠纷。

(2) 规避房地产经纪纠纷的主要手段

房地产经纪纠纷是房地产经纪行业运行的社会成本。大量的房地产经纪纠纷不仅会降低社会的整体福利，还会影响房地产经纪行业自身的运行效率和发展前景。因此，有效规避房地产经纪纠纷是房地产经纪行业管理的重要内容。

目前，我国房地产经纪行业主管部门主要可以通过以下手段来规避房地产经纪纠纷。

① 制定示范合同文本

房地产经纪行业目前之所以存在以上种种纠纷，首先，是由于房地产经纪人员和委托人缺乏必要的法律、法规意识；其次，一些房地产经纪人员和委托人未掌握订立和履行合同的规则也是一个重要的影响因素；最后，房地产经纪人员受商业环境和交易陋习影响，在执业活动中有意无意不遵守合同规则，甚至缺乏诚信只谋求经济利益的不良经营作风是不容忽视的重要影响因素。

为了维护合同当事人的合法权利，减少合同纠纷，除了督促房地产经纪人员在职业活动中加强自律，遵守合同规则外，多数地方的政府或者行业组织还制定了符合合同规则的示范合同文本，并加以推广。

示范合同文本可以发挥多重作用，具体如下。

第一，示范合同文本的推广，既不干涉经纪活动的正常运行，又可以将合法的合同规则通过公开的途径进行示范，鼓励、督促合同当事人自觉把握自己的权利义务关系。

第二，示范合同文本的推广，有利于合同当事人通过比较，改变交易陋习和不自觉的违规、违法、违约行为。

第三，示范合同文本的推广，可以保护社会的弱势群体，避免受到违反合同规则的恶意行为的损害。

第四，示范合同文本也是政府管理机构与行业组织公开进行宣传，维护消费者利益、行业形象和政府的政策导向的有效手段。

② 制定服务标准，明确服务要求和内容

房地产经纪行业的服务标准是房地产经纪人为委托人提供劳务服务的行为准则，也是房地产经纪人表现诚实信用的依据，又是房地产经纪人应当履行的合同义务。

制定符合市场条件、行为准则、房地产经纪人和委托人利益的服务标准，是保障房地产经纪人与委托人的权益、维护市场交易规范的必要手段，有利于提高房地产经纪行业的服务水平，树立良好的企业与行业形象。

房地产经纪机构可以根据基本标准，并根据自身资源条件、经营成本等方面的情况，附加具有特色的企业服务标准作为经营的手段和方式为委托人服务。

③ 加强对房地产经纪合同的监督管理

目前，房地产经纪机构中使用自行制作的合同文本占有很大的比例。为了方便重复使用，很多房地产经纪机构将这种合同制作成固定格式的合同文本。

一些地方房地产行政主管部门要求房地产经纪机构将这种固定格式的经纪合同提交房地产行政管理部门审查。这就是一种对合同的监督管理。

3. 房地产经纪服务收费管理

对房地产经纪服务收费的管理主要包括以下两个方面：

一是，收费标准要符合有关规定；

二是，实行明码标价制度。

4. 房地产经纪行业信用管理

目前，房地产经纪行业的信用管理是纳入房地产全行业信用管理体系中实施的。

(1) 房地产信用档案的内容包括机构和人员基本情况、机构业绩及良好行为、不良行为等。房地产经纪信用档案的日常管理和维护以县、市为单位负责组织实施。

(2) 直辖市、市、县人民政府建设（房地产）主管部门应当将房地产经纪信用档案向社会公示，为

社会公众查询企业和个人信用信息提供服务。

(3) 房地产经纪信用档案信息主要通过房地产经纪机构自行申报、政府主管部门和行业协会日常检查以及公众投诉、媒体的公开披露等方式采集。

(4) 房地产经纪机构和房地产经纪人员应当按照规定提供真实、完整的信用档案信息。

三、我国房地产经纪行业监管方式和措施

(一) 我国房地产经纪行业监管方式

目前，我国房地产经纪行业监管的方式主要有现场巡查、合同抽查、投诉受理等。

1. 现场巡查是对房地产经纪机构的经营场所和日常经营活动进行的日常监督检查，是对房地产经纪活动进行全面监督管理最常用的方式。

检查的重点主要是房地产经纪机构日常经营活动的规范性。通过现场巡查既能真实、全面地了解房地产经纪机构和房地产经纪人员的日常经营活动，又能了解一定区域内房地产经纪市场情况。

2. 合同抽查是抽查房地产经纪机构和房地产经纪人员从事房地产经纪活动所签订的各类合同，是对房地产经纪实体行为进行检查最重要的方式。

抽查的合同包括房地产经纪服务合同、代办服务合同、房屋租赁合同、存量房买卖合同、新建商品房销售合同等，查看内容包括主合同条款、合同附件、合同对应发票存根、专用账户银行对账单及限购等政策要求所附资料。合同检查要与网上机构备案信息、业务记录、人员资格进行比对。

具体检查方式有：

(1) 有针对性检查；

(2) 随机抽查。

3. 投诉受理是主管部门发现房地产经纪违规行为的有效途径，也是房地产交易当事人解决房地产经纪活动引发纠纷的常见方式。

(二) 我国房地产经纪行业监管措施

建设（房地产）主管部门、价格主管部门可以采取约谈、记入信用档案、媒体曝光等措施对房地产经纪机构和房地产经纪人员进行监督管理。

1. 约谈是指与存在违法违规行为的房地产经纪机构、房地产经纪人员进行谈话，告知其违法违规行为事实，听取其陈述、申辩，要求其予以改正、引以为戒。

2. 记入信用档案是指把在监督管理过程中发现房地产经纪机构、房地产经纪人员的违法违规行为作为不良信用记录记入其信用档案，向社会公众曝光。

3. 媒体曝光是指对经查证属实的房地产经纪机构、房地产经纪人员的违法违规行为通报媒体，通过媒体公示给社会大众。

约谈、记入信用档案、媒体曝光等措施是对房地产经纪违法违规行为进行处理的重要手段，是在行政处罚之外的有效监管手段；对于现场巡查、合同抽查、投诉受理等方式发现的违法、违规问题，各级建设（房地产）主管部门、价格主管部门除采取责令改正、行政处罚等措施外，可综合运用约谈、记入信用档案、媒体曝光等措施对房地产经纪机构和房地产经纪人员进行监管。

【例题1】目前中国房地产经纪行业管理部门规避房地产经纪纠纷的手段有（ ）。

A. 制定示范合同文本

B. 制定服务标准，明确服务要求和内容

C. 加强对房地产经纪合同的监督管理

D. 告知必要的经纪活动事项，利于委托人监督

E. 对已出现的纠纷进行调解处理

【答案】ABC

【例题2】下列关于房地产纪经行业信用管理的表述中，不正确的是（ ）。

A. 建立房地产经纪信用管理体系有利于规范房地产经纪人员的行为

B. 房地产经纪信用不包括房地产经纪人协理的信用档案

C. 房地产经纪信用管理通过建立房地产信用档案实施

D. 建设部组织建立全国一级房地产企业及执业人员的信用档案

【答案】B

【解析】房地产信用档案的建立范围是房地产开发企业、房地产中介服务机构、物业管理企业和房地产估价师、房地产经纪人、房地产经纪人协理等专业人员。

【例题3】房地产经纪行业的管理内容不包括（ ）。

A. 制定执业规范

B. 规范经纪服务收费标准

C. 管理房地产经纪纠纷

D. 管理房地产经纪机构品牌

【答案】D

【例题4】减少房地产经纪纠纷的主要手段包括（ ）。

A. 制定和推广使用房地产经纪服务示范合同

B. 制定房地产经纪服务标准，明确服务要求

C. 及时处理纠纷投诉

D. 降低收费标准

E. 降低房地产经纪人员的佣金提成比例

【答案】AB

【解析】规避房地产经纪纠纷的主要手段有：①制定示范合同文本；②制定服务标准，明确服务要求和内容；③加强对房地产经纪合同的监督管理。

【例题5】对房地产经纪服务费的管理主要是从（　）方面进行。

A. 是否符合收费标准与开具发票

B. 是否明码标价与开具发票

C. 是否依照合同约定与开具发票

D. 是否符合收费标准和明码标价

【答案】D

【解析】我国对房地产经纪服务收费的管理主要包括以下两个方面：①收费标准要符合有关规定；②实行明码标价制度。此外，在房地产经纪活动中，禁止房地产经纪机构、房地产经纪人员通过隐瞒房地产交易价格等方式，获取佣金以外的收益。

【例题6】关于房地产经纪信用档案的说法，错误的是（　）。

A. 房地产经纪机构和房地产经纪人员都要建立信用档案

B. 房地产经纪信用档案主要靠自行填报

C. 房地产经纪信用档案信息包括基本情况、业绩、良好行为、不良行为等

D. 房地产经纪信用档案实行有偿查询

【答案】D

【解析】A选项：房地产信用档案的建立范围是房地产开发企业、房地产中介服务机构、物业管理企业和房地产估价师、房地产经纪人、房地产经纪人协理等专业人员。B选项：房地产经纪信用档案信息主要通过房地产经纪机构自行申报、政府主管部门和行业协会日常检查以及公众投诉、媒体的公开披露等方式采集。C选项：房地产信用档案的内容包括机构和人员基本情况、机构业绩及良好行为、不良行为等。D选项：房地产经纪信用档案的日常管理和维护以县、市为单位负责组织实施，直辖市、市、县人民政府建设（房地产）主管部门应当将房地产经纪信用档案向社会公示，为社会公众查询企业和个人信用信息提供服务。

【例题7】我国房地产经纪行业管理的主要内容包括（　）。

A. 房地产经纪人员职业资格管理

B. 房地产经纪机构财务管理

C. 房地产经纪机构备案管理

D. 房地产经纪机构运营管理

【答案】AC

【例题8】我国房地产经纪行业监管的方式包括（　）。

A. 现场巡查　　B. 专家评审

C. 合同抽查　　D. 投诉受理

E. 房地产经纪资信评价

【答案】ACD

【解析】目前我国房地产经纪行业监管的方式主要有现场巡查、合同抽查、投诉受理等。

【例题9】下列属于中国内地现行房地产经纪行业管理的主要内容有（　）。

A. 房地产经纪行业年检与验证管理

B. 房地产经纪纠纷规避及投诉受理

C. 房地产经纪收费管理

D. 房地产经纪行业信用管理

E. 房地产经纪行业风险管理

【答案】ABCD

【例题10】我国现行房地产经纪行业管理的主要内容有（　）。

A. 房地产经纪人员职业资格管理

B. 房地产经纪投诉处理

C. 房地产经纪收费管理

D. 房地产经纪行业信用管理

E. 房地产市场管理

【答案】ABCD

第三节　我国房地产经纪行业自律管理

一、房地产经纪行业组织的性质和组织形式

房地产经纪行业学（协）会是房地产经纪人员的自律性组织，是社团法人。

房地产经纪行业组织可以制定章程来确定自己的管理职责范围，并以此约束行业内房地产经纪机构和房地产经纪人员的执业行为。

房地产经纪行业组织所制定的章程应符合有关法律、法规和规章的规定。在法律、法规或政府行政管理部门明确授权的情况下，房地产经纪行业组织可履行应由政府管理部门履行的管理职责。例如，将情况汇总反映给该部门并可作适当的分析评价甚至提出参考性的处理意见。

根据按需设立的原则，可以建立全国性的房地产经纪行业组织，省、自治区、直辖市及设区的市可根据需要设立各地方的房地产经纪行业组织。

中国房地产估价师与房地产经纪人学会是政府认可的唯一全国性房地产经纪行业组织。它通过和各地方房地产经纪行业组织交流协作，实施对全国房地产经纪行业的自律管理。

房地产经纪人员一经取得房地产经纪人协理从业资格或房地产经纪人执业资格并经注册执业，即可申请成为行业组织会员，享有章程赋予的权利，履行章程规定的义务。

二、房地产经纪行业组织的管理职责

房地产经纪行业组织行使管理职责的依据有两个，一个是章程，另外一个是房地产经纪执业规则。

房地产经纪行业组织根据章程，或经政府房地产管理部门授权，履行下列职责。

1. 保障房地产经纪人员依法执业，维护房地产经纪人员合法权益。

2. 组织开展房地产经纪理论、方法及其应用的研究、讨论、交流和考察。

3. 拟定并推行房地产经纪执业标准、规则。

4. 组织房地产经纪人员进行研讨、交流。

5. 组织房地产经纪人员业务培训。

6. 代表房地产经纪行业开展对外交流。

7. 进行房地产经纪人员职业道德和执业纪律教育、监督与检查。

8. 调解房地产经纪人员之间在执业活动中发生的纠纷。

9. 按照章程规定对房地产经纪人员给予奖励或处分。

10. 办理法律、法规规定和行政主管部门委托或授权的其他有关工作。

制定和推行自律性的执业规范或者执业规则是房地产经纪行业组织实施行业管理的重要手段。

执业规则是房地产行业组织根据业内人员的共同意志和行业管理的需要制定的，它是平等的民事主体之间的一种约定或者共识。

虽然执业规则属于公约的范畴，但它不同于一般的乡规民约，它与乡规民约最重要的区别是，它是依据法律、法规和规章制定的。执业规则与一般乡规民约的另一个重要区别是，执业规则的产生履行了一定的程序，即通过行业组织理事会审议而形成的自律性的规范要求和运作准则。

执业规则的约束力表现在：违反规则执业，对他人的合法权益造成侵害的，一要受到行政管理部门处罚，甚至法律的制裁；二要受到行业组织的通报批评，将不良行为记入信用档案。

三、我国的房地产经纪行业自律管理体系

中国房地产估价师与房地产经纪人学会是我国房地产估价和经纪行业全国性的自律组织，主要由从事房地产估价和经纪活动的专业人士与专业机构组成，依法对房地产估价和经纪行业进行自律管理。

房地产经纪行业自律管理框架体系主要包括以下几个方面：

一是，规范房地产经纪人执业资格考试、注册、继续教育；

二是，确立房地产经纪执业规则；

三是，推广房地产经纪业务合同文本；

四是，发布房地产交易风险提示；

五是，逐步建立房地产经纪学科理论体系；

六是，建立并公示注册房地产经纪人和房地产经纪机构信用档案；

七是，开展房地产经纪资信评价活动；

八是，通报房地产经纪违法违规案件。

【例题1】规避房地产经纪人员职业风险的措施主要有（ ）。

A. 设立房地产经纪行业赔偿基金

B. 建立强制性过失保险制度

C. 建立房地产经纪人职业培训制度

D. 建立房地产经纪机构准入和退出制度

E. 建立房地产交易资金监管制度

【答案】CDE

【例题2】下列关于中国房地产经纪行业组织的表述中，错误的是（ ）。

A. 房地产经纪行业学（协）会是房地产经纪人员的自律性组织

B. 房地产经纪行业学（协）会是法人

C. 房地产经纪行业学（协）会按照章程及相关规定对经纪人员给予奖励或处分

D. 房地产经纪行业学（协）会的职责是行政管理

【答案】D

【解析】房地产经纪行业学（协）会的职责是行业自律管理。

【例题3】房地产经纪行业自律组织可以（ ）。

A. 履行行政管理的职责

B. 经政府授权行使行业行政管理的职责

C. 制定对所有房地产市场主体都有约束力的

章程

D. 在行业内立法

【答案】B

【例题4】房地产经纪行业组织的职责有（ ）。

A. 维护房地产经纪人员合法权益

B. 拟定并推行房地产经纪执业标准

C. 组织房地产经纪人员业务培训

D. 组织开展房地产经纪理论研究

E. 开展房地产经纪业务活动

【答案】ABCD

【例题5】房地产经纪行业学（协）会是房地产经纪人员的自律性组织，是（ ）。

A. 社团法人　B. 公司法人

C. 专业行政组织　D. 公益性组织

【答案】A

【例题6】房地产经纪行业组织行使管理职责的依据是房地产经纪执业规则和（ ）。

A. 职业道德　B. 执业技术标准

C. 执业纪律　D. 行业组织章程

【答案】D

【例题7】申请成为房地产经纪行业组织个人执业会员的前提条件是申请人必须（ ）。

A. 取得房地产经纪人员职业资格

B. 为房地产经纪机构出资人

C. 有本科以上学历

D. 有5年以上从业经历

【答案】A

【解析】房地产经纪人员一经取得房地产经纪人执业资格或房地产经纪人协理从业资格，即可申请成为行业组织会员，享有章程赋予的权利，履行章程规定的义务。

【例题8】我国房地产经纪行业全国性的自律组织是（ ）。

A. 中国房地产协会

B. 中国房地产研究会

C. 中国物业管理协会

D. 中国房地产估价师与房地产经纪人学会

【答案】D

【解析】中国房地产估价师与房地产经纪人学会是政府认可的唯一全国性房地产经纪行业组织。它是我国房地产估价和经纪行业全国性的自律组织，主要由从事房地产估价和经纪活动的专业人士和专业机构组成，依法对房地产估价和经纪行业进行自律管理。

 练习题

一、单项选择题（每题的备选答案中只有一个最符合题意）

1. 房地产经纪行业管理是社会公共管理的一个组成部分，它的基本作用就是维护（ ）。

A. 国家整体利益

B. 社会整体利益

C. 委托人整体利益

D. 受托人整体利益

2. 我国内地和香港地区主要采取的模式是（ ）。

A. 网络管理模式

B. 行政与行业自律并行管理模式

C. 行业自治模式

D. 行政主管模式

3. 美国房地产经纪业的行业管理模式是（ ）。

A. 行政主管体制

B. 行业自治模式

C. 经济管理模式

D. 行政与行业自律并行管理模式

4. 对房地产经纪机构实行专业的营业资质和牌照管理，属于（ ）的内容。

A. 重视房地产经纪管理的时间性

B. 对房地产经纪活动主体实行专业资质、资格管理

C. 对房地产经纪人员的职业风险进行管理

D. 重视房地产经纪管理的地域性

5. 各国（地区）房地产经纪行业管理都严令禁止房地产经纪机构赚取合同约定佣金以外的经济利益，属于（ ）的内容。

A. 房地产经纪收费管理

B. 房地产经纪执业管理

C. 房地产经纪规范管理

D. 房地产经纪诚信管理

6. 信息的共享性、积累性、时效性，使得房地产经纪业内部容易产生不正当竞争，但同时又迫切需要开展行业内的广泛协作，是（ ）的内容。

A. 日常经营活动管理

B. 房地产经纪纠纷管理

C. 房地产经纪业的诚信管理

D. 行业竞争与协作的管理

7. 自（ ）原人事部、原建设部联合颁布《房地产经纪人员职业资格制度暂行规定》以来，我国已建立起一套包括职业资格考试和职业资格注册的房地产经纪人员职业资格管理制度。

A. 2002 年 12 月 18 日

B. 2001 年 12 月 18 日

C. 2003 年 12 月 18 日

D. 2004 年 12 月 18 日

8.《房地产经纪管理办法》中再次规定，房地产经纪机构及其分支机构应当自领取营业执照之日起（ ）内，到所在直辖市、市、县人民政府建设（房地产）主管部门备案。

A. 30 日　　B. 35 日

C. 40 日　　D. 20 日

9. 在 2011 年颁布的（ ）中规定，房地产经纪机构及其分支机构应当自领取营业执照后，到所在直辖市、市、县人民政府建设（房地产）主管部门备案。

A.《房地产经纪管理规定》

B.《房地产经纪人管理办法》

C.《房地产经纪管理办法》

D.《房地产经纪人管理规定》

10.（ ）主要是指主管部门对房地产经纪机构开展经营活动的资格是否具备、程序是否合规、行为是否规范等方面进行的监管。

A. 房地产经纪机构日常经营活动监管

B. 房地产经纪纠纷管理

C. 房地产经纪人员职业资格管理

D. 房地产经纪行业的公平性管理

11.（ ）是指由于经纪人在缔约前未充分履行告知义务或故意夸大承诺，在订立合同时又故意对自身义务条款“缩水”，从而引发纠纷。

A. 合同不规范造成的纠纷

B. 缔约过失造成的纠纷

C. 服务标准与佣金标准差异造成的纠纷

D. 经济标准与佣金标准差异造成的纠纷

12.（ ）是指房地产经纪机构在与委托人签订经纪合同时，因疏忽或故意省缺服务标准的条款，在合同签订后的房地产经纪活动中常常会与客户产生的纠纷。

A. 服务标准与佣金标准差异造成的纠纷

B. 合同不规范造成的纠纷

C. 缔约过失造成的纠纷

D. 违约行为造成的纠纷

13. 房地产买卖代理服务收费为成交总价的（ ）。

A. 1.5% ~2.5%　　B. 0.5% ~3.5%

C. 0.5% ~2.5%　　D. 1.5% ~3.5%

14. 房地产租赁代理收费为（ ）的房租。

A. 半个月到 2 个月　　B. 半个月到 1 个月

C. 半个月到 1 个半月　　D. 1 个月到 2 个月

15.（ ）是对房地产经纪机构的经营场所和日常经营活动进行的日常监督检查。

A. 有针对性检查　　B. 随机抽查

C. 合同抽查　　D. 现场巡查

16.（ ）是指与存在违法违规行为的房地产经纪机构、房地产经纪人员进行谈话，告知其违法违规行为事实，听取其陈述，要求其予以改正。

A. 约谈　　B. 记入档案

C. 约见　　D. 曝光

17.（ ）是指把在监督管理过程中发现房地产经纪机构、房地产经纪人员的违法违规行为作为不良信用记录记入其信用档案，向社会公众曝光。

A. 监管　　B. 约谈

C. 媒体曝光　　D. 记入信用档案

18. 政府认可的唯一全国性房地产经纪行业组织是（ ）。

A. 中国房地产估价师与房地产经纪人协会

B. 中国房地产经纪人学会

C. 中国土地估价师学会

D. 中国房地产估价师与房地产经纪人学会

19.（ ）是房地产行业组织根据业内人员的共同意志和行业管理的需要制定的，它是平等的民事主体之间的一种约定。

A. 执业法规　　B. 执业规则

C. 执业规定　　D. 执业规程

20. 中国房地产估价师与房地产经纪人学会主要由从事房地产估价和经纪活动的专业人士和专业机构组成，依法对房地产估价和经纪行业进行（ ）。

A. 法律管理　　B. 自由管理

C. 自律管理　　D. 他律管理

二、多项选择题（每题的备选答案中有两个或两个以上符合题意）

1. 关于房地产经纪行业管理，正确的表述有（ ）。

A. 是人民政府房地产经纪管理部门、房地产经

纪行业组织对房地产经纪活动客体、房地产经纪行为等实施的管理

B. 目的在于规范房地产经纪行为

C. 协调房地产经纪机构、房地产经纪人员、房地产经纪活动服务对象之间的关系

D. 协调房地产经纪活动相关当事人之间的关系

E. 维护当事人合法权益

2. 我国香港地区规范地产代理活动的法律，包括（　）。

A.《经纪人管理办法》

B.《地产代理条例》

C.《地产代理常规规例》

D.《地产代理法规》

E.《地产代理（裁定佣金争议）规例》

3. 下列关于三种行业管理模式的表述中，不正确的有（　）。

A. 双重主体的管理模式的管理效果更好

B. 双重主体的管理模式通常比单一主体的管理模式更能适应房地产经纪行业管理的多重要求

C. 就房地产经纪行业管理的内容来看，政府行政主管部门和行业协会这两类不同性质的主体，对不同管理内容的胜任度是相同的

D. 因主体不同而导致的管理手段有所不同

E. 三种模式的主要区别是管理客体不同

4. 房地产经纪行业的专业性管理体现在（　）。

A. 对房地产经纪业的诚信管理

B. 对房地产经纪执业规范管理

C. 对房地产经纪人员的职业风险进行管理

D. 对房地产经纪活动主体实行专业资质管理

E. 对房地产经纪活动主体实行专业资格管理

5. 房地产经纪行业的公平性管理，包括（　）。

A. 房地产经纪执业规范管理

B. 房地产经纪活动主体实行专业资格管理

C. 房地产经纪业的诚信管理

D. 房地产经纪活动主体实行专业资质管理

E. 行业竞争与协作的管理

6. 房地产经纪行业管理部门有（　）。

A. 建设（房地产）管理部门

B. 价格管理部门

C. 人力资源和社会保障部门

D. 城市规划部门

E. 司法部门

7. 建设（房地产）管理部门承担的重要职能，包括（　）。

A. 拟定并组织实施价格政策

B. 规范房地产市场秩序

C. 监督管理房地产市场

D. 监督价格政策执行

E. 完善职业资格制度

8. 价格主管部门承担（　）。

A. 拟定并组织实施价格政策

B. 拟定专业技术人员管理

C. 社会保障体系建设

D. 规范房地产市场秩序

E. 监督价格政策执行

9. 房地产经纪机构日常经营活动监管的形式有（　）。

A. 需要房地产经纪机构公示的内容是否真实全面

B. 是否有足够数量的房地产经纪人员

C. 签订房地产经纪服务合同前履行告知义务的情况

D. 业务承揽活动是否规范

E. 房地产经纪人与委托人是否有交易资金帐户

10. 房地产经纪活动中常见的纠纷类型有（　）。

A. 侵权行为造成的纠纷

B. 服务标准与经营标准差异造成的纠纷

C. 合同不规范造成的纠纷

D. 服务标准与收费标准差异造成的纠纷

E. 缔约过失造成的纠纷

11. 规避房地产经纪纠纷的主要手段，包括（　）。

A. 加强和委托人的沟通

B. 加强对房地产经纪合同的监督管理

C. 加强和政府部门的联系

D. 制定服务标准，明确服务要求和内容

E. 制定示范合同文本

12. 示范合同文本发挥的作用有（　）。

A. 有利于提高房地产经纪行业的服务水平，树立良好的企业与行业形象

B. 维护消费者利益、行业形象和政府的政策导向的有效手段

C. 避免受到违反合同规则的恶意行为的损害

D. 改变交易陋习和不自觉的违规、违法、违约行为

E. 鼓励、督促合同当事人自觉把握自己的权利义务关系

13. 下列关于房地产经纪服务收费管理的表述

中，不正确的有（　）。

A. 收费标准要符合有关规定

B. 房地产买卖代理服务收费为成交总价的1.5%~2.5%

C. 不得利用虚假或者使人误解的标价内容和标价方式进行价格欺诈

D. 实行明码标价制度

E. 房地产经纪机构可以收取任何未予标明的费用

14. 房地产信用档案的建立范围，包括（　）。

A. 土地估价师

B. 房地产开发企业

C. 房地产中介服务机构

D. 物业管理企业

E. 房地产经纪人协理

15. 我国房地产经纪行业监管的方式主要有（　）。

A. 政府扶持　　B. 投诉受理

C. 法律咨询　　D. 合同抽查

E. 现场巡查

16. 抽查的合同包括（　）。

A. 房地产经纪服务合同

B. 代办服务合同

C. 存量房买卖合同

D. 房屋租赁合同

E. 新建商品房销售单证

17. 合同检查要与网上机构备案信息、业务记录、人员资格进行比对，具体的检查方式有（　）。

A. 重点抽查　　B. 判断抽查

C. 随机抽查　　D. 记录抽查

E. 有针对性检查

18. 房地产经纪行业学（协）会是（　）。

A. 自律性组织　　B. 机关法人

C. 他律性组织　　D. 经济法人

E. 社团法人

19. 房地产经纪行业组织行使管理职责的依据有（　）。

A. 营业执照

B. 章程

C. 房地产经纪执业规则

D. 代码证

E. 房地产经纪管理办法

20. 房地产经纪行业组织履行的职责有（　）。

A. 组织房地产经纪人员业务培训

B. 代表房地产经纪行业开展对外交流

C. 进行房地产经纪人员职业道德和执业纪律教育

D. 拟定并推行房地产经纪执业标准

E. 制定和推行房地产经纪管理办法

三、综合分析题（每题的备选答案中有一个或一个以上符合题意。错选不得分；少选，但选择正确的每个选项得相应分）

2011年8月，赵某通过乙房地产经纪机构（以下简称乙机构）的居间服务购买了一套$90m^2$的二手住宅房，于2011年9月委托乙机构办理了二手房抵押贷款手续，2011年10月又委托乙机构代理对外租赁。乙机构的房地产经纪人王某找到承租人张某并按照市场价格签订了房屋租赁合同，租赁期为3年。2014年3月，赵某委托乙机构代理出售该住房，同年4月该套住宅按照市场价转售给李某，并办理了房屋登记手续。李某因结婚急等装修房屋，要求张某提前搬走，张某不同意。

1. 赵某在办理房屋抵押登记时，应提交的要件为（　）。

A. 登记申请书　　B. 主债权合同

C. 房屋测绘报告　　D. 抵押合同

2. 赵某出租房屋时应缴纳的税款为（　）。

A. 个人所得税　　B. 营业税

C. 土地增值税　　D. 房产税

3. 下列关于合同的说法中，正确的有（　）。

A. 王某可以以个人名义与赵某签订房地产经纪服务合同

B. 王某必须以乙机构的名义与赵某签订房地产经纪服务合同

C. 租赁合同应明确规定租赁期限、租赁用途、租金及交付方式、房屋的修缮责任等内容

D. 在签订房屋租赁合同后，承租人应按照该房屋权属证书上记载的用途使用房屋，不得擅自变更用途

4. 下列关于房屋抵押的说法中，正确的有（　）。

A. 房屋抵押权自登记之日起发生物权效力

B. 赵某的住房抵押贷款只能选择商业贷款

C. 赵某租赁前，应将房屋已经抵押的事实书面告知张某

D. 抵押合同自签订之日起生效

5. 下列关于房屋租赁的说法中，正确的有（　）。

A. 租赁期限未到期，张某有权主张原租赁合同继续履行

B. 李某急等房屋装修结婚系正当理由，王某与张某签订的原租赁合同自动终止

C. 赵某转让该房屋时，应提前通知张某，张某在同等条件下有优先购买权

D. 张某虽无意购买该房屋，但 2014 年 11 月，如主张优先租赁权时，李某不得拒绝

第二部分

模拟试题

模拟试题一

一、单项选择题（共50题，每题1分。每题的备选答案中只有一个最符合题意，请在答题卡上涂黑其相应的编号）

1. 房地产也称作（ ），在法律上，通常把财产或者物分为不动产和动产两大类。

A. 动产　　B. 不动产

C. 房产　　D. 不可移动物

2.（ ）既包括房屋，也包括构筑物。

A. 法律上建筑物　　B. 广义的建筑物

C. 狭义的建筑物　　D. 词语上建筑物

3. 衡量区位优劣最常见的指标是（ ）。

A. 流量　　B. 位置

C. 时间　　D. 距离

4. 不可移动特性也称为（ ），土地上的土壤、砂石等虽然可以移动、搬走，但是作为立体空间、完整意义上的土地，其位置是固定的，不能移动。

A. 供给有限性　　B. 寿命长久性

C. 独一无二性　　D. 位置固定性

5. 我国对于建设用地使用权出让的最高年限，商业、旅游、娱乐用地为（ ）。

A. 70年　　B. 60年

C. 50年　　D. 40年

6.（ ）是指供家庭居住使用的房地产，又可分为普通住宅、高档公寓和别墅。

A. 住宅　　B. 集体宿舍

C. 宿舍　　D. 办公房地产

7.（ ）是由一个卖者或一个买者控制的市场。

A. 垄断竞争市场

B. 完全垄断市场

C. 寡头垄断市场

D. 完全竞争市场

8. 经纪是商品经济发展到一定阶段而出现的经济活动。这种中介服务活动可以提高交易效率、降低交易成本，从而促进商品交易，是一种（ ）的经济活动。

A. 有偿　　B. 无偿

C. 有价　　D. 商业

9. 经纪活动中的代理，是一种（ ）。

A. 民间代理活动　　B. 经济代理活动

C. 民事代理活动　　D. 商事代理活动

10. 委托人支付佣金的义务以经纪合同所约定的（ ）为前提。

A. 看房成功　　B. 资金交付

C. 合同签订　　D. 交易达成

11. 介于经纪活动和经销活动之间的一种特殊活动是（ ）。

A. 行纪　　B. 代理

C. 居间　　D. 经销

12. 卖主自己或通过其他经纪人把房子卖掉了，原独售权经纪人仍享受请求付佣金的权利，是指（ ）。

A. 独售权共享合同　　B. 开放出售权合同

C. 独售权合同　　D. 净卖权合同

13. 每个地区、城市的房地产市场，都具有强烈的区域特性，其市场供求受到当地特定的社会及其历史演变以及地方政府政策的影响，指的是（ ）。

A. 活动收入的后验性

B. 活动范围的地域性

C. 活动内容的服务性

D. 活动后果的社会性

14. 通过全国房地产经纪人执业资格考试，取得中华人民共和国房地产经纪人执业资格，并按照有关规定注册，取得中华人民共和国房地产经纪人注册证书，从事房地产经纪活动的专业人员是（ ）。

A. 房地产经纪人协理

B. 房地产策划师

C. 房地产估价师

D. 房地产经纪人

15. 房地产经纪人的知识结构的核心是（ ）。

A. 房地产经纪的基本理论与实务知识

B. 房地产经纪有关的基础知识

C. 对房地产经纪人员的文化修养产生潜移默化影响的知识

D. 对房地产经纪人员的心理素质产生潜移默化影响的知识

16. 房地产经纪人员不仅要以乐观的心态来面对挫折，还需要以坚忍不拔的精神来化解挫折，属于（ ）的基本内容。

A. 积极、主动　　B. 坚韧、奋进

C. 乐观、开朗　　D. 自知、自信

17. 某类房地产的市场成交价格在最近3个月内上涨了百分之几，属于对市场的判断中（ ）的内容。

A. 定性的判断　　B. 定量的判断

C. 定点的判断　　D. 定价的判断

18. (　) 主要是指对市场竞争、同行合作等问题的认识和看法。

A. 职业道德　　B. 职业良心

C. 执业理念　　D. 职业成就感

19. (　) 是指房地产经纪人在从事房地产经纪活动时所应尽的义务，以及因自己在职业活动中的违纪、违约、违法甚至犯罪行为而应承担的行政和法律责任。

A. 房地产经纪人的执业理念

B. 房地产经纪人的执业责任

C. 房地产经纪人的职业道德

D. 房地产经纪人的职业责任

20. 房地产经纪机构（包括分支机构），是指依法设立并到（　）所在地的县级以上人民政府建设（房地产）主管部门备案，从事房地产经纪活动的中介服务机构。

A. 工商备案　　B. 税务登记

C. 法人登记　　D. 工商登记

21. (　) 是指依照《中华人民共和国合伙企业法》和有关房地产经纪管理的规定，在我国境内设立的由合伙人成立的从事房地产经纪活动的营利性组织。

A. 公司制房地产经纪机构

B. 个人独资房地产经纪机构

C. 合伙制房地产经纪机构

D. 有限责任制房地产经纪机构

22. 分支机构解散后，房地产经纪机构对其解散后尚未清偿的（　）（包括未到期债务）承担责任。

A. 经营债务　　B. 所欠债务

C. 部分债务　　D. 全部债务

23. 这些部门和人员只是同级管理者的参谋和助手，不能直接对下级发号施令，保证了管理者的统一指挥，避免了多头领导，是（　）的基本特点。

A. 直线—参谋制结构形式

B. 分部制组织结构形式

C. 矩阵制组织结构形式

D. 网络制织结构形式

24. (　) 是对其房地产经纪服务活动进行组织、计划、指挥和调节等一系列职能的总称。

A. 房地产经纪机构的企业管理

B. 房地产估价机构的企业管理

C. 房地产咨询机构的企业管理

D. 房地产拍卖机构的企业管理

25. (　) 是指为特定的地区或特定的购买集团提供特殊的产品或服务。

A. 一体化战略　　B. 聚焦战略

C. 低成本战略　　D. 高成本战略

26. (　)，即以现有服务为基础，开发新市场。

A. 服务开发型

B. 产品开发型

C. 市场开发型

D. 产品、市场开发型

27. 企业能够在不改变业务领域和经营模式的情况下，拓展服务地域，扩大企业的规模，指的是（　）。

A. 跨地域市场扩张战略

B. 跨专业市场扩张战略

C. 跨行业扩张战略

D. 综合性扩张战略

28. 工资加代理佣金、销售佣金加提成比例等，属于（　）。

A. 混合制　　B. 固定薪金制

C. 奖金制　　D. 工资薪水制

29. 一旦监管不当则会给买卖双方造成损失，同时也给房地产经纪机构的经营带来不可估量的损失，指的是（　）。

A. 承诺不当引起的风险

B. 资金监管不当引起的风险

C. 操作不规范引起的风险

D. 产权纠纷引起的风险

30. (　) 是指在所确定的城市区域内选择最佳位置的店铺。

A. 范围选择　　B. 店员选择

C. 区域选择　　D. 店址选择

31. 门店的可辐射市场半径划定范围是（　）。

A. 1 500m　　B. 1 000m

C. 900m　　D. 800 m

32. 门店要符合机构本身目标客户群的“口味”，突出针对性，提升门店给客户带来的亲切感，是（　）的基本内容。

A. 注重理想化　　B. 注重社会化

C. 注重人性化　　D. 注重个性化

33. 门店内应配置的业务人员通常为（　）。

A. 5 ~ 10 人　　B. 6 ~ 10 人

C. 6 ~ 9 人　　D. 5 ~ 12 人

34. 房地产经纪机构应根据具体项目售楼处的功能定位与项目条件，认真研究，寻找到两者的平衡点，据此选定（ ）。

A. 售楼处的设置　　B. 售楼处的分区

C. 售楼处的位置　　D. 售楼处的环境

35.（ ）的标的通常是一个楼盘或一个楼盘的某一部分的批量房地产商品。

A. 商品房租赁代理业务

B. 新建商品房销售代理业务

C. 商品房销售代理业务

D. 新建商品房租赁代理业务

36.（ ）包括新建商品房出租、存量房屋的出租和转租。

A. 房地产拍卖　　B. 房地产出让

C. 房地产租赁　　D. 房地产买卖

37.（ ）是指标的物业的物质状况、权属状况、环境状况等方面的信息。

A. 标的物业信息

B. 与标的物业相关的市场信息

C. 委托方信息

D. 受托方信息

38.（ ）是指作为买方代理时为买方进一步提供装修、搬家等服务。

A. 改进服务　　B. 延伸服务

C. 客户服务　　D. 跟踪服务

39.（ ）是指18周岁以上可以独立进行民事活动的公民，或16周岁以上不满18周岁以自己的劳动收入为主要生活来源的公民。

A. 无民事行为能力人

B. 完全民事行为能力人

C. 限制民事行为能力人

D. 民事行为能力人

40. 房地产经纪服务的完成以（ ）的签订为标志。

A. 房地产交易合同　　B. 房地产委托合同

C. 房地产佣金合同　　D. 房地产代理合同

41.（ ）是指房地产经纪机构应当告知委托人其委托房屋所在社区或所处商圈范围内同类房屋当时的一般、平均成交价格水平。

A. 是否与委托房屋有利害关系

B. 房屋交易的一般程序

C. 委托房屋的市场参考价格

D. 应当由委托人协助的事宜

42. 房地产经纪服务合同是业务记录资料中的关键内容，至少保存（ ）。

A. 7 年　　B. 3 年

C. 5 年　　D. 4 年

43.（ ）是通过国家的立法机关制定的或者认可的，用以指导、约束人们行为的行为规范的一种。

A. 道德规范　　B. 法律规范

C. 技术规范　　D. 执业规范

44. 执业规范只适用于特定行业或者特定的社会活动，是执业规范（ ）的基本内涵。

A. 行业性　　B. 广泛性

C. 实用性　　D. 时代性

45. 促进（ ），有利于实现房地产经纪行业的健康持续发展。

A. 他律管理　　B. 自律管理

C. 行业管理　　D. 协会管理

46. 法律法规对房地产能否交易有明确的规定，比如法院查封的、权属有争议的房地产不能买卖，指的是（ ）。

A. 房地产经纪行为必须合法

B. 交易的房地产必须合法

C. 房地产经纪活动主体合法

D. 房地产经纪活动内容合法

47. 在房地产经纪活动中，房地产经纪机构、房地产经纪人员、业务委托人（可以是出售方、承购方、出租方、承租方或其他当事人）及交易相对人的法律地位一律平等，体现的是（ ）。

A. 公平原则　　B. 平等原则

C. 自愿原则　　D. 经济原则

48. 人事部建设部关于印发《房地产经纪人员职业资格制度暂行规定》和《房地产经纪人执业资格考试实施办法》的通知属于（ ）。

A. 政府行政主管部门出台的规范性文件

B. 部门规章

C. 地方性法规和地方性规章

D. 法律

49.（ ）中，房地产经纪的直接管理主体是房地产经纪行业组织。

A. 行业自治模式　　B. 行政主管模式

C. 经济体制模式　　D. 自律管理体制

50. 发达国家和地区通过设立房地产经纪业赔偿基金、强制性过失保险制度等，来规避房地产经纪业的职业风险，属于（ ）的内容。

A. 对房地产经纪活动主体实行专业资质管理

B. 对房地产经纪活动主体实行专业资格管理

C. 对房地产经纪人员的职业风险进行管理

D. 重视房地产经纪管理的地域性

二、多项选择题（共30题，每题2分。每题的备选答案中有两个或两个以上符合题意，请在答题卡上涂黑其相应的编号。错选不得分；少选且选择正确的，每个选项得0.5分）

51. 房地产是指土地以及建筑物等地上定着物，是（　）的结合体。

A. 住房　　B. 实物

C. 权益　　D. 空地

E. 区位

52. 地上定着物又可以称为（　）。

A. 土地定着物　　B. 地上附属物

C. 土地附着物　　D. 土地附属物

E. 地上附着物

53. 下列属于无形资产的有（　）。

A. 珠宝、玉石　　B. 著作权

C. 机器设备　　D. 商标权

E. 非专利技术

54. 按照房地产的用途分类，可以分为（　）。

A. 居住房地产　　B. 零售商业房地产

C. 餐饮房地产　　D. 体育和娱乐房地产

E. 新的房地产

55. 现房按照新旧程度，可分为（　）。

A. 精装修房　　B. 新的房地产

C. 毛坯房　　D. 粗装修房

E. 旧的房地产

56. 完全垄断市场是由一个卖者或一个买者控制的市场，可以分为（　）。

A. 单方垄断　　B. 卖方垄断

C. 单边垄断　　D. 买方垄断

E. 双边垄断

57. 关于行纪的表述，正确的有（　）。

A. 在通常情况下，经纪人与委托人之间没有长期固定的合作关系

B. 从形式上看，行纪与自营很相似

C. 大多数情况下经纪人都并未取得交易商品的所有权

D. 即使经纪人在行纪业务中可以介入买卖，但也应以完成委托任务为主，不应该因介入买卖而改变中介本质

E. 行纪的适用范围较大，一般用于动产的代销等贸易活动

58. 房地产经纪活动的主要客体包括（　）。

A. 二手住房　　B. 商品住房

C. 新建商品住房　　D. 在建工程

E. 开发用地

59. 下列关于行纪与经销不同点的表述中，正确的有（　）。

A. 作为介于经纪行为和经销行为之间的行纪，可以采取更靠近经纪的形式

B. 不仅仅不转移交易标的所有权，而且仍以交易标的使用者的名义进行销售

C. 行纪主体在交易的过程中，在交易条件、程序等方面还要受到标的所有者的限制

D. 行纪主体往往需要向标的所有者支付一定的保证金

E. 行纪主体不拥有交易标的

60. 职业资格包括（　）。

A. 非专业技术人员职业资格

B. 准入类职业资格

C. 专业技术人员职业资格

D. 行政许可类职业资格

E. 职业水平评价类职业资格

61. 关于房地产经纪人协理的表述，正确的有（　）。

A. 具有大专以上学历，愿意从事房地产经纪活动的人员，均可申请参加房地产经纪人协理资格考试

B. 房地产经纪人协理从业资格证书在所在行政区域内有效

C. 房地产经纪人协理从业资格证书严禁伪造、变造或转让

D. 遗失资格证书的，向原发证机关申请补发

E. 中华人民共和国公民，遵守国家法律、法规，可以参加考试

62. 关于境外人员考试，正确的表述为（　）。

A. 获准在中华人民共和国境内就业的外籍人员及港、澳、台地区的专业人员，可报名参加房地产经纪人和房地产经纪人协理资格考试

B. 香港、澳门居民在报名时应向当地考试报名机构提交《台湾居民来往大陆通行证》

C. 香港、澳门居民在报名时应向当地考试报名机构提交国务院教育行政部门认可的相应专业学历或学位证书

D. 香港、澳门居民在报名时应向当地考试报名机构提交从事房地产经纪业务工作年限的证明

E. 台湾居民应向当地考试报名机构提交《台湾居民来往大陆通行证》

63. 房地产经纪人员的心理素质包括（　）。

A. 安全、准确　　B. 博学、多才

C. 乐观、开朗　　D. 积极、主动

E. 坚韧、奋进

64. 下列关于房地产经纪机构的表述中，正确的有（　）。

A. 房地产经纪业务应当由房地产经纪机构统一承接

B. 服务报酬由房地产经纪人统一收取

C. 分支机构应当以设立该分支机构的房地产经纪人的名义承揽业务

D. 房地产经纪人员不得以个人名义承接房地产经纪业务和收取费用

E. 房地产经纪机构是房地产经纪业运行的基本载体

65. 房地产经纪机构办理备案应符合的条件为（　）。

A. 依法取得营业执照

B. 具有符合规定数量的取得房地产经纪人执业资格证书的专职人员

C. 企业主要人员有合法身份证明

D. 法律、法规和规章规定的其他条件

E. 依法取得税务登记证

66. 关于无店铺经营模式，正确的表述有（　）。

A. 采用无店铺经营模式的房地产经纪机构并不依靠店铺来承接业务

B. 客户类型是一个重要的影响因素

C. 采用无店铺经营模式的主要是以存量房经纪业务为主的房地产经纪机构

D. 房地产经纪机构所在地的社会经济特征也是一个关键的影响因素

E. 客户主要是机构客户——房地产开发商、商业房地产业主

67. 战略管理的任务是在保持（　）三者之间动态平衡的条件下，实现企业的战略目标。

A. 战略决策　　B. 战略制定

C. 战略目标　　D. 战略实施

E. 日常管理

68. 多向多样化包括（　）。

A. 竞争关系多样化

B. 财务关系多样化

C. 资源多样化

D. 市场营销关系多样化

E. 技术关系多样化

69. 房源状况分析，包括（　）。

A. 区域内业主置业情况

B. 区域内房屋转让率

C. 区域内业主户数及结构

D. 区域内商店结构

E. 区域内房屋出租率

70. 门店可行性研究中的关键指标有（　）。

A. 区域必要市场占有额

B. 经营利润

C. 区域必要市场占有率

D. 损益平衡销售额

E. 经营成本

71. 门店租金的缴付方式有（　）。

A. 按日结算　　B. 按月结算

C. 按年结算　　D. 活期缴付

E. 定期缴付

72. 根据房地产经纪服务的标的房地产所处的市场类型不同，可将房地产经纪业务分为（　）。

A. 存量房经纪业务

B. 房地产转让经纪业务

C. 房地产租赁经纪业务

D. 新建商品房经纪业务

E. 土地经纪业务

73. 房地产租赁业务包括（　）。

A. 存量房屋租售结合

B. 新建商品房出租

C. 存量房屋的拍卖

D. 存量房屋的出租

E. 存量房屋的转租

74. 关于房地产经纪服务合同，不正确的表述为（　）。

A. 完全民事行为能力人是指 18 周岁以上可以独立进行民事活动的公民

B. 无民事行为能力人或者限制民事行为能力人，应由其监护人代理签署合同

C. 甲方是其他组织的，也应具有相应资格

D. 房地产经纪服务合同的甲方必须是依法设立的房地产经纪机构，而不是房地产经纪人

E. 房地产经纪服务合同必须由注册在该机构的两名房地产经纪人或两名房地产协理在合同上签章

75. 服务过程中支付给第三方的费用，包括（　）。

A. 佣金

B. 权属信息查询费

C. 评估费

D. 代办服务费

E. 保险费

76. 房地产经纪机构对合同执行的监督，包括（　）。

A. 及时了解房地产经纪人协理在合同执行中的困难和问题

B. 及时了解房地产经纪人在合同执行中的困难和问题

C. 接受受托人的意见和投诉，及时处理相关问题

D. 交易当事人约定由房地产经纪机构代收代付交易资金的，应当通过房地产经纪机构在银行开设的客户交易结算资金专用存款账户划转交易资金

E. 交易资金的划转应当经过房地产交易资金支付方和房地产经纪机构的签字和盖章

77. 规范可以分为（　）。

A. 经纪规范　　B. 道德规范

C. 社会规范　　D. 法律规范

E. 技术性规范

78. 房地产经纪执业规范的具体作用包括（　）。

A. 规范房地产经纪执业行为，提高房地产经纪服务水平

B. 维护行业的整体利益

C. 促进法律管理

D. 有利于实现房地产经纪行业的健康持续发展

E. 协调房地产经纪同行及同业的关系

79. 平等原则，是指（　）。

A. 房地产经纪活动当事人对自己的真实意思负责

B. 房地产经纪活动当事人自主决定房地产经纪服务的有关事项

C. 房地产经纪活动当事人的法律地位平等

D. 房地产经纪活动当事人的权利和义务对等

E. 交易的房地产必须合法

80. 下列关于房地产经纪行业管理的表述中，不正确的有（　）。

A. 是社会公共管理的一个组成部分

B. 基本作用是维护社会整体利益

C. 通过管理使房地产经纪活动符合社会整体规范

D. 有助于增加房地产有效需求，提高房地产利用效率

E. 最小限度地增进社会福利

三、综合分析题（共20小题，每小题2分。每小题的备选答案中有一个或一个以上符合题意，请在答题卡上涂黑其相应的编号。错选不得分；少选且选择正确的，每个选项得0.5分）

（一）

方某是甲房地产经纪公司（以下简称甲公司）新聘用的房地产经纪人，方某获得的报酬是每月1 000元底薪，另加业务收入提成。客户李某委托甲公司为其出售一间办公用房，甲公司指定方某办理该业务。方某在核实该房屋产权时，发现该房屋属于李某和王某共有，询问李某此情况时，李某称王某完全同意出售该房屋，并出示了王某的私章和身份证，称王某因公差去了另外一个城市，长时间不能回来。方某为表现自己的工作能力并提升业绩，迅速完成了交易配对，将该房屋出售给了乙公司。王某知道后表示不同意出售该房屋，并为此与甲公司发生争执。

81. 下列关于房地产经纪人方某的表述中，正确的有（　）。

A. 可以发起设立经纪机构

B. 可以承担关键岗位工作

C. 可以到国外执行业务

D. 在经纪人协理的指导下开展业务

82. 下列关于李某与乙公司订立的办公用房买卖合同的表述中，正确的为（　）。

A. 有效

B. 无效

C. 双方当事人对该房屋买卖合同可以自行主张撤销

D. 双方当事人对该房屋买卖合同不可自行主张撤销

83. 方某在房地产经纪企业的薪酬支付方式属于（　）。

A. 固定薪金制

B. 佣金制

C. 固定薪金和佣金混合制

D. 奖酬制

84. 下列关于乙公司购房的表述中，正确的为（　）。

A. 乙公司不可能取得该房屋的产权

B. 乙公司可以取得该房屋的产权，条件是王某同意出售

C. 乙公司可以取得该房屋的产权，因为该公司属于善意受让人

D. 乙公司可以取得该房屋的产权，因为李某出示王某的私章和身份证

85. 下列关于该房地产经纪业务的表述中，不正

确的为（ ）。

A. 方某应赔偿王某的全部损失

B. 由于缺乏王某的书面同意，此代理业务不能成立

C. 方某违反了房地产经纪人员职业道德中尽职守责的要求

D. 甲公司如果对外承担赔偿责任可以向方某追偿

（二）

回某与马某为夫妻，为了给孩子准备将来的婚房，两人拿出多年的积蓄于2013年5月5日购买了一套新建商品房。商品房销售合同中购房人只有回某。2013年7月7日，两人共同向房屋登记机构申请房屋登记。房屋登记机构经审查后，决定不予登记。

86. 房地产登记是保障（ ）合法权益的基本手段。

A. 房地产开发商 B. 房地产使用人

C. 房地产经营者 D. 房地产权利人

87. 房地产属于不动产，房地产物权的设立、变更、转让和消灭，都要依法进行（ ）。

A. 注册 B. 记录

C. 登记 D. 发证

88. 回某与马某申请的房屋登记属于（ ）。

A. 房屋所有权初始登记

B. 房屋所有权变更登记

C. 房屋所有权转移登记

D. 房屋更正登记

89. 房屋登记机构的职责为（ ）。

A. 查验申请人提供的权属证明和其他必要材料

B. 对不动产进行评估

C. 就有关登记事项询问申请人

D. 如实、及时登记有关事项

90. 对房屋登记机构不予登记的行为，回某和马某可以（ ）。

A. 申请行政复议

B. 提起行政诉讼

C. 申请仲裁机构仲裁

D. 申请人民法院强制执行

（三）

某省A市甲房地产经纪公司（以下简称甲公司）经纪人杨某与客户王某洽谈一笔房地产买卖经纪业务，杨某私下告诉王某他有比本公司其他经纪人更丰富的房源，因为他同时还在其他经纪机构兼职。后来，杨某代表甲公司与王某订立房屋买卖经纪合同。合同约定：杨某接受委托，代理王某购买一间办公用房，但该办公用房是否存在租赁、抵押等权利瑕疵，甲公司和杨某本人概不负责。若代理不成功，只收取佣金5 000元；代理成功后，佣金按成交价格的2.3%收取。杨某通过乙房地产经纪公司（以下简称乙公司）寻找到房源，并与乙公司签订房屋买卖合同，合同约定乙公司将丙公司的一间办公用房过户给王某，转让价格为90万元，其中80万元支付给丙公司，余下10万元杨某收取1.8万元佣金，8.2万元归乙公司。王某按杨某的要求分别支付90万元的房价款和2.07万元的佣金后，在房屋交付前杨某代办房屋过户的过程中，发现其购买的办公用房原来已同丙公司办理了抵押登记，担保了丙公司的一笔50万元的建行贷款，该贷款半年后到期。王某因此与甲公司发生纠纷。

91. 下列关于甲公司与王某订立的房屋买卖经纪合同的表述中，正确的为（ ）。

A. 代理不成功，不该收取5 000元佣金

B. 代理不成功，可以按约定收取经纪成本费用800元

C. 可以约定甲公司对该办公用房是否存在租赁、抵押等权利瑕疵不承担责任，但杨某应承担责任

D. 代理不成功，经纪机构不应收取任何费用

92. 该办公用房的所有权人为（ ）。

A. 给丙公司贷款的建行

B. 丙公司

C. 王某

D. 乙公司

93. 乙公司在该笔经纪业务中存在的违法行为是（ ）。

A. 赚取差价

B. 与杨某订立房屋买卖合同

C. 未调查丙公司委托其出售的办公用房是否存在租赁、抵押

D. 未通知杨某所在的甲公司

94. 对于王某的损失，他应首先找（ ）承担责任。

A. 甲公司 B. 经纪人杨某

C. 乙公司 D. 丙公司

95. 杨某在从事该笔经纪业务中的违法行为是（ ）。

A. 在其他经纪机构兼职

B. 到乙公司寻找房源

C. 与乙公司订立房屋买卖合同

D. 未调查清楚办公用房的具体情况

（四）

甲房地产开发公司（以下简称甲公司）在A省B市建设C住宅小区。C住宅小区占地50公顷，其中，10公顷的土地在城市市区内，其余土地为基本农田。2013年7月，甲公司取得当地房地产管理部门颁发的商品房预售许可证，并委托乙房地产经纪公司（以下简称乙公司）代理出售。同年8月，丙签订了购买该小区D套商品房预售合同，并在合同中约定“房屋建筑面积为100平方米。房屋交付后，如产权登记面积与合同约定面积发生差异时，按照《商品房销售管理办法》有关规定处理”。同年9月，甲公司经有关部门批准调整了原规划设计，D套房屋的建筑面积变更为105平方米，并书面通知了丙。该小区综合验收合格后，经房产测绘单位实测，D套房屋的套内建筑面积为83平方米，套内阳台建筑面积为3平方米，分摊的共有建筑面积为21平方米。

96. 甲公司以出让方式获得C小区土地使用权应当由（ ）批准。

A. B市土地管理部门　　B. B市人民政府

C. A省人民政府　　D. 国务院

97. 甲公司预售商品房时，应当具备（ ）等条件。

A. 取得土地使用权证

B. 投入资金达到工程建设总投资20%

C. 取得建设工程规划许可证

D. 取得商品房预售许可证

98. 乙公司代理预售商品房必须向购房人出示（ ）。

A. 商品房预售许可证

B. 商品房销售广告

C. 房屋综合验收合格证明

D. 甲公司出具的商品房销售委托合同

99. 签订的商品房预售合同应当向（ ）行政主管部门备案。

A. 工商　　B. 土地

C. 房产　　D. 建设

100. 甲公司在销售商品房时应当缴纳（ ）。

A. 营业税　　B. 城市维护建设税

C. 契税　　D. 房产税

模拟试题二

一、单项选择题（共50题，每题1分。每题的备选答案中只有一个最符合题意，请在答题卡上涂黑其相应的编号）

1. 不能移动的财产，像土地、房屋及附着于土地、房屋上不可分离的部分（如树木和安装在房屋中的给水、排水、采暖、电梯等设备），属于（　）。

A. 动产　　B. 房地产
C. 不动产　　D. 构筑物

2.（　）是建筑物以外的地上定着物，是指附属于或结合于土地或建筑物，从而成为土地或建筑物的从物。

A. 桥梁　　B. 构筑物
C. 其他地上定着物　　D. 隧道

3.（　）是最简单、最基础的距离，但在路网不够发达和地形复杂的地区（如山地城市），它往往会失去意义。

A. 空间直线距离　　B. 交通路线距离
C. 交通时间距离　　D. 经济距离

4.（　）是指供旅客住宿使用的房地产，包括宾馆、饭店、酒店、度假村、旅店、招待所等。

A. 零售商业房地产　　B. 旅馆房地产
C. 餐饮房地产　　D. 体育和娱乐房地产

5. 在一个区域成熟的房地产业中，（　）占主体地位。

A. 房地产经纪行业　　B. 房地产估价行业
C. 物业管理行业　　D. 房地产咨询行业

6.（　）是为卖而买的需求，特别是发生在投机者对未来的房地产价格看涨时而购买房地产，甚至出现疯狂的抢购、囤积居奇。

A. 投资需求　　B. 投机需求
C. 消费需求　　D. 购买需求

7. 经纪人向委托人报告订立合同的机会或者提供订立合同的媒介服务，撮合交易成功并向委托人收取佣金等经纪服务费用的经济行为是（　）。

A. 经销　　B. 行纪
C. 代理　　D. 居间

8. 经纪人受委托人的委托，以自己的名义与第三方进行交易，并承担规定的法律责任的经济行为是（　）。

A. 经济　　B. 行纪
C. 代理　　D. 包销

9.（　）是指经纪服务委托人对经纪服务提供方所付出的劳动时间、花费的资金和承担的风险的总回报。

A. 佣金　　B. 奖励
C. 服务费　　D. 好处费

10. 经纪活动主体的（　）是经纪活动本身的必然要求。

A. 技术性　　B. 专业性
C. 中介性　　D. 共享性

11. 这个阶段的从业人员大多具有房地产中介经验，促使交易效率显著提升，为日后的专业经营打下了基础，是（　）的基本特点。

A. 高专型态　　B. 特专型态
C. 中专型态　　D. 普专型态

12. 受考试组织实施部门委托，（　）承担房地产经纪人资格考试的具体工作。

A. 中国土地估价师学会
B. 中国房地产估价师与房地产经纪人学会
C. 中华人民共和国国土资源部
D. 中华人民共和国人力资源和社会保障部

13. 房地产经纪人的知识结构的最外层是（　）。

A. 房地产经纪专业知识
B. 房地产经纪的基本理论与实务知识
C. 房地产经纪有关的基础知识
D. 对房地产经纪人员的文化修养和心理素质产生潜移默化影响的人文和心理方面的知识

14. 要在心态上调整自己属于（　）的基本内容。

A. 乐观、开朗　　B. 积极、主动
C. 自知、自信　　D. 坚韧、奋进

15. 房地产经纪人员首先必须遵从政府对房地产经纪行业的上岗、开业规定，不得无照、无证执业和经营，属于（　）的基本内容。

A. 遵纪守法　　B. 规范执业
C. 诚实守信　　D. 尽职守责

16.（　）是指职业人对自身职业责任的认知和态度。

A. 职业成功感　　B. 职业责任感
C. 职业成就感　　D. 职业社会感

17.（　）是指履行期已满而能履行的债务因可归于债务人的事由未履行所发生的延迟，这是时间上的不完全履行。

A. 履行迟延　　B. 履行不能

C. 履行不当　　D. 履行拒绝

18. 违约行为发生后相对人应采取措施防止损失扩大，如没有采取措施导致扩大的损失，不得就扩大部分的损失请求赔偿，属于（ ）的免责事由。

A. 委托人有过失　　B. 相对人有过失

C. 自己有过失　　D. 他人有过失

19. 目前大多采用开设经纪门店的方式，承接个人或机构委托的二手住宅买卖、租赁经纪业务的房地产经纪机构形式为（ ）。

A. 其他房地产经纪机构

B. 综合性房地产经纪机构

C. 以策划、顾问业务为主的房地产经纪机构

D. 以存量房经纪业务为主的房地产经纪机构

20. （ ）是由一个自然人投资，财产为投资人个人所有，投资人以其个人财产对机构债务承担无限责任的，从事房地产经纪活动的经营实体。

A. 个人独资房地产经纪机构

B. 合伙制房地产经纪机构

C. 公司制房地产经纪机构

D. 无限责任房地产经纪机构

21. 房地产经纪机构名称及服务场所与（ ）的记载应一致。

A. 法人登记证　　B. 税务登记证

C. 营业执照　　D. 机构代码证

22. 对于大型的房地产经纪机构而言，由于企业规模很大，业务繁多，适用（ ）。

A. 直线—职能制结构形式

B. 网络制组织结构形式

C. 矩阵制组织结构形式

D. 分部制组织结构形式

23. （ ）主要负责对房地产经纪人与客户签订的合同进行管理，维护经纪机构的利益。

A. 网络信息部　　B. 研究拓展部

C. 评估部　　D. 交易管理部

24. （ ）的要点在于达到外部环境与内部条件的动态平衡，要在了解外部环境和内部资源条件的基础上进行合理选择和配置。

A. 战略计划　　B. 战略目标

C. 战略制定　　D. 战略选择

25. 利用自身的优势，使房地产经纪机构向深度和广度发展的战略是（ ）。

A. 多向多样化战略　　B. 纵向多样化战略

C. 横向多样化战略　　D. 一体化成长战略

26. （ ）是指企业可以充分利用自己在原有专业市场上形成的优势资源，以新的经营模式进入其他专业市场。

A. 跨行业扩张战略

B. 跨专业市场扩张战略

C. 跨经营范围扩张战略

D. 跨领域扩张战略

27. 房地产经纪机构的人力资源管理符合房地产经纪行业管理中有关房地产经纪人员职业资格注册管理的规定，是（ ）的基本内涵。

A. 互惠性　　B. 人本性

C. 合规性　　D. 合法性

28. 设置适当的目标，把员工的需要与目标紧密联系在一起，从而调动员工的积极性，属于（ ）的内容。

A. 参与激励　　B. 尊重激励

C. 情感激励　　D. 目标激励

29. 选定门店，应及时与门店业主进行谈判，通过市场调查及筛选，可确保谈判具有客观性及合理性，能切入谈判的要点和重点，是（ ）的内容。

A. 竞争因素分析　　B. 选择目标区域

C. 开业准备　　D. 租赁谈判和签约

30. 门店的可辐射市场半径（ ）内的为核心区域。

A. 600m　　B. 700m

C. 500m　　D. 800m

31. 设计风格要独具匠心，便于识别，做到“出众”但不“出位”，是（ ）的内容。

A. 注重人文化

B. 注重人性化

C. 注重个性化

D. 符合经纪机构的形象宣传

32. 店长根据门店年度营业计划及月度利润目标设定（ ），设定时需要参考上月人员现状等要素。

A. 下月营业收入目标

B. 上月营业收入目标

C. 当月营业收入目标

D. 次月营业收入目标

33. 应根据售楼处的功能、项目目标客户的类型（收入、年龄、职业等）、经费预算等因素，综合考虑后确定的内容，是（ ）。

A. 售楼处设置　　B. 售楼处布置

C. 售楼处位置　　D. 售楼处大小

34. 新建商品房市场上的业务主要是新建商品房销售代理与租赁代理，多数为（ ）。

A. 独家代理　　B. 多家代理

C. 买方代理　　D. 卖方代理

35. （　）主要有新建商品房销售代理业务、存量房出售代理业务和房屋出租代理业务等。

A. 房地产买方代理业务

B. 房地产卖方代理业务

C. 房地产拍卖代理业务

D. 房地产典押代理业务

36. 商圈信息档案中的人文背景、人口结构与户数、商业设施、公园绿地、车位、学区属于（　）的基本内容。

A. 住房市场行情　　B. 物业概况

C. 区域概况　　D. 街巷概况

37. 根据经纪合同的约定，房地产经纪人应及时与委托人（或交易双方）进行交易结算，是（　）的内容。

A. 佣金结算　　B. 售后服务

C. 物业查验　　D. 客户开拓

38. （　）是指标的物业所属的房地产分类市场的供求信息、价格信息。

A. 经营业主信息

B. 委托方信息

C. 标的物业信息

D. 与标的物业相关的市场信息

39. 房地产经纪服务合同，如合同中没有特别约定生效时间，自（　）时生效。

A. 合同注册　　B. 合同登记

C. 合同签订　　D. 合同成立

40. （　）指房地产经纪服务委托方委托房地产经纪机构提供房地产经纪服务的具体时间期限。

A. 委托方式　　B. 委托期限

C. 代理期限　　D. 服务期限

41. （　）包括房地产转让、房地产抵押和房屋租赁。

A. 房地产过户　　B. 房地产交易

C. 房地产评估　　D. 房地产咨询

42. （　）是有关使用设备工序，执行工艺过程以及产品、服务质量要求等方面的准则和标准。

A. 职业规范　　B. 执业规范

C. 技术规范　　D. 道德准则

43. 只要是职业活动或者专业服务行为，就一定要体现执业规范，是执业规范（　）特点。

A. 时代性　　B. 实用性

C. 广泛性　　D. 行业性

44. 就房地产经纪机构和人员应当承担的义务而言，执业规范的标准（　）现行的法律法规。

A. 高于　　B. 低于

C. 等于　　D. 不大于

45. 《城市房地产管理法》《合同法》《价格法》《消费者权益保护法》等都有与房地产经纪行为有关的规定，这体现的是（　）原则。

A. 房地产经纪活动主体合法

B. 房地产经纪行为必须合法

C. 房地产经纪活动的客体合法

D. 房地产经济行为必须合法

46. 房地产经纪人员不得以（　）名义承接房地产经纪业务。

A. 协会　　B. 集体

C. 机构　　D. 个人

47. 房地产经纪机构和人员享有权利，同时就应承担义务，这体现的是（　）。

A. 房地产经纪活动当事人的权利和义务对等

B. 房地产经纪活动当事人的法律地位平等

C. 房地产经纪活动当事人的社会地位对等

D. 房地产经纪活动当事人的经济地位平等

48. 《房地产经纪管理办法》、《经纪人管理办法》属于（　）。

A. 地方性法规　　B. 部门规章

C. 地方性规章　　D. 法律

49. 由于房地产交易行为与房地产经纪行为混淆，居间行为与代理行为混淆，房地产交易资金结算方式侵害委托人权益，属于（　）。

A. 侵权行为造成的纠纷

B. 服务标准与佣金标准差异造成的纠纷

C. 合同不规范造成的纠纷

D. 缔约过失造成的纠纷

50. 针对信访投诉、网上签约记录或租赁业务记录等信息来源所涉及合同，按对应合同编号要求经纪机构提供，是（　）的内容。

A. 随机抽查　　B. 判断抽查

C. 有针对性检查　　D. 重点检查

二、多项选择题（共30题，每题2分。每题的备选答案中有两个或两个以上符合题意，请在答题卡上涂黑其相应的编号。错选不得分；少选且选择正确的，每个选项得0.5分）

51. 下列可以称为房地产的有（　）。

A. 一块空地　　B. 一个区域

C. 一座商场　　D. 一幢厂房

E. 一栋办公楼

52. 衡量区位优劣最常见、最简单的指标是距离，距离可分为（ ）。

A. 交通时间距离　　B. 空间直线距离

C. 交通路线距离　　D. 工作距离

E. 经济距离

53. 在房地产的易受限制的特性中，政府对房地产的限制一般是通过（ ）来实现的。

A. 限制权　　B. 管制权

C. 征收权　　D. 征税权

E. 充公权

54. 住宅是指供家庭居住使用的房地产，其又可分为（ ）。

A. 职工宿舍　　B. 普通住宅

C. 学生宿舍　　D. 高档公寓

E. 别墅

55. 新房按照装饰装修状况，可分为（ ）。

A. 略装修房　　B. 毛坯房

C. 细装修房　　D. 粗装修房

E. 精装修房

56. 房地产业是从事房地产投资、开发、经营、服务和管理的行业，包括（ ）。

A. 建筑工程管理　　B. 房地产开发经营

C. 房地产中介服务　　D. 物业管理

E. 其他房地产活动

57. 按照区域范围，房地产市场可分为（ ）。

A. 土地二级市场　　B. 区域房地产市场

C. 新房市场　　D. 整体房地产市场

E. 旧房市场

58. 下列属于形成卖方垄断原因的有（ ）。

A. 资源控制　　B. 专利

C. 政府许可限制　　D. 商标

E. 规模经济

59. 关于代理的表述，不正确的有（ ）。

A. 代理是代理人根据与被代理人达成的经纪合同关系，从事合同规定范围、程度、时间的商品交易活动的行为

B. 代理活动中产生的权利和责任由受托人承担，经纪人只收取受托人的佣金

C. 经纪活动中的代理，是一种商事代理活动

D. 代理是由委托人承担相应法律责任的经济行为

E. 代理是指经纪人在受托权限内，以受托人的名义与第三方进行交易的经济行为

60. 下列属于房地产经纪的主要方式有（ ）。

A. 房地产咨询　　B. 房地产居间

C. 房地产行纪　　D. 房地产代理

E. 房地产营销

61. 关于经纪、行纪、经销几个概念的正确表述为（ ）。

A. 经纪活动中不占有交易标的

B. 经销活动中占有交易标的

C. 以自己的名义进行活动，但行为受到一定的限制是行纪的特点

D. 以交易标的所有者的名义进行活动，行为受到一定限制是包销的特点

E. 佣金 + 差价是经销的特点

62. 按照是否属于行政许可，职业资格可分为（ ）。

A. 职业准入类职业资格

B. 职业水平评价类职业资格

C. 行政许可类职业资格

D. 非行政许可类职业资格

E. 非专业技术人员职业资格

63. 我国香港地区的房地产经纪人员分为（ ）。

A. 不动产经纪人

B. 地产代理（个人）

C. 营业员

D. 经纪营业员

E. 房地产销售员

64. 人力资源和社会保障部在房地产经纪人资格考试中的主要工作职责有（ ）。

A. 授权组织房地产经纪人资格的考前培训等有关工作

B. 审定房地产经纪人资格考试科目、考试大纲和考试试题

C. 组织实施房地产经纪人资格考试考务工作

D. 会同住房和城乡建设部对房地产经纪人资格考试进行检查、监督、指导

E. 确定房地产经纪人资格考试合格标准

65. 职业道德是指人们在从事各种职业活动的过程中应该遵循的（ ）。

A. 制度　　B. 规范

C. 程序　　D. 思想

E. 行为准则

66. 新建商品房经纪业务为主的房地产经纪机构的基本业务类型包括（ ）。

A. 存量住宅的买卖经纪业务

B. 为房地产开发企业提供新建商品房销售代理

C. 为房地产开发企业提供新建商品房租赁代理

D. 存量住宅的租赁经纪业务

E. 房地产投资项目可行性分析业务

67. 房地产经纪机构申请办理备案应提交的材料通常包括（ ）。

A. 营业执照

B.《房地产经纪机构备案登记表》

C. 房地产经纪人员职业资格和注册证书

D. 法定代表人（执行合伙人、负责人）的户口本

E. 法定代表人（执行合伙人、负责人）的身份证件

68. 下列属于企业使命的内容有（ ）。

A. 经营方式　B. 经营哲学

C. 经营理念　D. 经营宗旨

E. 经营策略

69. 房地产经纪机构的扩张战略选择，包括（ ）。

A. 跨国际市场扩张战略

B. 跨地域市场扩张战略

C. 跨专业市场扩张战略

D. 跨行业扩张战略

E. 单一性扩张战略

70. 房地产经纪机构客户关系管理中留住客户的方法有（ ）。

A. 提供专业化服务

B. 与客户积极沟通

C. 建立长久的合作关系

D. 正确处理投诉

E. 提供个性化服务

71. 房地产经纪业务中可能出现的风险包括（ ）。

A. 操作不规范引起的风险

B. 经纪业务对外合作的风险

C. 房地产经纪人员的道德风险

D. 产权纠纷引起的风险

E. 经纪人道德风险

72. 选择目标区域前，经纪机构首先应对所在城市的存量房市场进行调查和分析。对客流量的分析包括（ ）。

A. 客流流向　B. 客流类型

C. 客流速度　D. 客流的目的

E. 客流滞留时间

73. 经营成本的估算，包括（ ）。

A. 门店登记注册费

B. 水电费、物业管理费

C. 杂费

D. 装修费

E. 员工招聘费用

74. 门店店内集中管理的优点有（ ）。

A. 较易实施目标客户的分类管理

B. 能准确把握目标客户的分类，易于整理

C. 能整体掌握自己的目标客户

D. 可迅速掌握目标客户动向

E. 客户不易漏失

75. 在新建商品房销售代理业务的销售准备环节，应当准备的销售资料包括（ ）等。

A. 商品房买卖合同

B. 佣金估算表

C. 价目表

D. 销控表

E. 楼书

76. 新建商品房销售代理业务流程的销售准备阶段包括（ ）的准备。

A. 销售经费　B. 销售资料

C. 销售内容　D. 销售人员

E. 销售现场

77. 促成交易可采用的方法包括（ ）。

A. 遇到迟迟不下决定的客户，应先分析其犹豫的原因

B. 强化交易合同的保障作用

C. 尽量引导买方（承租方）开出价格，同时引导卖方抛弃成交价观念

D. 针对客户的动机、偏好，进行劝说

E. 加强客户对房地产经纪人的信心

78. 房地产经纪服务合同成立的要件有（ ）。

A. 委托人的签名

B. 委托人的盖章

C. 受托房地产经纪机构的盖章

D. 承办该业务的一名房地产经纪人或者两名房地产经纪人协理签名

E. 承办该业务的两名房地产经纪人或者两名房地产经纪人协理签名

79. 房地产经纪行业管理的基本原则，包括（ ）。

A. 顺应市场机制，维护有序竞争

B. 严格依法办事，强化行业自律

C. 遵循行业规律，实施专业管理

D. 营造良好环境，鼓励行业发展

E. 营造经济环境，鼓励产业发展

80. 建设（房地产）主管部门、价格主管部门进行监督管理，可以采取的方式包括（　）。

A. 仲裁　　B. 媒体曝光

C. 约谈　　D. 记入信用档案

E. 罚款

三、综合分析题（共20小题，每小题2分。每小题的备选答案中有一个或一个以上符合题意，请在答题卡上涂黑其相应的编号。错选不得分；少选且选择正确的，每个选项得0.5分）

（一）

乙房地产经纪公司（以下简称乙公司）是一家知名的房地产经纪机构，吴某是乙公司的房地产经纪人。业主孙某委托乙公司以其名义销售自己的一处房产。吴某与孙某进行洽谈，最终乙公司同意为孙某销售其房产。随后，乙公司在一家报纸上刊登了有关孙某房产信息的广告。不久，刘某来到乙公司要求购买孙某的房产，吴某接待了他。经过谈判，刘某和孙某在3天后签订了房屋买卖合同。

81. 下列关于乙公司销售孙某房产业务的表述中，正确的为（　）。

A. 乙公司是孙某房产的所有人

B. 此项经纪业务为房地产代理

C. 此项经纪业务为房地产居间

D. 此项经纪业务为房地产广告

82. 房地产居间行为分为（　）。

A. 房地产信息居间

B. 房地产指示居间

C. 房地产行纪居间

D. 房地产媒介居间

83. 吴某在接待刘某时，正确的做法为（　）。

A. 为客户刘某着想，向刘某承诺可以帮助把房价压低一些

B. 了解刘某的购房要求，并进行详细记录

C. 在刘某希望看房时，吴某要求刘某按公司规定交500元“看房费”

D. 如果刘某没有提出看房的要求，吴某可以不带刘某去看房

84. 刘某在看过孙某房产后很喜欢该房产，但又觉得价格稍高而一时拿不定主意。此时吴某正确的做法为（　）。

A. 向刘某解释房地产稀缺性与价格之间的关系

B. 准确提供周边类似房产的质量和交易价格信息，供刘某参考

C. 叫同事打电话称有其他客户看房，且出价比刘某稍高

D. 利用已成交的案例来说明此房产的性价比较高

85. 孙某与刘某所签订的房屋买卖合同应包括的内容为（　）。

A. 房地产交付日期

B. 房地产价款的支付方式

C. 房地产面积差异的处理办法

D. 房地产规划、设计变更的约定

（二）

A市某市民张某购买了一套二手房，面积为90m^2。两年后，张某委托甲房地产经纪公司（以下简称甲公司）出售。甲公司派出房地产经纪人李某与张某接洽并签订了委托合同。合同中约定：由甲公司以张某的名义寻找买方，并签订出售合同；出售价格最低为2 800元/m^2，佣金为成交价的3%。一个月后，该房屋仍未卖出。于是李某建议张某降价，张某同意将最低出售价格定为2 500元/m^2。降价后甲公司立即将房屋出售给赵某，甲公司和赵某协商价格为2 550元/m^2，而甲公司告知张某成交价格为2 500元/m^2。赵某入住之后，意外地接到物管公司追收原拖欠的物业管理费5 000元，水电气费248元的通知，买卖双方为此发生纠纷。

86. 甲公司与张某签订的房屋出售委托合同属于（　）。

A. 买方居间合同　　B. 卖方代理合同

C. 买方代理合同　　D. 卖方居间合同

87. 关于甲公司与赵某协商的价格与告知张某的成交价格不一致的事件，下列表述中正确的为（　）。

A. 甲经纪公司赚取房屋价格差价，属于房地产经纪活动中禁止的行为

B. 李某建议张某降价，是其获取收益的一种合法手段

C. 对李某的降价建议，张某应视为甲公司的行为

D. 对成交价格高于最低价格的收入，应在甲公司和张某之间平均分配

88. 关于赵某入住后与物管公司就有关欠费支付问题的纠纷，下列表述中正确的为（　）。

A. 物业管理费、水电气费是以业主名为交纳账

户的

B. 对于物管公司的催收费用，应当根据买卖合同的约定处理

C. 物业管理费、水电气费是以房屋单位为交纳账户的

D. 赵某应当交纳，并不得向张某追偿，因为已经办理房屋交接手续

89. 针对房地产经纪人李某的经纪活动，下列表述中正确的为（ ）。

A. 甲经纪公司不应当指派李某与张某订立经纪合同

B. 如果赵某入住后支付了物管公司催收的物管费、水电气费等，李某个人有赔付责任

C. 对于李某的经纪活动，应由甲经纪公司承担责任

D. 因为甲经纪公司收取了房屋差价，物管公司催收的物管费、水电气费等应由甲经纪公司支付

90. 在接受张某委托之前，甲公司应查验的房地产内容为（ ）。

A. 房地产的物质状况

B. 委托人的财务状况

C. 房地产的权属状况

D. 房地产的环境状况

（三）

某城市大学生陈某从房地产销售专业本科毕业后进入甲房地产经纪公司从事房屋销售业务。随着公司的业务发展，公司越来越需要具有房地产经纪人执业资格的人才，要求大家报考经纪人执业资格，后来陈某报考并一次性通过了考试。同时陈某的销售业绩也很好，收入颇丰。但是，近年来他的心情越来越糟，第一个原因是许多亲戚、朋友都对他的职业不认同；第二个原因是与他同时进公司的张某，大学学的不是房地产业，原来的销售业绩远远落后于陈某，但后来却慢慢赶了上来。某一天早晨，陈某照例来到售楼处，一进门便看到张某正在翻阅售楼处昨天的销售记录，陈某在心里说了一句：“假正经”。这时电话铃响了，陈某迅速冲过去接起电话：“喂，你找谁?”当电话里传来“我找经纪人张先生”的声音时，陈某说了句“他不在，您有什么事情跟我说吧”。

91. 对于报考房地产经纪人资格，取得大学本科学历的考生要求工作满4年，其中从事房地产经纪业务工作满（ ）。

A. 2年　　B. 3年

C. 4年　　D. 1年

92. 房地产经纪人执业资格考试成绩实行（ ）为一个周期的滚动管理。

A. 1年　　B. 3年

C. 2年　　D. 4年

93. 作为一名房地产经纪人员，陈某在（ ）方面存在不足。

A. 心理素质　　B. 接听电话的语速

C. 职业道德　　D. 接听电话的速度

94. 陈某在职业道德方面特别需要提高的素质是（ ）。

A. 守法经营　　B. 以“诚”为本

C. 尽职守责　　D. 公平竞争

95. 陈某应着重提高（ ）的心理素质。

A. 自知、自信　　B. 乐观、开朗

C. 坚韧、奋进　　D. 公平、合作

（四）

M省B市的张先生举家出国发展，欲将其婚内购置的两套住房售给甲房地产咨询公司（以下简称甲公司）。经充分商洽，双方在所有合同条款上达成一致。甲公司董事长李某代表甲公司在房屋买卖合同上签字。

96. 房屋购得后，甲公司因业务需要，将其中一套房屋向乙银行申请了抵押贷款。一年后，甲公司将设定抵押的房屋出租给了丙公司，另一套出租给了陈先生。对于出租给丙公司的这套房屋，应该征得（ ）同意。

A. 人民银行　　B. 乙银行

C. 房产管理局　　D. 税务局

97. 在房屋租赁交易中，租赁双方的权利义务关系持续时间（ ）。

A. 一般　　B. 较短

C. 很短　　D. 较长

98. 房地产租赁主要包括（ ）。

A. 存量房屋转租　　B. 新建商品房出租

C. 新建商品房续租　　D. 存量房屋出租

99. 丙公司在承租房屋时必须提供（ ）。

A. 营业执照　　B. 税务登记证

C. 经纪人资质证　　D. 法人代码证

100. 由于工作需要，陈先生欲将租赁期间的房屋转租他人。陈先生必须办理的手续有（ ）。

A. 取得甲公司的书面同意

B. 陈先生与承租人签订房屋转租合同

C. 陈先生与甲公司签订房屋转租合同

D. 持房屋转租合同到房地产登记机关办理房屋转租合同备案

模拟试题三

一、单项选择题（共50题，每题1分。每题的备选答案中只有一个最符合题意，请在答题卡上涂黑其相应的编号）

1. 凡是自行能够移动或者用外力能够移动，并且其性质和价值不会改变的财产，像牲畜、家禽和汽车、家具、器物之类，属于（ ）。

A. 动产 B. 不动产

C. 可移动物 D. 构筑物

2. 建筑物的外观、建筑结构、设施设备、装饰装修、地势和平整程度等，属于（ ）。

A. 房地产位置 B. 房地产产权

C. 房地产权益 D. 房地产实物

3.（ ）是指通过道路等来连接的距离，有时受路况（包括路面、交通流量等状况）、交通管制等的影响。

A. 空间直线距离 B. 经济距离

C. 交通时间距离 D. 交通路线距离

4. 我国对于建设用地使用权出让的最高年限，居住用地规定为（ ）。

A. 50年 B. 70年

C. 60年 D. 40年

5. 汽车站、火车站、机场、码头、医院、学校、博物馆、教堂、寺庙等，是（ ）。

A. 综合用途房地产 B. 特殊用途房地产

C. 农业房地产 D. 工业房地产

6. 期房是指目前尚未建造完成而以将来建造完成后的建筑物及其占用范围内的土地为标的的房地产，它是（ ）。

A. 房地产的局部

B. 未来状况下的房地产

C. 已经灭失的房地产

D. 现在状况下的房地产

7. 按照（ ）划分，房地产市场可分为房地产一级市场、房地产二级市场和房地产三级市场。

A. 按照房地产流转内容

B. 按照房产流转次数

C. 按照房地产流转次数

D. 按照土地流转次数

8.（ ）是经纪行为中最原始的一种方式，其特点是经纪人在撮合交易成功之前与委托人之间一般没有明确的法律关系。

A. 经销 B. 居间

C. 代理 D. 中介

9. 房地产经纪机构和房地产经纪人员为促成房地产交易，向委托人提供房地产居间、代理等服务并收取佣金的行为是（ ）的概念。

A. 房地产经济 B. 房地产中介

C. 房地产经纪 D. 房地产经营

10.（ ）是卖出信息商品的销售收入。

A. 差价 B. 工资

C. 信息费 D. 报酬

11.（ ）是指居间人根据委托人的要求将交易目的相近或相符的双方委托人以媒妁方式促成交易的行为。

A. 私人居间 B. 公共居间

C. 媒介居间 D. 指示居间

12. 经纪是为促成其他相对两方的交易而提供服务的活动，是（ ）内容。

A. 活动范围的地域性

B. 活动收入的后验性

C. 活动地位的中介性

D. 活动地位的中间性

13. 联合国1971年颁布、1986年修订的《全部经济活动的国际标准产业分类索引》，将全部经济活动分为大、中、小、细四个层次。它将全部经济活动分为10个大项，其中不动产业属于（ ）。

A. 第9项 B. 第8项

C. 第7项 D. 第6项

14. 房地产经纪人考试成绩实行（ ）为一个周期的滚动管理。

A. 1年 B. 2年

C. 3年 D. 4年

15. 房地产经纪人应对自己的职业持有充分的荣誉感，属于（ ）的内容。

A. 自知、自信 B. 乐观、开朗

C. 坚韧、奋进 D. 积极、主动

16. 房地产经纪人员需要将自己的想法传达给对方，并对对方产生一定的影响，使对方在思想上认同自己的想法，并在行动上予以支持，是（ ）的内容。

A. 人际沟通技能 B. 供需搭配技能

C. 议价谈判技能 D. 促成交易技能

17.（ ）以有效合同为前提，合同未成立的，纵使当事人有过失也无相应责任可言。

A. 违约责任　　B. 侵权责任

C. 法律责任　　D. 民事责任

18.（　）的范围包括实际损失和预期利益损失，但预期利益不得超过违约人缔约时预见到或可能预见到违约可能造成的损失。

A. 损害赔偿　　B. 违约金

C. 侵权行为　　D. 实际履行

19. 房地产投资项目可行性分析、房地产营销方案策划等服务业务占据了很大比例，是（　）的内容。

A. 综合性房地产经纪机构

B. 以策划、顾问业务为主的房地产经纪机构

C. 以商品住宅为主的房地产经纪机构

D. 以存量房经纪业务为主的房地产经纪

20. 房地产经纪机构（含分支机构）的名称、法定代表人、住所、注册房地产经纪人员等备案信息发生变更的，应当在变更后（　）内，向原备案机构办理备案变更手续。

A. 15 日　　B. 30 日

C. 35 日　　D. 25 日

21. 房地产经纪机构歇业终止经纪活动的，应当在向工商行政管理部门办理注销登记后 30 日内向原办理登记备案手续的房地产管理部门办理（　），逾期不办理视为自动撤销。

A. 注册手续　　B. 撤销手续

C. 变更手续　　D. 注销手续

22.（　）适用于一些大型的复合型房地产经纪机构。

A. 分部制组织结构形式

B. 矩阵制组织结构形式

C. 直线—职能制结构形式

D. 网上联盟组织结构形式

23.（　）主要负责公司的日常行政工作和事务性工作。

A. 人事部　　B. 行政部

C. 培训部　　D. 财务部

24. 参与机构整体工作计划的制订，协助总经理分管房地产经纪机构内某一个或几个方面工作是（　）的基本工作。

A. 销售总经理　　B. 总经理

C. 副总经理　　D. 分管副总经理

25.（　）主要包括会计、出纳，较大规模的房地产经纪机构内通常还有秘书、接应台服务生、保安、司机、保洁员等岗位以辅助机构的运转。

A. 业务辅助序列　　B. 辅助序列

C. 管理序列　　D. 研发序列

26.（　）是指目标的完成有明确的期限。

A. 确定性　　B. 期限姓

C. 阶段姓　　D. 时限性

27.（　）是指房地产经纪机构兼并或联合同类同层次企业，通过规模经济加速发展。

A. 前向一体化　　B. 水平一体化

C. 纵向一体化　　D. 横向一体化

28.（　）是指虽然与现有的产品有关，但是通过开发完全异质的服务和市场来使经营领域多样化。

A. 多向多样化　　B. 横向多样化

C. 后向多样化　　D. 水平多样化

29.（　）是一种基本激励方式。

A. 情感激励　　B. 尊重激励

C. 目标激励　　D. 参与激励

30.（　）是较高层次的信息加工整理步骤。

A. 研究　　B. 整序

C. 筛选　　D. 编辑

31. 确定门店的具体位置后，需要抓紧时间投资改造、装修，并拟定切实可行的实施方案，以保证门店开业前的准备工作有条不紊的进行，是（　）的内容。

A. 开业准备　　B. 开业策划

C. 开业筹划　　D. 开业经营

32. 门店的可辐射市场半径在 1 000m 以外的为外围区域，门店可从中获取客户总数的（　）左右。

A. 6%　　B. 5%

C. 7%　　D. 8%

33. 门店要符合机构本身的目标客户群的“口味”，是（　）的基本内涵。

A. 注重人性化　　B. 注重个性化

C. 注重形象化　　D. 注重特性化

34.（　）是由店长单方面授予经纪人员业务指标额的方法。

A. 历史实绩推估法

B. 店长自行估计法

C. 共同责任分担法

D. 经纪人员自行预估法

35. 售楼处管理制度的内容中，（　）是最为核心的部分。

A. 内容说辞　　B. 保洁要求

C. 接待时间　　D. 工作流程

36.（　）的房地产经纪业务涉及面更广，类型

更为丰富。

A. 土地市场上　　B. 在建工程市场上

C. 新建商品房市场上　　D. 存量房市场上

37. (　) 房地产经纪机构受委托人委托，以委托人名义承租、承购房地产的专业服务行为。

A. 房地产买方代理业务

B. 房地产卖方代理业务

C. 房地产质押代理业务

D. 房地产抵押代理业务

38. 由项目的直接操作部门具体与项目开发商进行谈判，并起草代理合同文本，是(　) 阶段的基本工作。

A. 项目整合　　B. 项目签约

C. 项目拓展　　D. 项目开发

39. 存量房经纪业务为主的房地产经纪机构，主要强调通过(　) 来开拓客户。

A. 争取客户　　B. 商圈经营

C. 经济效益　　D. 客户洽谈

40. 商圈信息档案中的二手房房源及业主状况、房价、新建商品房预售或销售个案情况属于(　) 的基本内容。

A. 住房市场行情　　B. 区域概况

C. 街巷概况　　D. 物业概况

41. (　) 是保障房地产权利人合法权益的基本手段。

A. 房地产投资　　B. 房地产登记

C. 房地产规划　　D. 房地产利用

42. (　)，房地产经纪服务合同可分为存量房房地产经纪服务合同和新建商品房的房地产经纪服务合同。

A. 根据委托房地产不同

B. 根据委托交易目的的不同

C. 根据委托交易方式的不同

D. 根据委托人的不同

43. 房地产经纪服务合同的(　) 可以定金或者违约金的方式约定，纠纷解决方式可以采取相关部门调节、仲裁、司法诉讼等。

A. 侵权责任　　B. 违法责任

C. 经济责任　　D. 违约责任

44. 房地产经纪机构应当根据委托交易房屋的性质、种类和政府出台的关于房地产交易税费的现行规定，将房屋所涉及的税费种类、交费主体、收取标准告知(　)。

A. 经纪人　　B. 受托人

C. 委托人　　D. 中间人

45. 委托人把房屋授权给一家房地产经纪机构出售，并确定一定的委托期限，属于(　)。

A. 多家委托　　B. 独家委托

C. 共有委托　　D. 多人委托

46. (　) 是针对从事某一职业的人员和从事该行业的机构，制定的道德准则和行为标准。

A. 执业规范　　B. 职业规范

C. 技术规范　　D. 法律规范

47. 房地产经纪执业规范是履行(　) 的保障。

A. 房地产经纪中介责任

B. 房地产经纪历史责任

C. 房地产经纪社会责任

D. 房地产经纪经济责任

48. (　) 是指房地产经纪活动的当事人在房地产交易和房地产经纪活动中遇到矛盾，有权按照自己的真实意愿独立自主地进行选择和决策。

A. 自愿原则　　B. 平等原则

C. 公平原则　　D. 公正原则

49. 《城市房地产管理法》《民法通则》《合同法》，属于(　)。

A. 规范性文件　　B. 地方性法规

C. 部门规章　　D. 法律

50. 在(　) 中，政府行政主管部门和房地产经纪行业组织都是强有力的管理主体，但两者管理职能有所分工。

A. 行政与行业自律并行管理模式

B. 行业自治模式

C. 他律管理模式

D. 经济管理模式

二、多项选择题（共30题，每题2分。每题的备选答案中有两个或两个以上符合题意，请在答题卡上涂黑其相应的编号。错选不得分；少选且选择正确的，每个选项得0.5分）

51. 在法律上，通常把财产或者物分为(　)。

A. 恒产　　B. 不动产

C. 物产　　D. 财产

E. 动产

52. 其他地上定着物与土地、建筑物在物理上不可分离，下列属于其他地上定着物的有(　)。

A. 埋设在地下的管线

B. 建造在地上的围墙

C. 假山

D. 临时搭建的帐篷、戏台

E. 种植在地上的树木、花草

53. 房地产的特性主要有（ ）。

A. 价值较小　　B. 不可移动

C. 寿命长久　　D. 供给无限

E. 易受限制

54. 下列属于工业房地产的有（ ）。

A. 种子库　　B. 生产厂房

C. 辅助生产厂房　　D. 储存用房屋

E. 企业办公用房

55. 按照房地产是否产生收益，可以把房地产分为（ ）。

A. 可收益性房地产　　B. 收益性房地产

C. 半收益性房地产　　D. 非收益性房地产

E. 大收益性房地产

56. 根据购买目的或动机，可以将购买房地产的需求归纳为（ ）。

A. 消费需求　　B. 投资需求

C. 购买需求　　D. 投机需求

E. 经营需求

57. 按经纪活动服务市场不同，可将经纪分为（ ）。

A. 房地产经纪　　B. 证券经纪

C. 期货经纪　　D. 农产品经纪

E. 金融经纪

58. 按经纪活动方式分类，经纪可分为（ ）。

A. 经销　　B. 居间

C. 中介　　D. 代理

E. 行纪

59. 下列关于房地产经纪必要性的表述中，不正确的有（ ）。

A. 房地产交易的简单性决定房地产经纪必不可少

B. 房地产的特殊性决定房地产经纪必不可少

C. 房地产信息对称性决定房地产经纪必不可少

D. 房地产交易的复杂性决定房地产经纪必不可少

E. 房地产信息不对称性决定房地产经纪必不可少

60. 按照资格取得方式，职业资格可分为（ ）。

A. 以考试方式取得的职业资格

B. 以非行政许可取得的职业资格

C. 以技能鉴定方式取得的职业资格

D. 以认定等其他方式取得的职业资格

E. 以行政许可取得的职业资格

61. 关于可以申请参加房地产经纪人执业资格考试的条件，正确的表述有（ ）。

A. 取得大专学历，工作满 6 年，其中从事房地产经纪业务工作满 2 年

B. 取得大学本科学历，工作满 4 年，其中从事房地产经纪业务工作满 3 年

C. 取得双学士学位或研究生毕业，工作满 3 年，其中从事房地产经纪业务工作满 1 年

D. 取得硕士学位，工作满 2 年，从事房地产经纪业务工作满 2 年

E. 取得博士学位，从事房地产经纪业务工作满 1 年

62. 房地产经纪人员继续教育的方式主要有（ ）。

A. 参加继续教育培训

B. 参加相关活动

C. 撰写发表房地产经纪专业文章

D. 参加全国房地产估价师执业资格考试大纲、用书编写

E. 参加房地产估价师考试监考工作

63. 以存量房经纪业务为主的房地产经纪机构的业务包括（ ）。

A. 房地产营销方案策划业务

B. 房地产市场分析业务

C. 存量住宅的租赁经纪业务

D. 存量住宅的买卖经纪业务

E. 为房地产开发企业提供新建商品房销售、租赁代理服务

64. 关于房地产经纪机构注销的表述，正确的有（ ）。

A. 房地产经纪机构的备案证书被撤销后，应当在规定的期限内向所在地的工商行政管理部门办理注销登记

B. 可以终止合同并赔偿损失

C. 注销时尚未完成的房地产经纪业务应与委托人协商处理，可以转由他人代为完成

D. 房地产经纪机构的注销，标志着其主体资格的终止

E. 注销后的房地产经纪机构仍有资格从事房地产经纪业务

65. 微观行业环境分析，包括（ ）。

A. 市场供求状况

B. 本地市场现状

C. 竞争对手的情况

D. 消费者情况

E. 经济发展状况

66. 下列属于品牌战略目标的有（ ）。

A. 品牌愿景 B. 品牌识别

C. 品牌维护 D. 品牌定位

E. 品牌结构

67. 薪酬制度的制定要遵循的原则包括（ ）。

A. 适时动态调整 B. 适当地拉开差距

C. 有激励作用 D. 符合经济原则

E. 底薪与奖金合并

68. 房地产经纪机构客户关系管理的主要方法，包括（ ）。

A. 建立和维护客户数据资料库

B. 利用客户分析系统进行客户的分析和管理

C. 利用客户俱乐部等形式深化与客户的沟通和联系

D. 建立决策支持系统，发现问题并提出针对性的解决方案

E. 创建客户关系管理系统

69. 客源状况主要是指客流量，包括（ ）。

A. 过去客流量 B. 现有客流量

C. 基本客流量 D. 潜在客流量

E. 经济客流量

70. 房地产经纪门店经营成本的估算中，（ ）是相对最主要的费用。

A. 税费和管理费 B. 门店租赁费用

C. 员工工资福利费用 D. 办公用品费

E. 广告费

71. 房地产经纪门店目标客户集中管理的效能包括（ ）。

A. 展示商品房信息的内容和商品房项目的情况

B. 能够把握目标客户的总数，对目标客户的补充工作，较易掌握

C. 店长可根据每一个目标客户的特性，给予经纪人员相应的建议

D. 易预估当月或下月全店成交的可能情况

E. 店长充分掌握目标客户资料

72. 存量房市场上的房地产经纪业务，按交易方式可分为（ ）。

A. 存量房买卖经纪业务

B. 居间方式经纪业务

C. 代理方式经纪业务

D. 存量房租赁经纪业务

E. 面向分散的客户经纪业务

73. 销售现场准备包括（ ）。

A. 搭建售楼处 B. 装修布置样板房

C. 布置看房通道 D. 销控表明示

E. 招聘销售人员

74. 售后服务的内容包括（ ）。

A. 延伸服务 B. 无形服务

C. 改进服务 D. 跟踪服务

E. 基本服务

75. 贷款方案主要由（ ）要素组成。

A. 贷款偿还方式 B. 贷款期限

C. 贷款金额 D. 贷款地点

E. 贷款人员

76. 根据委托交易目的的不同，将存量房经纪服务合同细分为（ ）。

A. 新建商品房的房地产经纪服务合同

B. 房屋出售经纪服务合同

C. 房屋承购经纪服务合同

D. 房屋出租经纪服务合同

E. 房屋承租经纪服务合同

77. 执业规范的特点包括（ ）。

A. 行业性 B. 广泛性

C. 社会性 D. 实用性

E. 时代性

78. 关于法律调节和道德调节，不正确的表述为（ ）。

A. 社会各项活动需要法律和道德同时进行调节

B. 法律调节是一种自律行为

C. 道德调节是一种他律行为

D. 房地产经纪执业行为同样需要以法律和道德同时去调节

E. 执业规范当中高于法律法规的部分，主要是运用道德调整的功能来规范经纪人员的执业行为

79. 我国房地产经纪行业管理的部门规章，包括（ ）。

A.《城市房地产管理法》

B.《房地产经纪管理办法》

C.《国家计委建设部关于房地产中介服务收费的通知》

D.《经纪人管理办法》

E.《民法通则》

80. 房地产经纪行业的规范性管理，包括（ ）。

A. 房地产经纪纠纷管理

B. 房地产经纪执业规范管理

C. 房地产经纪人员职业风险管理

D. 房地产经纪收费管理

E. 房地产经纪业的诚信管理

三、综合分析题（共20小题，每小题2分。每小题的备选答案中有一个或一个以上符合题意，请在答题卡上涂黑其相应的编号。错选不得分；少选且选择正确的，每个选项得0.5分）

（一）

刘某是丙房地产经纪公司（以下简称丙公司）的一名注册房地产经纪人，并且为公司的股东之一。在一段时间内，丙公司业务繁忙，急需人手接待业务。刘某利用自己的亲戚关系，介绍无房地产经纪职业资格的下岗职工甘某到丙公司工作。甘某得到丙公司聘用后，刘某经常将自己的房地产经纪人执业资格证书借给甘某承揽业务。在为业主金某出售二手房的代理业务中，刘某和甘某串通，由甘某假扮买主，以低于市场价5万元的价格买走了金某的房屋，后又出售给他人，刘某和甘某共同获得收益。

81. 下列属于房地产经纪人享有的权利是（　）。

A. 知悉真实成交价格的权利

B. 以自己的名义收取佣金的权利

C. 以自己的名义承揽业务的权利

D. 要求委托人提供与交易相关资料的权利

82. 在刘某和甘某的行为中，属于房地产经纪活动中禁止行为的有（　）。

A. 通过隐瞒房地产交易价格等方式获取佣金以外的收益

B. 为丙公司介绍下岗职工

C. 胁迫委托人交易

D. 出借房地产经纪人员职业资格证书

83. 房地产经纪人协理享有的权利是（　）。

A. 加入房地产经纪机构

B. 设立房地产经纪机构

C. 订立房地产经纪合同

D. 指导房地产经纪人进行各种经纪业务

84. 丙公司聘用甘某从事房地产经纪业务，房地产行政主管部门可以对其作出的行政处罚包括（　）。

A. 给予警告

B. 责令改正

C. 处1万元以下罚款

D. 处3万元以下罚款

85. 对于刘某的行为，可以通过房地产经纪行业管理基本框架中的（　）来逐渐解决和规避。

A. 专业性管理　　B. 风险性管理

C. 规范性管理　　D. 公平性管理

（二）

某市A房地产经纪公司（以下简称A公司）从事新建商品房代理销售业务，2012年11月，该公司承接了乙房地产开发公司（以下简称乙公司）的一个楼盘的预售业务。2013年7月，王某购买了其中的一套住宅，该住宅合同建筑面积为150m^2，单价8 000元/m^2。但在按照《商品房买卖合同示范文本》（建住房［2000］200号）签订合同时，由于A公司房地产经纪人丁某的操作失误，致使王某多支付房款7万元。王某事后发现了这一错误，拿回了多支付的房款并获得了相应的赔偿。2014年6月，该楼盘交房，王某所购住宅的实测建筑面积为145m^2。

86. 丁某在销售商品房的过程中，因计算错误给王某造成了损失，下列表述中正确的是（　）。

A. 王某直接向丁某追究责任

B. 王某直接向乙公司追究责任

C. 王某直接向A公司追究责任，并由乙公司进行赔偿

D. 王某同时向A公司和丁某追究责任

87. A公司与乙公司之间需要签订房地产经纪合同，如果因乙公司失误给丁某造成损失，下列表述中正确的为（　）。

A. 丁某向乙公司追究责任

B. A公司向乙公司追究责任

C. A公司应协助丁某向乙公司追究责任

D. 乙公司直接赔偿丁某损失

88. 按照房地产买卖的基本流程，在王某与乙公司签订《商品房买卖合同》以后，接下来的一个步骤是（　）。

A. 与乙公司签订房屋交接书

B. 乙公司办理初始登记

C. 办理合同文本登记备案

D. 办理交易过户、登记领证手续

89. 当该楼盘交房时，王某购买的房产的实测面积与合同约定面积有差异，下列表述中正确的为（　）。

A. 王某有权退房

B. 王某无权退房

C. 王某不退房时，所购房产的产权登记面积应为150m^2

D. 王某退房时，乙公司只需将王某原来交纳的房款退还即可

90. 关于A公司为乙公司所承担的代理业务，下列表述正确的为（　）。

A. A公司同乙公司进行项目结算是该业务流程的最后一个步骤

B. 乙公司和A公司的佣金结算必须在销售结束后才能进行

C. 商品房交验工作属于该业务流程的“销售执行”阶段

D. 乙公司将佣金按照合同约定交给A公司是佣金结算的全部内容

（三）

黄某是甲房地产经纪公司（以下简称甲公司）的注册房地产经纪人，黄某代表甲公司与乙公司订立了办公用房委托租赁合同。该合同约定甲公司代为寻找承租方，并以乙公司的名义与承租方订立房屋租赁合同。合同还约定月租金不得低于50元/m^2的标准，租期不得超过3年，承租方不得转租。黄某寻找到了有意向承租的丙公司，经过谈判，黄某代表乙公司与丙公司订立了房屋租赁合同。该合同约定：租金每月60元/m^2，租期2年，租赁期内丙公司可以转租。丙公司承租1年以后，将其承租的办公用房的一半转租给丁公司，转租合同约定：租期2年，租金为65元/（m^2/月）。丁公司承租半年之后，贷款银行因为乙公司未能按期返还贷款本息，要依法处分该已经设定抵押的办公用房（抵押登记在丙公司承租之前）。

91. 甲公司与乙公司订立的办公房委托租赁合同，属于房地产经纪中的（ ）。

A. 居间合同　　B. 代理合同

C. 委托合同　　D. 行纪合同

92. 对于黄某代表乙公司与丙公司订立的房屋租赁合同，下列说法中正确的是（ ）。

A. 因为租金增加了10元/（m^2·月），黄某可以从乙公司获取佣金

B. 因为租金增加了10元/（m^2·月），甲公司可以要求乙公司额外追加佣金

C. 租期的约定没有违规

D. 转租的规定违背了甲公司与乙公司订立的委托租赁合同的约定，因而无效

93. 对于丙公司与丁公司订立的房屋转租合同，下列说法中正确的有（ ）。

A. 该转租合同无效

B. 该转租合同部分有效，租期只有1年

C. 该转租合同有效

D. 该转租合同的效力待定

94. 贷款银行依法处分该办公用房，对于丙公司的装修损失，下列说法中正确的有（ ）。

A. 贷款银行承担一部分

B. 乙公司承担

C. 甲公司承担一部分

D. 黄某承担一部分

95. 贷款银行依法处分该办公用房，对丁公司的装修损失，下列说法中正确的有（ ）。

A. 丙公司承担一部分

B. 乙公司承担一部分

C. 贷款银行承担一部分

D. 甲公司承担一部分

（四）

在N城市，白、张、孙三人拟发起设立一家合伙制的房地产经纪机构。他们三人均考试合格并取得房地产经纪人执业资格证书。该机构的出资总额为人民币50万元，其中，白以现金出资10万元；张以办公用房出资作价15万元；孙出资25万元，其中现金出资10万元，以成立该机构办理手续的劳务、装修办公用房的劳务以及孙第一年的业务开拓的劳务作价15万元。该机构成立后，孙将担任业务拓展部经理，具体负责经纪业务的开拓和合同的审查、签订工作。

96. 下列关于合伙制房地产经纪机构的表述中，正确的有（ ）。

A. 合伙人以办公用房出资需要评估作价的，可以由注册房地产估价师评估

B. 合伙人以办公用房出资需要评估作价的，可以由全体合伙人协商确定

C. 合伙人对于合伙机构的债务承担无限连带责任

D. 合伙人以其出资为限对机构债务承担责任

97. 如果该机构领取营业执照，房地产经纪机构的名称可以为（ ）。

A. ××房地产经纪有限公司

B. ××第一房地产经纪有限责任事务所

C. ××房地产经纪有限责任公司

D. ××金和房地产经纪事务所

98. 对货币以外的出资需要评估作价的，可以由全体协商确定，也可以由全体合伙人委托（ ）进行评估。

A. 一般评估机构　　B. 事业评估机构

C. 政府评估机构　　D. 法定评估机构

99. 合伙机构（ ），合伙人的出资和所有以合伙企业名义取得的收益（合伙企业财产）由全体合伙人共同管理和使用。

A. 经营期间　　　　B. 存续期间

C. 管理期间　　　　D. 存在期间

100. 关于该房地产经纪机构的出资，下列说法中正确的有（　）。

A. 必须达到10万元以上的出资

B. 孙可以用劳务作为出资，但应委托法定评估机构进行评估

C. 孙不能以劳务作为出资，其现金出资合法

D. 白、张、孙以个人财产对该房地产经纪机构承担无限连带责任

模拟试题四

一、单项选择题（共50题，每题1分。每题的备选答案中只有一个最符合题意，请在答题卡上涂黑其相应的编号）

1.（ ）是一个空间，但该空间不是平面的，而是三维立体的，具体是指地球的陆地表面及其一定范围内的空间。

A. 房产　　B. 土地

C. 动产　　D. 地面

2.（ ）原本是房地产外在因素，因房地产不可移动而内在化，成了房地产的重要组成部分。

A. 交通　　B. 区位

C. 环境　　D. 距离

3.（ ）是更科学但较复杂的一种距离，它把交通时间、交通费用统一用货币来衡量，以反映距离。

A. 交通时间距离　　B. 经济距离

C. 交通路线距离　　D. 空间直线距离

4. 房地产是不可移动的，其利用通常会对周围的房地产产生影响，指的是（ ）。

A. 寿命长久性　　B. 价值高大性

C. 相互影响性　　D. 保值增值性

5.（ ）是指不具有城市基础设施的土地，如农地、荒地。

A. 生地　　B. 毛地

C. 熟地　　D. 在建工程

6. 一个企业中的土地或房屋属于（ ）。

A. 未来状况下的房地产

B. 已经灭失的房地产

C. 现在状况下的房地产与过去状况下的房地产的差异部分

D. 整体资产中的房地产

7.（ ）的特点有：卖者和买者都比较多；产品存在差异，即产品在质量、功能、外观、品牌、服务等方面存在差别；市场信息比较完全。

A. 完全垄断市场　　B. 垄断竞争市场

C. 寡头垄断市场　　D. 完全竞争市场

8. 由于价格上升到顶点，期望通过价差获取利润的投机需求减弱，通过租金回收投资并获取利润也不见得划算，因而投资需求减少，是（ ）的基本特征。

A. 衰退期　　B. 高峰期

C. 上升期　　D. 低谷区

9. 经纪人在受托权限内，以委托人的名义与第三方进行交易，并由委托人承担相应法律责任的经济行为是（ ）行为。

A. 代理　　B. 包销

C. 中间　　D. 居间

10.（ ）是一种中介服务活动。

A. 房地产拍卖　　B. 物业管理

C. 房地产开发　　D. 市政管理

11.（ ）是对经纪人提供的经纪服务的报酬。

A. 奖赏　　B. 佣金

C. 报酬　　D. 收入

12. 居间人向委托人报告订约的机会是（ ）。

A. 代理居间　　B. 中介居间

C. 媒介居间　　D. 指示居间

13. 经纪机构对其所中介的商品没有所有权、使用权、抵押权等，不存在买卖行为。这体现的是（ ）。

A. 活动后果的社会性

B. 活动范围的地域性

C. 活动收入的后验性

D. 活动内容的服务性

14.（ ）是指取得中华人民共和国房地产经纪人执业资格的人员，向注册部门申请，经注册部门受理、审核，颁发《中华人民共和国房地产经纪人注册证书》（以下简称房地产经纪人注册证书）的行为。

A. 房地产经纪人注册

B. 房地产经纪人协理注册

C. 房地产经纪公司注册

D. 房地产经纪机构注册

15. 要看到这种较高的收入来自于社会对房地产经纪行业的肯定，房地产经纪人员不应对自己的收入沾沾自喜，属于（ ）的内容。

A. 积极、主动　　B. 坚韧、奋进

C. 自知、自信　　D. 乐观、开朗

16. 房地产经纪行业组织与一些品牌房地产经纪企业制定了行业或企业的房地产经纪规范，试图通过规范房地产经纪活动的行为，来保证房地产经纪服务的质量，是（ ）的基本内容。

A. 诚实守信　　B. 遵纪守法

C. 尽职尽责　　D. 规范执业

17. 房地产经纪人员要真正承担起自己的职业责

任，必须不断提高自己的专业水平，属于（　）的基本内容。

A. 尽职守责　　B. 诚实守信

C. 规范执业　　D. 公平竞争

18.（　）是指债务人没有完全按合同内容所为的履行，也称瑕疵履行。

A. 履行不当　　B. 履行不能

C. 履行迟延　　D. 履行拒绝

19.（　）指不能预见、不能避免并不能克服的客观情况。

A. 自己有过失　　B. 不可抗力

C. 可抗力　　D. 约定免责事由

20.（　）重在惩罚性，对责任的追究非常注重行为的主观要件。

A. 民事责任　　B. 刑事责任

C. 主观责任　　D. 社会责任

21.（　）同时经营存量房经纪业务、新建商品房经纪业务，以及房地产咨询、策划等多种业务。

A. 以二手房业务为主的房地产经纪机构

B. 以一手房业务为主的房地产经纪机构

C. 综合性房地产经纪机构

D. 以顾问业务为主的房地产经纪机构

22. 房地产经纪机构的经营效益更多地取决于内部管理、人员培训、企业文化等（　）。

A.“重”实力　　B.“轻”实力

C.“硬”实力　　D.“软”实力

23.（　）是指房地产经纪机构直接从事房地产经纪业务的经营，没有分支机构。

A. 单店经营模式　　B. 直营连锁经营

C. 网上联盟模式　　D. 特许加盟经营

24. 介于直线—参谋制与分部制之间的过渡形态的组织结构形式，是（　）。

A. 网络制组织结构形式

B. 分部制组织结构形式

C. 直线—职能制结构形式

D. 矩阵制组织结构

25. 严格执行各项案场工作守则及作业流程是（　）的工作职责。

A. 商品房销售案场经理

B. 销售副总经理

C. 分管副总经理

D. 部门经理

26. 房地产经纪机构建立什么样的组织结构，是由其所面向的（　）所决定的。

A. 机构类型　　B. 客户类型

C. 经济类型　　D. 政策类型

27. 以现有的市场为中心，向水平方向扩展服务领域，称作（　）。

A. 横向多样化　　B. 水平一体化

C. 纵向多样化　　D. 纵向一体化

28.（　）是以现有的物质基础为基础，打入异质产品（服务）、市场领域，求得资源的充分利用。

A. 资源多样化

B. 技术关系多样化

C. 市场营销关系的多样化

D. 复合多样化

29. 强调组织和员工之间的“共同利益”，并重视发掘员工的主动性和责任感，是（　）的内容。

A. 互惠性　　B. 人本性

C. 战略性　　D. 收益性

30. 在（　）的过程中，既要考虑到当前的需要，又要考虑到以后的需要。

A. 整序　　B. 挑选

C. 编辑　　D. 研究

31. 某些房地产经纪人为了个人的利益，会置房地产经纪机构的利益于不顾，做出一些损害房地产经纪机构利益与形象的举动，是（　）的内容。

A. 房地产经纪人员的道德风险

B. 经纪业务对外合作的风险

C. 产权纠纷引起的风险

D. 资金监管不当引起的风险

32. 门店周围有无（　），是不是商业集中区域或居民社区人流旺地等因素，都对门店选址有较大的影响。

A. 经营市场　　B. 专业市场

C. 目标市场　　D. 区域市场

33.（　）是吸引顾客的第一个诱因。

A. 门店招牌　　B. 门店门脸

C. 门店橱窗　　D. 门店柜台

34. 由经纪人员自行设定个人目标的方法，是（　）。

A. 历史实绩推估法

B. 共同责任分担法

C. 店长自行估计法

D. 经纪人员自行预估法

35. 设施设备的运行及维护保养，属于（　）。

A. 保安服务　　B. 工程技术服务

C. 接待服务　　D. 清洁服务

36. 按照（ ），可将房地产经纪业务分为房地产转让经纪业务、房地产租赁经纪业务和房地产抵押经纪业务。

A. 房地产的建筑模式

B. 房地产经纪活动所促成的房地产交易类型

C. 房地产的用途类型

D. 房地产的经营方式

37. 发动每个员工通过各种途径尽力寻找新建商品房项目的信息，然后由研究拓展部门负责收集、汇总并初步筛选所得到的信息，是（ ）的基本内容。

A. 客户开拓

B. 项目签约

C. 项目研究与拓展

D. 项目信息开发与整合

38. 经常惠顾的客户与其他客户同时在场时，可以在招呼语中添些寒暄之类的应酬话，等其他客户离去后再施以特别待遇，是（ ）的基本内容。

A. 重视常客意识

B. 珍惜常客

C. 充分体察客户的希望

D. 平等化意识

39. 在采用代理方式的房地产经纪业务中，房地产经纪人应代理客户办理各类产权登记手续，属于（ ）。

A. 协调交易价格　　B. 产权过户与登记

C. 佣金结算　　D. 客户开拓

40. 房地产交易中最敏感、最关键的因素是（ ）。

A. 价值　　B. 价格

C. 登记　　D. 注册

41. （ ）是指双方当事人互相享有权利、承担义务的合同。

A. 书面合同　　B. 有偿合同

C. 双务合同　　D. 单务合同

42. 房地产经纪机构在签订房地产经纪服务合同前，有义务向委托人书面说明（ ）。此项告知内容体现了房地产经纪机构和房地产经纪人员在房地产经纪活动中应遵循的回避原则。

A. 委托房屋的市场参考价格

B. 是否与委托房屋有利害关系

C. 委托房屋的周围环境状况

D. 应当由委托人协助的事宜、提供的资料

43. 房地产经纪机构应根据（ ）的具体情况，详细说明在该项目中所提供的具体服务内容和完成标准。

A. 特定房地产经纪业务内容

B. 特定房地产经纪业务形式

C. 特定房地产经纪业务项目

D. 普通房地产经纪业务项目

44. 房屋出售经纪服务中，房地产经纪机构也可以根据委托人的意愿，提供待售期间的房屋保管服务，属于（ ）。

A. 基本服务　　B. 委托服务

C. 特殊服务　　D. 创新服务

45. （ ）是针对某一职业或工种的人员，制定的道德准则和行为标准。

A. 执业规范　　B. 职业规范

C. 技术规范　　D. 道德规范

46. （ ）的形成是一个约定俗成的过程。

A. 房地产经纪执业程序

B. 房地产经纪执业规范

C. 房地产经纪执业决定

D. 房地产经纪执业协议

47. 房地产经纪机构和房地产经纪人员在进行任何房地产经纪活动时，要以遵守法规和规章为（ ）。

A. 次要原则　　B. 首要原则

C. 基本原则　　D. 重要原则

48. 房地产经纪机构和人员承购、承租自己提供经纪服务的房屋的，由（ ）以上地方人民政府建设（房地产）主管部门责令限期改正，记入信用档案。

A. 区级　　B. 市级

C. 省级　　D. 县级

49. （ ）是主管部门发现房地产经纪违规行为的有效途径，也是房地产交易当事人解决房地产经纪活动引发纠纷的常见方式。

A. 见面约谈　　B. 记入信用档案

C. 投诉受理　　D. 媒体曝光

50. （ ）是指对经查证属实的房地产经纪机构、房地产经纪人员的违法违规行为通报媒体，通过媒体公示给社会大众。

A. 记入信用档案　　B. 媒体曝光

C. 谈话　　D. 管理

二、多项选择题（共30题，每题2分。每题的备选答案中有两个或两个以上符合题意，请在答题卡上涂黑其相应的编号。错选不得分；少选且选择正确的，每个选项得0.5分）

51. 下列属于动产的有（　）。

A. 牲畜　　B. 家禽

C. 汽车　　D. 家具

E. 土地

52. 下列不属于其他地上定着物的有（　）。

A. 种植在地上的树木

B. 摆放在房屋内的家具、电器

C. 挂在墙上的画

D. 在地上临时搭建的帐篷

E. 在地上临时搭建的戏台

53. 下列关于我国土地出让年限的表述中，正确的有（　）。

A. 工业用地为40年

B. 居住用地为50年

C. 教育、科技、文化、卫生、体育用地为50年

D. 商业、旅游、娱乐用地为40年

E. 综合或者其他用地为50年

54. 收益性房地产是指能直接产生租赁收益或其他经济收益的房地产，包括（　）。

A. 办公楼　　B. 住宅

C. 写字楼　　D. 商店

E. 停车场

55. 下列关于市场的简明公式“市场＝人口＋购买能力＋购买动机”的表述中，不正确的有（　）。

A. 国家或地区，虽然人口很多，但如果人均收入很低，那么它的市场是无限的

B. 人口、购买能力和购买动机三者缺一不可

C. 虽然人均收入很高，但如果人口过多，它的市场同样很有限

D. 只有当人口较多且人均收入较高时，它的市场潜力才较大

E. 仅有人口和购买能力还不够，如果货不对路，不能引起消费者的购买欲望，也不能构成市场

56. 按照房地产交易的方式，房地产市场可以分为（　）。

A. 房地产买卖市场　　B. 区域房地产市场

C. 全国房地产市场　　D. 整体房地产市场

E. 房地产租赁市场

57. 房地产经纪服务的委托人主要包括房地产（　）。

A. 中介人　　B. 出卖人

C. 出租人　　D. 购买人

E. 承租人

58. 佣金是经纪服务委托人对经纪服务提供方所付出的（　）的总回报。

A. 劳动时间　　B. 承担的责任

C. 劳动成本　　D. 花费的资金

E. 承担的风险

59. 房地产经纪活动按服务方式划分，主要分为（　）。

A. 房地产营销　　B. 房地产居间

C. 房地产行纪　　D. 房地产经销

E. 房地产代理

60. 下列属于我国房地产经纪人执业资格基本类型的有（　）。

A. 房地产经纪咨询顾问从业资格

B. 房地产经纪人执业资格

C. 房地产经纪人协理从业资格

D. 房地产经纪人协理执业资格

E. 房地产经纪人从业资格

61. 关于房地产经纪人考试的正确表述为（　）。

A. 考试成绩实行3年为一个周期的滚动管理

B. 参加全部四个科目考试的人员必须在连续两个考试年度内通过应试科目

C. 免试部分科目的人员必须在一个考试年度内通过应试科目

D. 房地产经纪人资格考试收费标准为每人每科70元

E. 截至2011年，共举办1次认定考试和11次全国房地产经纪人资格考试

62. 房地产经纪人知识结构的最外层包括（　）。

A. 艺术　　B. 文学

C. 经济　　D. 哲学

E. 心理

63. 房地产经纪人员职业道德的情感层面包括（　）。

A. 职业荣誉感　　B. 思想观念

C. 职业成就感　　D. 职业良心

E. 执业活动中的心理习惯

64. 以策划、顾问业务为主的房地产经纪机构，其主要业务类型包括（　）。

A. 为房地产开发企业提供新建商品房销售代理服务

B. 房地产市场分析

C. 房地产投资项目可行性分析

D. 存量住宅的买卖经纪业务

E. 房地产营销方案策划

65. 房地产经纪机构享有的权利有（　）。

A. 由于委托人的原因，造成房地产经纪机构经济损失的，有权向委托人提出赔偿要求

B. 认真履行房地产经纪合同，督促房地产经纪人员认真开展经纪业务

C. 按规定标准收取佣金及其他服务费用

D. 有权在委托人隐瞒与委托业务有关的重要事项、提供不实信息时，中止经纪服务

E. 有权向房地产管理部门提出实施专业培训的要求和建议

66. 房地产经纪机构的外部环境分析，通常包括（ ）。

A. 市场分析

B. 宏观环境分析

C. 宏观行业环境分析

D. 微观行业环境分析

E. 微观环境分析

67. 企业的品牌结构构成，包括（ ）。

A. 产品品牌　　B. 企业品牌

C. 经营品牌　　D. 事业品牌

E. 标志品牌

68. 房地产经纪机构中，薪酬的支付方式分为（ ）。

A. 混合制　　B. 基础薪金制

C. 薪水制　　D. 佣金制

E. 固定薪金制

69. 客流类型包括（ ）。

A. 自身客流　　B. 路过客流

C. 分享客流　　D. 共享客流

E. 派生客流

70. 在办理房屋租赁手续时，要注意（ ）。

A. 了解房屋产权状况

B. 了解出租人是否有权出租店铺

C. 了解门店实际状况

D. 签署合同

E. 协商租赁条件

71. 根据房地产经纪活动所促成的房地产交易类型，可以将房地产经纪业务分为（ ）。

A. 房地产抵押经纪业务

B. 新建商品房期房经纪业务

C. 房地产租赁经纪业务

D. 土地经纪业务

E. 房地产转让经纪业务

72. 房地产经纪人受理委托业务后，收集的信息内容包括（ ）。

A. 委托方信息

B. 经营环境信息

C. 与标的物业相关的市场信息

D. 国家政策信息

E. 标的物业信息

73. 商业房地产租赁代理业务客户开拓的方式有（ ）。

A. 市场策划　　B. 分析报告

C. 组织论坛　　D. 专业活动

E. 向潜在客户提供有关商业房地产的资讯

74. 根据委托房地产不同，可将房地产经纪服务合同分为（ ）。

A. 存量房房地产经纪服务合同

B. 房屋出租经纪服务合同

C. 房屋承租经纪服务合同

D. 房屋承购经纪服务合同

E. 新建商品房的房地产经纪服务合同

75. 房地产经纪服务合同中，合同当事人房地产经纪机构的权利包括（ ）。

A. 违法违规行为拒绝权

B. 报酬请求权

C. 知情权

D. 全部收入的所有权

E. 全部收入的使用权

76. 关于合同的变更与解除，不正确表述为（ ）。

A. 合同履行期间，任何一方要求变更合同条款，应口头通知对方

B. 补充协议为本合同的组成部分，与合同具有同等效力

C. 合同履行期间，任何一方可于委托期限届满前，书面通知对方解除本协议

D. 经双方协商一致，可达成补充协议

E. 结清相关费用，或追偿定金

77. 房地产经纪活动的主体包括（ ）。

A. 房地产经纪机构

B. 房地产经纪人员

C. 房地产经纪协会

D. 房地产经纪委托人

E. 房地产经纪第三方

78. 合法原则主要体现在（ ）。

A. 房地产经纪活动主体合法

B. 自愿作出的承诺具有法律效力

C. 房地产经纪活动的客体合法，即交易的房地

产必须合法

D. 房地产经纪行为必须合法

E. 当事人自主决定房地产经纪服务的有关事项

79. 下列属于规范性文件的有（ ）。

A.《国家计委建设部关于房地产中介服务收费的通知》

B.《人事部建设部关于印发 <房地产经纪人员职业资格制度暂行规定> 和 <房地产经纪人执业资格考试实施办法> 的通知》

C.《房地产经纪管理办法》

D.《经纪人管理办法》

E.《城市房地产管理法》

80. 房地产经纪行业组织实施行业管理的重要手段，包括（ ）。

A. 制定和推行自律性的执业规范

B. 制定和推行自律性的执业规则

C. 制定和推行自律性的经纪业务合同文本

D. 制定和推行自律性的信用档案

E. 制定和推行自律性的资信评价活动

三、综合分析题（共 20 小题，每小题 2 分。每小题的备选答案中有一个或一个以上符合题意，请在答题卡上涂黑其相应的编号。错选不得分；少选且选择正确的，每个选项得 0.5 分）

（一）

M 省 B 市甲房地产开发公司（以下简称甲公司）建设一住宅小区。2013 年 6 月，甲公司取得当地房地产管理部门颁发的商品房预售许可证，并委托乙房地产经纪公司（以下简称乙公司）独家代理商品房出售。2013 年 7 月，孙某签订了商品房预售合同，并在合同中约定：房屋建筑面积为 150m^2；房屋交付后，如产权登记面积与合同约定面积发生差异时，按照《商品房销售管理办法》有关规定处理。2013 年 8 月，甲公司经有关部门批准调整了原规划设计，孙某所购买的该套房屋的建筑面积调整为 155m^2，并书面通知孙某。该小区综合验收合格后，孙某如愿拿到了自己的房产钥匙并领取了房产证。

81. 新建商品房销售代理业务的标的通常是一个楼盘，其销售面向的客户却是分散化的个体，所以销售期（ ）。

A. 比较长　　B. 比较短

C. 很短暂　　D. 费用小

82. 新建商品房市场上的业务主要是新建商品房的销售代理与租赁代理，且大多数为（ ）。

A. 独家代理　　B. 买方代理

C. 双边代理　　D. 卖方代理

83. 乙公司代理预售商品房须向购房人出示（ ）。

A. 商品房预售许可证

B. 商品房销售广告

C. 房屋综合验收合格证明

D. 甲公司出具的商品房销售委托书

84. 关于孙某签订商品房预售合同，下列表述中正确的为（ ）。

A. 孙某应当与甲公司人员直接洽谈和订立预售合同

B. 孙某应当与乙公司订立预售合同

C. 孙某通过与乙公司的房地产经纪人洽谈，最终与甲公司订立预售合同

D. 孙某应当与乙公司人员直接订立预售合同

85. 关于乙公司的独家代理，下列表述中正确的为（ ）。

A. 乙公司可以自主委托其他房地产经纪公司共同代理

B. 甲公司销售的房屋是否计入乙公司的销售业绩，视甲乙双方订立的代理合同而定

C. 如果取得甲公司的书面同意，乙公司可以与其他房地产经纪公司共同代理

D. 甲公司未经乙公司同意不得将该项目委托丙公司代理

（二）

A 省 B 市某厂职工刘某已工作多年，现已到婚嫁年龄，和家里商量欲购买一套商品住房用于结婚，于是和家人一起来到本市阳光花园项目看房。经纪人小马接待了刘某及其家人，并向刘某介绍了一套面积为 100 平方米的住宅，总价 50 万元，但刘某自己多年的积蓄和家里凑的钱共计 25 万元，所以其余款项要向金融机构贷款。

86. 贷款类型包括（ ）。

A. 政府贷款　　B. 商业性贷款

C. 住房公积金贷款　　D. 组合贷款

87. 贷款金额占房地产价值的比率，是指（ ）。

A. 偿还比率　　B. 贷款成数

C. 贷款金额　　D. 偿还方式

88. （ ）又称收入还贷比，指借款人分期偿还额占其同期收入的比率。

A. 偿还比率　　B. 贷款金额

C. 偿还方式　　D. 贷款成数

89. 购买上述住房所需的贷款额不知能否足额贷

到，银行确定其最高贷款金额的依据是（ ）。

A. 不超过按照最高偿还比率计算出的金额

B. 不超过按照最高贷款价值比率计算出的金额

C. 不超过住房公积金的最高贷款限额

D. 不超过购房首付款的3倍

90. 向银行申请抵押贷款，银行通常要求借款人购买有关保险，其理由是（ ）。

A. 用以抵押的房地产有可能毁损、灭失

B. 用以抵押的房地产的价值有可能因经济不景气而降低

C. 借款人有可能死亡、丧失劳动能力

D. 借款人可能因失业等而不能获得预期收入

（三）

M省B市的甲房地产开发商为尽快收回开发投入的资金，拟销售其正在开发的在建住宅项目。为此，甲房地产开发商委托乙房地产经纪机构为其办理商品房预售手续。取得商品房预售许可证之后，甲房地产开发商委托乙房地产经纪机构为其提供订立房地产预售的媒介服务。该项目销售到最后只剩余少许零散房屋，甲房地产开发商拟全部降价出售。在这种情况下，乙房地产经纪机构将其全部买断待时机出售，以此赚取批发和零售的差价。

91. 下列关于乙房地产经纪机构将剩余的房屋全部买断行为的表述中，正确的有（ ）。

A. 属于房地产交易活动

B. 属于卖方代理

C. 该行为合法

D. 该行为有违房地产经纪的基本职业规范的要求

92. 下列关于甲房地产开发商办理商品房预售许可证应具备条件的表述中，正确的有（ ）。

A. 甲房地产开发商已交付部分土地使用权出让金，取得土地使用权证书

B. 甲房地产开发商持有建设工程规划许可证

C. 向县级以上人民政府土地和房产管理部门办理预售登记

D. 甲房地产开发商已经确定该住宅建设项目的施工进度和竣工交付日期，投入开发建设的资金达到工程建设总投资的50%以上

93. 乙房地产经纪机构的上述经纪活动包括（ ）。

A. 代理 B. 居间

C. 买方代理 D. 卖方代理

94. 甲房地产开发商取得预售许可证后进行预售，其基本流程有（ ）。

A. 订立商品房预售合同

B. 甲房地产开发商应该及时办理商品房预售合同登记备案

C. 商品房竣工后，甲房地产开发商交付房屋

D. 由购房人自行办理商品房预售合同登记备案

95. 预购人赵某在订立商品房预售合同3个月后，又拟将所购商品房再转让。赵某委托乙房地产经纪机构的经纪人董某代为出售。下列表述中，不正确的有（ ）。

A. 乙房地产经纪机构可以接受赵某委托

B. 乙房地产经纪机构不应接受委托，而董某个人可以接受委托

C. 乙房地产经纪机构如接受赵某委托，不必告知甲房地产开发公司

D. 乙房地产经纪机构如接受赵某委托，可指派董某与赵某签订经纪合同

（四）

G省某大型公司的职工冯某与同事张某合住在单位分配的一套两室一厅的公寓内，此住房作为公司对员工的住房福利，不收取租金；水电等费用由冯某、张某共同负担。随着公司业务的逐渐扩展，业务领域逐渐发展到省外，在2014年3月公司暂调张某去省外的分公司工作，于是冯某一人住在这套公寓内。同年5月，冯某将张某的房间租给了大学生刘某，并就租金、租期、解除租约事项达成了书面协议。刘某预付了3个月房租后，住进了张某的房间。

96. 在房屋租赁中，租赁双方的权利义务关系持续时间较长，相互之间会产生复杂的（ ）。

A. 债权债务关系 B. 经济合作关系

C. 竞争合作关系 D. 合作共赢关系

97. 冯某出租房间的行为属于（ ）。

A. 房地产经纪行为 B. 房地产代理行为

C. 个人民事行为 D. 居间行为

98. 房屋租赁中，租赁交易的当事人反复（ ）的频率要高于买卖交易的频率。

A. 装修 B. 买卖

C. 租赁 D. 质押

99. 刘某在上述承租房屋的过程中，不应忽略的重要环节有（ ）。

A. 审查冯某的合法身份证明

B. 审查张某的合法身份证明

C. 审查该房屋的合法产权证明

D. 租房合同的备案手续

100. 下列关于该租房事宜的表述中，正确的有（ ）。

A. 该租房协议无效

B. 冯某收取的房租应归张某所有

C. 如冯某所在公司事后认可该租房协议，则该租房协议有效

D. 张某房间的私人物品出现丢失，张某可以要求冯某承担责任

第三部分

历年真题

2012年《房地产经纪概论》考试试题

一、单项选择题（共50题，每题1分。每题的备选答案中只有1个最符合题意，请在答题卡上涂黑其相应的编号）

1. 房地产市场是区域性市场，这主要源于房地产的（　）。

A. 独一无二性　　B. 不可移动性

C. 相互影响性　　D. 供给有限性

2. 房地产市场调控时，反应最灵敏的是（　）。

A. 房地产价格　　B. 房地产交易量

C. 商品房开工量　　D. 房地产开发投资

3. 某危机住宅小区因市政规划要被征收，按照房地产开发程度分类，该地块被征收之前称为（　）。

A. 生地　　B. 毛地

C. 熟地　　D. 农用地

4. 国有建设用地使用权出让市场属于（　）。

A. 房地产一级市场　　B. 房地产二级市场

C. 房地产三级市场　　D. 土地二级市场

5. 房地产市场可以看成是人口、购买能力和（　）的结合体。

A. 供给数量　　B. 购买动机

C. 交易方式　　D. 交易制度

6. 2011年，有1 000余家房地产开发企业在某市进行房地产开发。据此判断，该市房地产市场属于（　）。

A. 完全竞争市场　　B. 垄断竞争市场

C. 寡头垄断市场　　D. 完全垄断市场

7. 房地产经纪人是房屋交易的桥梁和纽带，这体现了房地产经纪活动（　）。

A. 内容的服务性　　B. 收入的后验性

C. 地位的中介性　　D. 主体的专业性

8. 唐代专门从事田宅交易的经纪人称为（　）。

A. 驵侩　　B. 掮客

C. 房牙　　D. 庄宅牙人

9. 网络信息技术和连锁经营模式等在房地产经纪行业中应用十分广泛，这说明房地产经纪行业也属于（　）。

A. 高新技术产业　　B. 信息产业

C. 现代服务业　　D. 商业

10. 房地产经纪人恶意降低佣金以争取客户，违背了职业道德中（　）的基本要求。

A. 爱岗敬业　　B. 诚实守信

C. 尽职尽责　　D. 公平竞争

11. 我国香港地区把房地产经纪从业人员分为地产代理（个人）和（　）。

A. 业务员　　B. 销售员

C. 营业员　　D. 房地产经纪人协理

12. 房地产经纪人员职业资格制度不包括（　）。

A. 考试制度　　B. 注册制度

C. 继续教育制度　　D. 职业保证金制度

13. 房地产经纪人以欺骗、贿赂等不正当手段获准注册的，注册部门应当（　）。

A. 注销其考试成绩　　B. 注销其注册

C. 责令其重新注册　　D. 变更其注册

14. 房地产经纪人李某根据所掌握的信息，总是能对潜在购房客户的需求进行较为准确的判断和把握，并能迅速完成每笔业务，这说明其具有较强的（　）技能。

A. 市场分析　　B. 信息收集

C. 供需搭配　　D. 市场判断

15. 房地产经纪人通过夸大承诺获得委托人信任，并诱惑当事人交易的，将会受到（　）的处罚。

A. 取消网上签约资格　　B. 罚款1万元

C. 罚款1万~3万元　　D. 罚款3万元

16. 报名参加房地产经纪人资格考试的最低学历要求是（　）。

A. 初中　　B. 高中

C. 大专　　D. 本科

17. 由出资者个人承担无限责任的房地产经纪机构是（　）。

A. 个人独资房地产经纪机构

B. 房地产经纪股份有限公司

C. 房地产经纪有限责任公司

D. 房地产经纪机构的分支机构

18. 房地产经纪机构的分支机构在领取工商营业执照之日起（　）日内，应当到所在直辖市、市、县人民政府建设（房地产）主管部门备案。

A. 15　　B. 20

C. 30　　D. 60

19. 无店铺经营的房地产经纪机构，通常（　）。

A. 没有固定的办公场所

B. 业务主要来自个人客户

C. 主要经营大宗房地产业务

D. 采用网上办公

20. 房地产经纪机构只在总部保留精干机构，而将与经纪业务有密切关系的贷款代办、登记代办等业务外包出去的组织结构形式是（ ）。

A. 网络制 B. 分部制
C. 矩阵制 D. 直线—参谋制

21. 房地产经纪机构进入房地产开发领域的战略是（ ）。

A. 聚焦战略 B. 低成本战略
C. 一体化成长战略 D. 多样化战略

22. 对房地产经纪人员有一定激励作用，又能降低人员流动率的薪酬制度是（ ）。

A. 佣金制
B. 奖金制
C. 固定薪金制
D. 固定薪金和佣金提成混合制

23. 在房地产经纪信息加工整理过程中，对房地产经纪信息的真实性、准确性、可信性进行分析，判断其时效性，是（ ）环节的主要内容。

A. 整序 B. 筛选
C. 鉴别 D. 编辑

24. 下列对收集房地产经纪信息的认识中，正确的是（ ）。

A. 认为广播和电视信息不易整理，故只以报纸和杂志作为信息来源途径

B. 认为学术文章是专家个人意见，主观性强，故学术文章不能作为信息来源途径

C. 认为楼书多为溢美之词，不具有客观性，故楼书不作为信息来源途径

D. 认为房地产具有不可移动性，现场调查能获得直观的信息材料

25. 由于房地产经纪机构对担保公司、估价机构等选择不当而可能产生的风险属于（ ）。

A. 客户道德风险
B. 对外合作风险
C. 承诺不当风险
D. 房地产经纪人员道德风险

26. 房地产经纪机构进行门店开设的可行性研究，主要应考虑门店辐射范围内的（ ）。

A. 房屋存量和周转率
B. 房屋价格和面积
C. 房屋新旧程度和装修程度
D. 房屋交易成本和持有成本

27. 房地产经纪门店损益平衡点的销售额等于计划期限内的（ ）。

A. 门店经营成本
B. 门店固定成本
C. 门店经营成本加同期正常利润
D. 门店固定成本加变动成本

28. 房地产经纪门店的目标客户管理包括房地产经纪人员个人管理和（ ）两种形式。

A. 店内集中管理 B. 行业集中管理
C. 店内分散管理 D. 行业分散管理

29. 售楼处管理制度的核心部分是（ ）。

A. 收款方式规定
B. 接待时间规定
C. 工作流程规定
D. 关键内容说辞规定

30. 售楼处设置工作的第一个步骤是（ ）。

A. 售楼处选址
B. 确定售楼处的功能
C. 组建售楼处工作团队
D. 制定售楼处管理制度

31. 售楼处的房地产经纪人员因客户不满意其推荐的房源，而向客户推荐朋友公司所代理楼盘的行为（ ）。

A. 不符合房地产经纪管理规定

B. 能提高房地产经纪人员的收入，符合行业惯例

C. 不符合售楼处房地产经纪人员的岗位职责要求

D. 是为顾客着想，值得提倡

32. 在存量房经纪业务的洽谈阶段，为了充分了解委托人的意图和要求，把握客户的心理状况并衡量其购房能力，房地产经纪人首先应当（ ）。

A. 引导客户需求
B. 倾听客户陈述
C. 介绍佣金标准
D. 全面介绍自己所在机构情况

33. 存量房经纪业务的售后服务中，对客户感到不满意的环节进行补救的服务是（ ）。

A. 延伸服务 B. 跟踪服务
C. 后续服务 D. 改进服务

34. 存量房经纪业务的标的房地产以（ ）为主。

A. 批量房地产 B. 特殊房地产
C. 单宗房地产 D. 商业房地产

35. 房地产经纪人员在帮助客户制定贷款方案时，不应（ ）。

A. 向客户担保贷款一定成功

B. 考虑客户的储蓄和收入水平

C. 考虑客户的家庭开支状况

D. 考虑客户的家庭理财状况

36. 房地产经纪延伸服务是否收费由（ ）确定。

A. 价格管理部门

B. 房地产经纪机构

C. 委托人

D. 房地产经纪机构和委托人协商

37. 房地产经纪机构承办房地产经纪服务以外的其他服务时，所提供的书面告知服务材料需经（ ）确认。

A. 委托人签名或盖章

B. 委托人口头

C. 房地产管理部门盖章

D. 工商管理部门盖章

38. 居先生将其自有的一套房屋委托给一家房地产经纪机构出售，并签订了为期3个月的独家出售经纪服务合同。2个月后，居先生又将房屋委托给另一家房地产经纪机构出售。对此，居先生应当承担（ ）。

A. 违约责任　　B. 侵权责任

C. 履约不当责任　　D. 缔约过失责任

39. 某房地产经纪机构推出1年期“包年限租赁”经纪服务，其承租客户在1年内因房主原因被迫撤离租赁房屋的，该机构应当另外推荐其他房源，但（ ）。

A. 不能另外收费　　B. 只能收看房费

C. 只能收信息费　　D. 只能收劳务费

40. 房地产经纪机构代理销售商品房项目应当取得（ ）。

A. 银行资金证明

B. 经公证的授权书

C. 商品房销售委托书

D. 房地产开发企业资质

41. 如果房地产经纪执业规范与房地产经纪机构内部规定存在冲突，则以（ ）。

A. 房地产经纪机构规定为准

B. 房地产经纪执业规范为准

C. 视实际情况而定

D. 房地产经纪人员的意愿为准

42. 在我国台湾地区，房地产经纪行业实行（ ）制度。

A. 人必归业，业必归会

B. 收费统一定价

C. 自由加入行业协会

D. 产权保险

43. 房地产经纪人员应当以（ ）的名义承接业务。

A. 法定代表人

B. 房地产经纪机构

C. 房地产经纪机构的分支机构

D. 房地产经纪行业组织

44. 房地产经纪机构转让房地产经纪业务需经（ ）同意。

A. 房地产主管部门

B. 业务委托人

C. 承办业务的房地产经纪人

D. 协办业务的房地产经纪协理

45. 房地产经纪机构侵占和挪用房地产交易资金的，由县级以上地方人民政府建设（房地产）主管部门（ ）。

A. 责令限期改正并记入信用档案

B. 吊销房地产经纪人员职业资格

C. 吊销房地产经纪机构的营业执照

D. 暂停房地产经纪机构的营业活动

46. 目前，在房地产经纪行业管理中采用行业自治模式的国家或地区是（ ）。

A. 美国　　B. 中国大陆

C. 中国香港地区　　D. 中国台湾地区

47. 下列法规中，不属于房地产经纪专门法规的是（ ）。

A.《不动产经纪业管理法规》

B.《地产代理条例》

C.《房地产经纪管理办法》

D.《经纪人管理办法》

48. 申请成为房地产经纪行业组织个人执业会员的前提条件是申请人必须（ ）。

A. 取得房地产经纪人员职业资格

B. 为房地产经纪机构出资人

C. 有本科以上学历

D. 有5年以上从业经历

49. 关于房地产经纪信用档案的说法，错误的是（ ）。

A. 房地产经纪机构和房地产经纪人员都要建立信用档案

B. 房地产经纪信用档案主要靠自行填报

C. 房地产经纪信用档案信息包括基本情况、业绩、良好行为、不良行为等

D. 房地产经纪信用档案实行有偿查询

50. 我国房地产经纪行业全国性的自律组织是(　)。

A. 中国房地产协会

B. 中国房地产研究会

C. 中国物业管理协会

D. 中国房地产估价师与房地产经纪人学会

二、多项选择题（共 30 题，每题 2 分。每题的备选答案中有 2 个或 2 个以上符合题意，请在答题卡上涂黑相应的编号。错选不得分；少选且选择正确的，每个选项得 0.5 分）

51. 关于房地产业与建筑业关系的说法，正确的有（　）。

A. 房地产业是建筑业的延伸

B. 房地产业是建筑业的一部分

C. 房地产业和建筑业都属于第二产业

D. 房地产业和建筑业的业务对象都是房地产

E. 房地产业的景气状况对建筑业有很大影响

52. 房地产市场形成的条件包括（　）。

A. 存在具有购买欲望的买方

B. 存在可供交换的房地产商品

C. 存在作为中间人的房地产经纪机构

D. 存在符合买卖双方利益要求的交换价格

E. 存在为购买者提供金融服务的金融机构

53. 完全竞争市场的特征包括（　）。

A. 买者和卖者数量大

B. 商品异质

C. 市场信息不对称

D. 买者可以自由进出

E. 买者和卖者无串谋

54. 关于房地产经纪佣金的说法，正确的有(　)。

A. 佣金是房地产经纪服务收入的基本形式

B. 佣金数额通常按房地产成交额的一定比率计算

C. 佣金是对房地产经纪机构所付出的劳动、所投入的资金和所承担的风险的回报

D. 佣金通常在完成房地产经纪服务后收取

E. 佣金本质上是房地产信息费

55. 房地产经纪活动不同于其他经纪活动的特点有（　）。

A. 活动后果的社会性　B. 活动地位的中介性

C. 活动内容的服务性　D. 活动收入的后验性

E. 活动范围的地域性

56. 不予房地产经纪人注册的情形有（　）。

A. 申请人受到刑事处罚，该处罚未执行完毕及自该刑事处罚执行完毕之日起至申请之日止不满 5 年

B. 申请人在房地产经纪活动中受到行政处罚，自该行政处罚执行完毕之日到申请注册之日不满 3 年

C. 申请人不具有完全民事行为能力

D. 申请人受到房地产经纪行业组织处分，自该处分生效之日起至申请注册之日止不满 1 年

E. 申请人被注销注册，自被注销之日起至申请注册之日止不满 3 年

57. 申请与香港地产代理（个人）资格互认的条件有（　）。

A. 申请人为中华人民共和国公民（内地）

B. 申请人取得房地产经纪人资格并经注册

C. 申请人取得房地产经纪人协理资格并经注册

D. 申请人为房地产经纪机构负责人

E. 申请人具有本科以上学历

58. 房地产经纪人员职业道德主要通过（　）起作用。

A. 良心　B. 舆论

C. 法律　D. 行政

E. 行业自律管理

59. 房地产经纪机构应当办理备案信息变更手续的情形包括（　）。

A. 房地产经纪机构的名称变更

B. 房地产经纪机构的分支机构名称变更

C. 注册在房地产经纪机构的房地产经纪人员变更

D. 房地产经纪机构的法定代表人变更

E. 房地产经纪机构的商标变更

60. 房地产经纪人与房地产经纪机构签订劳动合同后，两者之间就具有了（　）。

A. 主从关系　B. 经济关系

C. 执业关系　D. 支配关系

E. 法律责任关系

61. 关于房地产经纪机构分支机构的说法，正确的有（　）。

A. 经相关部门审批，国外房地产经纪机构可以在我国境内设立分支机构

B. 分支机构具有法人资格，能独立开展房地产经纪业务

C. 分支机构先以自己的财产对外承担责任，不足部分由设立机构承担

D. 分支机构解散后，其设立机构对其解散后尚未清偿的全部债务承担责任

E. 分支机构承担责任的形式根据设立机构的组织形式确定

62. 房地产经纪机构规避房地产经纪业务风险的措施有（ ）。

A. 加强房地产经纪人员的教育和培养

B. 建立有效的风险识别和警示系统

C. 完善机构的制度建设和日常管理

D. 将业务固定在一个区域市场

E. 降低佣金标准

63. 先进的房地产经纪信息管理系统应当是（ ）的平台。

A. 网络化管理　　B. 信息共享

C. 协同工作　　D. 员工交流

E. 媒体宣传

64. 在房地产经纪机构品牌维护过程中，能提高客户价值感知的因素有（ ）。

A. 热情的工作态度　　B. 较大的经营规模

C. 便捷高效的服务　　D. 合理的收费标准

E. 频繁与客户联系

65. 影响房地产经纪机构经营模式选择的因素包括（ ）。

A. 组织结构　　B. 企业规模

C. 业务领域　　D. 管理水平

E. 机构成立时间长短

66. 下列地点中，适宜开设存量房经纪门店的有（ ）。

A. 居住区主干道旁　　B. 居住区的十字路口

C. 居住小区门口　　D. 高速公路出口

E. 火车站广场

67. 单店模式的房地产经纪机构应当配置（ ）。

A. 会计　　B. 出纳

C. 管理人员　　D. 房地产经纪人员

E. 房地产评估人员

68. 房地产经纪机构开设门店的可行性研究中的关键指标有（ ）。

A. 区域必要市场占有率

B. 损益平衡销售额

C. 经营成本

D. 市场利率

E. 房屋价格指数

69. 在我国，根据标的房地产所处市场类型的不同，可以将房地产经纪业务分为（ ）。

A. 土地经纪业务

B. 新建商品房经纪业务

C. 存量房经纪业务

D. 商业房地产经纪业务

E. 公寓房地产经纪业务

70. 关于房地产经纪人引领客户看房的做法，正确的有（ ）。

A. 每次看房前准备一个放有纸、笔、计算器、地图等工具的专业文件夹

B. 提前安排好看房路线

C. 提前与房主和客户约定看房时间

D. 尽量避免向客户介绍房屋的缺点

E. 用连续不断的单方提问来了解客户需求

71. 在新建商品房销售代理业务的销售准备环节，应当准备的销售资料包括（ ）等。

A. 商品房买卖合同　　B. 佣金估算表

C. 价目表　　D. 销控表

E. 楼书

72. 房地产经纪服务合同上应当有（ ）。

A. 委托人的签名或者盖章

B. 委托房地产经纪机构的盖章

C. 房地产经纪门店经理的签名

D. 承办该业务的两名房地产经纪人签名

E. 承办该业务的一名房地产经纪人或两名房地产经纪人协理签名

73. 应当通过房地产经纪服务合同约定的房地产经纪服务项目包括（ ）。

A. 提供房地产信息　　B. 实地看房

C. 代拟交易合同　　D. 代办贷款

E. 代办房地产登记

74. 房地产经纪服务合同属于（ ）。

A. 双务合同　　B. 口头合同

C. 从合同　　D. 有偿合同

E. 劳务合同

75. 房地产经纪执业的平等原则主要体现在（ ）。

A. 房地产经纪人员在每宗经纪业务中的佣金分成比率一律相等

B. 房地产经纪机构在每宗经纪业务中的佣金费率一律相等

C. 房地产经纪活动当事人的法律地位平等

D. 房地产经纪活动当事人的权利义务对等

E. 房地产经纪机构之间应当公平竞争

76. 房地产经纪执业的合法原则主要体现在（ ）。

A. 房地产经纪执业行为必须合法

B. 房地产经纪促成交易的房地产必须合法

C. 从事房地产经纪活动的机构资质必须合法

D. 从事房地产经纪活动的人员资格必须合法

E. 国家保护房地产经纪活动当事人的合法权益

77. 房地产经纪机构发布的广告不得含有（ ）。

A. 能为入住者办理孩子升学的承诺

B. 房地产升值或投资回报的承诺

C. 风水、占卜等内容

D. 商品房项目位置示意图

E. 房地产项目距离市中心的距离

78. 减少房地产经纪纠纷的主要手段包括（ ）。

A. 制定和推广使用房地产经纪服务示范合同

B. 制定房地产经纪服务标准，明确服务要求

C. 及时处理纠纷投诉

D. 降低收费标准

E. 降低房地产经纪人员的佣金提成比例

79. 我国房地产经纪行业监管的方式包括（ ）。

A. 现场巡查

B. 专家评审

C. 合同抽查

D. 投诉受理

E. 房地产经纪资信评价

80. 我国房地产经纪行业管理的主要内容包括（ ）。

A. 房地产经纪人员的职业资格管理

B. 房地产经纪机构的财务管理

C. 房地产经纪机构的备案管理

D. 房地产经纪机构的运营管理

E. 房地产经纪行为的监管

三、综合分析题（共20小题，每小题2分。每小题的备选答案中有1个或1个以上符合题意，请在答题卡上涂黑其相应的编号。错选不得分；少选且选择正确的，每个选项得0.5分）

（一）

2004年以来，某市的商品房价格迅速上涨，一度形成恐慌性抢购的市场局面。市民张某连续购买了多套商品住房。但他既不自住，也不出租，只想价格更高后卖出。随着房价上涨，该市的房价租金比也大幅上涨，有人认为该市房地产泡沫严重，但也有人认为房价收入比并不高，房价合理。2010年，该市的房地产市场因调控等原因进入低谷期，很多房地产开发企业为了尽快销售房屋，同时请2～3家房地产经纪机构代理销售其商品房，并在广告中承诺买房送轿车、送户口、送装修和家具等。

81. 张某的购房需求属于（ ）。

A. 消费需求　　B. 投资需求

C. 投机需求　　D. 刚性需求

82. 关于该市是否有房地产泡沫的说法，正确的为（ ）。

A. 只要有需求，就没有泡沫，因此该市的房地产并没有泡沫

B. 衡量是否有泡沫的简单指标是房价租金比，因此该市的房地产有泡沫

C. 衡量是否有泡沫的有效指标是房价收入比，因此该市的房地产没有泡沫

D. 房地产市场进入低谷期是调控造成的，因此该市的房地产不存在泡沫

83. 该市的房地产市场进入低谷期后，将会呈现出的特征有（ ）。

A. 买卖交易量很小

B. 市场租金上涨很快

C. 市场租金降到谷底，基本维持恒定

D. 房地产开发项目的开工率很低

84. 房地产开发企业同时请2～3家房地产经纪机构代理销售的行为属于（ ）。

A. 指定代理　　B. 卖方代理

C. 法定代理　　D. 委托代理

85. 商品房销售广告中，不属于违规内容的是（ ）。

A. 买房送轿车　　B. 买房送户口

C. 买房送装修　　D. 买房送家具

（二）

侯某和吕某大学毕业后同时进入甲房地产经纪机构（以下简称甲机构）工作。侯某特别喜欢这个工作，但吕某觉得房地产经纪是社会底层人干的活，对自己的职业前景缺乏信心。侯某一直开导和鼓励吕某，吕某才没有辞职。后来，两个人都取得了房地产经纪人资格。

2010年，甲机构指派侯某和吕某分别办理经纪业务，侯某所承办业务的委托人是一位本地人，对方要求甲机构提供房屋出售的媒介服务。吕某所承办业务的委托人是一位外地人，对方要求甲机构以其名义出售一套高档住宅。在开展业务前，吕某要求委托人预付了20%的佣金，并约定如果未成交将退还佣金。

1 个月后，侯某和吕某所承办的两宗业务都完成了，侯某分别向委托人和购房人收取了佣金；吕某向委托人收取了另外 80% 的佣金，同时也向购房人收取了一定数量的佣金。

86. 在就业之初，吕某缺乏房地产经纪人应当具备的心理素质为（ ）。

A. 自知、自信　　B. 乐观、开朗

C. 积极、主动　　D. 坚韧、奋进

87. 关于侯某开展房地产经纪活动的说法，正确的是（ ）。

A. 侯某提供的是房地产媒介居间服务

B. 侯某提供的是房地产代理服务

C. 侯某不能以委托人的名义开展业务

D. 侯某应当以实现委托人房屋的最高出售价为己任

88. 关于吕某开展房地产经纪活动的说法，正确的是（ ）。

A. 吕某提供的是房地产信息居间服务

B. 吕某提供的是房地产卖方代理服务

C. 吕某出售住宅过程中产生的费用应由委托人承担

D. 吕某可以代表甲机构与委托人签订房屋出售经纪服务合同

89. 吕某享有的权利为（ ）。

A. 要求委托人提供与出售住宅有关的资料

B. 自行调整出售住宅的价格

C. 依法维护委托人的合法权益

D. 依法发起设立新的房地产经纪机构

90. 关于侯某、吕某收取佣金的行为，不规范的地方为（ ）。

A. 侯某向购房人收取佣金

B. 侯某向委托人收取佣金

C. 吕某预收佣金

D. 吕某向购房人收取佣金

（三）

2006 年，张某为了加快发展，注销了其原有的房地产经纪事务所，新成立了甲房地产经纪公司（以下简称甲公司），甲公司共有 5 家全资门店，5 家门店具有统一的识别系统。2010 年 8 月，甲公司在业务迅猛发展的态势下，确定了如下发展战略：（1）业务聚焦于高端住宅租赁市场；（2）业务向附近的另外两个城市拓展；（3）客户分级，实行客户集中管理；（4）每届董事会中留出两个名额给房地产经纪人，让房地产经纪人为公司的发展出谋划策。

91. 关于原房地产经纪事务所注销的说法，正确的是（ ）。

A. 需要向工商行政管理部门办理登记注销手续

B. 需要向原备案的房地产管理部门办理备案注销手续

C. 逾期不办理备案注销手续的，视为未注销，将受到处罚

D. 逾期不办理备案注销手续的，视为自动注销

92. 甲公司的经营模式为（ ）。

A. 直营连锁模式

B. 特许加盟连锁模式

C. 独立经纪人模式

D. 有店铺模式

93. 甲公司确定的发展战略类型为（ ）。

A. 低成本战略

B. 聚焦战略

C. 跨地域市场扩张战略

D. 跨专业市场扩张战略

94. 甲公司采用的员工激励方式为（ ）。

A. 目标激励　　B. 尊重激励

C. 情感激励　　D. 参与激励

95. 甲公司采用的客户管理方式，其优点为（ ）。

A. 便于客户的分类管理

B. 客户不易随房地产经纪人员的离职而流失

C. 有助于房地产经纪人员快速掌握客户动向

D. 有利于房地产经纪人员间的业务合作

（四）

甲房地产经纪门店（以下简称甲门店）为改善经营进行改革：在业务上，建立商圈信息档案，实行“商圈经营”；在门店形式上，对该门店进行重新装修。重新装修后的门店既能满足客户的需求又能体现行业的特点，业务量因此有了明显增加。某日，王某委托甲门店以 100 万元的价格为其出售一套住宅。房地产经纪人高某承办该业务，并发布了房源信息。之后，该住宅以 110 万元的价格出售给了李某。李某的家庭平均月收入为 12 500 元。高某为李某预定了偿还比率为 30% 的住宅贷款方案。

96. 商圈信息档案的主要内容包括商圈内的（ ）。

A. 公共设施

B. 道路交通状况

C. 房地产的实物状况

D. 房地产市场调控政策

97. 根据甲门店装修后的效果，可以推断甲门店装修设计遵循了（ ）的原则。

A. 注重形象宣传　B. 注重个性化

C. 注重人性化　D. 注重艺术化

98. 高某发布房源信息，应当（ ）。

A. 订立房屋出售经纪服务合同

B. 经王某书面同意

C. 公布王某的联系方式

D. 事先实地查看房屋

99. 该套住宅售价超出的10万元应当（ ）。

A. 归王某所有

B. 归甲门店所有

C. 在王某和甲门店之间分配

D. 在王某和高某之间分配

100. 关于李某住房贷款方案的说法，正确的是（ ）。

A. 李某的借款金额为330 000元

B. 李某的还款本息和为330 000元

C. 李某的月还款额为3 750元

D. 李某的年还款额为45 000元

2011 年《房地产经纪概论》考试试题

一、单项选择题（共 50 题，每题 1 分。每题的备选答案中只有 1 个最符合题意，请在答题卡上涂黑其相应的编号）

1. 在下列房地产经济活动中，属于房地产经纪活动的是（ ）。

A. 受人民法院委托，评估后拟拍卖房地产的市场价值

B. 受房地产开发企业委托，对房地产开发项目进行策划

C. 促成委托人与他人达成房地产交易

D. 为他人提供房地产咨询服务

2. 提供房地产经纪服务收取的费用，规范的名称是（ ）。

A. 报酬　　B. 中介费

C. 佣金　　D. 劳务收入

3. 目前我国房地产代理活动的主要类型是（ ）。

A. 新建商品房销售代理

B. 存量房承购代理

C. 存量房租赁代理

D. 新建商品房租赁代理

4. 在我国房地产市场中，房地产经纪业务相对较少的是（ ）。

A. 房地产一级市场　　B. 房地产二级市场

C. 房地产三级市场　　D. 房屋租赁市场

5. 房地产经纪的核心功能是（ ）。

A. 提升房地产价值

B. 促成房地产交易

C. 维护房地产正常运营

D. 规范房地产交易行为

6. 关于房地产经纪人协理的说法，正确的是（ ）。

A. 房地产经纪人协理从业资格考试合格人员即可从事房地产经纪业务

B. 房地产经纪人协理实行全国统一大纲、统一命题、统一组织的考试制度

C. 房地产经纪人协理从业资格证书在全国范围内有效

D. 房地产经纪人协理应当在房地产经纪人的指导下执行经纪业务

7. 房地产经纪人执业资格证书自签发之日起超过（ ）年未进行初始注册的，应当参加规定的业务培训，达到要求后，方可申请初始注册。

A. 1　　B. 2

C. 3　　D. 4

8. 在房地产经纪人执业资格注册有效期内，房地产经纪人若想调到另一家房地产经纪机构执业，应当办理注册（ ）手续。

A. 调动　　B. 调离

C. 转移　　D. 变更

9. 房地产经纪人的权利不包括（ ）。

A. 依法发起设立房地产经纪机构

B. 处理和房地产经纪有关事务并且获得合理的报酬

C. 同时受聘于两个或两个以上房地产经纪机构

D. 要求委托人提供与交易相关的资料

10. 房地产经纪人员知识结构核心的外层是（ ）。

A. 房地产经纪相关专业基础知识

B. 文化修养方面的知识

C. 外语知识

D. 房地产经纪专业知识

11. 一名房地产经纪人根据所掌握的信息，采用一定的方法进行分析，进而对市场供给和需求、价格的现状及变化趋势作出了准确的判断，这说明该房地产经纪人具有（ ）。

A. 收集信息的技能

B. 市场分析的技能

C. 人际沟通的技能

D. 供需搭配的技能

12. 房地产经纪机构因歇业或者其他原因终止经纪活动的，应当自办理注销登记后的（ ）日内向原办理登记备案手续的房地产管理部门办理注销手续。

A. 15　　B. 20

C. 30　　D. 45

13. 下列房地产经纪机构中，以其全部资产对其债务承担责任的机构是（ ）。

A. 房地产经纪有限责任公司

B. 房地产经纪机构的分支机构

C. 合伙制房地产经纪机构

D. 个人独资房地产经纪机构

14. 房地产经纪门店可辐射的核心区域一般为以该门店为圆心，半径为（ ）m 的区域。

A. 500　　B. 500～1 000

C. 1 000～2 000　　D. 2 000－3 000

15. 在某种连锁经营模式中，房地产经纪机构与直接从事经营活动的组织之间的关系是契约合作关系，该种模式通常称为（　）。

A. 直营连锁经营

B. 无店铺经营

C. 特许加盟连锁经营

D. 混合经营

16. 房地产经纪机构选择设置存量房业务门店具体区域时，其出发点和根据是（　）。

A. 客源情况　　B. 房源情况

C. 目标市场定位　　D. 市场状况

17. 房地产经纪机构品牌战略的目标包括品牌愿景、品牌结构和（　）。

A. 品牌承诺

B. 品牌个性

C. 品牌定位

D. 品牌价值

18. 房地产经纪机构客户关系管理系统的核心是（　）。

A. 决策支持子系统

B. 客户分析子系统

C. 客户联络中心

D. 客户资料数据库

19. 房地产经纪机构经营管理的首要任务是（　）。

A. 建立品牌战略

B. 进行集约性管理

C. 选择恰当的经营模式

D. 完成业务额

20. 存量房的买卖双方在房地产经纪机构的协助下签订了买卖合同后，发现房屋产权存在问题，房屋无法交易及过户。这种情况提示房地产经纪人必须高度重视签约前的（　）。

A. 买方调查

B. 合同审查

C. 产权确认

D. 房屋现场查验

21. 房地产经纪机构在风险管理过程中，因买卖双方客户"飞单"而产生的风险，属于（　）。

A. 操作不规范的风险

B. 经纪业务对外合作的风险

C. 房地产经纪人员的道德风险

D. 客户道德风险

22. 房地产经纪机构为房地产开发企业代理销售商品房的业务属于（　）。

A. 存量房经纪业务中的买方代理

B. 存量房经纪业务中的卖方代理

C. 新建商品房经纪业务中的买方代理

D. 新建商品房经纪业务中的卖方代理

23. 根据房地产经纪活动促成的房地产交易类型，可将房地产经纪业务分为房地产转让经纪业务和（　）等。

A. 房地产买卖经纪业务

B. 房地产居间经纪业务

C. 房地产租赁经纪业务

D. 房地产代理经纪业务

24. 房地产经纪机构通过门店，将一个业务团队固定在一个特定的客户开发范围之内，使之针对特定的客户提供服务，这叫做（　）。

A. 取向经营

B. 聚焦经营

C. 单一经营

D. 商圈经营

25. 房地产经纪人员在房屋查验过程中，对房屋产权的确认，应以（　）为准。

A. 出售方口头陈述

B. 房地产权属管理部门登记的产权信息

C. 出售方出示的产权书面说明

D. 房屋买卖合同

26. 房地产经纪人受理委托业务后，收集所需标的物业信息，是指标的物业的物质状况、权属状况和（　）等方面的信息。

A. 政策导向

B. 环境状况

C. 价格

D. 供求

27. 在房地产居间业务中，代办房地产登记属于房地产经纪机构向客户提供的（　）。

A. 居间服务内容之一

B. 后续服务项目之一

C. 咨询服务内容之一

D. 信息服务内容之一

28. 纪某通过甲房地产经纪机构购买了其代理销售的某新建商品房，拟办理预告登记。该预告登记的申请人为纪某和（　）。

A. 甲房地产经纪机构

B. 甲房地产经纪机构指派的房地产经纪人

C. 该新建商品房的房地产开发企业

D. 当地房地产管理部门

29. 购房人通过房地产经纪机构居间介绍购买了房屋后，委托该房地产经纪机构办理抵押贷款，该房地产经纪机构（ ）。

A. 可以收取一定费用

B. 只能代替银行收费

C. 只能收取交通费等必要费用

D. 不能收取任何费用

30. 林某 2005 年 6 月向银行借款 50 万元购买了一套价格为 80 万元的商品房，林某家庭月收入 1 万元，月还款 4 100 元，2011 年 3 月还有贷款余额 26. 8 万元，则偿还比率为（ ）。

A. 41. 00%　　B. 48. 40%

C. 53. 60%　　D. 62. 50%

31. 某房地产的土地面积为 201 000m^2，土地单价为 19 000 元/m^2，建筑面积为 98 000m^2，建筑物价值为 2 300 元/m^2，房地产投资收益率为 10%，计算房地产投资可获得的净收益为（ ）亿元。

A. 0. 23　　B. 2 09

C. 4 04　　D. 4. 28

32. 在房地产经纪服务合同中，主要条款如“标的”“劳务报酬与酬金”等属于（ ）。

A. 程序条款　　B. 免责条款

C. 默示条款　　D. 明示条款

33. 关于房地产经纪人在代理合同中的义务的说法，错误的是（ ）。

A. 应按照被代理人的指示处理事务

B. 应亲自处理受托事务

C. 在处理被代理人事务时，应及时报告事务的进展情况

D. 以自己的名义取得的孳息，可以自己保留

34. 新建房屋租赁活动的经纪服务一般采用的形式是（ ）。

A. 居间　　B. 包租转租

C. 行纪　　D. 代理

35. 在房地产卖方代理合同中，房地产经纪人的基本义务是（ ）。

A. 尽快卖出标的物

B. 实现标的物的最高出售价格

C. 多找买家

D. 撮合双方交易

36. 房地产广告中的图片属于房地产广告的（ ）。

A. 内容要素　　B. 载体要素

C. 潜在要素　　D. 语言要素

37. 同一条房地产经纪信息，对不同的人有不同的价值，在不同时间、不同环境的价值也可能不同。这说明房地产经纪信息具有（ ）的特征。

A. 共享性　　B. 积累性

C. 多维性　　D. 复杂性

38. 为积极开拓业务，房地产经纪人钱某在亲朋好友中收集房地产买卖的信息。钱某所采用的信息收集渠道属于（ ）。

A. 直接渠道

B. 间接渠道

C. 媒介渠道

D. 关联渠道

39. 房地产经纪信息的加工整理程序通常包括鉴别、筛选、（ ）、编辑和研究五个环节。

A. 分析

B. 整序

C. 集中

D. 调整

40. 关于多重上市服务系统（MLS）的运行基础是（ ）。

A. 信息共享制度

B. 会员联盟制度

C. 独家代理制度

D. 佣金共享制度

41. 房地产经纪执业规范的适用对象是（ ）。

A. 房地产经纪行业组织和政府房地产管理职能部门

B. 房地产经纪机构和房地产经纪人员

C. 房地产经纪机构和房地产信贷银行

D. 房地产经纪行业组织和房地产经纪机构

42. 在房地产经纪活动中，房地产经纪人员与房地产交易一方当事人有利害关系的，房地产经纪人应当回避，但（ ）除外。

A. 经所在房地产经纪机构同意的

B. 征得另一方当事人同意的

C. 经公证机构公证的

D. 有合法委托手续的

43. 两个或者两个以上房地产经纪机构就同一宗房地产经纪业务开展合作的，收费按（ ）。

A. 两宗业务分别收取

B. 两宗业务收取，但收费额不能高于一宗业务

的两倍

C. 一宗业务收取，但收费额可高于一宗业务

D. 一宗业务收取

44. 未完成房地产经纪服务合同约定的事项，或者服务未达到房地产经纪服务合同约定标准的，房地产经纪机构（ ）。

A. 不得收取佣金

B. 可酌情收取佣金

C. 可根据完成情况按比例收取佣金

D. 可与委托人协商确定是否收取佣金

45. 房地产经纪服务合同的保存期限（ ）。

A. 不少于3年

B. 不少于5年

C. 5~10年

D. 10年以上

46. 目前我国台湾地区房地产经纪行业管理的模式是（ ）。

A. 行政主管模式

B. 行业自治模式

C. 行政与行业自律并行管理模式

D. 市场调节模式

47. 美国房地产经纪行业协会主导建立的（ ），从客观上促使房源信息在全国范围内得以共享。

A. 联合销售制度

B. 个人信用的保障制度

C. 房屋质量保证制度

D. 产权查询制度

48. 对房地产经纪服务费的管理主要是从（ ）方面进行。

A. 是否符合收费标准与开具发票

B. 是否明码标价与开具发票

C. 是否依照合同约定与开具发票

D. 是否符合收费标准和明码标价

49. 房地产经纪行业学（协）会是房地产经纪人员的自律性组织，是（ ）。

A. 社团法人

B. 公司法人

C. 专业行政组织

D. 公益性组织

50. 房地产经纪行业组织行使管理职责的依据是房地产经纪执业规则和（ ）。

A. 职业道德

B. 执业技术标准

C. 执业纪律

D. 行业组织章程

二、多项选择题（共30题，每题2分。每题的备选答案中有2个或2个以上符合题意，请在答题卡上涂黑其相应的编号。错选不得分；少选且选择正确的，每个选项得0.5分）

51. 房地产经纪机构承接业务时，正确的做法有（ ）。

A. 可以接受交易一方委托的居间业务

B. 可以同时接受交易双方委托的居间业务

C. 只能接受交易一方委托的代理业务

D. 同时接受交易双方委托的代理业务

E. 可以选择接受交易一方或双方委托的代理业务

52. 房地产经纪必不可少的主要原因有（ ）。

A. 房地产的特殊性

B. 房地产价格的波动性

C. 房地产交易的复杂性

D. 房地产交易的经常性

E. 房地产信息不对称性

53. 房地产经纪机构在房地产市场中的作用有（ ）。

A. 降低交易成本

B. 规范交易行为

C. 保障交易成本

D. 提高市场效率

E. 抬高市场价格

54. 下列关于房地产经纪人员的说法，正确的有（ ）。

A. 房地产经纪人可以在全国范围内注册执业

B. 取得房地产经纪人协理从业资格是从事房地产经纪活动的基本条件

C. 未取得房地产经纪人员职业资格证书的人员，一律不得以房地产经纪人员的名义执业

D. 房地产经纪人员应当在房地产经纪机构中承担关键岗位

E. 房地产经纪人员有权依法发起设立房地产经纪机构

55. 我国房地产经纪人员职业资格包括（ ）。

A. 房地产经纪人协理职业资格

B. 房地产经纪人从业资格

C. 房地产经纪人执业资格

D. 房地产经纪人协理从业资格

E. 房地产经纪人协理执业资格

56. 房地产经纪人员职业道德的主要内容包括

（ ）。

A. 遵纪守法　B. 规范执业

C. 诚实守信　D. 业绩至上

E. 尽职尽责

57. 按照主营业务类型，可将房地产经纪机构分为（ ）。

A. 以存量房经纪业务为主的房地产经纪机构

B. 以新建商品房经纪业务为主的房地产经纪机构

C. 公司制房地产经纪机构

D. 合伙制房地产经纪机构

E. 以策划、顾问业务为主的房地产经纪机构

58. 在房地产经纪机构的经营模式中，直营连锁与特许经营连锁的主要区别有（ ）。

A. 连锁经营组织经营权的独立性不同

B. 房地产经纪机构对连锁经营组织的管理模式不同

C. 房地产经纪机构采取的规模化运作方式不同

D. 房地产经纪机构与连锁经营组织的经纪关系不同

E. 连锁经营组织的投资方不同

59. 布置售楼处应考虑的户外功能有（ ）。

A. 广告功能

B. 广场功能

C. 停车场功能

D. 通往样板房的道路功能

E. 商业功能

60. 房地产经纪机构在客户关系管理中，为了争取新客户而采取的措施有（ ）。

A. 提供个性化服务　B. 提供附加服务

C. 建立长期合作关系　D. 正确处理投诉

E. 鼓励客户推荐

61. 房地产经纪机构在选择企业规模时，应着重考虑与其经营规模是否匹配的因素有（ ）。

A. 信息资源　B. 已有店面的布局

C. 管理水平　D. 企业声誉

E. 人力资源

62. 房地产经纪人员薪酬制度有（ ）。

A. 固定薪金制

B. 佣金制

C. 固定薪金和佣金混合制

D. 计时薪金制

E. 分红薪金制

63. 从法律上看，房地产居间包括（ ）。

A. 向委托人报告订立房地产交易合同的机会

B. 提供房地产交易政策咨询服务

C. 提供订立房地产交易合同的媒介服务

D. 为房地产经纪服务委托人代办房产证

E. 代办房地产抵押贷款手续

64. 目前我国房地产卖方代理包括（ ）。

A. 境外公司在我国境内承租房屋的代理

B. 境外个人在我国境内承租房屋的代理

C. 新建商品房销售代理

D. 房屋出租代理

E. 存量房出售代理

65. 根据所促成的房地产交易类型，可将房地产经纪业务分为（ ）。

A. 房地产转让经纪业务

B. 房地产租赁经纪业务

C. 房地产担保经纪业务

D. 房地产抵押经纪业务

E. 房地产顾问经纪业务

66. 房地产经纪人员从事房地产价格咨询时，常用的估价方法有（ ）。

A. 市场法　B. 长期趋势法

C. 成本法　D. 收益法

E. 特征价格法

67. 房地产法律咨询服务的方式主要有（ ）。

A. 个案解答　B. 房地产经营咨询

C. 商业文书审查　D. 土地开发投资咨询

E. 房地产全程法律服务

68. 房屋所有权即房屋产权，包含（ ）权能。

A. 占有　B. 使用

C. 共有　D. 收益

E. 处分

69. 在房地产经纪服务合同上应当签章的主体有（ ）。

A. 房地产经纪机构

B. 从事该业务的一名房地产经纪人或两名房地产经纪人协理

C. 房地产经纪管理部门

D. 房地产经纪行业组织

E. 委托人

70. 关于房地产经纪服务合同特征的说法，正确的有（ ）。

A. 房地产经纪服务合同属于实践性合同

B. 房地产经纪服务合同属于双务合同

C. 房地产经纪服务合同属于有偿合同

D. 房地产经纪服务合同属于单务合同

E. 房地产经纪服务合同一般为书面形式的合同

71. 房地产经纪服务合同的主要条款包括（　）。

A. 当事人的名称或姓名

B. 标的房屋

C. 服务事项和服务标准

D. 劳务报酬

E. 委托人的家庭情况

72. 房地产经纪信息管理的原则有（　）。

A. 强化房地产信息的垄断性

B. 加强房地产信息的目的性

C. 提高房地产信息的时效性

D. 重视房地产经纪信息的系统性

E. 实现房地产经纪信息的共享性

73. 房地产经纪信息的特征有（　）。

A. 增值性　　B. 多维性

C. 负外部性　　D. 积累性

E. 复杂性

74. 关于多重上市服务系统（MLS）的说法，正确的有（　）。

A. 是一种销售模式

B. 是先进的房地产流通管理系统

C. 本质是实现信息共享和佣金共享

D. 是一种组织结构形式

E. 能够实现交易各方的共赢

75. 房地产经纪人员和房地产经纪机构在进行房地产经纪活动时，应遵循（　）原则。

A. 合法　　B. 合理

C. 平等　　D. 自愿

E. 诚信

76. 房地产经纪机构在接受承购或者承租委托时，应书面告知委托人的事项有（　）。

A. 法律、法规、政策对房地产交易的限制性、禁止性规定

B. 住房贷款的政策及有关规定

C. 经纪业务完成的标准及收费标准

D. 发票的样式和内容

E. 合同的履行期限

77. 房地产经纪服务合同的主要内容包括（　）。

A. 房地产经纪人与委托人的利害关系

B. 房地产经纪事项及服务要求、收费标准

C. 交易物质量、安全状况及责任约定

D. 合同当事人的权利义务

E. 合同履行期限

78. 房地产经纪行业管理的基本原则主要有（　）。

A. 鼓励自由竞争，促进市场活跃

B. 遵循行业规律，实施专业管理

C. 营造良好环境，鼓励行业发展

D. 严格依法办事，强化行业自律

E. 顺应市场经济，维护有序竞争

79. 房地产经纪行业管理的专业性主要体现在（　）。

A. 对房地产经纪活动主体实行专业资质、资格管理

B. 规范房地产经纪收费

C. 对房地产经纪人员的职业风险进行管理

D. 重视房地产经纪管理的地域性

E. 制定房地产经纪职业道德

80. 房地产经纪行业公平性管理的内容包括（　）。

A. 房地产经纪行业竞争与协作的管理

B. 房地产经纪人员的职业风险管理

C. 房地产经纪行业的诚信管理

D. 房地产经纪收费管理

E. 房地产经纪纠纷管理

三、综合分析题（共20小题，每小题2分。每小题的备选答案中有1个或1个以上符合题意，请在答题卡上涂黑其相应的编号。错选不得分；少选且选择正确的，每个选项得0.5分）

（一）

张某为甲合伙制房地产经纪机构（以下称甲机构）的注册房地产经纪人。王某因举家南迁将自己的住房委托甲机构销售。在甲机构授权下，张某与王某签订了房地产经纪服务合同，合同约定甲机构为王某提供订立房地产交易合同的机会和交易媒介服务，王某向甲机构支付佣金。张某接受业务后，便开始进行相关信息的收集和整理工作，通过信息收集迅速找到了合适的潜在购房者田某。经张某撮合，王某和田某在较短的时间内就交易事项达成了共识，并签订了房地产买卖合同。

81. 王某委托甲机构为其销售住房，而不是自己销售的好处为（　）。

A. 缩短交易时间　　B. 降低搜寻成本

C. 保障交易安全　　D. 获得较高售价

82. 甲机构和张某为王某提供的经纪服务属于（　）。

A. 房地产代理　　B. 房地产居间

C. 房地产包销　　D. 房地产经销

83. 张某能够在较短时间内迅速找到合适的潜在买主田某，说明张某具有较好的（　）。

A. 收集信息的技能　　B. 市场分析的技能

C. 议价谈判的技能　　D. 供需搭配的技能

84. 关于甲机构合伙人出资、经营与风险承担的说法，错误的为（　）。

A. 合伙人共同出资

B. 合伙人合伙经营

C. 合伙人共担风险

D. 合伙人原则上以家庭财产对合伙企业承担无限连带责任

85. 根据房地产经纪活动所促成的房地产交易类型来分类，这宗房地产经纪业务属于（　）。

A. 房地产买卖经纪业务

B. 房地产租赁经纪业务

C. 房地产居间业务

D. 房地产代理业务

（二）

甲房地产经纪机构（以下称甲机构）是个人独资的房地产经纪机构。张某和王某为甲机构聘用的房地产经纪人员，张某具有房地产经纪人执业资格，王某具有房地产经纪人协理从业资格。甲机构成立至今已有 5 年时间，5 年中甲机构不仅经营业绩逐年增长，而且形成了自己的品牌。目前正在积极寻找新的发展机遇，有意在机构扩张的同时向房地产开发领域拓展。一天，张某接待了一位客户朱某，朱某委托甲机构代理销售其拥有的一间办公用房，张某在甲机构的授权下与朱某签订了房地产经纪服务合同，并对该办公用房进行了产权调查。

86. 张某与甲机构之间的关系为（　）。

A. 执业关系　　B. 职业关系

C. 法律责任关系　　D. 经济关系

87. 关于甲机构投资人对机构的债务承担责任的说法，正确的为（　）。

A. 在其投资的财产范围内承担无限责任

B. 对机构债务承担有限责任

C. 对机构债务承担无限责任

D. 以其个人财产对机构债务承担责任

88. 甲机构在发展壮大后拟向房地产开发领域拓展的经营战略为（　）。

A. 聚焦战略　　B. 低成本战略

C. 一体化成长战略　　D. 多样化战略

89. 在该办公用房经纪活动中，张某应（　）王某开展有关工作。

A. 领导　　B. 指导

C. 协助　　D. 监督

90. 张某在对该办公用房的产权调查环节应着重关注的问题为（　）。

A. 该办公用房权属的类别和范围

B. 该办公用房的产权是否完整，是否有纠纷，是否有其他权利设定

C. 相邻房屋的物业类型和权属情况

D. 该办公用房产权的登记情况

（三）

张某委托甲房地产经纪机构（以下称甲机构）为其寻找一套房子。经过反复比较，张某最终选择了一套两室一厅的房子，并同甲机构、房屋出售方签订了房地产经纪服务合同。后在甲机构房地产经纪人员李某的协助下，张某与出售方签订了房地产买卖合同，并委托甲机构为该房屋交易办理后续的贷款及产权过户手续。

91. 甲机构和张某的关系是（　）。

A. 民事法律关系　　B. 行政法律关系

C. 行政隶属关系　　D. 劳动关系

92. 张某与出售方签订房地产买卖合同后，如果出售方违约，则（　）。

A. 甲机构可以向出售方追究违约责任

B. 张某可以向出售方追究违约责任

C. 张某应向甲机构追究责任，不能直接向出售方追究责任

D. 甲机构和张某之间只有一方可以向出售方追究违约责任

93. 张某和甲机构、房屋出售方签订的房地产经纪服务合同应为（　）。

A. 房地产买方代理合同

B. 房地产指示居间合同

C. 房地产媒介居间合同

D. 房地产卖方合同

94. 关于甲机构在该笔经纪业务中收费的说法，正确的为（　）。

A. 只能向张某收取佣金

B. 可以向出售方收取佣金

C. 可以分别向张某和出售方收取佣金

D. 仅向张某收取佣金

95. 甲机构代办贷款及产权过户手续，应当（　）。

A. 另行签订合同，但不能收费

B. 另行收费，但无需再签合同

C. 另行签订合同，可以约定另外收费

D. 另行收费，但必须再签居间合同

（四）

廖某委托甲房地产经纪机构（以下称甲机构）寻找房源，并签订了房地产经纪服务合同，后经甲机构介绍，廖某拟购买杨某的一处房产。在相关情况调查中，甲机构发现该房产虽然登记在杨某名下，实际上为杨某与妻子朱某在婚后共同购置。随后廖某与杨某签订了房屋买卖合同，并将定金 2 万元交给杨某，同时委托甲机构为其代办房地产登记。

96. 甲机构对杨某的卖方主体条件确认的谨慎做法为（ ）。

A. 只要杨某个人签字同意出售该房产

D. 要求杨某提供朱某的身份证明文件

C. 只要朱某一人签字同意出售该房产

D. 要求杨某出示朱某同意并签字的出售该房产的书面材料

97. 甲机构在接受杨某的售房委托时，应开展的工作为（ ）。

A. 实地查勘房屋状况

B. 验看杨某的房产证

C. 进行产权调查

D. 帮助杨某修复房屋缺陷

98. 如果杨某违约，廖某交给的定金应（ ）。

A. 由甲机构原额返还

B. 由甲机构双倍返还

C. 由杨某原额返还

D. 由杨某双倍返还

99. 廖某和甲机构签订的房地产经纪服务合同属于（ ）。

A. 房地产买卖经纪服务合同

B. 房地产租赁经纪服务合同

C. 新建商品房经纪服务合同

D. 房地产代理合同

100. 关于甲机构代办房地产登记收费的说法，正确的为（ ）。

A. 不应收取任何费用

B. 可以收取一定的费用

C. 只能收取交通费

D. 只能收取信息费

2010 年《房地产经纪概论》考试试题

一、单项选择题（共 50 题，每题 1 分。每题的备选答案中只有 1 个最符合题意，请在答题卡上涂黑其相应的编号）

1. 下列经济活动中，属于房地产经纪的是（　）。

A. 房地产开发　　B. 房地产测绘

C. 房地产代理　　D. 物业管理

2. 房地产经纪活动存在的原因不包括（　）。

A. 房地产交易需要签订书面合同

B. 房地产具有特殊性

C. 房地产交易具有复杂性

D. 房地产市场具有信息不对称性

3. 关于以注册房地产经纪人名义执业的说法，正确的是（　）。

A. 全国统一资格考试合格后即可执业

B. 通过房地产经纪机构内部培训考核后即可执业

C. 取得房地产经纪人执业资格证书后才可执业

D. 取得房地产经纪人注册证书后才可执业

4. 房地产居间是指房地产经纪人向委托人报告订立房地产交易合同的机会或提供订立房地产交易合同的（　）服务，并收取委托人佣金的行为。

A. 代书　　B. 媒介

C. 咨询　　D. 议价

5. 房地产经纪机构向房地产交易主体宣传相关法律法规，解说交易程序及相关规定，警示不规范行为及后果，其作用是（　）。

A. 促进交易公平　　B. 降低交易成本

C. 规范交易行为　　D. 加速房地产流通

6. 如果房地产经纪人资格注册的起始日期为 2004 年 6 月 1 日，则注册有效期至（　）。

A. 2006 年 5 月 31 日

B. 2007 年 5 月 31 日

C. 2008 年 5 月 31 日

D. 2009 年 5 月 31 日

7. 下列权利中，属于房地产经纪人享有的是（　）。

A. 知悉真实成交价格的权利

B. 以自己的名义收取佣金的权利

C. 以自己的名义承揽业务的权利

D. 要求委托人提供与交易有关的资料的权利

8. 由于房地产经纪活动的专业性和复杂性，房地产经纪人员必须拥有完善的知识结构，这一知识结构的核心是（　）。

A. 文化修养

B. 经济学基础知识

C. 相关法律法规知识

D. 房地产经纪专业知识

9. 房地产经纪人员职业道德的基本内容包括遵纪守法、规范执业、诚实守信、公平竞争和（　）。

A. 灵活机智　　B. 信息公开

C. 热情周到　　D. 尽职尽责

10. 按照企业性质对房地产经纪机构进行分类，其种类不包括（　）。

A. 股份有限公司　　B. 个人独资企业

C. 合伙企业　　D. 个体工商户

11. 房地产经纪机构的义务不包括（　）。

A. 在经营场所公示房地产经纪人员的注册证书

B. 向房地产管理部门或行业组织提出实施专业培训的要求和建议

C. 督促房地产经纪人员认真开展经纪业务

D. 为委托人保守商业秘密

12. 有店铺的房地产经纪机构，其规模化运作的主要方式是（　）。

A. 开设网上店铺　　B. 发展连锁经营

C. 扩大主营业务　　D. 提高管理水平

13. 相比其他组织结构类型，矩阵制组织结构的主要优点是（　）。

A. 有利于加强横向机构内部各职能人员之间的联系

B. 有利于人员精简

C. 有利于高层管理者摆脱日常事务

D. 有利于统一领导

14. 房地产经纪机构选择开设门店的区域时，应优先考虑（　）。

A. 企业目标市场定位

B. 企业财务状况

C. 企业人力资源状况

D. 企业管理现状

15. 房地产经纪机构发挥自身优势，把经纪业务拓展至房地产登记手续代办领域的战略属于（　）。

A. 横向多样化战略　　B. 前向一体化战略

C. 后向一体化战略　　D. 水平一体化战略

16. 房地产经纪机构建立品牌的首要工作是（　）。

A. 建立品牌识别系统

B. 制定企业品牌战略

C. 提升顾客感知价值

D. 制订品牌推广计划

17. 房地产经纪机构是否采取店铺经营，主要取决于其（ ）。

A. 人员规模　　B. 发展阶段

C. 资金实力　　D. 面向的客户类型

18. 兼顾房地产经纪人基本生活保障和激励作用的薪酬支付方式是（ ）。

A. 固定薪金制　　B. 佣金制

C. 混合制　　D. 收益分成制

19. 将房地产经纪业务分为房地产代理业务和房地产居间业务，所依据的分类标准是（ ）。

A. 经纪活动所促成房地产交易的类型

B. 经纪活动的方式

C. 经纪活动所涉及标的房地产的用途

D. 经纪活动所涉及标的房地产的新旧状态

20. 在房地产经纪活动中，判断客户是否有真实委托意愿的依据是（ ）。

A. 客户的口头表述是否诚恳

B. 客户是否带了房产证和身份证

C. 客户是否愿意签订经纪业务委托协议

D. 客户是否询问了一些核心的信息

21. 存量房居间业务和代理业务流程中都有的环节是（ ）。

A. 房源和资源信息的收集发布

B. 代办产权过户手续

C. 办理交易资金监管手续

D. 代办抵押贷款手续

22. 房地产经纪人欲充分了解委托人的意图和要求，把握客户的真实需求，首先需要（ ）。

A. 全面细致地向客户介绍房地产现状

B. 认真观察客户看房的反应

C. 认真倾听客户的陈述

D. 引导客户了解、喜欢房地产经纪人所推荐的房地产

23. 在存量房出售代理业务中，房地产经纪人要充分了解待售房地产的实物状况、权属状况和（ ）。

A. 政策规定　　B. 区位状况

C. 价格状况　　D. 市场状况

24. 房地产说明书应当由（ ）编制、填写。

A. 房地产所有权人

B. 房地产行政管理部门

C. 房地产经纪行业组织

D，房地产经纪人

25. 关于房地产登记手续代办的说法，错误的是（ ）。

A. 房地产登记手续代办是居间服务应有的服务内容

B. 房地产经纪机构可以多笔业务集中代办，具有成本优势

C. 房地产登记手续代办可以收取报酬

D. 房地产登记手续代办可以节约委托人的时间和精力

26. 在房地产抵押贷款手续代办业务中，房地产经纪机构不宜提供（ ）的服务。

A. 贷款政策咨询　　B. 协助准备贷款资料

C. 贷款申请资料代交　　D. 贷款审批担保

27. 关于房地产经纪合同条款分类的说法，错误的是（ ）。

A. 根据合同条款所起的作用，可分为主要条款和普通条款

B. 根据合同条款的内容，可分为解决争议条款和程序条款

C. 根据合同条款的表现形式，可分为明示条款和默示条款

D. 根据合同条款的责任内容，可分为有责条款和无责条款

28. 房地产经纪合同约定的是房地产经纪机构与（ ）之间的权利义务关系。

A. 交易一方　　B. 交易双方

C. 交易当事人　　D. 委托人

29. 房地产经纪合同中应当有（ ）签名。

A. 执行该业务的房地产经纪人

B. 房地产经纪人协理

C. 房地产交易双方

D. 房地产经纪机构的法务人员

30. 关于房地产经纪合同默示条款的说法，正确的是（ ）。

A. 默示条款是合同的主要条款

B. 默示条款一般是合同的程序条款

C. 明示条款以默示条款的存在为前提

D. 明示条款和默示条款发生矛盾时，以明示条款为准

31. 房地产居间合同中，房地产经纪机构一般不承担（ ）的服务。

A. 如实报告交易机会

B. 尽力提供说合服务

C. 为委托人保守秘密

D. 代收、代管房款

32. 在存量房买方代理合同中，应当约定的内容是（ ）。

A. 带领客户看房的次数

B. 提供的备选房源数量

C. 向买方报告交易机会的次数

D. 对代购房地产的估价服务

33. 下列房地产经纪合同条款中，容易引发纠纷的是（ ）。

A. 房地产经纪机构承诺不吃差价

B. 代理销售的房屋卖不出去，房地产经纪机构承诺购买

C. 房屋权属信息的真实性由卖方负责

D. 房屋登记手续可由房地产经纪机构代办并额外收费

34. 减少合同纠纷的措施不包括（ ）。

A. 采用房地产经纪合同示范文本

B. 求同存异，回避有争议的条款

C. 由法律人士对合同内容进行审核

D. 采用书面合同形式

35. 房地产经纪人在房地产经纪信息加工整理的过程中，通过对信息的（ ），产生具有深度和新价值的信息并提高自身的判断、思考能力。

A. 筛选　　B. 鉴别

C. 研究　　D. 编辑

36. 房地产经纪信息的价值不因为使用者的增加而减少，这说明房地产经纪信息具有（ ）。

A. 多效性　　B. 共享性

C. 时效性　　D. 积累性

37. 对房地产经纪信息筛选的目的是（ ）。

A. 删除无用的信息

B. 增加信息的数量

C. 增强信息的可信度

D. 将信息整理归类

38. MLS 系统运行的基础是（ ）。

A. 独家代理制度　　B. 业必归会制度

C. 参与代理制度　　D. 共同代理制度

39. 房地产经纪执业规范的适用对象是（ ）。

A. 房地产经纪行业自律组织

B. 房地产经纪行业主管部门

C. 房地产经纪机构和房地产经纪人员

D. 房地产经纪业务委托人

40. 目前唯一全国性的房地产经纪执业规范，是中国房地产估价师与房地产经纪人学会于 2006 年 10 月 31 日发布的（ ）。

A.《房地产经纪行业规则》

B.《房地产中介服务行为规范》

C.《房地产经纪执业规则》

D.《房地产中介行业自律规则》

41. 关于房地产广告发布的说法，错误的是（ ）。

A. 房地产经纪机构发布新建商品房项目广告应当提供开发商的委托证明

B. 房地产经纪机构发布房源广告之前，应当核验委托人提供的房地产权属证明

C. 房地产经纪机构为得到客源信息，可以发布虚构的房源广告

D. 房地产经纪机构不得发布含有风水、占卜等封建迷信内容的广告

42. 在接受房地产出售业务委托时，房地产经纪人应当书面告知委托人（ ）。

A. 房地产抵押贷款流程

B. 房地产估价流程

C. 房地产交易流程

D. 房地产登记流程

43. 房地产经纪机构转让经纪业务需要经过（ ）。

A. 房地产行政主管部门批准

B. 原委托人书面同意

C. 房地产经纪行业自律组织批准

D. 工商行政主管部门批准

44. 房地产经纪机构未完成房地产居间服务合同约定的事项，或者服务未达到房地产经纪服务合同约定标准，则（ ）。

A. 可以全额收取报酬

B. 可以部分收取报酬

C. 不得收取报酬

D. 可以与委托人协商报酬

45. 因房地产经纪人员或其所在房地产经纪机构的故意或过失，给当事人造成损失的，赔偿责任（ ）。

A. 均由房地产经纪人员承担

B. 可由房地产经纪人员承担

C. 可由房地产经纪机构承担

D. 均由房地产经纪机构承担

46. 房地产经纪信用档案的涵盖范围不包括（ ）。

A. 房地产经纪人

B. 房地产经纪人协理

C. 私下成交的房地产交易双方

D. 房地产经纪机构

47. 目前我国香港地区房地产经纪行业管理主要采取的模式是（　）。

A. 行业自治模式

B. 行政主管模式

C. 计划审批模式

D. 行政与行业自律并行管理模式

48. 在美国，由房地产经纪人协会主导建立的（　）制度，在客观上促使房源信息在全美范围内得以共享。

A. 联合销售　　B. 参与代理

C. 独家销售　　D. 报底价销售

49. 房地产经纪收费管理属于房地产经纪行业的（　）。

A. 专业性管理　　B. 规范性管理

C. 公平性管理　　D. 服务性管理

50. 房地产经纪行业自律组织可以（　）。

A. 履行行政管理的职责

B. 经政府授权行使行业行政管理的职责

C. 制定对所有房地产市场主体都有约束力的章程

D. 在行业内立法

二、多项选择题（共30题，每题2分。每题的备选答案中有2个或2个以上符合题意，请在答题卡上涂黑其相应的编号。错选不得分；少选且选择正确的，每个选项得0.5分）

51. 关于佣金的说法，正确的有（　）。

A. 法定佣金具有强制性

B. 佣金的支付时间由经纪机构与委托人自行约定

C. 自由佣金要以经纪合同为依据，支付给具体经办业务的经纪人员

D. 经纪机构收取佣金应当开具发票

E. 佣金在本质上就是信息费

52. 房地产居间与房地产代理的主要区别在于（　）。

A. 法律性质不同

B. 服务方式不同

C. 房地产经纪人承担的义务不同

D. 房地产经纪人执业所需要的条件不同

E. 房地产经纪人同交易标的之间的关系不同

53. 房地产中介服务包括（　）。

A. 房地产经纪

B. 房地产咨询

C. 物业管理

D. 房地产投资开发

E. 房地产估价

54. 房地产经纪人享有，而房地产经纪人协理不享有的权利有（　）。

A. 独立办理经纪业务并获得合理报酬

B. 加入房地产经纪机构并承担关键岗位工作

C. 以自己的名义与客户订立房地产经纪合同

D. 在全国范围内注册执业

E. 同时在两个以上房地产经纪机构执业

55. 申请房地产经纪人资格注册必须具备的条件有（　）。

A. 取得房地产经纪人执业资格证书

B. 年龄在22岁以上

C. 从业5年以上

D. 身体健康，能坚持在注册房地产经纪人岗位上工作

E. 经所在房地产经纪机构考核合格

56. 房地产经纪人员的义务有（　）。

A. 为委托人保守商业秘密

B. 遵守行业管理规定

C. 同时代表交易双方的利益

D. 向委托人披露相关信息

E. 不得进行不正当竞争

57. 房地产经纪机构注销时，对尚未完成的房地产经纪业务可以采取的处理方式有（　）。

A. 告知委托人因机构注销，经纪合同自动终止，双方互不承担责任

B. 终止合同并赔偿损失

C. 由委托人自行处理，收取部分佣金

D. 经委托人同意，将业务转由其他房地产经纪机构代为完成

E. 在符合法律规定的前提下，与委托人约定处理方式

58. 关于房地产经纪机构的分支机构的说法，正确的有（　）。

A. 分支机构可以独立进行经济核算

B. 房地产经纪机构对其分支机构解散后尚未清偿的全部债务承担责任

C. 分支机构可以开展房地产经纪业务

D. 房地产经纪机构在我国境内设立的分支机构不具有法人资格

E. 分支机构可以与聘用的房地产经纪人签订劳

动合同

59. 与其他组织结构形式相比，“直线—参谋制”组织结构的主要缺点有（ ）。

A. 高度集权会带来决策迟缓

B. 会出现多头领导

C. 职能部门重叠，管理人员增多

D. 只有高层领导对组织目标的实现负责

E. 职能机构和人员相互间的沟通协调性差

60. 房地产经纪门店选址的原则包括（ ）。

A. 要同有良好商业配套的居住区毗邻

B. 保证充足的房源和客源

C. 保证良好的展示性

D. 保证顺畅的交通和可达性

E. 确保可持续性经营

61. 房地产经纪机构财务管理的内容主要包括（ ）。

A. 佣金标准的制定

B. 经营预算

C. 应收佣金的追索

D. 财务资源组织

E. 账务管理

62. 房地产经纪机构制定薪酬制度的原则有（ ）。

A. 底薪与奖金分离

B. 简明扼要，易于执行

C. 公平合理兼顾激励

D. 适时动态调整

E. 按需分配

63. 房地产经纪门店选址区域调查的内容包括（ ）。

A. 目标区域的房源情况

B. 目标区域的客源情况

C. 目标区域的竞争对手情况

D. 目标区域的房价情况

E. 目标区域的市政配套设施情况

64. 在存量房经纪业务中，“协助交易达成”环节的主要工作包括（ ）。

A. 现场看房　　B. 收集价格信息

C. 协调交易价格　　D. 促成交易

E. 协助或代理客户签订交易合同

65. 在新建商品房销售代理中，房地产经纪机构应准备的销售资料包括（ ）。

A. 商品房预售许可证

B. 商品房买卖合同文本

C. 楼书

D. 施工许可证

E. 开盘广告

66. 关于房地产登记信息查询的说法，正确的有（ ）。

A. 房地产经纪人可以通过查询登记信息调查受托房屋的权属情况

B. 查询登记信息发生的费用应由经纪业务委托人承担

C. 房地产登记机构应当为房地产经纪人提供权属信息查询服务

D. 所有经纪业务都应当查询房地产登记信息

E. 委托人出具房屋所有权证，房地产经纪人就无须再查询房屋登记信息

67. 下列房地产登记中，可委托房地产经纪机构代办登记手续的有（ ）。

A. 房地产所有权转移登记

B. 房地产抵押登记

C. 房地产预售登记

D. 房屋租赁备案登记

E. 小产权房转移登记

68. 房地产经纪人在为购房者提供个人住房贷款代办服务时，一般需要协助购房者制定合理的贷款方案，贷款方案的主要组成要素有（ ）。

A. 贷款成数　　B. 贷款金额

C. 贷款期限　　D. 贷款担保方式

E. 贷款偿还方式

69. 关于房地产经纪合同的说法，正确的有（ ）。

A. 合同标的是劳务服务

B. 合同是有偿合同

C. 合同当事人取得权利必须要支付相应的代价

D. 合同经备案才生效

E. 合同一般要采用书面形式

70. 在代理合同中，房地产经纪机构一般承担（ ）的义务。

A. 按照指示处理事务

B. 安排经纪合同中签名的房地产经纪人员处理事务

C. 向被代理人报告事务处理情况

D. 将处理事务收益交付被代理人

E. 支付处理事务所发生的费用

71. 在新建商品房销售代理合同中，由于约定的销售价格越高，销售难度就越大，为了避免可能出现的纠纷，合适的做法有（ ）。

A. 在合同中约定提供交易机会的次数

B. 在合同中约定房地产交易价格的范围

C. 在合同中约定销售的时间和进度

D. 在合同中约定不同价格和销售进度下的佣金计算标准

E. 在合同中约定如果售价高出某个基准，房地产经纪人员可以进行分成

72. 获取房地产经纪信息的间接渠道有（　）。

A. 电话接听　B. 媒体广告

C. 网络信息　D. 熟人推介

E. 门店接待

73. 关于房地产经纪信息整理的说法，正确的有（　）。

A. 鉴别是为了保证信息的真实性、可信性

B. 筛选就是对房地产信息的可信性进行分析

C. 整序就是将杂乱无序的房地产经纪信息按一定标准整理归类

D. 编辑是对信息数据进行分析和判断

E. 研究是对房地产经纪信息的高层次分析

74. 房地产经纪活动自愿原则的内涵有（　）。

A. 房地产经纪机构有权按照自己的真实意愿聘请房地产经纪人员

B. 房地产经纪机构有权按照自己的真实意愿独立选择房地产经纪服务对象

C. 房地产经纪委托人有权按照自己的真实意愿独立选择房地产经纪机构

D. 房地产经纪活动当事人行使独立选择权的同时，应尊重社会公共利益

E. 房地产经纪活动当事人对自己的真实意思负责，自愿作出的承诺具有法律效力

75. 在房地产经纪活动中，公平原则主要体现在（　）。

A. 房地产经纪机构获得经纪业务的机会平等

B. 房地产经纪机构与委托人的权利义务对等

C. 房地产经纪活动当事人的法律地位平等

D. 房地产经纪活动当事人的民事责任平等

E. 房地产经纪活动当事人对自己的行为负责

76. 房地产经纪执业规范的"回避原则"意味着（　）。

A. 房地产经纪机构不能既提供经纪服务又直接参与房地产交易

B. 房地产经纪人员不能既提供经纪服务又直接参与房地产交易

C. 与房地产交易有利害关系的房地产经纪人员不得承办经纪业务

D. 在任何情况下，房地产经纪机构和人员均不能充当房地产的卖方和买方

E. 房地产经纪人员在参与房地产交易时，应当向交易相对人明示自己的身份

77. 为使客户选择房地产经纪机构时，对房地产经纪机构的资质及实力有所了解，房地产经纪机构应当在其经营场所公示（　）。

A. 房地产管理部门颁发的备案证明

B. 房地产经纪行业组织颁发的会员证书

C. 房地产经纪机构品牌标识

D. 房地产经纪机构财务收支状况

E. 服务收费标准及收费方式

78. 我国现行房地产经纪行业管理的主要内容有（　）。

A. 房地产经纪人员资格管理

B. 房地产经纪投诉处理

C. 房地产经纪收费管理

D. 房地产经纪行业信用管理

E. 房地产市场管理

79. 为了规避房地产经纪纠纷，房地产经纪行业管理部门可采取的手段有（　）。

A. 制定房地产经纪合同示范文本

B. 制定房地产经纪服务标准，明确服务要求和内容

C. 加强对房地产经纪合同的监督管理

D. 推行房地产经纪机构备案制度

E. 对已出现的纠纷进行调解处理

80. 房地产经纪行业组织的职责有（　）。

A. 维护房地产经纪人员的合法权益

B. 拟订并推行房地产经纪执业标准

C. 组织房地产经纪人员进行业务培训

D. 组织开展房地产经纪理论研究

E. 开展房地产经纪业务活动

三、综合分析题（共20小题，每小题2分。每小题的备选答案中有1个或1个以上符合题意，请在答题卡上涂黑其相应的编号。错选不得分；少选且选择正确的，每个选项得0.5分）

（一）

房地产经纪人张某、李某共同发起设立了一家合伙制房地产经纪机构（以下简称甲机构），办理了备案手续，并聘用房地产经纪人协理田某作为机构负责人。赵某来到甲机构的门店，想把自己的房子以3 000元/月的价格出租；田某向赵某提出，如果

按3 000元/月的价格租出房子后，赵某需支付700元作为个人奖励，赵某同意了田某的要求。田某代表甲机构同赵某签订了居间合同。一个星期后，田某把赵某的房子以3 000元/月的价格租给了钱某，赵某与钱某签订了房屋租赁合同，为此赵某向田某支付了700元奖励费。然而，租赁合同签订后的第三天，黄某来到甲机构，告诉田某他才是这个房子的所有者，要求撤销该租赁合同。

81. 甲机构在领取工商营业执照后的30日内，到登记机构所在地房地产行政管理部门备案时，需提交的材料包括（ ）。

A. 营业执照

B. 机构设立的可行性分析报告

C. 经营计划

D. 注册房地产经纪人员情况

82. 关于田某这一经纪行为的说法，正确的有（ ）。

A. 田某在这一经纪业务的过程中，没有做好房地产权属调查

B. 即使钱某没有提出看房，田某也应带领其看房

C. 如果经纪合同中没有要求甲机构查验租赁房屋的产权状况，则田某和甲机构均没有责任

D. 如果赵某不是该房屋的所有权人，则田某协助达成的房屋租赁合同肯定为无效合同

83. 关于田某收取奖励费行为的说法，正确的有（ ）。

A. 田某向赵某收取700元作为奖励费是合理的

B. 应由甲机构向赵某收取700元奖励费

C. 田某应将700元交给甲机构，由甲机构决定田某可以获得多少奖励

D. 田某不应收取700元奖励费

84. 赵某同甲机构所签订的合同属于（ ）。

A. 新建商品房经纪合同

B. 房地产租赁经纪合同

C. 房地产租赁代理合同

D. 房屋租赁合同

85. 关于甲机构和田某关系的说法，正确的为（ ）。

A. 甲机构聘用田某作为负责人是合适的

B. 甲机构应当承担田某代其同赵某签订经纪合同的相关责任

C. 田某对甲机构的债务承担有限责任

D. 田某对甲机构的债务承担无限连带责任

（二）

张某是甲房地产经纪机构（以下简称甲机构）的房地产经纪人，某日在互联网上看到王某出售本市一套三居室住房的信息，标价115万元，他随即打电话咨询相关情况，并告之自己是甲机构经纪人，可以帮王某找买家。房主王某在电话中应允张某可以为其代找买家。次日，张某便约自己的买房客户李某一起去看房，并向李某报价125万元，还交待李某不要当场与房主谈价格，否则房主会认为他看中该房而不肯降价。看房之后，李某对该房十分满意。经过讨价还价，最后李某以118万元的价格与甲机构签了房屋承购委托协议，按甲机构规定交了2万元定金并预付了1%的佣金，委托代理协议还约定，交易达成后李某再支付房屋总价1%的佣金及4 000元抵押贷款手续代办费。随后张某个人又以115万元的价格与王某签订房屋出售委托协议书，约定佣金为成交价的1%，并声称买方不愿出面，让王某在房屋买卖合同的卖方处签字，单方签订房屋买卖合同。随后张某将2万元定金转交给王某。

86. 张某与甲机构的关系有（ ）。

A. 执业关系　　B. 法律责任关系

C. 经济关系　　D. 行政关系

87. 关于甲机构、张某、王某、李某关系的说法，正确的为（ ）。

A. 张某是王某的代理人

B. 张某是李某的代理人

C. 张某是居间方，不是任何一方的代理人

D. 甲机构是李某的代理人

88. 如果李某以此房屋做抵押，办理个人住房贷款，他有可能采取的贷款方式为（ ）。

A. 公积金贷款　　B. 商业贷款

C. 个人住房组合贷款　　D. 质押贷款

89. 关于经纪服务费用收取的说法，正确的为（ ）。

A. 甲机构不应该要求李某预付佣金

B. 甲机构不应该向李某收取抵押贷款手续代办费

C. 甲机构不应该向李某收取佣金

D. 张某不应该向王某收取佣金

90. 关于张某赚取差价的说法，正确的为（ ）。

A. 张某应当将3万元差价退还给李某

B. 张某应当将3万元差价退还给王某

C. 张某利用买卖双方信息不对称，不仅收了法定佣金，还多为公司赚了3万元的利润，是个优秀的

经纪人

D. 张某利用买卖双方信息不对称赚取差价的行为不符合房地产经纪职业道德

（三）

甲房地产经纪机构（以下简称甲机构）接受客户杨某委托，代购一套办公用房。甲机构指派经纪人王某负责此项业务。合同约定：对办公房出售者所提供的证件，甲机构和王某本人不负责鉴别真伪；代理成功后，甲机构按成交价格的2%收取佣金，若代理不成功，甲机构只收取费用500元。王某通过乙房地产经纪机构（以下简称乙机构）寻找到了张某的房源，并与乙机构签订了房屋买卖合同，将张某所拥有的办公用房以100万元卖给杨某。王某将房款中的90万元付给张某，余下10万元中2万元作为甲机构的佣金，8万元归乙机构。在房屋过户过程中，甲机构发现该办公用房原来已由张某办理了抵押登记，担保了张某一笔50万元的贷款。因此杨某和甲机构、张某产生纠纷。

91. 甲机构应该收取的佣金为（ ）。

A. 1.8万元　　B. 2万元

C. 1.85万元　　D. 2.05万元

92. 乙机构获得8万元的行为违反了（ ）。

A. 《民法通则》

B. 房地产中介服务收费相关规定

C. 房地产经纪执业规范

D. 《城市房地产管理法》

93. 关于"若代理不成功，甲机构只收取费用500元"的说法，正确的为（ ）。

A. 500元是甲机构的部分佣金

B. 500元是甲机构支出的必要费用

C. 500元是王某的辛苦费

D. 500元是王某的业务提成

94. 在该办公用房交易过程中，买卖合同主体有（ ）。

A. 甲机构　　B. 乙机构

C. 张某　　D. 杨某

95. 由于产权瑕疵引起的纠纷，其民事责任应该由（ ）承担。

A. 甲机构　　B. 给张某贷款的银行

C. 张某　　D. 王某

（四）

张某为甲房地产经纪机构（简称甲机构）的注册房地产经纪人。王某因要出国欲将自己的住房委托甲机构尽快销售。在甲机构授权下，张某与王某签订了房地产经纪合同，合同约定甲机构为王某提供订立房地产交易合同的机会，王某向甲机构支付佣金。张某接受业务后，便开始了相关信息的收集和整理工作，通过信息收集迅速发现了合适的潜在购房者田某，王某和田某沟通后，在较短的时间内双方就交易事项达成了共识。王某和田某随后签订了房地产买卖合同，田某接着委托甲机构为其代办了房地产产权登记手续。

96. 根据经纪合同内容推断，张某和王某之间所订立的合同应为（ ）。

A. 房地产代理合同

B. 房地产居间合同

C. 商品房销售合同

D. 房地产代销合同

97. 张某受理了委托业务后，主要应收集的信息为（ ）。

A. 王某家属的相关信息

B. 附近其他经纪公司经营状况的信息

C. 王某委托出售住房的信息

D. 与王某委托出售住房相关的市场信息

98. 张某在短时间内通过信息收集找到了合适的买家，说明张某具有较好的（ ）。

A. 议价谈判的技能　　B. 人际沟通的技能

C. 收集信息的技能　　D. 供需搭配的技能

99. 甲机构为田某代办房地产产权登记手续属于（ ）。

A. 居间服务项目

B. 居间的后续服务项目

C. 代理服务项目

D. 咨询服务项目

100. 甲机构为田某代办房地产产权登记手续时，应当向登记机构提交（ ）。

A. 当事人身份证明　　B. 委托书

C. 购房人缴费计算表　　D. 房地产买卖合同

第四部分

参考答案及解析

各章练习题答案及解析

第一章

一、单项选择题

1.【答案】B

2.【答案】A

【解析】房地产权益是指房地产中无形的、不可触摸的部分，是基于房地产实物而衍生出来的权利、利益和收益。

3.【答案】D

4.【答案】B

5.【答案】C

6.【答案】B

7.【答案】C

【解析】目前，建设用地使用权出让的最高年限，居住用地为70年，工业用地为50年，教育、科技、文化、卫生、体育用地为50年，商业、旅游、娱乐用地为40年，综合或者其他用地为50年。

8.【答案】D

9.【答案】C

【解析】毛地是指具有一定的城市基础设施，有地上物（如房屋、围墙、电线杆、树木等）需要拆除或迁移但尚未拆除或迁移的土地。

10.【答案】A

11.【答案】B

【解析】土地与建筑物的综合体，可分为土地与已建造完成的建筑物的综合体即现房和土地，与尚未建造完成的建筑物的综合体即在建工程或房地产开发项目。

12.【答案】D

13.【答案】A

14.【答案】B

【解析】市场 = 人口 + 购买能力 + 购买动机

这个公式说明，人口、购买能力和购买动机三个因素，缺少任何一个都不能构成市场。

15.【答案】D

16.【答案】C

17.【答案】A

18.【答案】C

19.【答案】A

20.【答案】B

二、多项选择题

1.【答案】BCDE

2.【答案】BCDE

【解析】不能移动的财产，像土地、房屋及附着于土地、房屋上不可分离的部分（如树木和安装在房屋中的给水、排水、采暖、电梯等设备），属于不动产。

3.【答案】ABDE

4.【答案】AE

5.【答案】ABCD

【解析】体育和娱乐房地产：是指供人健身、消遣使用的房地产，包括体育场馆、保龄球馆、高尔夫球场、滑雪场、影剧院、游乐场、娱乐城、康乐中心等。

6.【答案】BCE

7.【答案】ABDE

【解析】非收益性房地产是指不能直接产生经济收益的房地产，如未开发的土地、行政办公楼、教堂、寺庙等。

8.【答案】ACE

9.【答案】BCE

10.【答案】BCD

11.【答案】BE

12.【答案】BDE

【解析】按照房地产流转次数，房地产市场可分为房地产一级市场、房地产二级市场和房地产三级市场。

13.【答案】BDE

14.【答案】ADE

15.【答案】ACD

16.【答案】BD

17. 【答案】ACDE

18. 【答案】ABC

19. 【答案】ABE

20. 【答案】ABCE

三、综合分析题

1. 【答案】B

【解析】因为经纪人李某为了隐瞒这笔业务，便用偷盖了甲房地产经纪机构印章的空白合同与谭某订立了委托合同，因此合同不是谭某和甲房地产经纪机构签的，所以无效。

2. 【答案】D

【解析】经纪服务收费应该是在房地产成交的基础上收取，同时要按照经纪合同上的标准进行佣金的收取。

3. 【答案】D

4. 【答案】C

5. 【答案】B

第二章

一、单项选择题

1. 【答案】C

2. 【答案】D

【解析】房地产经纪是一种市场化的有偿服务，房地产经纪机构可以依据有关法律法规和房地产经纪服务合同，向房地产经纪服务的委托人收取房地产经纪服务费（包括佣金和其他服务的服务费）。

3. 【答案】C

4. 【答案】D

5. 【答案】D

【解析】目前在中国，居间仍是一种主要的经纪活动方式。

6. 【答案】B

7. 【答案】B

【解析】房地产代理是指房地产经纪机构及人员以委托人的名义，在委托协议约定的范围内，代表委托人与第三人进行房地产交易，并向委托人收取佣金的经纪行为。

8. 【答案】A

9. 【答案】B

10. 【答案】A

11. 【答案】A

12. 【答案】B

13. 【答案】D

14. 【答案】A

【解析】取得全国房地产经纪人执业资格的人员队伍也空前庞大，到2014年5月底，全国共有52 071人取得了中华人民共和国房地产经纪人资格证书。

15. 【答案】B

16. 【答案】A

17. 【答案】B

18. 【答案】B

19. 【答案】B

20. 【答案】D

【解析】房地产业发展的内在规律，决定了房地产经纪业将随着房地产业的发展而在房地产业占据越来越重要的位置。

二、多项选择题

1. 【答案】BDE

【解析】经纪服务最主要的方式有居间、代理、行纪三种。

2. 【答案】BD

3. 【答案】ABC

4. 【答案】ABD

5. 【答案】DE

6. 【答案】CE

7. 【答案】CD

【解析】居间可分为指示居间和媒介居间，指示居间即居间人向委托人报告订约的机会，媒介居间则是居间人根据委托人的要求将交易目的相近或相符的双方委托人以媒妁方式促成交易的行为。

8. 【答案】ABCD

9. 【答案】BD

【解析】根据委托人在房地产交易中的角色——买方（包括承租方）或卖方（包括出租方），房地产代理实质上可分为买方代理和卖方代理。

10. 【答案】BCE

11. 【答案】DE

12. 【答案】BCDE

13. 【答案】ABCD

14. 【答案】BE

15. 【答案】ABD

16. 【答案】ABCD

17. 【答案】BDE

18. 【答案】BCD

19. 【答案】ABC

20.【答案】ABCD

三、综合分析题

1.【答案】A

【解析】甲在合同期限内未将房屋卖出，李某也未与甲办理继续委托手续，所以属于无权代理。

2.【答案】C

【解析】代理是指经纪人在受托权限内，以委托人的名义与第三方进行交易，并由委托人承担相应法律责任的经济行为。

3.【答案】D

4.【答案】A

5.【答案】BCD

第三章

一、单项选择题

1.【答案】C

2.【答案】D

【解析】2004 年 12 月 10 日，经审查，全国首批 6 734名房地产经纪人获准初始注册。截至 2012 年 5 月份，共有 24 344 名房地产经纪人获准注册，取得地产经纪人注册证书。

3.【答案】A

4.【答案】B

5.【答案】D

【解析】取得房地产经纪人执业资格后首次注册和房地产经纪人注册被注销后重新注册，应当申请初始注册；注册有效期届满需要继续执业的，应当于注册有效期届满前 90 日内申请延续注册。

6.【答案】B

7.【答案】C

8.【答案】B

9.【答案】A

【解析】市场分析技能是指经纪人根据所掌握的信息，采用一定的方法对其进行分析，进而对市场供给、需求、价格的现状及变化趋势进行判断。对信息的分析方法包括：简单统计分析（根据已有的数据信息计算某些数据指标，如平均单价、收益倍数等）、比较分析（不同地区或不同类别房源的比较、同类房源在不同时间段上的比较等），因果关系分析等。

10.【答案】B

11.【答案】D

12.【答案】A

13.【答案】C

14.【答案】B

15.【答案】C

16.【答案】D

17.【答案】B

18.【答案】C

19.【答案】B

20.【答案】A

二、多项选择题

1.【答案】AD

【解析】设立房地产经纪人员职业资格的两级认证制度是国际通行做法。例如，美国把房地产经纪人员分为房地产经纪人和房地产销售员。

2.【答案】CE

3.【答案】AE

【解析】房地产经纪人资格考试的组织实施部门是住房和城乡建设部、人力资源和社会保障部。

4.【答案】ACE

5.【答案】BC

6.【答案】AB

7.【答案】BC

【解析】我国对房地产经纪人员实行职业资格注册制度。房地产经纪人员职业资格注册包括房地产经纪人注册和房地产经纪人协理注册。

8.【答案】BDE

9.【答案】ACDE

10.【答案】ABC

11.【答案】DE

12.【答案】ADE

13.【答案】ABD

14.【答案】ABE

15.【答案】ABCE

16.【答案】ABCD

17.【答案】ABDE

18.【答案】BCD

19.【答案】BDE

20.【答案】CDE

三、综合分析题

1.【答案】ABC

【解析】符合下列条件的人员，可以申请房地产经纪人注册：①取得房地产经纪人执业资格；②受聘于在直辖市、市、县人民政府建设（房地产）主管部门备案的房地产经纪机构（含分支机构）；③达到全国注册部门规定的继续教育合格标准（自取得房地产经纪人执业资格之日起3年内申请注册的除外）；④无规定不予注册的情形。

2.【答案】BC

3.【答案】ACD

4.【答案】C

【解析】敢想、敢干不属于房地产经纪人员心理素质要求。

5.【答案】B

【解析】有下列情形之一的，由全国注册部门注销房地产经纪人注册：①注册房地产经纪人受到刑事处罚；②注册房地产经纪人因在房地产经纪活动或者相关业务中受到行政处罚；③以欺骗、贿赂等不正当手段获准的注册或者不符合注册条件的注册被撤销；④注册证书失效，并提出注册注销申请；⑤法律法规规定对注册应当予以注销的其他情形。

第四章

一、单项选择题

1.【答案】C

2.【答案】B

3.【答案】D

【解析】分支机构应当以设立该分支机构的房地产经纪机构名义承揽业务。

4.【答案】B

5.【答案】B

6.【答案】B

【解析】房地产经纪机构是企业性质的中介服务机构

7.【答案】D

8.【答案】C

9.【答案】C

10.【答案】A

【解析】房地产经纪机构在领取工商营业执照后的30日内，应当持营业执照、企业章程、注册房地产经纪人员情况等书面材料到登记机构所在直辖市、市、县人民政府建设（房地产）主管部门或其委托的机构备案，领取备案证明文件。

11.【答案】D

12.【答案】C

13.【答案】B

14.【答案】A

15.【答案】B

【解析】此外，随着计算机网络技术的发展，房地产经纪行业内还出现了一种新的经营模式——由一家房地产专业网站联合众多中小房地产经纪机构乃至大型房地产经纪机构而组成的网上联盟经营模式，这是另一种形式的混合经营模式。

16.【答案】A

17.【答案】A

18.【答案】D

19.【答案】A

20.【答案】C

二、多项选择题

1.【答案】ABE

2.【答案】BD

【解析】房地产经纪机构主要依靠人力资源和信息资源进行运作，经营效益更多地取决于企业治理制度、内部管理、人员培训、企业文化等“软”实力。

3.【答案】DE

4.【答案】ABC

5.【答案】CD

6.【答案】ABDE

【解析】合伙人可以用货币、实物、土地使用权、知识产权或者其他财产权利出资；上述出资应当是合伙人的合法财产及财产权利。

7.【答案】CDE

8.【答案】ACE

9.【答案】ABC

10.【答案】BCDE

11.【答案】BCDE

【解析】房地产经纪机构的经营模式与房地产经纪机构自身的业务类型、企业规模、企业地位以及当地的社会、经济状况有密切关系。

12.【答案】AE

13.【答案】BCE

14.【答案】BCD

15.【答案】BCDE

16.【答案】ACDE

17.【答案】BE

18.【答案】AB

19.【答案】BDE

20.【答案】ACDE

三、综合分析题

1.【答案】B

【解析】符合分部制组织结构的基本特点。

2.【答案】ACD

3.【答案】BCD

【解析】分部制组织结构形式的缺点为：①职能部门重叠，管理人员增多，费用开支大；②如分权不当，易导致各分部闹独立，损害组织整体目标和利益；③各分部之间的横向联系和协调较难。

4.【答案】D

5.【答案】A

第五章

一、单项选择题

1.【答案】B

2.【答案】C

3.【答案】C

4.【答案】D

5.【答案】A

6.【答案】C

7.【答案】C

8.【答案】D

9.【答案】C

10.【答案】D

11.【答案】A

12.【答案】C

13.【答案】C

14.【答案】A

15.【答案】B

【解析】编辑就是对整序后的信息进行具体的文字整理过程，是整个加工整理过程中最关键的工作。

16.【答案】A

17.【答案】B

18.【答案】D

19.【答案】D

20.【答案】D

二、多项选择题

1.【答案】ABCD

【解析】一个好的战略目标通常具有四个特征：时限性、确定性、综合性和现实性。

2.【答案】ABD

3.【答案】BCD

4.【答案】CDE

5.【答案】CDE

6.【答案】ABCD

7.【答案】BC

8.【答案】CDE

9.【答案】CDE

【解析】客户分析子系统可以提供和输出客户表单管理、营销表单管理、客户资料管理、营销服务质量分析以及客户行为分析等的分析结果。

10.【答案】BCDE

11.【答案】BC

12.【答案】BD

13.【答案】CDE

14.【答案】ABCE

【解析】房地产经纪信息加工整理的程序通常包括鉴别、筛选、整序、编辑和研究这五个环节。

15.【答案】CDE

16.【答案】ADE

17.【答案】ABE

【解析】协同概念包含四个方面的含义：人的协同、信息协同、应用协同和流程协同，其中，人的协同是核心内容。

18.【答案】ACDE

19.【答案】CDE

20.【答案】CDE

【解析】房地产经纪机构的风险管理主要通过风险识别、风险估计、风险驾驭、风险监控等一系列活动来规避和防范风险。

三、综合分析题

1.【答案】B

【解析】房地产经纪人员可以为客户提供价格评估的参考意见，但不能收取相关的评估费用。

2.【答案】A

【解析】房地产经纪人员在为委托人提供价格咨询服务时，所提供的评估价格是一个价格区间。

3.【答案】B

【解析】房地产价格咨询不属于房地产估价师鉴证性估价，但必须坚持公正性原则。

4.【答案】BD

5.【答案】ABC

第六章

一、单项选择题

1.【答案】B

2.【答案】B

3.【答案】A

4.【答案】B

5.【答案】A

6.【答案】A

7.【答案】D

【解析】方位是指门店正门的朝向。门店正门的朝向会影响到门店的日照程度、时间和受风情况，从而在一定程度上影响客流量。通常门店正门朝南为佳。

8.【答案】B

9.【答案】A

10.【答案】A

【解析】对于发达城市，由于门店租金较高，为了充分提高门店资源的利用率，降低单位佣金收入的门店租金成本，可分两班（或以上）配置经纪人员，规模可以15~20人。

11.【答案】C

12.【答案】D

13.【答案】A

14.【答案】D

15.【答案】A

【解析】售楼处的功能，直接影响售楼处的面积大小、选址要求、视觉形象等。

16.【答案】D

17.【答案】B

18.【答案】D

19.【答案】A

20.【答案】A

二、多项选择题

1.【答案】BCDE

2.【答案】ABCD

3.【答案】ADE

4.【答案】ABCE

5.【答案】ABCE

6.【答案】BDE

7.【答案】ABCD

8.【答案】ACDE

9.【答案】BCDE

【解析】房地产经纪门店的营业目标包括：营业收入目标（团队及个人）；利润目标（成本控制目标）；租售签约单数（团队及个人）；需求/房源委托签约数量（团队及个人）。

10.【答案】ABCE

11.【答案】ABCE

12.【答案】BCDE

【解析】门店的目标客户通常分为两大类：委托出售/出租目标客户和委托求购/求租目标客户。

13.【答案】ABCD

14.【答案】ABDE

15.【答案】ACE

【解析】售楼处的工作团队包括销售人员、管理人员和辅助人员三大类。应根据项目的房源数量、销售期、市场推广方式等情况综合考虑而定。

16.【答案】CDE

17.【答案】BCDE

【解析】售楼处的户外功能包括广告功能、广场功能、停车场功能、通往样板房的道路功能。

18.【答案】ABCE

19.【答案】ABCD

20.【答案】BCDE

三、综合分析题

1.【答案】A

2.【答案】AD

3.【答案】C

4.【答案】A

【解析】从题目的背景中可以看到该房屋的业主为方某。

5.【答案】CD

第七章

一、单项选择题

1.【答案】D

2.【答案】D

3.【答案】C

【解析】根据房地产的用途类型（如住宅、零售商业、办公、工业等），可以将房地产经纪业务分为住宅房地产经纪业务、商业房地产经纪业务。

4.【答案】A

5.【答案】A

6.【答案】B

7.【答案】D

8.【答案】A

【解析】现场查验。房地产经纪人员在接受业主委托后，应在业主或其代理人的带领下，亲临现场，实地查勘房屋状况，通过现场观察房屋的具体情况，以及相邻房屋的物业类型、周边的交通、绿地、生活设施、自然景观、污染情况等环境状况。

9.【答案】B

10.【答案】B

11.【答案】B

【解析】产权登记。房屋产权应以房地产权属管理部门登记的产权信息为准。预售商品房、抵押商品房未经登记发证，仅凭原有的购房合同或抵押合同不能完全界定产权的归属。

12.【答案】B

13.【答案】A

14.【答案】D

15.【答案】B

16.【答案】C

17.【答案】A

18.【答案】B

19.【答案】B

20.【答案】A

二、多项选择题

1.【答案】BDE

2.【答案】BCDE

3.【答案】BCDE

4.【答案】BC

【解析】根据房地产经纪服务对象的不同，可以将采用代理方式的房地产经纪业务分为卖方代理业务和买方代理业务。

5.【答案】BCD

6.【答案】ABE

7.【答案】BCDE

8.【答案】BCD

9.【答案】ABCE

10.【答案】ABDE

11.【答案】BCE

12.【答案】ABDE

【解析】商业房地产租赁代理业务流程的后续服务有：为委托承租方联络装修公司，提供搬迁方案（以便将搬迁对承租方正常经营所产生的影响降到最低），联络搬迁公司，联络家具、设备、绿化供应商及员工午餐就餐点等，为委托出租方提供承租方物业使用与履约能力监控、预警分析等。

13.【答案】ABCE

14.【答案】BCDE

15.【答案】BCDE

16.【答案】BCDE

【解析】房屋原始登记凭证包括房屋权利登记申请表，房屋权利设立、变更、转移、消灭或限制的具体依据，以及房屋权属登记申请人提交的其他资料。

17.【答案】ACD

18.【答案】BCE

19.【答案】BCD

20.【答案】ABCE

三、综合分析题

1.【答案】A

【解析】李某与A房地产经纪公司之间的业务关系符合代理的内涵。

2.【答案】ABC

3.【答案】ABC

4.【答案】D

5.【答案】D

第八章

一、单项选择题

1.【答案】D

2.【答案】D

3.【答案】D

4.【答案】C

5.【答案】B

【解析】服务费用是房地产经纪机构提供房地产经纪服务应得的服务报酬，由佣金和代办服务费两部分构成。

6.【答案】C

7.【答案】A

8.【答案】B

9.【答案】D

10.【答案】B

【解析】房屋交易的实质是房屋产权交易，因此，确认房屋产权的真实性以及是否存在瑕疵是首要问题。

11.【答案】A

12. 【答案】B

13. 【答案】A

14. 【答案】D

15. 【答案】B

16. 【答案】D

【解析】房屋承租经纪服务合同是指房地产经纪机构为促成委托人租赁房屋提供有偿经纪服务，与委托人之间设立、变更、终止权利义务关系的协议。

17. 【答案】C

18. 【答案】B

19. 【答案】A

20. 【答案】D

二、多项选择题

1. 【答案】BDE

2. 【答案】CDE

3. 【答案】ABC

【解析】房地产经纪服务合同的作用：①有效保障合同当事人的合法权益；②维护和保证市场交易的安全与秩序；③将房地产经纪机构的服务“产品化”。

4. 【答案】ADE

5. 【答案】ABE

6. 【答案】ACD

7. 【答案】BD

【解析】服务费用就是房地产经纪机构提供房地产经纪服务应得的服务报酬，由佣金和代办服务费两部分构成。

8. 【答案】ABDE

9. 【答案】ABE

10. 【答案】ACDE

11. 【答案】ABCD

12. 【答案】BCDE

13. 【答案】ABCE

14. 【答案】ABE

15. 【答案】BCE

16. 【答案】AE

【解析】房屋出售经纪服务合同中的委托方式可以是独家委托，或多家委托。

17. 【答案】ACD

18. 【答案】ACDE

19. 【答案】ABD

20. 【答案】ABDE

三、综合分析题

1. 【答案】A

2. 【答案】B

3. 【答案】AB

4. 【答案】BCD

5. 【答案】AB

第九章

一、单项选择题

1. 【答案】B

2. 【答案】D

【解析】房地产经纪执业规范的概念可准确表述为：由房地产行业组织制定或认可的，调整房地产经纪机构、人员与客户之间，房地产经纪机构、人员与社会之间以及房地产经纪同行之间关系的职业道德和行为规范总和。

3. 【答案】A

4. 【答案】D

5. 【答案】B

6. 【答案】C

【解析】执业规范当中高于法律、法规的部分，主要是运用道德调整的功能来规范经纪人员的执业行为。

7. 【答案】D

8. 【答案】D

9. 【答案】D

10. 【答案】A

11. 【答案】D

12. 【答案】A

13. 【答案】B

14. 【答案】C

15. 【答案】B

16. 【答案】A

17. 【答案】B

18. 【答案】A

19. 【答案】B

【解析】房地产经纪业务应当由房地产经纪机构统一承接。分支机构应当以设立该分支机构的房地产经纪机构名义承揽业务。房地产经纪人员不得以个人名义承接房地产经纪业务。

20. 【答案】B

二、多项选择题

1. 【答案】ABCD

【解析】房地产经纪执业规范也是调整房地产经

纪机构及人员与委托人、交易当事人、同行及社会各界关系的准则，主要是房地产经纪机构及人员应当承担的义务和责任。

2.【答案】AC

3.【答案】DE

4.【答案】ABCE

5.【答案】ADE

6.【答案】AC

【解析】按照业务分类，业务招揽可以分为存量房交易经纪业务的招揽和新建商品房销售代理业务的招揽。

7.【答案】BCDE

8.【答案】BCE

9.【答案】ACDE

10.【答案】ACE

11.【答案】BD

12.【答案】ACDE

13.【答案】ABC

14.【答案】ABCD

15.【答案】BCDE

16.【答案】ACD

17.【答案】DE

18.【答案】ABCE

19.【答案】BCDE

20.【答案】ABCD

三、综合分析题

1.【答案】AB

2.【答案】AB

3.【答案】A

4.【答案】BD

5.【答案】B

第十章

一、单项选择题

1.【答案】B

2.【答案】D

3.【答案】D

4.【答案】B

5.【答案】A

6.【答案】D

7.【答案】B

8.【答案】A

9.【答案】C

10.【答案】A

11.【答案】B

12.【答案】A

13.【答案】C

14.【答案】B

15.【答案】D

16.【答案】A

17.【答案】D

18.【答案】D

19.【答案】B

20.【答案】C

二、多项选择题

1.【答案】BCDE

2.【答案】BCE

3.【答案】CE

4.【答案】CDE

5.【答案】CE

6.【答案】ABC

【解析】目前我国房地产经纪行业管理涉及的行政部门较多，主要包括建设（房地产）、价格、人力资源和社会保障等部门。

7.【答案】BC

8.【答案】AE

9.【答案】ABCD

10.【答案】CE

11.【答案】BDE

12.【答案】BCDE

13.【答案】BE

14.【答案】BCDE

15.【答案】BDE

16.【答案】ABCD

17.【答案】CE

18.【答案】AE

19.【答案】BC

20.【答案】ABCD

三、综合分析题

1.【答案】ABD

2.【答案】ABD

【解析】赵某出租房屋时应缴纳的税款为个人所得税、营业税和房产税。

3.【答案】BCD

4.【答案】ACD

5.【答案】AC

模拟试题答案及解析

模拟试题一

一、单项选择题

1. 【答案】B

2. 【答案】B

【解析】广义的建筑物既包括房屋，也包括构筑物。

3. 【答案】D

4. 【答案】D

5. 【答案】D

6. 【答案】A

7. 【答案】B

8. 【答案】A

9. 【答案】D

10. 【答案】D

11. 【答案】A

12. 【答案】C

13. 【答案】B

14. 【答案】D

15. 【答案】A

【解析】房地产经纪人的知识结构的核心是房地产经纪专业知识，即房地产经纪的基本理论与实务知识，该核心的外层是与房地产经纪有关的基础知识。

16. 【答案】B

17. 【答案】B

18. 【答案】C

19. 【答案】D

20. 【答案】D

21. 【答案】C

22. 【答案】D

23. 【答案】A

24. 【答案】A

25. 【答案】B

【解析】聚焦战略是指把经营战略的重点放在一个特定的目标市场上，为特定的地区或特定的购买集团提供特殊的产品或服务。

26. 【答案】C

27. 【答案】A

28. 【答案】A

29. 【答案】B

30. 【答案】D

31. 【答案】B

32. 【答案】C

33. 【答案】B

【解析】门店内应配置的主要人员是房地产经纪人员和门店的管理人员（店长或店经理）。其中，业务人员通常应配置6～10人。

34. 【答案】C

35. 【答案】B

36. 【答案】C

37. 【答案】A

38. 【答案】B

39. 【答案】B

40. 【答案】A

41. 【答案】C

42. 【答案】C

43. 【答案】B

44. 【答案】A

45. 【答案】B

46. 【答案】B

47. 【答案】B

48. 【答案】A

49. 【答案】A

50. 【答案】C

二、多项选择题

51. 【答案】BCE

52. 【答案】ACE

53. 【答案】BDE

54. 【答案】ABCD

55. 【答案】BE

【解析】现房是指已建造完成、可直接使用的建筑物及其占用范围内的土地。现房按照新旧程度，又可分为新的房地产（简称新房）和旧的房地产（简称旧房）。

56.【答案】BDE

57.【答案】BCD

58.【答案】AC

59.【答案】ACDE

60.【答案】BE

【解析】职业资格包括准入类职业资格和职业水平评价类职业资格。

61.【答案】BCDE

62.【答案】ACDE

63.【答案】CDE

64.【答案】ADE

65.【答案】ABCD

66.【答案】ABDE

67.【答案】BDE

【解析】战略管理的任务就是通过战略制定、战略实施和日常管理，在保持这三者之间动态平衡的条件下，实现企业的战略目标。

68.【答案】CDE

69.【答案】ABCE

70.【答案】CDE

71.【答案】BE

72.【答案】ADE

73.【答案】BDE

74.【答案】DE

75.【答案】BC

76.【答案】ABDE

77.【答案】CE

78.【答案】ABDE

79.【答案】CD

80.【答案】DE

三、综合分析题

81.【答案】AB

82.【答案】B

83.【答案】C

84.【答案】A

85.【答案】AC

86.【答案】D

87.【答案】C

88.【答案】C

89.【答案】ACD

90.【答案】AB

【解析】登记机关对符合法定条件的申请不予登记或者超过法定时限不予答复的，当事人回某和马某既可以提起行政复议，也可以提起行政诉讼。

91.【答案】A

92.【答案】B

93.【答案】C

94.【答案】A

95.【答案】A

96.【答案】D

97.【答案】ACD

98.【答案】AD

99.【答案】BC

100.【答案】AB

模拟试题二

一、单项选择题

1.【答案】C

2.【答案】C

3.【答案】A

4.【答案】B

5.【答案】A

6.【答案】B

7.【答案】D

8.【答案】B

9.【答案】A

10.【答案】B

11.【答案】A

12.【答案】B

13.【答案】D

14.【答案】A

15.【答案】A

16.【答案】B

17.【答案】A

18.【答案】C

19.【答案】D

20.【答案】A

21.【答案】C

22.【答案】D

23.【答案】D

24.【答案】C

25.【答案】D

26. 【答案】B

27. 【答案】D

28. 【答案】D

29. 【答案】D

30. 【答案】C

31. 【答案】C

32. 【答案】C

33. 【答案】B

34. 【答案】D

35. 【答案】B

36. 【答案】C

37. 【答案】A

38. 【答案】D

39. 【答案】D

40. 【答案】B

41. 【答案】B

42. 【答案】C

43. 【答案】C

44. 【答案】A

45. 【答案】B

46. 【答案】D

47. 【答案】A

48. 【答案】B

49. 【答案】C

50. 【答案】C

二、多项选择题

51. 【答案】ACDE

52. 【答案】ABCE

53. 【答案】BCDE

54. 【答案】BDE

55. 【答案】BDE

56. 【答案】BCDE

57. 【答案】BD

58. 【答案】ABCE

59. 【答案】BE

60. 【答案】BD

61. 【答案】ABCD

62. 【答案】CD

63. 【答案】BC

64. 【答案】BCDE

65. 【答案】BDE

66. 【答案】BC

67. 【答案】ABCE

68. 【答案】BCD

69. 【答案】BCD

70. 【答案】BCDE

71. 【答案】ABCD

72. 【答案】BCDE

73. 【答案】ABCD

74. 【答案】ABE

75. 【答案】ACDE

76. 【答案】BDE

77. 【答案】ABDE

78. 【答案】ABCD

79. 【答案】ABCD

80. 【答案】BCD

三、综合分析题

81. 【答案】C

82. 【答案】BD

【解析】居间可分为指示居间和媒介居间。指示居间即居间人向委托人报告订约的机会；媒介居间则是居间人根据委托人的要求将交易目的相近或相符的双方委托人以媒妁方式促成交易的行为。

83. 【答案】BD

84. 【答案】AD

85. 【答案】AB

86. 【答案】B

87. 【答案】AC

88. 【答案】B

89. 【答案】C

90. 【答案】ACD

91. 【答案】A

【解析】凡中华人民共和国公民，遵守国家法律、法规，已取得房地产经纪人协理资格并具备以下条件之一者，可以申请参加房地产经纪人执业资格考试：①取得大专学历，工作满 6 年，其中从事房地产经纪业务工作满 3 年；②取得大学本科学历，工作满 4 年，其中从事房地产经纪业务工作满 2 年；③取得双学士学位或研究生班毕业，工作满 3 年，其中从事房地产经纪业务工作满 1 年；④取得硕士学位，工作满 2 年，从事房地产经纪业务工作满 1 年；⑤取得博士学位，从事房地产经纪业务工作满 1 年。

92. 【答案】C

【解析】考试成绩实行 2 年为一个周期的滚动管理。参加全部 4 个科目考试的人员必须在连续两个考试年度内通过应试科目；免试部分科目的人员必须在一个考试年度内通过应试科目。

93. 【答案】AC

94.【答案】D

95.【答案】B

96.【答案】B

97.【答案】D

【解析】在房屋租赁交易中，租赁双方的权利义务关系持续时间较长，相互之间会产生复杂的债权债务关系。

98.【答案】ABD

99.【答案】D

100.【答案】ABD

模拟试题三

一、单项选择题

1.【答案】A

2.【答案】D

3.【答案】D

4.【答案】B

5.【答案】B

【解析】特殊用途房地产，包括汽车站、火车站、机场、码头、医院、学校、博物馆、教堂、寺庙、墓地等。

6.【答案】B

7.【答案】C

8.【答案】B

9.【答案】C

10.【答案】C

11.【答案】C

12.【答案】C

13.【答案】B

14.【答案】B

15.【答案】A

16.【答案】A

17.【答案】A

18.【答案】A

19.【答案】B

20.【答案】B

21.【答案】D

22.【答案】B

23.【答案】B

24.【答案】C

25.【答案】B

26.【答案】D

27.【答案】B

28.【答案】A

29.【答案】B

30.【答案】A

31.【答案】A

32.【答案】B

33.【答案】A

34.【答案】B

35.【答案】D

36.【答案】D

37.【答案】A

38.【答案】B

39.【答案】B

40.【答案】A

41.【答案】B

42.【答案】A

43.【答案】D

44.【答案】C

45.【答案】B

46.【答案】A

47.【答案】C

48.【答案】A

49.【答案】D

50.【答案】A

二、多项选择题

51.【答案】BE

52.【答案】ABCE

【解析】其他地上定着物与土地、建筑物在物理上不可分离，例如，为了提高土地或建筑物的使用价值或功能，埋设在地下的管线、设施，建造在地上的围墙、假山、水池，种植在地上的树木、花草等。

53.【答案】BCE

54.【答案】BCDE

55.【答案】BD

56.【答案】ABD

57.【答案】ABCD

58.【答案】BDE

59.【答案】AC

60.【答案】ACD

61.【答案】CE

62.【答案】ABCD

63.【答案】CD

64.【答案】ABCD

65.【答案】ACD

66. 【答案】ADE

67. 【答案】ABCD

【解析】薪酬制度的制定要遵循以下原则：①底薪与奖金分离；②简明扼要，易于执行；③管理方便，符合经济原则；④公平合理，有激励作用；⑤在同行业中有竞争力；⑥适时动态调整；⑦在机构内部各类、各级职务的奖酬基准上，适当地拉开差距。

68. 【答案】ACE

69. 【答案】BD

70. 【答案】BCE

71. 【答案】BCDE

72. 【答案】AD

73. 【答案】ABCD

74. 【答案】ACD

75. 【答案】ABC

76. 【答案】BCDE

77. 【答案】ABDE

78. 【答案】BC

79. 【答案】BD

80. 【答案】BD

三、综合分析题

81. 【答案】D

82. 【答案】ACD

83. 【答案】A

84. 【答案】AB

85. 【答案】ACD

86. 【答案】D

87. 【答案】B

88. 【答案】C

89. 【答案】B

90. 【答案】C

91. 【答案】B

92. 【答案】CD

93. 【答案】A

94. 【答案】B

95. 【答案】D

96. 【答案】ABC

97. 【答案】D

98. 【答案】D

99. 【答案】B

【解析】合伙机构存续期间，合伙人的出资和所有以合伙企业名义取得的收益（合伙企业财产）由全体合伙人共同管理和使用。

100. 【答案】D

模拟试题四

一、单项选择题

1. 【答案】B

2. 【答案】B

3. 【答案】B

4. 【答案】C

5. 【答案】A

6. 【答案】D

7. 【答案】B

【解析】垄断竞争市场是既有垄断又有竞争、以竞争为主的市场。垄断竞争市场主要具有以下特点：①卖者和买者都比较多；②产品存在差异，即产品在质量、功能、外观、品牌、服务等方面存在差别；③市场信息比较完全。

8. 【答案】A

9. 【答案】A

10. 【答案】A

11. 【答案】B

12. 【答案】D

13. 【答案】D

14. 【答案】A

15. 【答案】C

16. 【答案】D

17. 【答案】A

18. 【答案】A

19. 【答案】B

20. 【答案】B

21. 【答案】C

22. 【答案】D

23. 【答案】A

24. 【答案】D

25. 【答案】A

26. 【答案】B

27. 【答案】A

【解析】横向多样化是以现有的市场为中心，向水平方向扩展服务领域，又称水平多样化或专业多样化。

28. 【答案】A

29. 【答案】A

30. 【答案】B

31. 【答案】A

32. 【答案】B

【解析】选择目标区域前，经纪机构应对所在城市的存量房市场进行调查和分析。门店周围有无专业市场，是不是商业集中区域或居民社区人流旺地等因素，都对门店选址有较大的影响。

33. 【答案】A

34. 【答案】D

35. 【答案】B

36. 【答案】B

37. 【答案】D

38. 【答案】B

39. 【答案】B

40. 【答案】B

41. 【答案】C

42. 【答案】B

43. 【答案】C

44. 【答案】D

45. 【答案】B

46. 【答案】B

47. 【答案】B

48. 【答案】D

49. 【答案】C

50. 【答案】B

二、多项选择题

51. 【答案】ABCD

52. 【答案】BCDE

【解析】摆放在房屋内的家具、电器，挂在墙上的画，在地上临时搭建的帐篷、戏台等，不属于其他地上定着物。

53. 【答案】CDE

54. 【答案】BCDE

55. 【答案】AC

56. 【答案】AE

【解析】按照房地产交易方式，房地产市场可分为房地产买卖市场和房地产租赁市场。

57. 【答案】BCDE

58. 【答案】ADE

59. 【答案】BE

60. 【答案】BC

61. 【答案】BCD

62. 【答案】ABDE

63. 【答案】ACE

64. 【答案】BCE

65. 【答案】ACDE

66. 【答案】ABD

67. 【答案】ABD

68. 【答案】ADE

69. 【答案】ACE

70. 【答案】BCDE

71. 【答案】ACE

72. 【答案】ACE

73. 【答案】BCDE

74. 【答案】AE

75. 【答案】AB

76. 【答案】AE

77. 【答案】AB

【解析】房地产经纪活动的主体包括房地产经纪机构和房地产经纪人员，所以说房地产经纪行业规范应当是房地产经纪机构和房地产经纪人员的执业规范。

78. 【答案】ACD

79. 【答案】AB

80. 【答案】AB

三、综合分析题

81. 【答案】A

82. 【答案】D

【解析】新建商品房市场上的业务主要是新建商品房的销售代理与租赁代理，且大多为卖方代理，即房地产经纪机构代理房地产开发企业出售或出租其开发的商品房。

83. 【答案】AD

84. 【答案】C

85. 【答案】CD

86. 【答案】BCD

87. 【答案】B

88. 【答案】A

89. 【答案】AB

90. 【答案】ACD

91. 【答案】AC

92. 【答案】ABC

93. 【答案】AB

94. 【答案】ABC

95. 【答案】BD

【解析】经纪合同的签订应该是由经纪机构和委托人之间签订，而不应该以经纪人自己的名义进行签订。

96. 【答案】A

97. 【答案】C

【解析】由于此公寓属于公司所有，而且公司和张某都没有委托冯某出租，所以属于其个人民事行为。

98.【答案】C

99.【答案】ACD

100.【答案】A

【解析】由于此公寓属于公司的财产，公司没有委托任何人出租，所以该租房协议是无效的。

历年真题参考答案及解析

2012年《房地产经纪概论》考试试题

一、单项选择题

1.【答案】B

2.【答案】A

3.【答案】B

【解析】毛地是指具有一定的城市基础设施，有地上物（如房屋、围墙、电线杆、树木等）需要拆除，或迁移但尚未拆除、迁移的土地。本题中，危机住宅小区的房屋等地上物需要拆除，属于毛地。A选项：生地是指不具有城市基础设施的土地，如农地、荒地。C选项：熟地是指具有较完善的城市基础设施且场地平整，可以直接在其上进行房屋建设的土地。D选项：农用地是指供农业生产使用或直接为农业生产服务的房地产，包括农地、农场、林场、牧场、果园、种子库、拖拉机站、饲养牲畜用房等。

4.【答案】A

5.【答案】B

6.【答案】B

7.【答案】C

8.【答案】D

9.【答案】C

10.【答案】D

11.【答案】C

12.【答案】D

【解析】房地产经纪人员职业资格实行考试、注册和继续教育制度。取得房地产经纪人执业资格和房地产经纪人协理从业资格分别需要通过相应的资格考试。房地产经纪人员资格考试合格的人员，从事房地产经纪业务，需要办理资格注册手续，注册期间还需要按规定参加继续教育。

13.【答案】B

14.【答案】C

15.【答案】B

【解析】《房地产交易管理办法》第二十五条第（三）项规定，房地产经纪机构和房地产经纪人员不得以隐瞒、欺诈、胁迫、贿赂等不正当手段招揽业务，诱骗消费者交易或者强制交易。第三十七条规定，违反本办法第二十五条第（三）项、第（四）项、第（五）项、第（六）项、第（七）项、第（八）项、第（九）项、第（十）项的，由县级以上地方人民政府建设（房地产）主管部门责令限期改正，记入信用档案；对房地产经纪人员处以1万元罚款；对房地产经纪机构，取消网上签约资格，处以3万元罚款。本题中，房地产经纪人的行为属于以欺诈手段招揽业务，应处以1万元罚款。

16.【答案】C

17.【答案】A

18.【答案】C

19.【答案】A

20.【答案】A

21.【答案】C

22.【答案】D

23.【答案】C

24.【答案】D

【解析】房地产经纪信息是房地产经纪活动中十分重要的资源，但经纪信息不是自然而然地被经纪人所掌握的，而是要通过有意识、有目的的劳动才能将其收集起来。由于房地产经纪信息量大、覆盖面宽，所以其收集应从多个方面入手。通常可从以下途径进行收集：①收集报纸、广播、电视、杂志等公开传播的房地产经纪信息；②从开发商、银行、政府相关部门等单位调查、收集房地产经纪信息；③通过门店接待、上门拜访、信函或电话询问、人群聚集场所直接采集；④利用互联网、联机系统等计算机网络获取。

25.【答案】B

26.【答案】A

27.【答案】C

28.【答案】A

29.【答案】C

30. 【答案】B

【解析】售楼处设置一般应按照以下程序依次进行：①售楼处功能的确定；②售楼处的选址；③售楼处的布置；④售楼处管理制度的制定；⑤售楼处工作团队的组建。

31. 【答案】C

32. 【答案】B

33. 【答案】D

34. 【答案】C

【解析】存量房市场上的房地产经纪业务涉及面更广，类型更为丰富。按交易方式可分为存量房买卖经纪业务和租赁经纪业务。按服务方式，存量房经纪业务既有采用居间方式进行的，也有采用代理方式进行的。采用代理方式的存量房经纪业务中，既有卖方代理又有买方代理业务。从客户类型来看，存量房经纪业务既有面向分散的个体客户的，也有面向机构客户的。存量房经纪业务的基本共性是标的房地产以单宗房地产为主。

35. 【答案】A

36. 【答案】D

37. 【答案】A

38. 【答案】A

39. 【答案】A

40. 【答案】C

41. 【答案】B

【解析】房地产经纪执业规范是由房地产行业组织制定或认可的，调整房地产经纪机构、人员与客户之间，房地产经纪机构、人员与社会之间以及房地产经纪同行之间关系的职业道德和行为规范总和。它也是调整房地产经纪机构及人员与委托人、交易当事人、同行及社会各界关系的行为准则，主要是房地产经纪机构及人员应当承担的义务和责任。执业规范是衡量房地产经纪水平高低的标尺，新设立的房地产经纪机构可以依据执业规范制定内部的业务管理制度，有的房地产经纪机构可以依据执业规范改进内部业务管理制度，即执业规范高于内部规定。

42. 【答案】A

43. 【答案】B

44. 【答案】B

45. 【答案】A

46. 【答案】D

【解析】行业自治模式中，房地产经纪的直接管理主体是房地产经纪行业组织。行业协会不仅实施自律性管理职能，还受政府职能部门甚至立法机构的委托，行使对房地产经纪业的行政管理职能。在这种模式下，管理手段相对较为丰富，法律、行政、经济和自律等手段都有所运用。目前，我国台湾地区就是采取这种模式。

47. 【答案】A

48. 【答案】A

49. 【答案】D

50. 【答案】D

【解析】中国房地产估价师与房地产经纪人学会是政府认可的唯一全国性房地产经纪行业组织。它是我国房地产估价和经纪行业全国性的自律组织，主要由从事房地产估价和经纪活动的专业人士与专业机构组成，依法对房地产估价和经纪行业进行自律管理。

二、多项选择题

51. 【答案】DE

【解析】房地产业和建筑业之间既有本质区别又有密切联系。其主要区别是：①建筑业是以建筑产品生产为对象的物质生产部门，是从事建筑生产活动的行业，属于第二产业；②房地产业是从建筑业分蘖出来的产业，兼有生产（开发）、经营、服务和管理等多种性质，属于第三产业。其联系是：①它们的业务对象都是房地产。②在房地产开发建设活动中，房地产开发企业和建筑企业往往是甲方和乙方的密切合作关系，房地产开发企业是房地产开发建设的甲方，建筑企业是实施建设过程的乙方；房地产开发企业是策划者、组织者和承担发包任务；建筑企业则是承包单位，按照承包合同的要求完成基础设施建设、场地平整等土地开发和房屋建设的生产任务。③在实际中，建筑企业兼营房地产开发企业或者房地产开发企业兼营建筑企业的现象较常见，特别是建筑企业兼营房地产开发企业。④房地产业的景气状况对建筑业有很大的影响。

52. 【答案】ABD

53. 【答案】ADE

54. 【答案】ABCD

【解析】A、B 两项："经纪"是"中介"中的一种特定活动，其活动成果以是否成交来体现，因此，其服务收入的基本形式是佣金。佣金数额是按交易成交额的某一比率来计算的。C、D 两项：委托人支付佣金的义务以经纪合同所约定的交易达成为前提。除法律法规另有规定外，经纪人通常是在完成经纪服务后才能收取佣金。因此，佣金是经纪服务委托人对经纪服务提供方所付出的劳动时间、花费的资金和承担的风险的总回报。E选项：佣金不同于其他单纯提供信息的中介服务机构所收取的信息费（或称咨询费），两者经济性质不同。

55.【答案】AE

56.【答案】ACD

57.【答案】ABD

58.【答案】AB

59.【答案】ABCD

【解析】房地产经纪机构（含分支机构）的名称、法定代表人（执行合伙人、负责人）、住所、注册房地产经纪人员等备案信息发生变更的，应当在变更后30日内，向原备案机构办理备案变更手续。

60.【答案】BCE

61.【答案】ACD

62.【答案】ABC

63.【答案】ABC

64.【答案】ACD

【解析】通过服务质量的全面提高，提升客户感知价值，保持和扩大企业品牌的影响力。房地产经纪机构的服务质量是影响客户感知价值的重要因素之一。首先，需要加强企业员工的思想教育，树立客户至上的服务理念，以热情周到的服务，提升客户的满意度，为感知价值的提高奠定基础；其次，加强企业员工的技能培训并建立快捷、便利、规范的工作程序，为客户提供快捷、便利的服务，以提高对服务过程的满意度，提升其感知价值；最后，通过制定合理的价格，减少客户的成本支出。

65.【答案】AB

66.【答案】ABC

67.【答案】ABCD

68.【答案】ABC

69.【答案】ABC

70.【答案】ABC

【解析】D选项：看房路线安排上，应先看缺点再看优点。看房过程中，房地产经纪人员要全面、客观地展示房屋，将房屋及其周边环境的优缺点一一如实道来。E选项：看房过程也是进一步了解客户的过程，注意不可用接连不断的单方面询问来了解客户，这会使客户反感而不肯说实话。应以介绍房屋或房地产知识与询问客户交互进行的方式，循序渐进地探询客户需求。可以有意识地提起一些可引发询问的背景话题，如职业、家庭、教育等。

71.【答案】ACDE

72.【答案】ABE

73.【答案】ABC

74.【答案】ADE

【解析】房地产经纪服务合同是指房地产经纪机构为促成委托人房地产交易而提供有偿经纪服务，与委托人之间设立、变更、终止权利义务关系的协议，是房地产经纪服务委托人与房地产经纪机构就某一个经纪服务项目进行协商而达成一致的协议。它是房地产经纪服务的提供方与被服务对象关于房地产经纪服务这种劳务服务订立的合同，属于劳务合同。房地产经纪服务合同的特征有：①房地产经纪服务合同是双务合同；②房地产经纪服务合同是有偿合同；③房地产经纪服务合同为书面形式的合同。

75.【答案】CD

76.【答案】ABCD

77.【答案】ABC

78.【答案】AB

79.【答案】ACD

80.【答案】ACE

【解析】我国房地产经纪行业管理的主要内容：①房地产经纪人员职业资格管理；②房地产经纪机构备案管理；③房地产经纪行为监管。

三、综合分析题

81.【答案】C

82.【答案】B

【解析】判断房地产是否有泡沫的方法，是看房地产市场价格是否持续、越来越高地背离其理论价格。简单的衡量指标有房价与房租之比（又称“毛租金乘数”、“租售比价”）、入住率。从房价与房租之比来看，在房租由市场决定及一个地区经济正常发展的情况下，房价与月房租有一个合理的倍数。如果房价与月房租之比大大高于这个合理倍数，则说明房价有泡沫。因为房租比房价更能反映真实的房地产供求状况。从入住率来看，之所以出现房地产泡沫，是因为许多人买房而不入住，等待时机再卖掉。因此，不论房屋卖出以后是房主自己使用还是出租，只要有人使用，泡沫的危险就不大；相反，虽然房屋卖掉了，但如果没有人使用，泡沫的危险就存在。本案例中，该地房地产市场存在泡沫。

83.【答案】ACD

84.【答案】D

85.【答案】ACD

【解析】房地产经纪机构发布房地产广告或者业

务招揽广告还应当遵守下列规范：①房地产广告中对价格有表示的，应当清楚表示为实际的销售价格，明示价格的有效期限；②房地产广告中涉及所有权或者使用权的，所有或者使用的基本单位应当是有实际意义的完整的生产、生活空间；③房地产广告不得含有风水、占卜等封建迷信内容，对项目情况进行的说明、渲染，不得有悖社会良好风尚；④房地产中表现项目位置，应以从该项目到达某一具体参照物的现有交通干道的实际距离表示，不得以所需时间来表示距离；⑤房地产广告中的项目位置示意图，应当准确、清楚，比例恰当；⑥房地产广告中涉及的交通、商业、文化教育设施及其他市政条件等，如在规划或者建设中，应当在广告中注明；⑦房地产广告中涉及面积的，应当表明是建筑面积或者使用面积；⑧房地产广告涉及内部结构、装修装饰的，应当真实、准确。预售、预租商品房广告，不得涉及装修装饰内容；⑨房地产广告中不得利用其他项目的形象、环境作为本项目的效果；⑩房地产广告中使用建筑设计效果图或者模型照片的，应当在广告中注明；⑪房地产广告中不得出现融资或者变相融资的内容，不得含有升值或者投资回报的承诺；⑫房地产广告中涉及贷款服务的，应当载明提供贷款的银行名称及贷款额度、年期；⑬房地产广告中不得含有广告主能够为入住者办理户口、就业、升学等事项的承诺。

86.【答案】A

87.【答案】AC

88.【答案】BCD

【解析】B 选项：房地产代理是指房地产经纪机构及人员以委托人的名义，在委托协议约定的范围内，代表委托人与第三人进行房地产交易，并向委托人收取佣金的经纪行为。案例中，吕某的委托人要求代理销售一高档住宅，其代理属于房地产卖方代理服务。C 选项：房地产经纪人受被代理人的委托处理事务，房地产经纪人在处理事务的过程中所发生的费用应当由被代理人承担。本案例中，吕某接受委托人委托销售房屋，其间因销售房屋产生的费用应该由委托人承担。D 选项：房地产经纪服务合同的乙方必须是依法设立的房地产经纪机构，而不是房地产经纪人，但房地产经纪服务合同必须由注册在该机构的一名房地产经纪人或两名房地产协理在合同上签章。本案例中，吕某是甲机构的房地产经纪人，可以代表甲机构与委托人签订房屋销售经纪服务合同。

89.【答案】AD

90.【答案】CD

91.【答案】ABD

92.【答案】AD

【解析】根据房地产经纪机构是否有店铺，可将房地产经纪机构的经营模式分为无店铺模式和有店铺模式两大基本类型；根据房地产经纪机构下属分支机构的数量及分支机构的商业组织形式，可将房地产机构的经营模式分为单店模式、多店模式和连锁经营模式，其中连锁经营模式又可根据房地产经纪机构与分支机构的关系分为直营连锁经营模式和特许加盟连锁经营模式。在连锁经营模式中，房地产经纪机构与直接从事经营活动的组织之间的关系有两种。直营连锁经营和特许加盟经营的外在形式都表现为统一的标识系统、统一的经营方式。其中，直营连锁经营模式表现为一种是隶属关系，即直接从事经营活动的组织是房地产经纪机构出资设立的分支机构。本案例中，甲公司有 5 家全资门店，属于有店铺经营模式和直营连锁模式。

93.【答案】BC

94.【答案】D

95.【答案】AB

96.【答案】ABC

97.【答案】ABC

98.【答案】AB

【解析】承办房屋出售、出租经纪业务的，房地产经纪机构应当与委托人签订房地产经纪服务合同，并经委托人书面同意后，方可以对外发布相应的房源信息或广告。房地产经纪机构发布所代理的新建商品房项目广告时，应当提供委托证明。房源信息或者房地产信息必须真实、合法，不得欺骗和误导公众，特别对于能否实地查看待售的房屋，房地产经纪人员应当在房源广告中据实披露，不得作不实宣传。

99.【答案】A

100.【答案】C

【解析】偿还比率又称收入还贷比，指借款人分期偿还额占其同期收入的比率。本案例中，李某的家庭平均月收入为 12 500 元，高某为李某预定了偿还比率为 30% 的住宅贷款方案，即李某每月家庭平均收入的 30% 需还款，李某的月还款额 = 12 500 × 30% = 3 750（元）。

2011 年房地产经纪概论考试试题

一、单项选择题

1.【答案】C

2.【答案】C

3.【答案】A

【解析】新建商品房销售代理是在我国房地产代理活动的主要类型。

4.【答案】A

5.【答案】B

6.【答案】D

7.【答案】C

8.【答案】D

9.【答案】C

10.【答案】A

11.【答案】B

12.【答案】C

13.【答案】A

14.【答案】A

15.【答案】C

16.【答案】C

17.【答案】C

18.【答案】D

19.【答案】C

20.【答案】C

21.【答案】D

22.【答案】D

23.【答案】C

24.【答案】D

25.【答案】B

26.【答案】B

27.【答案】B

28.【答案】C

29.【答案】A

30.【答案】A

31.【答案】C

32.【答案】D

33.【答案】D

34.【答案】D

35.【答案】B

36.【答案】D

37.【答案】C

38.【答案】B

【解析】房地产经纪人钱某在亲朋好友中收集房地产买卖的信息属于间接渠道。

39.【答案】B

40.【答案】C

41.【答案】B

42.【答案】B

43.【答案】D

44.【答案】A

45.【答案】B

46.【答案】B

47.【答案】A

48.【答案】D

49.【答案】A

50.【答案】D

二、多项选择题

51.【答案】ABC

52.【答案】ACE

53.【答案】ABD

54.【答案】ABDE

55.【答案】CD

56.【答案】ABCE

57.【答案】ABE

58.【答案】ABDE

59.【答案】ABCD

60.【答案】BE

61.【答案】ACE

62.【答案】ABC

63.【答案】AC

64.【答案】CDE

65.【答案】ABD

66.【答案】ACD

67.【答案】ACE

68.【答案】ABDE

69.【答案】AE

70.【答案】BCE

71.【答案】ABCD

72.【答案】BCDE

73.【答案】ABDE

74.【答案】ABCE

75.【答案】ACDE

76.【答案】ABCD

77.【答案】BCDE

78.【答案】BCDE

79. 【答案】ACD

80. 【答案】ACE

三、综合分析题

81. 【答案】ABC

82. 【答案】B

83. 【答案】ABD

84. 【答案】D

85. 【答案】A

86. 【答案】ACD

87. 【答案】CD

88. 【答案】C

89. 【答案】BD

90. 【答案】ABD

91. 【答案】A

92. 【答案】B

93. 【答案】C

94. 【答案】BC

95. 【答案】C

96. 【答案】D

97. 【答案】ABC

98. 【答案】D

99. 【答案】A

100. 【答案】B

2010 年《房地产经纪概论》考试试题

一、单项选择题

1. 【答案】C

2. 【答案】A

3. 【答案】D

4. 【答案】B

5. 【答案】C

6. 【答案】B

【解析】房地产经纪人资格注册的有效期是三年。

7. 【答案】D

8. 【答案】D

9. 【答案】D

10. 【答案】D

11. 【答案】B

12. 【答案】B

【解析】有店铺的房地产经纪机构，其规模化运作的主要方式是发展连锁经营。

13. 【答案】A

14. 【答案】A

15. 【答案】C

16. 【答案】B

17. 【答案】D

18. 【答案】C

19. 【答案】B

20. 【答案】C

21. 【答案】A

22. 【答案】C

23. 【答案】B

【解析】在存量房出售代理业务中，房地产经纪人要充分了解待售房地产的实物状况、权属状况和区位状况。

24. 【答案】A

25. 【答案】A

26. 【答案】D

27. 【答案】B

28. 【答案】D

29. 【答案】A

30. 【答案】D

31. 【答案】D

32. 【答案】B

33. 【答案】B

34. 【答案】B

35. 【答案】C

36. 【答案】B

37. 【答案】A

38. 【答案】A

39. 【答案】C

40. 【答案】C

41. 【答案】C

42. 【答案】C

43. 【答案】B

44. 【答案】C

45. 【答案】D

46. 【答案】C

47. 【答案】B

【解析】我国香港地区房地产经纪行业管理主要采取的模式是行政主管模式。

48. 【答案】A

49. 【答案】B

【解析】房地产经纪收费管理属于房地产经纪行

业的规范性管理。

50. 【答案】B

二、多项选择题

51. 【答案】AD
52. 【答案】AB
53. 【答案】ABE
54. 【答案】ABD
55. 【答案】ADE
56. 【答案】ABDE
57. 【答案】BDE
58. 【答案】ABCD

【解析】分支机构可以独立进行经济核算、房地产经纪机构对其分支机构解散后尚未清偿的全部债务承担责任、分支机构可以开展房地产经纪业务和房地产经纪机构在我国境内设立的分支机构不具有法人资格是正确的说法。

59. 【答案】ADE
60. 【答案】BCDE
61. 【答案】BDE
62. 【答案】ABCD
63. 【答案】ABC
64. 【答案】CDE
65. 【答案】ABCE
66. 【答案】ABC
67. 【答案】ABD
68. 【答案】ABCE
69. 【答案】ABCE
70. 【答案】ABCD
71. 【答案】BCD
72. 【答案】BCD
73. 【答案】ACE
74. 【答案】BCDE
75. 【答案】AB
76. 【答案】ABCD
77. 【答案】ABCE
78. 【答案】ABCD
79. 【答案】ABC
80. 【答案】ABCD

三、综合分析题

81. 【答案】AD
82. 【答案】AB
83. 【答案】D
84. 【答案】B
85. 【答案】C
86. 【答案】ABC
87. 【答案】D
88. 【答案】ABC
89. 【答案】D
90. 【答案】AD
91. 【答案】B
92. 【答案】BC
93. 【答案】B
94. 【答案】CD
95. 【答案】C
96. 【答案】B
97. 【答案】CD
98. 【答案】CD
99. 【答案】B
100. 【答案】AD

《2014年房地产经纪人资格全国统考专用辅导教材系列——房地产经纪概论（名师解读版）》

编读互动信息卡

亲爱的读者：

感谢您购买本书。只要您以以下三种方式之一成为普华公司的**会员**，即可免费获得普华每月新书信息快递，在线订购图书或向我们邮购图书时可获得免付图书邮寄费的优惠：①详细填写本卡并以**传真（复印有效）或邮寄的方式**返回给我们；②**登录普华公司官网注册成为普华会员**；③关注微博：@普华文化（新浪微博）。会员单笔订购金额满300元，可免费获赠普华当月新书一本。

哪些因素促使您购买本书（可多选）

○本书摆放在书店显著位置	○封面推荐	○书名
○作者及出版社	○封面设计及版式	○媒体书评
○前言	○内容	○价格

○其他（ ）

您最近三个月购买的其他经济管理类图书有

1.《 》　　2.《 》

3.《 》　　4.《 》

您还希望我们提供的服务有

1. 作者讲座或培训　　2. 附赠光盘
3. 新书信息　　4. 其他（ ）

请附阁下资料，便于我们向您提供图书信息

姓　名　　联系电话　　职　务

电子邮箱　　工作单位

地　址

地　址：北京市丰台区成寿寺路11号邮电出版大厦1108室
北京普华文化发展有限公司（100164）
传　真：010-81055644
读者热线：010-81055656
编辑邮箱：renjiabei@puhuabook.com
投稿邮箱：puhua111@126.com，或请登录普华官网“作者投稿专区”。
投稿热线：010-81055633
购书电话：010-81055656
媒体及活动联系电话：010-81055656　　邮件地址：hanjuan@puhuabook.com
普华官网：http://www.puhuabook.com.cn
博　客：http://blog.sina.com.cn/u/1812635437
新浪微博：@普华文化（关注微博，免费订阅普华每月新书信息速递）